V. C. ANDREWS
Das Netz im Dunkel

Autorin

Mit ihrem ersten Roman *Blumen der Nacht* wurde V. C. Andrews zur Bestsellerautorin. Ihrem Erstling folgten zehn weitere spektakuläre Erfolge, unter anderem *Wie Blüten im Wind, Dornen des Glücks, Schatten der Vergangenheit, Schwarzer Engel, Gärten der Nacht, Nacht über Eden* und *Dunkle Umarmung*. Nach ihrem Tod brachte ihre Familie zusammen mit einem sorgfältig ausgewählten Autor eine neue V.-C.-Andrews-Serie auf den Markt, die mit dem Titel *Zerbrechliche Träume* begann und weltweit ein begeistertes Echo hervorrief. Bis heute sind 35 Millionen V.-C.-Andrews-Bücher verkauft und in sechzehn Sprachen übersetzt worden.

V. C. ANDREWS®

Das Netz im Dunkel

Roman

Aus dem Amerikanischen
von Dagmar Hartmann

Orbis Verlag

Titel der Originalausgabe: My Sweet Audrina
Originalverlag: Poseidon Press, New York

Umwelthinweis:
Alle bedruckten Materialien dieses Taschenbuches
sind chlorfrei und umweltschonend.
Das Papier enthält Recycling-Anteile.

Genehmigte Sonderausgabe
1999 Orbis Verlag für Publizistik,
München in der Verlagsgruppe Bertelsmann GmbH

© 1982 by Vanda, Productions, Ltd.
© der deutschsprachigen Ausgabe 1984
by Wilhelm Goldmann Verlag, München
Satz: Fotosatz Glücker, Würzburg
Druck: Elsnerdruck, Berlin
Made in Germany
ISBN 3-572-01028-4

TEIL EINS

Whitefern

Irgend etwas war sonderbar an dem Haus, in dem ich aufwuchs. Da waren Schatten in den Ecken, Geflüster auf den Treppen, und die Zeit war so unwichtig wie die Ehrlichkeit. Dabei hätte ich nicht sagen können, woher ich das wußte.

Ein Krieg fand in unserem Hause statt, ein stummer Krieg, bei dem keine Kanonen zu hören waren; und die Gefallenen waren nur Wünsche, die gestorben waren; und die Kugeln waren Worte, und das Blut, das vergossen wurde, wurde immer Stolz genannt.

Obwohl ich noch nie eine Schule besucht hatte – dabei war ich schon sieben Jahre alt, und es war höchste Zeit, daß ich in die Schule kam –, schien ich doch alles über den Sezessionskrieg zu wissen. In meiner Nähe fand dieser Krieg noch immer statt, und wenn sich die Zukunft auch endlos vor uns erstreckte, war da doch immer noch der Krieg, den wir nie vergessen würden. Denn unser Stolz war verletzt. Wir hatten die Schlacht verloren. Vielleicht tat es deshalb immer noch weh.

Meine Mutter und Tante Elsbeth sagten immer, daß Männer wilde Diskussionen über den Krieg jedem anderen Thema vorzögen. Aber wenn es überhaupt andere, wichtige Kriege gegeben hatte, in unserem Haus jedenfalls wurde niemals darüber gesprochen. Papa las jedes Buch, sah jeden Film, schnitt jedes Foto in einer Zeitschrift aus, das mit dem Krieg zwischen den Brüdern zu tun hatte, obwohl seine Vorfahren gegen meine Vorfahren mütterlicherseits gekämpft hatten. Er war in den Nordstaaten geboren, zog es aber vor, in den Südstaaten zu leben. Bei Tisch erzählte er aus den dicken Büchern, die er über General Robert E. Lee gelesen hatte, und er erzählte schreckliche Geschichten von blutigen Schlachten. Mich interessierte fast alles, was er las; nicht so meine Tante, die lieber fernsah, oder meine Mutter, die es vorzog, ihre eigenen Bücher zu lesen, und die behauptete, daß Papa die schönsten Stellen ausließ, weil sie nicht für Kinderohren geeignet waren.

Damit waren meine Cousine Vera und ich gemeint. Die meisten

Menschen hielten Vera für meine Schwester, aber ich wußte, daß sie das uneheliche Kind meiner unverheirateten Tante war – und daß wir sie vor der gesellschaftlichen Schmach schützen mußten, indem wir sie als meine ältere Schwester ausgaben. Ich hatte auch wirklich eine ältere Schwester, aber sie starb schon, ehe ich geboren wurde. Sie hieß ebenfalls Audrina, und obwohl sie schon so lange tot war, war sie uns doch immer noch nah. Mein Papa vergaß die erste und außergewöhnliche Audrina niemals, und er hoffte immer noch, daß ich eines schönen Tages etwa genauso Besonderes sein würde wie sie.

Meine Cousine Vera freute sich, wenn die Leute sie für meine Schwester hielten. Ich wußte nicht, wie alt sie wirklich war, weil sie sich weigerte, es mir zu sagen. Niemand bei uns zu Haus nannte jemals sein wahres Alter. Nur über mein Alter wurde die ganze Zeit gesprochen. Vera prahlte immer damit, daß sie so alt sein konnte, wie sie gerade wollte – zehn, zwölf, fünfzehn oder sogar zwanzig. Sie konnte tatsächlich sehr erwachsen – oder sehr kindlich – aussehen. Das hing von ihrer Stimmung ab. Sie machte sich gern über mich lustig, weil ich überhaupt kein Zeitgefühl besaß. Oft erzählte mir Vera, daß ich aus dem Ei eines riesigen Straußes geschlüpft sei und daß ich von diesem Vogel eine Gewohnheit übernommen hätte: nämlich den Kopf in den Sand zu stecken und so zu tun, als sei alles in Ordnung. Vera wußte nichts von meinen Träumen und der Schmach, der ich ausgeliefert war.

Von Anfang an wußte ich, daß Vera meine Feindin war, auch wenn sie so tat, als sei sie meine Freundin. Ich sehnte mich danach, sie zur Freundin zu haben, aber ich wußte, daß sie mich nicht mochte. Sie war eifersüchtig, weil ich eine Audrina war und sie nicht. Oh, wie sehr wünschte ich mir, daß Vera mich mögen und bewundern würde, so, wie ich sie manchmal bewunderte. Ich beneidete sie, denn sie war natürlich und mußte nicht versuchen wie jemand zu werden, der schon tot war. Niemand schien sich darum zu kümmern, ob Vera etwas Besonderes war. Niemand außer Vera. Vera sagte mir gern, daß ich eigentlich auch nichts Besonderes sei. Ich sei nur sonderbar. Um die Wahrheit zu sagen: Ich dachte manchmal selbst, daß ich irgendwie sonderbar war. Ich schien unfähig, mich an irgend etwas aus meiner frühen Kindheit zu erinnern. Ich konnte mich an überhaupt nichts entsinnen – was ich eine Woche oder auch nur einen Tag zuvor getan hatte. Ich wußte nicht, wie ich die Dinge gelernt hatte, die ich wußte, oder warum ich einiges zu wissen schien, was ich nicht wissen sollte.

Die vielen Uhren, die im ganzen Haus verteilt waren, verwirrten mich noch mehr. Die Standuhren in den Gängen schlugen unterschiedliche Stunden an; die Vögel in den Schweizer Kuckucksuhren hüpften durch ihre kleinen, geschnitzten Türen, und jeder widersprach jedem; die hübsche französische Uhr im Schlafzimmer meiner Eltern war schon vor langer Zeit am Mittag oder um Mitternacht stehengeblieben. Zu meinem großen Kummer gab es im ganzen Haus keine Kalender, auch keine alten. Die Zeitungen kamen nie an dem Tag, an dem sie erschienen. Die einzigen Zeitschriften, die wir besaßen, waren alt und in einem Schrank gestapelt, der oben auf dem Speicher stand. In unserem Haus warf niemand etwas fort. Alles wurde aufgehoben, damit unsere Nachkommen es eines Tages verkaufen und ein Vermögen damit verdienen konnten.

Meine Unsicherheit stand zum großen Teil mit der ersten Audrina in Zusammenhang, die genau neun Jahre vor meiner Geburt gestorben war. Sie war auf mysteriöse Weise im Wald umgekommen, nachdem grausame, herzlose Burschen sie auf unbeschreibliche Art mißbraucht hatten. Ihretwegen durfte ich niemals den Wald betreten, nicht einmal, um in die Schule zu gehen. Dabei waren wir von Wald umgeben, er erstickte uns fast. Auf drei Seiten wurden wir von Bäumen umarmt, auf der vierten verlief der Lyle-Fluß. Wenn wir irgendwohin wollten, mußten wir durch den Wald.

Überall in unserem Haus hingen Fotos von der ersten und unvergessenen Audrina. Auf Papas Schreibtisch standen drei gerahmte Porträts von ihr, mit ein, zwei und drei Jahren. Von mir stand da kein einziges Babyfoto, und das schmerzte mich. Die erste Audrina war ein zauberhaftes kleines Mädchen gewesen, und wenn ich ihre Fotos ansah, wünschte ich mir so sehr, wie sie zu sein, daß es weh tat. Ich wollte so sein wie sie, damit man mich liebhaben konnte, ich wollte etwas Besonderes sein, wie sie es gewesen sein mußte; und dann wieder wünschte ich mir nichts sehnlicher, als ich selbst zu sein, um meiner selbst willen die Liebe zu erhalten, die mir verweigert wurde.

Oh, die Geschichten, die Papa mir über seine erste Tochter zu erzählen wußte; mit jeder einzelnen von ihnen wurde mir immer bewußt gemacht, daß ich nicht die unvergessene Audrina war, nicht die perfekte und besondere – nur die zweite, minderwertige.

Meine Eltern hegten das Zimmer der ersten Audrina wie einen Schrein für eine tote Prinzessin. Es war noch genauso wie an dem Tag, der so schicksalhaft für sie geworden war. Aber Genaueres war mir nie darüber erzählt worden. Das Zimmer war so voll von Spielzeug, daß es eher wie ein Spiel- als ein Schlafzimmer aussah. Mammi selbst putzte dieses Zimmer, und dabei haßte sie Hausarbeit. Wenn ich bloß Audrinas Zimmer sah, wußte ich, daß für sie nichts zu gut gewesen war, während in meinem Zimmer viel weniger Spielsachen waren. Ich fühlte mich betrogen, um eine richtige Kindheit betrogen. Audrina, die erste und beste, hatte mir meine Jugend gestohlen, und alle redeten so viel von ihr, daß ich mich an nichts erinnern konnte, was mich selbst betraf. Ich glaubte, daß mein Gedächtnis ihretwegen so viele Lücken aufwies.

Papa versuchte diese Lücken zu stopfen, indem er sich mit mir in ihren Schaukelstuhl setzte und sang, bis ich »zu einem leeren Krug wurde, der alles in sich aufnahm«.

Er wollte, daß ich ihre Erinnerungen übernahm, ihre besonderen Kräfte erhielt, denn sie war tot und brauchte sie nicht mehr.

Als wäre ein Geist noch nicht genug, hatten wir noch einen zweiten, der jeden Dienstag um vier Uhr erschien. »Teestunde« nannten wir Tante Mercy Maries Tag. Da hockte sie dann auf dem Klavier, auf ihrem Schwarzweißfoto in dem Silberrahmen; ihr fettes Gesicht strahlte, und ihre blaßblauen Augen starrten uns an, als könnte sie uns wirklich sehen. Dabei konnte sie es nicht. Sie war tot, und doch wieder nicht tot, genau wie meine tote Schwester.

Meine Tante und meine Mutter sprachen dann für Tante Mercy Marie. Durch sie wurden sie all das Böse los, das sie sich extra für die »Teestunde« aufgehoben hatten. Merkwürdigerweise genoß meine Cousine Vera diese dienstäglichen Teestunden so sehr, daß sie immer einen Grund fand, um die Schule zu schwänzen. Nur um all die häßlichen Dinge hören zu können, die meine Mutter und ihre Halbschwester sich vorwarfen. Sie waren die Schwestern Whitefern, und vor langer Zeit hatte das einmal etwas Wundervolles bedeutet. Jetzt bedeutete es etwas Trauriges, aber sie wollten mir nie genau sagen, was.

Früher war die Familie Whitefern die angesehenste Familie in unserem Teil von Virginia gewesen. Aus ihr gingen die Senatoren und Vizepräsidenten hervor. Aber sie hatten uns nicht nur den

Neid der Dorfbewohner, sondern auch aller anderen zugezogen; und jetzt wurde die Familie nicht mehr verehrt, ja, nicht einmal mehr respektiert.

Unser Haus lag fernab von jeglicher Stadt.

Das Dorf Whitefern war fünfzehn Meilen entfernt und über eine einsame Landstraße zu erreichen, aber wir fuhren nur selten hin. Es war, als wäre vor langer Zeit ein geheimer Krieg erklärt worden, und wir in unserem Schloß (wie Papa es gerne nannte) wurden von den ›Leibeigenen‹ aus dem Flachland gehaßt. Wenn überhaupt irgendeine Stelle in unserer Nähe als ›Hochland‹ bezeichnet werden konnte, dann war es der kleine Hügel, auf dem sich Whitefern erhob.

Papa mußte zu seinem Börsenmaklerbüro dreißig Meilen fahren. Alle Freunde, die wir hatten, wohnten in der Stadt. Unsere nächsten Nachbarn waren zwölf Meilen entfernt, wenn man über die Straße fuhr. Papa fuhr mit unserem einzigen Wagen zur Arbeit, und so blieben wir anderen ohne Transportmöglichkeit zurück. Immer wieder bedauerte meine Tante Elsbeth, daß sie ihr kleines Auto verkauft hatte, um dafür den Fernseher zu erstehen.

Meine Tante, die nie verheiratet war, liebte ihren Fernseher mit der 30-cm-Bildröhre. Sie erlaubte mir nur selten zuzusehen, aber ihre Tochter Vera konnte sich anschauen, was sie wollte, wenn sie aus der Schule heimkam. Das war auch wieder etwas, was ich nicht verstehen konnte: Warum durfte Vera zur Schule gehen und ich nicht? Für mich war die Schule gefährlich, nicht aber für Vera.

Natürlich schloß ich daraus, daß mit mir etwas nicht stimmen konnte. Meine Eltern mußten mich verstecken, damit ich sicher war sowohl vor anderen als auch vor mir selbst. Das war der Gedanke, der mir am meisten angst machte.

Im Alter von sieben Jahren, als andere Kinder in gelbe Schulbusse kletterten und kichernd und scherzend davonfuhren, saß ich am Küchentisch, und meine Mutter versuchte mir Lesen, Schreiben und Rechnen beizubringen. Sie spielte wunderbar Klavier, hatte aber nicht die Fähigkeit, jemandem etwas beizubringen, außer Klavierspielen. Zum Glück, oder vielleicht auch nicht, war meine Tante Elsbeth da, um zu helfen. Sie war früher einmal Lehrerin gewesen, immer bereit, jeden Jungen zu schlagen, der sie beleidigte. Doch dann war da ein Schlag zuviel gewesen, und die Eltern der Schüler hatten dafür gesorgt, daß meine Tante entlassen wurde. Sie hat noch viele Jahre lang versucht, eine neue

Stelle zu finden, aber vergebens. Meine Tante hatte ein feuriges Temperament und eine nervöse Hand.

Ebenso wie ihre Tochter Vera nutzte auch Tante Elsbeth jede Gelegenheit, unser Leben zu kritisieren. Sie erklärte häufig, daß wir alle genauso ›vorsintflutlich‹ seien wie das Haus, in dem wir lebten.

In meinen Träumen von zu Hause erhob sich Whitefern hoch und hell vor einem dunklen, stürmischen Himmel, ein erschreckender Anblick. Bei Nacht ängstigte mich das Haus, doch bei Tage hieß es mich mit offenen Armen willkommen. Ich hatte die Gewohnheit, draußen auf dem Rasen zu sitzen und die Größe Whiteferns zu bewundern. Es sah aus wie ein viktorianisches Hexenhaus mit seinen vielen Schnörkeln, der weißen, abblätternden Farbe und den dunklen, rissigen Fensterläden. Es war drei Stockwerke hoch, hatte einen Dachboden und ein Tiefgeschoß auf der rückwärtigen Seite, dort, wo der riesige Garten sich zum Lyle hin senkte. Wenn ich das Haus so anstarrte, dachte ich, daß ich vieles mit ihm gemein hätte. Wir waren eben beide vorsintflutlich.

Wir hatten unzählige Fenster, von denen viele mit schönen Butzenscheiben geschmückt waren. Die Schlagläden, die fast schon abfielen, waren so dunkelrot, daß es aus der Ferne fast schwarz aussah, wie getrocknetes Blut. Von außen waren die Balustraden an all den Balkonen, Veranden und Terrassen das Schönste, denn sie waren so gearbeitet, daß sie aussahen wie Farnkraut.

Genau in der Mitte des dunklen Daches befand sich eine runde Kuppel mit einem Kupferdach, das sich jetzt grün verfärbt hatte. Dieses Dach lief spitz zu, und ganz oben krönte es eine goldene Kugel, deren Goldauflage jedesmal ein wenig dünner wurde, wenn es regnete. Die Kuppel war etwa vierzehn Fuß im Durchmesser, und jedes einzelne ihrer zahlreichen Fenster war aus Bleiglas, auf dem Szenen dargestellt wurden, die die Engel des Todes und des Lebens zeigten.

Im Haus und im Garten wuchsen überall Farnkräuter. Es gab auch noch andere Pflanzen, aber der Farn schien alle Feuchtigkeit an sich zu ziehen, so daß die meisten schon nach kurzer Zeit eingingen.

Heimlich und leise spielte ich in der großen Eingangshalle meine kleinen, einsamen Spielchen. Das bunte Glas der Doppeltür am Eingang warf Muster auf den Boden. Manchmal waren es messerscharfe Farben, die in mein Gehirn drangen und dort Löcher hinterließen. Dann hatte ich noch die kleinen Verse, die Vera mir beigebracht hatte. Ich sagte sie auf, damit sie mich vor den Farben beschützten:

> Wenn du dem Schwarz trittst auf die Mitte,
> lebst du für immer in ärmlicher Hütte.
> Wenn du aber trittst auf Grün,
> wirst nie in Sauberkeit du blüh'n.
> Wenn du statt dessen trittst auf Blau,
> macht schwere Arbeit dir dein Leben grau.
> Wagst du dafür auf Gelb den Tritt,
> spielt dir das Schicksal übel mit.
> Trittst schließlich du auf Purpurrot,
> bedeutet das den frühen Tod.

Um nun nicht auf irgendeine Farbe treten zu müssen, schlich ich mich an den Wänden entlang, hielt mich im Schatten, lauschte auf die Uhren, die die falschen Zeiten angaben, und die albernen Kuckucke, die des Nachts verrückt spielten. Wenn ein kräftiger Wind blies, klapperten die Fensterläden, und die Böden knarrten, der Ofen im Keller hustete, spuckte und stöhnte, und die Mobiles in der Kuppel klingelten, klingelten.

Doch bei Tage fühlte ich mich in unserem Haus wie Alice in einem Haus aus Edelsteinen. Überall hingen Art-Deco-Lampen, und Kunstgegenstände standen herum. Tiffany-Lampen warfen noch mehr Farben und Muster an die Wände. Kristallzapfen hingen von Lampenschirmen herunter, von Kerzenhaltern und Gaslampen, fingen Farben ein, leuchteten in allen Regenbogenfarben, wenn sich ein Sonnenstrahl durch die Spitzenvorhänge ins Haus stahl.

In jedem Zimmer hatten wir einen Kamin. Es gab acht aus Marmor, viele aus elegant geschnitztem Holz, aber nicht einen aus Ziegelsteinen. Ziegelsteine waren nicht elegant genug für unser Haus, das Einfachheit zu verabscheuen schien.

Die Decken waren hoch und kunstvoll geschnitzt. Sie bildeten den Rahmen für biblische oder romantische Szenen. In den alten Tagen hatten die Menschen, so erschien es zumindest meinen jungen Augen, entweder zu viel oder zu wenig an. Ich staunte darüber, daß die biblischen Szenen gewöhnlich mehr Fleisch zeigten als die Bilder, auf denen die Menschen entschieden böse waren.

Man konnte kaum glauben, daß diese halbnackten Menschen ernsthaft versuchten, Gott zu folgen.

Nackte Busen von eindrucksvoller Größe stachen kühn in jedem Zimmer unseres Hauses hervor – mit einer Ausnahme, und das war in meinem Zimmer. George Washington und Thomas Jefferson und noch ein paar tote Präsidenten beäugten Tag für Tag die nackte Dame, die auf einem Sofa lag und sich für alle Zeiten Trauben in den offenen Mund fallen ließ. Nackte Babys flogen umher und schossen Pfeile ab. Die Männer verbargen ihre Nacktheit immer bescheiden hinter einem strategisch gut plazierten Blatt oder einem fließend drapierten Stück Stoff. Die Frauen waren nicht so geschickt, das zu verbergen, was sie hatten, dachte ich oft, wenn ich sie ansah. Sie blickten schüchtern, handelten aber kühn. Eines Tages war Tante Elsbeth hinter mich getreten und hatte verbittert erklärt, daß es nur natürlich sei, daß die Künstler die nackte, weibliche Gestalt ›ausbeuteten‹, da die meisten Maler Männer seien. »Beurteile die Frauen nicht nach dem, was du auf Gemälden und als Statuen siehst. Beurteile sie nur danach, was du selbst über die Frauen weißt, die in deinem Leben eine Rolle spielen. An dem Tag, an dem jeder Mann jede Frau versteht, wird die Welt untergehen. Männer sind hassenswerte Geschöpfe. Sie sagen, sie wünschen sich Göttinnen, die sie auf ein Podest erheben können. Wenn sie sie erst einmal dort haben, reißen sie ihr den Heiligenschein herunter, zerreißen ihre Gewänder und entfernen die Flügel, damit sie nicht mehr fliegen kann. Und dann treten sie das Podest fort, so daß die Frau ihnen zu Füßen fällt und die Männer aufschreien können, während sie sie treten oder – noch Schlimmeres mit ihnen tun.«

Wenn man meine Tante so reden hörte, hätte man meinen können, sie wäre mindestens ein dutzendmal verheiratet gewesen, und tausend Männer hätten sie enttäuscht. Dabei war es nur ein einziger Mann gewesen, soviel ich wußte.

Unsere Möbel gehörten verschiedenen Stilrichtungen an, aber alle waren ausgefallen und kunstvoll. Es schien so, als bemühte sich jeder Stuhl, jeder Tisch, jedes Sofa, jede Lampe, jedes Kissen darum, die anderen zu übertreffen. Tante Elsbeth schimpfte zwar auf die Möbel, aber Mammi nahm oft meine Hand und führte mich ehrfürchtig von einem Zimmer zum anderen, um mir zu erklären, daß dieser Tisch ›im Renaissance-Stil‹ gearbeitet war, hergestellt von Berkey und Gay, Grand Rapids, Michigan.

»Das sind alles Antiquitäten, Audrina. Sie sind alle ihr Gewicht in Gold wert. Das Bett in meinem Zimmer ist fünfhundert Jahre alt. Früher einmal haben Könige und Königinnen hinter seinen Vorhängen geschlafen.«

Hinter uns schnaubte meine Tante verächtlich und ungläubig.

Andere Leute hatten Strom in allen Zimmern; wir nur in der Küche und in den Badezimmern. In den anderen Zimmern benutzten wir Gaslampen, weil Mammi fand, daß sie ihrer Haut schmeichelten. Meine Tante fand sie Sch-- (aber ich durfte viele der Worte nicht benutzen, die meiner Tante so schnell über die Lippen kamen). Noch mehr als Gaslampen liebte meine Mutter brennende Kerzen und Holzscheite im Feuer, die knisterten und knackten und tanzende Schatten an die dunkel getäfelten Wände warfen. Unsere Küche fiel völlig aus dem Rahmen mit all den modernen Geräten, die das Leben für Mammi erträglich machten. Denn sie haßte jede Art von Arbeit, kochte aber liebend gern die Feinschmeckermenüs, die mein Vater so gern aß.

Von allen Zimmern liebten wir den neurömischen Salon am meisten. Dort lag Mammi in einem dünnen Negligée oder Sommerkleid auf der scharlachroten Samt-Chaiselongue, deren goldene Kordeln matt geworden waren und überall dort, wo sie nicht von Troddeln festgehalten wurden, abzufallen drohten. Mammi schien aber nicht zu bemerken, daß die Sprungfedern an ein paar Stellen herausstanden und daß die Polsterung herausquoll. In eleganter Haltung lag sie auf der Couch, las ihre Romane und hob gelegentlich die Augen, um verträumt in die Ferne zu starren. Ich vermutete, daß sie sich einbildete, in den Armen des hübschen Liebhabers zu liegen, der auf dem bunten Umschlag ihres Buches abgebildet war. Mutig nahm ich mir vor, eines Tages selbst solche Romane zu lesen, die gleichzeitig schön und böse sein mußten – aber woher ich wußte, daß es böse Bücher waren, hätte ich nicht sagen können, denn ich hatte noch niemals eines gelesen. Aber halbnackte Menschen auf dem Umschlag, das erschien mir schon sehr böse.

In Papas riesigem, runden Arbeitszimmer, das sich direkt unter der Kuppel befand, standen Tausende von uralten Büchern und viele schöne Ausgaben von Klassikern, die niemand außer Tante Elsbeth und mir las. Papa sagte, er hätte keine Zeit, sie zu lesen. Aber immer wieder fügte er der Sammlung neue Lederbände hinzu, als hoffe er, daß seine Freunde dächten, er würde sie lesen. Mammi versteckte ihre Taschenbücher im Schlafzimmerschrank und tat so, als würde auch sie die hochangesehenen, auf feinem Papier gedruckten und in Leder gebundenen Geschichten lieben.

Einige dieser klassischen Bücher beinhalteten wirklich Böses. Jedenfalls behauptete das meine Cousine Vera, die mich immer darüber aufklärte, was böse war und was nicht.

Ich hatte es gern, Mammi auf der Couch liegen zu sehen. Hinter ihr stand ein Konzertflügel, den ihr Vater ihr geschenkt hatte, als sie bei einem Musikwettbewerb den ersten Preis gewonnen hatte. Wie oft hat sie mir erzählt, daß sie in den besten Konzerthallen hätte spielen können. Aber Papa hatte keine Musikerin zur Frau gewollt. »Besser, du hast kein zu großes Talent, Audrina. Die Männer mögen es nicht, wenn eine Frau die Möglichkeit hat, mehr Geld zu verdienen als sie.« Ihre Hand schwebte abwärts. Ohne auch nur hinzusehen, fand sie genau das Stück Schokolade, das sie haben wollte, und steckte es sich in den Mund. Mein Vater befürchtete, sie würde zuviel Schokolade essen und fett werden. Aber das wurde sie nie.

Meine Mutter war groß und dort rundlich, wo eine Frau rundlich sein soll, und überall dort schlank, wo eine Frau schlank sein soll. Mein Papa hat mir oft erzählt, daß sie die schönste Frau an der Ostküste gewesen sei. Viele reiche und gutaussehende Männer hatten um die Hand meiner Mammi angehalten, aber es war Damian Jonathan Adare gewesen, der meiner Mutter mit seinem guten Aussehen und seinem gewinnenden Charme den Kopf verdreht hatte. »Er hat jeden anderen Mann in meinem Leben überragt, Audrina«, erzählte mir Mammi. »Als dein Vater von der See zurückkam, wurden alle Mädchen fast verrückt, einfach, weil er mit ihnen in einem Zimmer war. Und ich war natürlich glücklich, als er dann nur Augen für mich hatte.« Dann runzelte sie die Stirn, als wäre ihr gerade ein anderes Mädchen eingefallen, für das Papa ›Augen gehabt‹ haben könnte.

Vera scherzte gern darüber, daß mein Vater meine Mutter nur geheiratet habe, weil ihm ihre Haarfarbe so gut gefiel. »Hexenhaar«, nannte Vera Mammis und mein Haar. »Chamäleonhaar«, sagte Papa oft dazu. Es war merkwürdiges Haar, und manchmal dachte ich, daß Vera recht hatte. Unser Haar wußte einfach nicht, welche Farbe es haben wollte, und deshalb war es alles: flachsblond, weißgold, kastanienbraun, hellrot, goldbraun, kupfer und manchmal sogar weiß. Papa liebte die merkwürdige Farbe unseres Haares. Ich glaubte, er hätte Gott befohlen, mir das Haar mitzugeben, das ich hatte; wenn ER das nicht getan hätte, hätte Papa mich vielleicht wieder zurückgeschickt, denn die erste Audrina hatte dieses Haar auch gehabt.

Mein Papa war einsfünfundneunzig groß und gut zweihundert Pfund schwer. Er war der größte Mann, den ich je gesehen hatte. Aber Vera erzählte mir ständig, daß es viele Männer gab, die größer waren, vor allem Basketball-Spieler. Papas Haar war so schwarz, daß es im Sonnenlicht bläulich schimmerte. Er hatte wunderschöne, mandelförmige Augen, dunkelbraun, manchmal wirkten sie fast schwarz, und seine Wimpern waren so lang und dicht, daß sie künstlich zu sein schienen. Aber das waren sie nicht. Ich wußte es; ich hatte nämlich einmal versucht, sie abzureißen, nachdem ich gesehen hatte, wie Mammi sich falsche Wimpern angeklebt hatte. Seine Augen waren wie Öl, schreckhaft und wundervoll, vor allem, wenn sie glitzerten. Er hatte glatte, weiche Haut, die im Winter oft gerötet war und im Sommer dunkelbraun. Wenn Mammi böse auf Papa und seine selbstsüchtige Art war, mehr Geld für sich als für sie auszugeben, dann nannte sie ihn einen Stutzer und einen Gecken, aber ich wußte nicht, was diese Worte bedeuteten. Ich vermutete, daß es hieß, mein riesiger, mächtiger Papa sorgte sich mehr um Kleider als um Prinzipien.

Er hatte Angst davor, alt zu werden. Vor allem fürchtete er, sein Haar zu verlieren. Jeden Tag überprüfte er seine Bürste, zählte förmlich die Haare, die er fand. Viermal im Jahr ging er zum Zahnarzt. Der Arzt untersuchte ihn ebenso häufig wie der Zahnarzt. Papa jammerte über Kleinigkeiten, die niemand außer ihm selbst bemerkte, wie zum Beispiel seine dicken, hornigen Zehennägel, die er nur mit Mühe schneiden konnte. Aber wenn er lächelte, war sein Charme unwiderstehlich.

Prinzipien war ein weiteres Wort, das ich nicht verstand. Aber Mammi sagte oft, daß sie Papa fehlten. Wiederum vermutete ich, daß sie damit sagen wollte, daß Papa sich nahm, was er sich wünschte, und daß es besser war, wenn sich ihm niemand in den Weg stellte. Aber manchmal, wenn er mit mir zusammen war, war er zärtlich und liebevoll und ließ mir meinen Willen – aber nur manchmal. Es gab auch andere Zeiten – schreckliche Zeiten.

Als meine Tante mit Vera, die damals ein Jahr alt war, hierher zurückgekommen war, hatten sie abgemacht, daß Tante Elsbeth für Kost und Logis die Hausarbeit erledigen sollte, während meine Mutter das Kochen übernahm. Dummerweise wollte meine Tante kochen (was sie für einfacher hielt), statt die Hausarbeit zu erledigen, aber niemand hätte essen können, was meine Tante zubereitet hatte. Mammi verabscheute Hausarbeit, aber sie konnte einfach irgend etwas in einen Topf oder eine Schüssel werfen, und wenn es fertig war, schmeckte es einfach himmlisch. Papa sagte, sie wäre eine ›kreative‹ Köchin, weil sie den Geist des Künstlers in sich trug, während Ellie (nur er nannte sie so) dazu geboren war, die Sklavin eines Mannes zu werden. Oh, wie meine Tante ihn immer anfunkelte, wenn er so gemeine Sachen sagte.

Meine Tante war eine schreckliche Frau. Groß, schlank und gemein lautete Vaters Beschreibung. »Kein Wunder, daß dich kein Mann heiraten will«, neckte er sie oft. »Du hast die Zunge einer Xanthippe.« Aber sie hatte nicht nur eine spitze Zunge, die für Vera und mich gleichermaßen bissige Bemerkungen übrig hatte, sondern war auch schnell mit der Rute zur Hand. Zum Glück ließen meine Eltern uns selten mit ihr allein. In gewisser Weise schien es so, als würde meine Tante ihre eigene Tochter noch mehr verabscheuen als mich. Ich hatte immer geglaubt, daß Frauen dazu geboren sind, liebevolle Mütter zu werden. Aber wenn ich dann genauer darüber nachdachte, wußte ich nicht, wie ich darauf gekommen war. Mammi liebte es direkt, wenn meine Tante Vera züchtigte, denn dann konnte sie weit die Arme öffnen und Vera trösten, konnte wieder und wieder sagen: »Ist ja schon gut, ich liebe dich, auch wenn deine Mutter es nicht kann.«

»Das ist eben deine Schwäche, Lucietta«, erklärte meine Tante scharf. »Du kannst alles lieben.«

Als wäre ihre eigene Tochter weniger als ein Mensch.

Niemals verriet Tante Elsbeth, wer der Vater ihrer Tochter war. »Er war ein Lügner und Betrüger. Ich will mich nicht an seinen Namen erinnern«, schimpfte sie.

Es war so schwer zu verstehen, was in unserem Haus vorging. Da waren verräterische Strömungen wie in den Flüssen, die ins Meer führten, das nicht sehr weit von uns entfernt war.

Meine Tante war wirklich groß, ihr Gesicht war lang, und sie war knochig, obwohl sie dreimal soviel aß wie meine Mutter. Manchmal, wenn mein Papa ihr gemeine Dinge sagte, preßte meine Tante die Lippen zu einem ganz schmalen Strich zusammen. Ihre Nasenlöcher blähten sich auf, ihre Hände ballten sich zu Fäusten, als hätte sie ihn am liebsten geschlagen – wenn sie nur den Mut dazu gehabt hätte.

Vielleicht war es Tante Elsbeth, die unsere Freunde aus der Stadt davon abhielt, öfter zu kommen. Es mußte doch einen Grund dafür geben, daß sie nur kamen, wenn wir eine Party gaben. Mammi verglich unsere ›Freunde‹ mit Insekten, die aus dem Wald kämen, um sich am Picknick gütlich tun zu wollen. Papa bewunderte und liebte alle Parties, bis sie vorüber waren. Aber aus irgendeinem Grund schimpfte er danach auf Mammi und bestrafte sie für irgendeine Kleinigkeit, die er als ›gesellschaftlichen Fehltritt‹ bezeichnete, wie zum Beispiel einen gutaussehenden Mann zu lange anzusehen oder zu oft mit ihm zu tanzen. Oh, es war schwer, eine Ehefrau zu sein, davon konnte sie ein Liedchen singen. Man wußte nie genau, was man tun sollte, wie freundlich man sein durfte. Es wurde von Mammi erwartet, daß sie Klavier spielte, um die Leute zu unterhalten, während andere sangen oder tanzten. Aber sie durfte auch nicht so gut spielen, daß einige Leute zu weinen anfingen und ihr später sagten, wie dumm sie gewesen war, zu heiraten und ihre Karriere als Pianistin aufzugeben.

Aber niemals kamen unangemeldete Besucher in unser Haus. Auch Vertreter waren nicht zugelassen. Überall standen Schilder: »Vorsicht! Bissiger Hund!« und »Betreten verboten! Privatgrund!«

Häufig, wenn ich zu Bett ging, war ich unglücklich über mein Leben. Ich fühlte Strömungen, die mir die Füße unter dem Leib fortzuziehen drohten, und ich trieb dahin, zum Untergang und Tod durch Ertrinken verurteilt. Es kam mir vor, als hörte ich eine Stimme, die mir flüsternd erklärte, daß es viele Orte gab, zu denen ich gehen mußte. Aber ich ging niemals irgendwohin. Da konnte man Menschen kennenlernen, Spaß haben, aber ich wußte nichts davon. Ich wachte auf und hörte das Klingen der Mobiles, die mir wieder und wieder sagten, daß ich dort war, wo ich hingehörte. Und hier würde ich für alle Zeiten bleiben, und nichts, was ich auch tat, würde am Ende zählen. Schaudernd schlang ich die Arme um meine schmale Brust. In meinen Ohren hörte ich Papas Stimme, die wieder und wieder sagte: »Hierher gehörst du, hier zu deinem Papa, wo du sicher bist, in dieses Haus.«

Warum mußte ich auch eine ältere Schwester haben, die mit neun Jahren starb und jetzt tot in ihrem Grab lag? Warum mußte ich nach einem toten Mädchen benannt werden? Es schien sonderbar, unnatürlich. Ich haßte die erste Audrina, die unvergessene

Audrina, die gute und perfekte Audrina, die nie etwas Falsches tat. Und doch mußte ich sie ersetzen, wenn ich jemals einen festen Platz in Papas Herz erhalten wollte. Ich haßte das Ritual, jeden Sonntag nach der Kirche ihr Grab zu besuchen und Blumen hinzulegen, die wir beim Blumenhändler gekauft hatten. Als wären die Blumen aus unserem Garten nicht gut genug für sie.

Am Morgen lief ich zu Papa, und er hob mich hoch und hielt mich in den Armen, als all die Standuhren in der Halle tickten und tickten. Das ganze Haus war still wie ein Grab, als wartete es darauf, daß der Tod kam und uns alle mitnahm, so, wie er die erste und unvergessene Audrina geholt hatte. Oh, wie ich meine tote, ältere Schwester haßte und beneidete. Es war wie ein Fluch, ihren Namen tragen zu müssen.

»Wo sind die anderen?« flüsterte ich und sah mich ängstlich um.

»Im Hof. Es ist Samstag, mein Liebling. Ich weiß, daß die Zeit für dich nicht wichtig ist, aber für mich. Für besondere Menschen mit ungewöhnlichen Gaben ist die Zeit nie wichtig. Aber für mich sind die Stunden des Wochenendes die schönsten. Ich wußte, daß du Angst haben würdest, wenn du plötzlich ganz allein hier im Haus gewesen wärst. Deshalb bin ich drinnen geblieben, während die anderen schon hinausgegangen sind, um die Früchte ihrer Pflanzarbeit zu ernten.«

»Papa, warum kann ich mich nicht wie alle anderen Menschen an jeden Tag erinnern? Ich kann mich nicht an letztes Jahr erinnern oder an das Jahr zuvor – warum nicht?«

»Wir sind alle Opfer eines doppelten Erbes«, sagte er leise und streichelte über mein Haar, während er mich in der alten Wiege schaukelte, die meine Urururgroßmutter benutzt hatte, um ihre zwölf Kinder aufzuziehen. »Jedes Kind erbt Gene von beiden Eltern, und diese bestimmen ihre oder seine Haarfarbe, Augenfarbe und Charakterzüge. Wenn Babys auf die Welt kommen, werden sie von diesen Genen und ihrer besonderen Umgebung beherrscht. Du wartest immer noch darauf, die Gaben deiner toten Schwester zu übernehmen. Wenn du das erst getan hast, wird dir alles Gute und Schöne auf dieser Welt gehören, so wie es ihr gehört hat. Und während du und ich darauf warten, daß der wunderbare Tag kommt, an dem dein leerer Kelch sich gefüllt hat, tue ich mein möglichstes, um dir nur das Allerbeste zu geben.«

In diesem Augenblick kamen meine Tante und meine Mutter

in die Küche, gefolgt von Vera, die einen Korb mit frisch gepflückten Bohnen trug.

Tante Elsbeth mußte das meiste von dem, was Papa gesagt hatte, gehört haben, denn sie meinte ironisch: »Du hättest Philosoph statt Börsenmakler werden sollen, Damian. Dann würde vielleicht jemand auf deine Worte hören.«

Ich starrte sie an; aus meinem verräterischen Gedächtnis tauchte etwas auf, das ich vielleicht geträumt hatte, vielleicht auch nicht. Es hätte ein Traum sein können, der der ersten Audrina gehörte, die so klug, so schön und perfekt gewesen war. Aber ehe ich die Erinnerung festhalten konnte, war sie auch schon fort.

Ich seufzte, unglücklich über mich selbst und über die Erwachsenen, die mich beherrschten, über die Cousine, die darauf bestand, daß sie meine einzige Schwester sei, weil sie mir meinen Platz streitig machen wollte. Dabei war mir mein Platz schon längst von der ersten und unvergessenen Audrina gestohlen worden, der Audrina, die eine tote Audrina war.

Und jetzt sollte ich mich verhalten wie sie, sollte handeln wie sie, reden wie sie, sein wie sie... und was sollte aus meinem wirklichen Selbst werden?

Der Sonntag kam. Sobald der Gottesdienst vorüber war, fuhr Papa wie immer direkt zum Familienfriedhof in der Nähe unseres Hauses. Der Name Whitefern war in ein riesiges Tor gemeißelt, durch das wir nun langsam fuhren. Wir hatten alle unsere besten Kleider an und hielten teure Blumen in den Händen. Papa zerrte mich aus dem Wagen. Ich wehrte mich, haßte dieses Grab, das wir besuchen mußten, und dieses tote Mädchen, das mir alle Liebe der anderen genommen hatte.

Ich glaube, das war das erste Mal, daß ich mich klar an die Worte erinnern konnte, die Papa schon oft zuvor gesagt haben mußte. »Da liegt sie, meine erste Audrina.« Traurig starrte er auf das flache Grab mit dem schmalen Grabstein aus weißem Marmor, auf dem mein eigener Name stand – aber ihr Geburts- und Sterbedatum. Ich fragte mich, wann sich meine Eltern wohl von dem Schock ihres geheimnisvollen Todes erholen würden. Mir kam es so vor, als würde das nie der Fall sein, wenn sechzehn Jahre es nicht geschafft hatten, sie zu heilen. Ich konnte es nicht ertragen, den Grabstein anzusehen. Deshalb starrte ich in das hübsche Gesicht meines Vaters hoch über mir. So würde ich es nie mehr sehen, wenn ich erst einmal erwachsen war; das kräftige, eckige

Kinn von unten, dann die schwere, geschürzte Unterlippe, die Nasenlöcher und die langen Wimpern am unteren Augenrand, die sich mit den oberen mischten, als er blinzelte, um die Tränen zu unterdrücken. Es war, als würde ich zu Gott aufschauen.

Er schien so mächtig, als würde er alles beherrschen. Dann lächelte er mich wieder an. »Meine erste Audrina liegt in diesem Grab, mit neun Jahren gestorben. Diese wundervolle, ganz besondere Audrina – genauso wundervoll und besonders wie du. Zweifle niemals auch nur für einen Augenblick daran, daß du genauso wundervoll und begabt bist wie sie. Glaub an das, was Papa dir erzählt, und du wirst nie einen Fehler machen.«

Ich schluckte. Es tat mir immer in der Kehle weh, wenn wir dieses Grab besuchten und er mir von dieser Audrina erzählte. Natürlich war ich nicht wundervoll oder etwas Besonderes. Aber wie konnte ich ihm das sagen, wo er doch so davon überzeugt zu sein schien? In meiner kindlichen Art dachte ich mir, mein Wert für ihn hinge davon ab, wie wundervoll ich später sei würde.

»Oh, Papa«, weinte Vera und stolperte an seine Seite, umklammerte seine Hand. »Ich habe sie so geliebt, so sehr geliebt. Sie war so süß und wundervoll. Und so schön. Ich glaube, in einer Million Jahren gibt es niemanden mehr, der so ist wie deine erste Audrina.« Sie lächelte mir boshaft zu, um mir zu sagen, daß ich niemals so hübsch sein würde wie die erste und unvergessene und perfekte Audrina. »Und sie war so gut in der Schule. Es ist schrecklich, wie sie gestorben ist, einfach entsetzlich. Ich hätte mich so geschämt, wenn mir das zugestoßen wäre. So geschämt, daß ich lieber tot gewesen wäre.«

»Halt den Mund!« brüllte Papa so laut, daß die Enten auf dem Fluß davonflogen. Dann legte er hastig seine Blumen auf das Grab, nahm mich bei der Hand und zog mich zum Auto.

Mammi fing an zu weinen.

Aber ich wußte schon, daß Vera recht hatte. Welche wundervolle, besondere Gabe die erste Audrina auch gehabt hatte, sie war mit ihr in diesem Grab begraben.

Unter der Kuppel

Nicht erwünscht, nicht würdig, nicht hübsch und nichts Besonderes: Das waren die Worte, die ich dachte, als ich die Treppe hinauf in den Dachboden stieg. Ich wünschte, die erste Audrina wäre niemals geboren worden. Ich mußte durch Unmengen staubigen, alten Gerümpels steigen, ehe ich die rostige, eiserne Wendeltreppe erreichte, die mich durch eine eckige Öffnung im Boden führte, die einmal von einem Eisengitter geschützt worden war. Eines Tages wollte Papa es ersetzen.

In dem achteckigen Raum lag ein rechteckiger Orientteppich, karmesinrot, gold und blau. Immer, wenn ich hier heraufkam, kämmte ich mit meinen Fingern die Fransen, so wie Papa oft mit seinen Fingern durch sein dunkles Haar fuhr, wenn er wütend oder enttäuscht war. In der Kuppel gab es keine Möbel, nur ein Kissen, auf dem ich sitzen konnte. Das Sonnenlicht fiel durch die bunten Glasfenster auf den Teppich und verwirrte mit seinem bunten Schein die Muster. Auch meine Arme und Beine waren gemustert, das sah aus wie Tätowierungen. Hoch droben hingen unter der Mitte des spitzen Daches lange Rechtecke aus buntem Glas – chinesische Windspiele, Mobiles an scharlachroten Seidenfäden. Sie hingen so hoch, daß sie sich niemals im Wind bewegten, und doch hörte ich sie oft klingeln, klirren. Wenn sie sich doch nur ein einziges Mal bewegen würden, wenn ich hinaufsah, dann könnte ich glauben, daß ich nicht verrückt war.

Ich ließ mich auf das Kissen, das auf dem Teppich lag, fallen und fing an, mit den alten Papierpuppen zu spielen, die ich an den Wänden entlang aufgestellt hatte. Jede einzelne hatte ihren Namen nach jemandem bekommen, den ich kannte. Aber da ich nicht viele Leute kannte, hatten viele der Papierpuppen denselben Namen. Aber nur eine einzige hieß Audrina. Ich schien mich schwach zu erinnern, daß es einmal Männer- und Knabenpuppen gegeben hatte, aber jetzt hatte ich nur noch Mädchen und Damen.

Ich war so in meine Gedanken vertieft, daß ich nichts hörte, bis plötzlich eine Stimme hinter mir fragte: »Denkst du über mich nach, süße Audrina?«

Mein Kopf fuhr herum. Da stand Vera in dem verwunschenen, bunten Licht der Kuppel. Ihr glattes Haar hatte die Farbe einer bleichen Aprikose. Noch nie hatte ich eine solche Farbe gesehen, aber das war in unserer Familie nichts Ungewöhnliches. Ihre Augen waren dunkel wie die Augen ihrer Mutter und meines Vaters.

Die Lichtstrahlen, die sich in den vielen bunten Fenstern brachen, warfen bunte Muster auf den Boden, tätowierten Muster in ihr Gesicht. Deshalb war ich sicher, daß meine Augen genauso leuchteten wie ihre, wie Juwelen. Die Kuppel war ein verzauberter Ort.

»Hörst du mir zu, Audrina?« fragte sie leise. »Warum sitzt du hier und antwortest nicht? Hast du die Sprache genauso verloren wie dein Gedächtnis?«

Ich haßte es, daß sie in der Kuppel war. Dies hier war mein eigener Raum, hier versuchte ich herauszufinden, an was ich mich nicht mehr erinnern konnte, während ich die Puppen hin und her schob, als wären sie meine Familie. Ehrlich gesagt: Ich spielte mit den Puppen die Jahre meines Lebens und versuchte auf diese Weise hinter das Geheimnis zu kommen, das sich mir immer wieder entzog. Eines Tages, eines wunderbaren Tages, so hoffte ich, würde ich diesen Puppen alles entlocken. Dann hätte ich mein eigenes Ich und wäre genauso wundervoll, wie meine tote Schwester gewesen war.

Veras linker Arm war bis vor kurzem noch eingegipst. Sie bewegte ihn jetzt ganz vorsichtig, als sie in mein kleines Heiligtum eindrang.

Trotz meines immer wiederkehrenden Hasses auf Vera tat es mir doch leid, daß sie sich den Arm brechen konnte, wenn sie damit an etwas Hartes stieß. Sie hatte sich angeblich schon elfmal einen Knochen gebrochen und ich noch nie! Ein kleiner Stoß gegen einen Tisch, und schon brach ihr Handgelenk. Ein leichter Anprall, und riesige, purpurrote Flecken zeichneten ihre Haut – wochenlang. Wenn sie aus ihrem Bett auf einen weichen Teppich fiel, brach sie sich immer noch ein Bein, einen Knöchel, einen Unterarm, irgend etwas.

»Tut dein Arm noch weh?«

»Sieh mich nicht so mitleidig an!« fauchte Vera, hinkte in die Kuppel und hockte sich dann ungeschickt hin. Ihre dunklen Augen bohrten sich in meine. »Ich habe zerbrechliche Knochen, zarte, kleine Knochen, und wenn sie so leicht brechen, dann liegt das daran, daß ich mehr blaues Blut habe als du.«

Sollte sie ihr blaues Blut doch behalten, wenn das mindestens zweimal im Jahr gebrochene Knochen bedeutete. Manchmal, wenn sie so gemein zu mir war, dachte ich, Gott wollte sie bestrafen. Und manchmal hatte ich auch ein schlechtes Gewissen, weil meine Knochen so hart waren und nicht brechen wollten, wenn ich hin und wieder hinfiel.

›Ob wohl die erste, beste und perfekteste Audrina auch so aristokratisch wie Vera gewesen ist?‹ fragte ich mich wieder einmal.

»Und natürlich tut mein Arm noch weh!« kreischte Vera, und ihre dunklen Augen blitzten rot, blau und grün. »Es tut verteufelt weh!« Jetzt jammerte sie. »Wenn dein Arm gebrochen ist, fühlst du dich plötzlich so hilflos. Es ist wirklich noch viel schlimmer als ein gebrochenes Bein, weil es so viele Dinge gibt, die du nicht mehr tun kannst. Ich verstehe nicht, warum deine Knochen nicht viel eher brechen als meine, wo du doch nicht viel ißt... aber das liegt wohl daran, daß du die Knochen eines Bauern hast.«

Ich wußte nicht, was ich sagen sollte.

»In meiner Klasse ist ein Junge, der sieht mich immer so mitfühlend an; und er trägt auch meine Bücher und unterhält sich mit mir und stellt mir alle möglichen Fragen. Er sieht so gut aus, du kannst es dir nicht vorstellen. Er heißt Arden Lowe. Ist das nicht ein ungewöhnlicher und romantischer Name für einen Jungen? Audrina, ich glaube, er hat sich in mich verliebt... und er hat mich schon zweimal in der Garderobe geküßt.«

»Was ist eine Garderobe?«

»Mensch, bist du doof! Eine kleine Spinnerin, das ist Papas süße Audrina!« Sie kicherte, als sie mir den Fehdehandschuh hinwarf. Aber ich wollte nicht streiten, und so erzählte sie mir mehr von ihrem Freund namens Arden Lowe. »Seine Augen sind bernsteinfarben, die hübschesten Augen, die ich je gesehen habe. Wenn man sie aus der Nähe sieht, kann man sogar kleine grüne Flecken in ihnen sehen. Sein Haar ist dunkelbraun mit einem rötlichen Schimmer, wenn die Sonne darauf fällt. Klug ist er auch. Er ist ein Jahr älter als ich, aber das heißt nicht, daß er dumm ist. Er ist eben viel gereist und deshalb in der Schule ein bißchen zurückgeblieben.« Sie seufzte und schien verträumt.

»Wie alt ist Arden Lowe?«

»Gestern war ich zwanzig, also war Arden natürlich jünger. Ihm fehlt mein Talent, immer das Alter zu haben, was ich gerade haben will. Ich schätze, er ist elf, eine Art Baby, wenn ich zwanzig bin. Aber so ein hübsches Baby.« Sie lächelte mir zu, aber ich wußte verdammt gut, daß sie nicht älter sein konnte als ... zwölf? Ich wandte mich wieder meinen Puppen zu.

»Audrina, du liebst diese Puppen mehr als mich.«

»Nein, tu' ich nicht ...« Aber ich war mir da gar nicht so sicher, nicht einmal jetzt, als ich es sagte.

»Dann gib mir die Knaben- und Männerpuppen.«

»Alle Knaben- und Männerpuppen sind fort«, antwortete ich mit merkwürdiger, zögernder Stimme, so daß Vera die Augen aufriß.

»Wohin sind denn all die Männerpuppen verschwunden, Audrina?« flüsterte sie mit einer so unheimlichen Stimme, daß ich schauderte.

»Ich weiß nicht«, flüsterte ich zurück, irgendwie verängstigt. Mit furchtsamen Augen blickte ich mich schnell um. Klimperklimper machten die Mobiles über mir, während sie ganz ruhig hingen. Ich verkrampfte mich innerlich noch mehr. »Ich dachte, du hättest sie dir genommen.«

»Du bist ein böses Mädchen, Audrina. Wirklich, ein böses Mädchen. Eines Tages wirst du herausfinden, wie böse, und dann wirst du sterben wollen.« Sie kicherte und wich zurück.

Was stimmte nicht mit mir, daß sie mich immer wieder verletzen wollte? Oder stimmte mit ihr etwas nicht? Würden wir die Geschichte wieder und wieder nachvollziehen, wie meine Mutter und ihre Schwester?

Veras bleiches Gesicht grinste mich boshaft an. Es schien alles Böse zu zeigen. Als sie den Kopf wandte, spielten die Farben auf ihrem Haar. Ihr aprikosenfarbenes Haar wurde erst rot, dann blau mit lila Streifen. »Gib mir deine ganzen Puppen, auch wenn die besten schon zur Hölle gefahren sind.« Sie streckte sich, um ein halbes Dutzend der Puppen an sich zu reißen, die ihr am nächsten waren.

Blitzschnell riß ich ihr die Puppen aus den Händen. Dann sprang ich auf die Füße, lief umher und sammelte alle anderen Puppen ein. Vera kroch mir nach, um meine Beine mit ihren langen Fingernägeln, die immer messerscharf zugefeilt waren, zu zerkratzen. Aber es gelang mir, sie von mir fernzuhalten, indem ich einen Fuß gegen ihre Schulter stemmte, während ich die restlichen Puppen einsammelte. Jetzt hatte ich beide Hände voll, stieß Vera mit dem Fuß an, daß sie auf den Rücken fiel, und hastete auch schon mit halsbrecherischer Geschwindigkeit die Wendeltreppe hinab. Ich war sicher, daß sie mich nicht einholen konnte. Doch da hörte ich sie direkt hinter mir. Sie kreischte meinen Namen, befahl mir, stehenzubleiben. »Wenn ich falle, ist das deine Schuld, ganz allein deine Schuld!« Sie fügte noch ein paar schmutzige Worte hinzu, die ich nicht verstand.

»Du liebst mich nicht, Audrina«, hörte ich sie heulen. Die harten Sohlen ihrer Schuhe klapperten über die Metallstufen. »Wenn du mich wirklich wie eine Schwester lieben würdest, dann würdest du tun, was ich will, und mir alles geben, was ich haben möchte, um mich für den Schmerz zu entschädigen, den ich erdulden muß.« Ich hörte sie stehenbleiben und nach Luft ringen. »Audrina, wag ja nicht, diese Puppen zu verstecken! Wag es ja nicht! Sie gehören mir genauso wie dir!«

Nein, das taten sie nicht. Ich war es, die sie in einer alten Truhe gefunden hatte. Es gab eine Regel, daß der Finder die Fundsache behalten darf, und ich glaubte an Regeln und Maximen. Sie waren alt und im Laufe der Zeit erprobt.

Es war leicht, mich vor Vera zu verstecken, als sie unbeholfen die steile, schmale Treppe hinabstieg. Ich stopfte die Puppen und all ihre farbenprächtigen Kostüme unter ein loses Bodenbrett, als ich Vera schreien hörte.

O je! Sie war schon wieder gestürzt. Ich lief zu ihr. Sie lag zusammengekrümmt am Boden, das eine Bein grotesk abgewinkelt. Es war das linke Bein, das Bein, das sie schon zweimal gebrochen hatte. Ich fuhr zurück, als ich ein Stück Knochen aus dem Fleisch ragen sah. Blut spritzte aus der Wunde.

»Es ist deine Schuld«, stöhnte sie. Ihr hübsches Gesicht war vor Schmerz verzerrt und häßlich. »Es ist deine Schuld, weil du mir nicht gegeben hast, was ich haben wollte. Es ist immer deine Schuld, wenn mir etwas Schlechtes zustößt, immer nur deine Schuld. Manchmal sollte mir jemand das geben, was ich haben will.«

»Ich gebe dir die Puppen jetzt«, sagte ich leise, angesichts ihres Schmerzes bereit, ihr alles zu geben, was sie haben wollte. »Ich laufe nur schnell deine und meine Mutter holen, ehe –«

»Ich will deine verdammten Puppen nicht mehr!« schrie sie. »Hau bloß ab, und laß mich in Ruhe! Wenn du nicht wärst, hätte ich alles haben können. Eines Tages wirst du für alles bezahlen, was du mir gestohlen hast, Audrina. Ich sollte die Erste und Beste sein, nicht du!«

Mir war ganz übel, als ich sie so allein zurücklassen mußte, wie sie dalag, das Bein gebrochen, blutend. Dann bemerkte ich, daß auch ihr linker Arm merkwürdig verdreht war. O Gott! Er war auch wieder gebrochen. Jetzt hatte sie ein gebrochenes Bein und einen gebrochenen Arm. Aber dennoch hatte Gott Vera keine Demut beigebracht, die er mich gelehrt hatte – und gründlich gelehrt hatte ...

Woher wußte ich das?

Ich flog die Treppe hinab und stieß mit Papa zusammen. »Habe ich dir nicht verboten, in die Kuppel zu gehen?« fuhr er mich an, packte meinen Arm und versuchte mich davon abzuhalten, zu meiner Mutter zu laufen. »Geh nicht noch einmal dort hinauf, ehe ich das Gitter wieder angebracht habe. Du könntest fallen und dich verletzen.«

Ich wollte nicht diejenige sein, die Papa von Veras gebrochenen Knochen erzählte. Aber ich mußte es tun, da er meinen Arm nicht los ließ. »Sie liegt da oben und blutet, Papa. Wenn du mich nicht losläßt, stirbt sie vielleicht.«

»Das bezweifle ich«, sagte er. Trotzdem rief er Mammi zu: »Ruf den Rettungsdienst an, sie sollen einen Krankenwagen schicken, Lucky. Vera hat sich schon wieder die Knochen gebrochen. Meine Versicherung wird mir noch kündigen, wenn das so weitergeht.«

Doch obwohl er sich jetzt so unwirsch zeigte, war es dann Papa, der Vera beruhigte und neben ihr im Krankenwagen saß und ihre Hand hielt, während er mit der andern ihre Tränen fortwischte. Da lag sie nun auf der Bahre in einem Krankenwagen, der ihr schon sehr vertraut war, und befand sich wieder einmal auf dem Weg ins nächste Krankenhaus, wo man ihr noch einmal den Arm eingipsen würde und das Bein auch.

Ich stand an der Haustür und sah zu, wie der Krankenwagen um die Ecke bog. Sowohl meine Mutter als auch meine Tante weigerten sich, noch einmal mit ins Krankenhaus zu fahren und die langen Stunden des Wartens durchzustehen. Als Vera sich das letzte Mal das Bein gebrochen hatte, hatte der Arzt gesagt, daß es nicht noch einmal brechen dürfe, da es sonst vielleicht nicht so wachsen würde wie das andere.

»Schau doch nicht so traurig, Liebes«, tröstete Mammi mich. »Es war nicht deine Schuld. Wir haben Vera so oft gewarnt, diese Wendeltreppe hinaufzusteigen. Darum bitten wir dich ja auch immer, nicht dort hinaufzugehen, weil sie dir doch früher oder später folgen wird, um zu sehen, was du machst. Was die Ärzte angeht, die sagen immer nur das Schlimmste voraus, weil sie denken, daß wir dankbar seien, wenn es nicht wahr wird. Veras Bein wird wachsen und genauso lang werden wie das andere... aber Gott allein weiß, wie sie es schafft, sich immer dasselbe zu brechen.«

Tante Elsbeth sagte überhaupt nichts. Es schien so, als beschäftigten sie die gebrochenen Knochen ihrer Tochter auch nicht annähernd so sehr wie die Suche nach einem Staubsauger, den sie schließlich im Schrank unter der Treppe fand. Sie machte sich auf den Weg zum Eßzimmer, in dem sechs Präsidenten hingen, die eine nackte Dame anstarrten.

»Kann ich dir irgendwie helfen, Tante Elsbeth?« fragte ich.

»Nein!« fuhr meine Tante mich an. »Du hast ja keine Ahnung, wie man irgendwas richtig macht. Am Ende hat man dann nur noch mehr Arbeit. Warum, zum Teufel, hast du Vera die Papierpuppen nicht gegeben, als sie darum gebeten hat?«

»Weil sie sie doch nur zerrissen hätte.«

Meine Tante warf mir einen wütenden Blick zu, dann meiner Mutter, die die Arme um mich gelegt hatte, und schließlich ging sie, den Staubsauger hinter sich, den Flur entlang und verschwand.

»Mammi«, flüsterte ich, »warum lügt Vera immer? Sie hat Papa erzählt, ich hätte sie die Treppe hinuntergestoßen, aber ich war nicht einmal in ihrer Nähe. Ich war auf dem Dachboden und hab' die Puppen versteckt, während sie die Treppe herunterkam. Sie ist auch in der Schule gestürzt, und sogar damals hat sie behauptet, ich hätte sie geschubst. Mammi, warum sagt sie das? Wo ich doch überhaupt nicht zur Schule gehe? Warum darf ich nicht zur Schule gehen? Ist die erste Audrina zur Schule gegangen?«

»Ja, natürlich«, antwortete Mammi, und es hörte sich an, als hätte sie einen Frosch verschluckt. »Vera ist ein furchtbar trauriges kleines Mädchen. Deshalb lügt sie. Ihre Mutter kümmert sich kaum um sie, und Vera weiß, daß wir dich sehr liebhaben. Aber es ist so schwer, ein ungezogenes, haßerfülltes Mädchen liebzuhaben, obwohl wir uns alle wirklich viel Mühe geben. Vera hat einen grausamen Zug an sich, der mir große Sorgen macht. Ich habe solche Angst, daß sie etwas tun wird, um dir weh zu tun, uns allen weh zu tun.« Ihre hübschen, veilchenblauen Augen starrten ins Nichts. »Es ist zu schade, daß deine Tante hierherkommen mußte. Wir brauchen sie und Vera nicht, um unser Leben noch komplizierter zu machen.«

»Wie alt ist Vera, Mammi?«

»Was hat sie dir denn gesagt, wie alt sie sei?«

»Manchmal sagt sie, sie ist zehn, manchmal sagt sie, sie ist zwölf, und manchmal auch sechzehn oder sogar zwanzig. Mammi, sie lacht, als ob sie sich über mich lustig macht... weil ich wirklich nicht weiß, wie alt ich selbst bin.«

»Aber natürlich weißt du, daß du sieben bist. Haben wir dir das nicht wieder und wieder gesagt?«

»Aber ich kann mich nicht an meinen siebten Geburtstag erinnern. Haben wir ihn gefeiert? Und feiert Vera ihren Geburtstag? Ich kann mich an keine einzige Feier erinnern.«

»Vera ist drei Jahre älter als du«, sagte Mammi schnell. »Wir können uns Geburtstagsfeiern nicht mehr leisten. Nicht, weil wir kein Geld dafür haben – aber du weißt ja, daß Geburtstagsfeste tragische Erinnerungen wecken. Weder dein Vater noch ich können den Gedanken an Geburtstagsfeiern ertragen. Deshalb haben wir alle nie mehr Geburtstag und behalten das Alter, das uns am besten gefällt. Ich werde zweiunddreißig bleiben.« Sie kicherte und küßte mich wieder. »Das ist ein hübsches Alter, nicht zu jung und nicht zu alt.«

Aber mir war es ernst, und ich hatte die Ausflüchte satt. »Dann hat Vera meine tote Schwester gekannt, ja? Sie sagt das jedenfalls. Aber wie kann sie das, wenn sie nur drei Jahre älter ist als ich?«

Wieder wirkte meine Mutter bekümmert. »In gewisser Weise hat sie sie gekannt. Weißt du, wir haben soviel von ihr gesprochen. Vielleicht reden wir immer noch zuviel über sie.«

Und so ging es immer, Ausflüchte, aber keine Enthüllungen, wenigstens nicht die, die ich mir wünschte, an die ich hätte glauben können.

»Wann darf ich zur Schule?« fragte ich.

»Eines Tages«, murmelte Mammi, »schon bald...«

»Aber, Mammi«, beharrte ich und folgte ihr in die Küche, wo ich half, das Gemüse für den Salat zu schneiden. »Ich falle doch nicht immer hin und breche mir die Knochen. Also wäre ich in der Schule sicherer als Vera.«

»Nein, du fällst nicht«, sagte sie mit belegter Stimme. »Ich glaube, dafür sollten wir dankbar sein – aber du hast andere Möglichkeiten, dir selbst weh zu tun, nicht wahr?«

Hatte ich die?

Papas Traum

Noch ehe die Dunkelheit der Dämmerung folgen konnte, war Papa schon aus dem Krankenhaus zurück und trug Vera in den neurömischen Salon. Als wenn Vera so leicht wie eine Feder wäre – selbst mit dem hüftlangen Gips an ihrem linken Bein und dem frischen Gips an ihrem linken Arm –, legte Papa sie vorsichtig und liebevoll auf die purpurfarbene Samtcouch, die Mammi so liebte. Vera schien sehr glücklich mit der großen Pralinenschachtel, die sie auf dem Heimweg vom Krankenhaus schon zur Hälfte leergegessen hatte. Sie bot mir nichts an. Also stand ich da und wünschte mir sehnsüchtig, wenigstens eine Praline zu bekommen. Dann sah ich, daß Papa ihr auch ein neues Puzzle gekauft hatte, das sie mit ihrem rechten, gesunden Arm zusammenfügen konnte. »Schon gut, Liebling«, besänftigte er mich. »Ich habe dir auch Pralinen und ein Puzzle mitgebracht. Aber du solltest dankbar sein, daß du nicht fallen und dir die Knochen brechen mußt, um ein bißchen Aufmerksamkeit und Liebe zu bekommen.«

Augenblicklich warf Vera ihr Puzzle fort und schob die Pralinen vom Tisch. »Aber, aber«, beruhigte Papa sie, hob die Schachtel auf und reichte sie ihr. »Dein Puzzle ist sehr groß. Audrinas ist nur klein. Und du hast eine Schachtel mit zwei Pfund Süßigkeiten, und Audrinas Schachtel wiegt nur ein Pfund.«

Wieder glücklich grinste Vera mich an. »Danke, Papa. Du bist so gut zu mir.« Sie streckte die Arme nach ihm aus, damit er sie küßte. Ich krümmte mich innerlich, haßte sie, weil sie ihn Papa nannte, wo er doch gar nicht ihr Vater war, sondern meiner. Ich nahm ihm den Kuß übel, den er ihr auf die Wange drückte, ebenso wie die große Schachtel Pralinen und das größere Puzzle, das auch noch schönere Farben hatte als das, was Papa mir gegeben hatte.

Unfähig, sie noch länger anzusehen, schlenderte ich hinaus auf die Veranda und starrte zum Mond empor, der über dem dunklen Wasser aufging. Es war ein Viertelmond, den Papa Hornmond nannte, und ich bildete mir ein, das Profil vom Mann im Mond sehen zu können, der alt und gebrechlich aussah. Der Wind, der durch die Sommerblätter rauschte, klang nach Einsamkeit und erzählte mir, daß die Blätter bald sterben würden, der Winter kommen würde. Dabei hatte ich den Sommer überhaupt noch nicht genossen. Ich konnte mich schwach an glücklichere, heißere

Sommer erinnern, und doch sah ich sie nicht deutlich vor mir. Ich schob eine Praline in den Mund, obwohl wir noch zu Abend essen mußten. Dieser August kam mir eher wie ein Oktober vor, ja, wirklich.

Als hätte er mich rufen gehört, kam Papa heraus und setzte sich neben mich. Er atmete den Wind tief ein, wie er es immer tat. Eine alte Angewohnheit aus seiner Zeit bei der Marine, hatte er mir oft erklärt.

»Papa, warum fliegen diese Gänse nach Süden, wenn es noch Sommer ist? Ich dachte, sie fliegen erst im Spätherbst.«

»Ich vermute, daß die Gänse mehr über das Wetter wissen als wir, und sie versuchen uns etwas zu sagen.« Sanft streichelte er mir übers Haar.

Ich wollte gerade noch eine Praline essen, als er sagte: »Iß nicht mehr als eine davon.« Seine Stimme war immer viel sanfter, wenn er mit mir sprach, freundlicher, als wären meine Gefühle so empfindlich wie Veras Knochen. »Ich habe gesehen, wie eifersüchtig du geschaut hast, als ich Vera einen Kuß gegeben habe. Du hast die Geschenke übelgenommen, die ich ihr gemacht habe. Aber irgend jemand muß sie trösten, wenn sie leidet. Und du weißt doch, daß nur du das Licht meines Lebens bist.«

»Du hast die erste Audrina lieber gehabt«, würgte ich heraus. »Ich werde nie so sein wie sie, Papa, ganz gleich, wie oft du mich in diesem Stuhl schaukelst. Warum muß ich denn so sein wie sie? Warum kannst du mich nicht nehmen, wie ich bin?«

Mit dem Arm um meine Schultern erklärte er mir wieder, daß er mir nur Selbstvertrauen schenken wollte. »In diesem Stuhl ruht ein Zauber, Audrina. Ich liebe dich, so wie du bist. Ich möchte dir nur darüber hinaus noch etwas geben, das sie nicht mehr braucht. Wenn du gebrauchen kannst, was sie hatte, warum nicht? Dann würde sich dein Gedächtnis, das jetzt noch wie ein Sieb ist, füllen, und ich würde mich so für dich freuen.«

Ich glaubte nicht daran, daß man aus diesem Stuhl etwas gewinnen konnte. Es war nur wieder eine weitere Lüge, die mich mit Entsetzen und ihn mit Hoffnung erfüllte. Seine Stimme nahm einen bittenden Ton an. »Ich brauche jemanden, der von ganzem Herzen an mich glaubt, Audrina. Ich brauche von dir das Vertrauen, das sie mir geschenkt hat. Das ist die einzige Gabe, die dir fehlt. Ihre Art, Vertrauen in mich zu setzen, an mich zu glauben wie an sich selbst. Deine Mutter liebt mich, das weiß ich.

Aber sie glaubt nicht an mich. Jetzt, wo meine erste Audrina nicht mehr ist, brauche ich dich, damit du mir das gibst, was einst in mir das Gefühl erweckt hat, rein und wunderbar zu sein. Ich möchte, daß du mich so brauchst, wie sie mich gebraucht hat. Mir vertraust, wie sie mir vertraut hat. Denn wenn du nur das Beste erwartest, dann wirst du auch nur das Beste bekommen.«

Das war nicht wahr! Ich riß mich aus seiner Umarmung. »Nein, Papa. Wenn sie wirklich nur das Beste erwartet hätte und wenn sie dir so vertraut hat, warum ist sie dann gegen deinen Willen in den Wald gegangen? Hat sie das Beste erwartet an dem Tag, als sie tot unter dem Goldregen gefunden wurde?«

»Wer hat dir das erzählt?« fuhr er mich scharf an.

»Ich weiß es nicht!« rief ich, verwirrt, als ich meine eigenen Worte hörte. Ich wußte nicht einmal, was ein Goldregen war. Sein Gesicht senkte sich in mein Haar, während seine Hände meine Schultern so fest umklammerten, daß es schmerzte. Als er schließlich Worte fand, hörte es sich an, als wäre er meilenweit entfernt, wie der warme Ort, zu dem diese Gänse gezogen waren. »In gewisser Weise hast du recht. Vielleicht hätten deine Mutter und ich sie eindringlicher warnen sollen. Aber wir waren einfach verlegen und haben unserer ersten Audrina nicht genug erzählt. Aber nichts davon war ihre Schuld.«

»Nichts wovon, Papa?«

»Abendessen«, rief Mammi, als hätte sie zugehört und genau gewußt, wann es Zeit war, unsere Unterhaltung zu unterbrechen. Meine Tante saß bereits an dem runden Tisch im Eßzimmer der Familie und machte ein finsteres Gesicht, als Papa Vera ins Zimmer trug. Vera sah sie ebenso funkelnd an. Meine Tante schien ihre Tochter nur zu mögen, wenn sie nirgends zu sehen war. In Gegenwart von Papa konnte sie so grausam zu Vera sein, daß sogar ich zusammenzuckte. Zu mir war sie nicht so gemein. Meistens behandelte sie mich gleichgültig, außer wenn es mir gelang, sie irgendwie zu verärgern, was häufig der Fall war.

Papa zog Vera an sich, ehe er am Kopf der Tafel Platz nahm. »Fühlst du dich schon besser, Liebes?«

»Ja, Papa«, antwortete sie mit einem strahlenden Lächeln. »Ich fühle mich jetzt prima.«

Kaum sagte sie das, als Papa mich anstrahlte. Er zwinkerte mir zu, und ich bin überzeugt, daß Vera es gesehen hat. Sie schlug die Augen nieder und starrte auf ihren Teller. Sie weigerte sich, ihre

Gabel zu nehmen und zu essen. »Ich habe keinen Hunger«, erklärte sie, als meine Mutter sie zu überreden versuchte.

»Iß jetzt«, befahl Tante Elsbeth, »oder du bekommst erst wieder zum Frühstück etwas. Damian, du hättest wissen sollen, daß du den Kindern nichts Süßes vor dem Essen geben darfst.«

»Ellie, du gehst mir auf die Nerven. Vera wird schon nicht an Unterernährung sterben. Morgen stopft sie sich wieder so voll, wie sie es vor ihrem Sturz getan hat.«

Er streckte den Arm aus, um Veras blasse, lange Finger zu drücken. »Nun komm schon, Liebes, iß. Zeig deiner Mutter, daß du doppelt soviel vertragen kannst wie sie.«

Vera fing an zu weinen.

Wie schrecklich, daß Papa so grausam sein konnte! Nach dem Essen lief ich genau wie Mammi die Treppe hinauf, warf mich auf mein Bett und heulte aus vollem Hals. Ich wünschte mir ein einfaches Leben mit festem Boden unter den Füßen. Aber alles, worauf ich stand, war Treibsand. Ich wünschte mir Eltern, die ehrlich und beständig waren, nicht so launisch, daß ich mich nie darauf verlassen konnte, ob ihre Liebe nicht nur ein paar Minuten anhielt.

Eine Stunde später hallte der Flur von Papas schweren Schritten wider. Er machte sich nicht die Mühe zu klopfen, er riß einfach so heftig die Tür auf, daß der Griff noch eine Kerbe in die Wand schlug. Es gab zwar einen Schlüssel zu der Tür, aber ich wagte nie, ihn zu benutzen, aus Angst, mein Vater würde die Tür eintreten, wenn ich es tat. Papa betrat mein Zimmer in einem neuen Anzug, den er nach dem Abendessen angezogen hatte, und erzählte mir, daß er und Mammi ausgehen würden. Er hatte sich noch einmal rasiert, geduscht, und sein Haar umrahmte den Schädel in sanften, perfekten Wellen. Er setzte sich auf mein Bett, ergriff meine Hand und erlaubte mir, seine großen, eckigen Nägel zu sehen, die so lange poliert worden waren, daß sie glänzten.

Minuten verstrichen, in denen er einfach nur dasaß und meine Hand hielt. Die Nachtvögel in den Bäumen vor meinem Schlafzimmerfenster zwitscherten. Die kleine Uhr auf meinem Nachttisch zeigte zwölf Uhr, aber das war nicht die richtige Zeit. Ich wußte, daß er und Mammi nicht um Mitternacht ausgehen würden. Ich hörte in der Ferne ein Boot pfeifen, dann lief ein Schiff aus.

»Nun«, meinte er schließlich, »was habe ich denn diesmal getan, um dein empfindliches Ego zu verletzen?«

»Du brauchst nicht in der einen Minute so nett zu Vera sein und dann in der nächsten so gemein. Ich habe Vera nicht die Treppe hinuntergestoßen.« Ich stockte. Gewiß klang meine Stimme nicht gerade glaubwürdig.

»Ich weiß, daß du sie nicht geschubst hast«, sagte er ungeduldig. »Das hättest du mir gar nicht zu erzählen brauchen. Audrina, gestehe niemals ein Verbrechen, bevor du überhaupt angeklagt bist.« Seine dunklen Augen glitzerten im Dämmerlicht. Er machte mir angst.

»Deine Mutter und ich werden den Abend mit Freunden in der Stadt verbringen. Du brauchst heute abend nicht in den Schaukelstuhl. Sei einfach ein liebes Mädchen und schlaf, ohne zu träumen.«

Glaubte er, ich könnte meine Träume beherrschen? »Wie alt bin ich, Papa? Der Schaukelstuhl hat mir das nie verraten.«

Er stand auf und ging zur Tür. Dort blieb er noch einmal stehen und sah mich an. Das Licht der Gaslampen im Flur schimmerte auf seinem dichten, schwarzen Haar. »Du bist sieben und wirst bald acht.«

»Wie bald?«

»Sehr bald.« Er kam zurück und setzte sich wieder. »Wie alt möchtest du denn sein?«

»Nur so alt, wie ich sein sollte.«

»Du würdest einen guten Anwalt abgeben, Audrina. Du gibst mir niemals eine direkte Antwort.«

Ich übernahm seine Gewohnheiten. »Papa, sag mir noch mal, warum ich mich nicht mehr genau erinnern kann, was ich im letzten Jahr und in dem Jahr davor gemacht habe.«

Er seufzte tief, wie immer, wenn ich zu viele Fragen stellte. »Liebling, wie oft muß ich dir das denn noch erzählen? Du bist ein besonderes Mädchen, mit so außergewöhnlichen Talenten, daß du einfach nicht bemerkst, wie die Zeit vergeht. Du spazierst ganz für dich allein durch Zeit und Raum.«

Das wußte ich schon. »Aber das gefällt mir nicht, Papa. Ich fühle mich so einsam. Ich möchte lieber zur Schule gehen, so wie Vera. Ich möchte in dem gelben Schulbus fahren. Ich möchte Freundinnen haben, mit denen ich spielen kann... und ich kann mich nicht daran erinnern, jemals einen Geburtstag gefeiert zu haben.«

»Kannst du dich an Veras Geburtstagsfeiern erinnern?«

»Nein.«

»Das liegt daran, daß wir in diesem Haus keine Geburtstage feiern. Es ist viel gesünder, die Zeit zu vergessen und zu leben, als gäbe es keine Uhren und keine Kalender. Auf diese Weise wird man niemals alt.«

Seine Geschichte war genau wie die von Mammi... viel zu sehr wie ihre. Die Zeit war wichtig, Geburtstage ebenfalls; beides war wichtiger, als er sagte.

Er sagte gute Nacht, schloß die Tür und ließ mich auf dem Bett liegend nachdenklich zurück.

Eines Nachts wurde ich durch Schreie wach. Durch meine Schreie. Ich saß im Bett, umklammerte die Decke, zog sie bis zum Kinn hinauf. Ich hörte das Klatschen von Papas nackten Füßen im Flur, als er herbeigelaufen kam. Dann hockte er sich auf mein Bett, nahm mich in seine Arme, strich mein zerzaustes Haar glatt, beruhigte mich, damit ich aufhörte zu schreien. Er versuchte wieder und wieder, mich zu trösten und zur Vernunft zu bringen. Bald schlief ich wieder ein, sicher und geborgen in seinen Armen.

Ich wachte vom Morgenlicht auf. Papa stand in der Tür und lächelte breit, es war fast, als hätte er mich nie allein gelassen. »Sonntagmorgen, Liebling. Zeit zum Aufstehen. Zieh deine Sonntagskleider an, dann brechen wir auf.«

Verschlafen starrte ich ihn an. War es erst eine Woche her, daß sich Vera das Bein gebrochen hatte? Oder lag das schon viel, viel länger zurück? Es war eine Frage, die ich Papa stellte.

»Liebes, verstehst du jetzt, was ich meine? Es ist Dezember. In fünf Tagen ist Weihnachten. Sag nicht, du hättest das vergessen.«

Aber ich hatte es vergessen. Die Zeit flog so schnell an mir vorbei. O Gott... was Vera über mich gesagt hatte, war richtig. Mein Kopf war leer, ich war vergeßlich.

»Papa!« rief ich nervös, ehe er die Tür schloß, damit ich mich zum Kirchgang anziehen konnte. »Warum laßt ihr, du und Mammi, jeden in der Kirche glauben, daß Vera eure Tochter sei und nicht die von Tante Elsbeth?«

»Wir haben jetzt keine Zeit für eine Diskussion, Audrina. Außerdem habe ich dir schon oft erzählt, wie deine Tante für zwei Jahre fortging und dann mit einer einjährigen Tochter wiederkam. Sie hat natürlich damit gerechnet, Veras Vater zu heiraten. Wir konnten nicht jeden wissen lassen, daß eine Whitefern ein uneheliches Kind geboren hatte. Ist es denn ein solches Verbrechen, daß

Vera als unsere Tochter gilt und wir deiner Tante damit die Schande ersparen? Wir sind hier nicht in New York, Audrina. Wir leben im Bible Belt, und hier wird von guten Christen erwartet, daß sie die Gebote des Herrn befolgen.«

Veras Vater war irgendein Mann, und mein Vater war großzügig und handelte anständig, und ich war seine einzige lebende Tochter. Vera tat gern so, als sei er ihr Vater, aber das war er nicht. »Ich bin so froh, daß ich deine einzige Tochter bin... die lebt.«

Einen Augenblick starrte er mich an, preßte die vollen Lippen zusammen. Man hatte mir mehr als einmal erzählt, daß die Augen die Fenster der Seele wären. Also kümmerte ich mich nicht um seine Lippen, sondern musterte die dunklen, verschlossenen Augen. In ihnen ruhte etwas Hartes und Mißtrauisches. »Deine Mutter hat nichts anderes gesagt, oder?«

»Nein, Papa, aber Vera.«

Da lachte er plötzlich und zog mich so fest an seine Brust, daß mir hinterher die Rippen schmerzten. »Was macht es schon, was Vera sagt? Sie möchte natürlich als meine Tochter gelten. Schließlich bin ich der einzige Vater, den sie je gekannt hat. Und wenn alle anderen denken, Vera wäre das Kind deiner Mutter, dann laß sie doch. Es gibt nirgendwo eine Familie, die nicht einen dunklen Punkt hat. Unsere dunklen Punkte sind nicht schlimmer als die von irgend jemand anderem. Und wäre die Welt nicht langweilig, wenn jeder über jeden alles wüßte? Geheimnisse sind die Würze des Lebens. Sie halten die Leute am Leben, weil sie hoffen, alle nur möglichen Geheimnisse aufzudecken.«

Ich dachte, daß die Welt ohne all die Geheimnisse und dunklen Punkte schöner sein würde. Meine eigene Welt wäre perfekt, wenn nur alle in meinem Heim Ehrlichkeit zu schätzen wüßten.

Der Schaukelstuhl

An diesem Abend, kurz nachdem ich zu Bett gegangen war, kam Vera in mein Zimmer. Ich war entschlossen, nur an schöne Dinge zu denken, ehe ich einschlief, denn ich hoffte, so auch schön zu träumen. Erstaunlich geschickt hüpfte sie auf den Krücken, an die sie sich gewöhnt hatte, herein und brachte es sogar fertig, dabei noch eine Büchertasche zu tragen, die sie sich um die Schulter gehängt hatte. Bloß sah diese Büchertasche anders aus als alles, was ich je gesehen hatte.

»Hier«, sagte sie und warf die Tasche auf mein Bett. »Bilde dich selbst weiter. Diese beiden Weiber in der Küche werden dir niemals beibringen, was ich dir beibringen kann.«

Ich war ein wenig skeptisch, aber auch glücklich, weil sie sich für meine Fortbildung interessierte. Ich wußte, daß mir vieles entging, weil ich keine Schule besuchen durfte. Als ich den Inhalt der Tasche auf mein Bett schüttete, fielen mir Dutzende von Fotos entgegen, die aus Zeitschriften ausgeschnitten worden waren. Ich traute meinen Augen nicht, als ich sie aufhob und sortierte. Ich starrte die ganze Zeit auf Bilder von nackten Männern und Frauen, die sich auf sonderbare, lüsterne Art eng umschlungen hielten. Die blöden Fotos klebten an meinen Fingern; wenn ich sie von einer Hand losriß, dann blieben sie gleich an der andern kleben. Und dann hörte ich zu meinem Kummer auch schon Papas schweren Schritt. Er ging auf mein Zimmer zu.

Das hatte Vera absichtlich getan! Sie wußte, daß Papa jeden Abend um diese Zeit in mein Zimmer kam.

»Ich gehe«, meinte Vera und grinste entzückt. Sie humpelte auf die Tür zu ihrem Schlafzimmer zu, das an meines grenzte. »Und wag es ja nicht, ihm zu erzählen, daß ich hiergewesen bin. Wenn du weißt, was gut für dich ist!«

Aber auf ihren Krücken war sie doch nicht schnell genug. Papa riß die Tür auf und schaute uns beide an. »Was geht hier vor?« fragte er.

Ich zögerte, klebten doch alle Beweise meiner Schuld an meinen Fingern. So hatte Vera Gelegenheit, mir alle Schuld in die Schuhe zu schieben. »Ich habe diese Büchertasche in einem Schrank gefunden, und da Audrinas Initialen darauf standen, dachte ich, diese Audrina sollte sie haben.«

Mit vor Wut gerunzelter Stirn kam Papa zu mir und riß mir die Bilder aus den Händen. Er warf einen Blick darauf und heulte zornig auf. Dann wirbelte er herum und schlug auf Vera ein – dabei ging es ihr doch ohnehin schon so schlecht. Als läge sie im Sterben, heulte Vera auf: »Sie gehören ihr! Warum schlägst du mich?«

Papa hob Vera hoch und hielt sie, als wäre sie ein kleiner Hund aus der Gosse. Er hielt sie über mein Bett. »So, und jetzt heb sie auf!« befahl er mit rauher Stimme. »Meine erste Audrina würde diesen Dreck genausowenig ansehen, wie sie dich teeren und federn würde – was ich aber tun werde, wenn du nicht aufhörst, mich zu quälen! So, und jetzt mußt du die Bilder essen«, fügte er hinzu, als Vera sie in ihrer bleichen, unruhigen Hand hielt. Ich dachte, er machte Witze; sie wohl auch.

»Ich schreie nach meiner Mutter!« drohte Vera. »Ich bin verletzt! Ich habe mir die Knochen gebrochen! Laß mich los, oder ich gehe morgen zur Polizei und erkläre, du hättest mich verge-«

»Iß sie auf!« brüllte er. »Du hast sie mit Klebstoff versehen. Sie sollten also nicht schlechter schmecken als das, was deine Mutter kocht.«

»Pa... Pa«, heulte sie. »Zwing mich nicht, Papier und Klebstoff zu essen!«

Er schnaubte verächtlich und trug Vera aus dem Zimmer. Ein paar Sekunden später hörte ich sie schreien, als er ihre nackte Haut mit seinem Gürtel bearbeitete. Ich wußte nicht genau, ob er seinen Gürtel benutzte, wenn sie nackt war. Aber zehn zu eins würde sie es mir so erzählen. Vera konnte schon schreien, wenn eine Fliege auf ihrem Arm saß, also woher sollte ich es wissen, wenn ich nicht hinging und es mir anschaute? Aber ich tat es nie, denn aus irgendeinem Grund fürchtete ich, es könnte wahr sein.

Minuten verstrichen. Mein Herz klopfte wild. Endlich erstarben Veras Schreie, aber noch immer kehrte Papa nicht zurück.

Irgendwo unten schlug eine Uhr zehnmal, aber das hieß nichts. Jeder Knochen in meinem Körper schmerzte, jeder Muskel war angespannt. Ich wußte, daß ich heute abend wieder im Schaukelstuhl würde sitzen müssen.

Endlich, als ich die Warterei nicht länger aushalten konnte und wußte, daß ich nicht einschlafen würde, ehe ich tat, wozu er mich zwingen würde, hörte ich eine Tür zufallen. Bald darauf erklangen schwere Schritte auf dem Korridor. Papas Gang war stetig, und unter seinem Gewicht knarrten die alten Bodenbretter.

Ganz leise öffnete er meine Schlafzimmertür und trat ein. Leise schloß er die Tür hinter sich. Wie ein riesiges Monstrum ragte er vor mir im Dunkel auf.

»Sooo«, meinte er mit sanfter Stimme in der langgezogenen Sprache der Südstaatenbewohner (es hatte jahrelang gedauert, bis er das abgehackte Sprechen der Nordstaatler abgelegt hatte), »jetzt hast du es dir also angewöhnt, obszöne Fotos anzuschauen. Das beschämt mich, Audrina, wirklich.«

»Aber ich doch nicht, Papa. Vera hat sie hierhergebracht – aber schlag sie bitte nicht wieder. Du könntest ihren anderen Arm oder ihr anderes Bein brechen oder sogar ihren Hals. Du solltest sie nicht auspeitschen, wenn sie verletzt ist.«

»Ich habe sie nicht ausgepeitscht«, erklärte er grob. »Ich habe nur mit ihr geschimpft, und sie hat gekreischt, daß ich sie nicht lieben würde. Lieber Gott, wie kann irgend jemand einen Menschen lieben, der so viel Ärger macht? Aber selbst wenn Vera diese bösen Bilder gebracht hat, hättest du sie dir ja nicht anzuschauen brauchen, oder?«

Hätte ich das?

»Ich hätte das nicht von dir erwartet. Laß Vera nicht das Beste in dir zerstören.«

»Warum sind Jungs für mich gefährlich und für Vera nicht, Papa?«

»Es gibt Mädchen, die sind dazu geboren, zu sein, was Vera ist. Die Jungs können sie meilenweit riechen. Darum mache ich mir um sie keine Sorgen. Es hätte auch keinen Sinn. Um dich mache ich mir Sorgen, weil ich dich liebe. Ich war auch einmal ein Junge, und ich weiß, was Jungen denken. Es tut mir leid, aber den meisten Jungs kann man nicht trauen. Darum darfst du auch nicht in den Wald gehen, mußt immer in der Nähe unseres Hauses bleiben. Und darum kannst du auch nicht zur Schule gehen. Das ist gefährlich für ein schönes, sensibles Mädchen wie dich. Aus dir wird einmal eine der Frauen werden, die dazu bestimmt sind, die Menschheit zu erlösen. Darum bemühe ich mich so sehr, dich zu retten und vor einer Ansteckung zu schützen...«

»Aber... Papa...«

»Widersprich nicht. Nimm einfach die Tatsache als gegeben hin, daß Eltern sich Sorgen machen. Die Älteren wissen viel mehr über die Welt, vor allem aber über ihr eigen Fleisch und Blut. Wir wissen, daß du übersensibel bist. Wir möchten dir unnötigen Kummer ersparen. Wir lieben dich. Wir möchten dich gesund und glücklich aufwachsen sehen, das ist alles.«

Er setzte sich auf die Bettkante. Ich lag wie erstarrt auf dem Rücken und versuchte, nicht zu atmen. Ganz fest kniff ich die Augen zusammen. Dann öffnete ich die Lider ein wenig, um zu sehen, ob er meinte, daß ich eingeschlafen sei, so fest eingeschlafen, daß ich ebensogut tot sein könnte. Im Tode würde ich vielleicht so sein wie die erste und beste Audrina und würde niemals mehr in diesem Stuhl sitzen müssen. Aber mein Vater beugte sich vor. Er nahm die Decke und zog sie bis hoch unter mein Kinn hinauf. Seine Hand schloß sich stahlhart um meine Schulter; seine kräftigen Finger bohrten sich in meine zarte Haut, bis ich die Augen weit aufriß und sich unsere Blicke trafen. Es war ein schweigender Willenskampf, und schließlich wurde mein Kopf leer, und er hatte wieder gesiegt.

»Aber, aber«, beruhigte er mich und streichelte mein Haar, »so schlimm ist es doch auch nicht, oder? Du hast es schon früher getan und kannst es wieder tun. Ich weiß, daß du früher oder später die Gabe übernimmst, wenn du Geduld hast und immer wieder übst. Du kannst mir helfen, Audrina.«

»Aber – aber«, stammelte ich. Ich wollte, daß er aufhörte. Aber er fuhr fort, überschwemmte mich mit seinen Bedürfnissen, die auch meine Bedürfnisse werden sollten.

Ich hatte Angst. Trotzdem machte mich meine Liebe zu ihm zu einem bereitwilligen Objekt.

»Du brauchst nichts weiter zu tun als zu träumen, Audrina, einfach zu träumen.« Träumen, träumen. Genau das wollte ich nicht. Wollte er so weitermachen, bis ich eine alte Frau war? Oder würde ich es schaffen, die Gabe der ersten Audrina zu übernehmen und Papa zufriedenzustellen? Gebe Gott, daß die Gabe der ersten und unvergessenen Audrina mir helfen würde, nicht so zu enden wie sie. Warum machte er sich deshalb niemals Sorgen?

»Träume, Audrina, mein Liebling. Shakespeare hat einmal geschrieben: ›Schlafen, vielleicht auch träumen‹. Träumen und die Wahrheit erfahren. Komm wieder und erzähl mir deine Träume, Audrina, sorge dafür, daß all die Hoffnungen deines Vaters für die Zukunft wahr werden.«

Ich starrte ihn an, wie er auf meinem Bett saß. Seine dunklen Augen blitzten nicht mehr, machten mir keine Angst mehr. Sie flehten nur noch und waren von Liebe erfüllt – wie konnte ich da widerstehen? Er war mein Vater. Von Vätern wurde erwartet, daß sie Gut und Böse unterscheiden konnten. Und ich schuldete ihm eine Menge. »Ja, Papa. Noch einmal. Aber dann ist es doch genug, oder?«

»Vielleicht«, sagte er, und ein Lächeln erhellte sein Gesicht.

Scheinbar glücklich nahm mein Papa mich an der Hand und führte mich den Flur entlang zum Zimmer am äußersten Ende.

Dort angekommen, ließ er mich los und zog einen großen Schlüssel hervor, um Audrinas Zimmertür aufzusperren. Ein kalter Zug ließ mich erschaudern. Es war der Atem der ersten Audrina, der mich aus dem Grab anhauchte.

Ich sah mich um, wie ich es immer tat, als wäre ich nie zuvor hier gewesen. Ich hätte nicht sagen können, wie oft ich schon hier gewesen war. Dieser Raum schien das einzige zu sein, was all die Löcher in meinem Gedächtnis ausfüllte. Aber jedesmal, wenn ich hierherkam, war es ein Schock, die Mobiles unter der Kuppel klingen zu hören. Selbst im Dunkeln blitzten hier hinter meinen geschlossenen Lidern Farben auf. Vielleicht hielt ich da eine Erinnerung fest – die Erinnerung an diesen allzu bekannten und vertrauten Raum. Vielleicht zog ich schon Nutzen aus der Tatsache, einfach nur hier zu sein.

Wenn es nicht früher *ihr* Zimmer gewesen wäre, hätte ich es gern für mich gehabt. Es war riesig, mit einem großen Himmelbett. Es gab zwei große, dunkle Schränke, in denen all die hübschen Kleider hingen, die einmal ihr gehört hatten und die ich nicht anziehen durfte. Da standen kleine Schuhe, säuberlich aufgereiht, von der Größe für Einjährige bis zu der Größe, wie sie eine Neunjährige trägt. Ein paar waren alt und abgetragen, ein paar noch neu und glänzend. Die Kleider, die darüber hingen, wurden von Jahr zu Jahr länger.

Spielzeugregale standen an den Wänden, voll von Dingen, die sich ein kleines Mädchen wünschen konnte. Da waren Puppen aus fernen Ländern, die die Tracht der dortigen Einheimischen trugen. Es gab Puppengeschirr, Bilderbücher, Geschichten, Bälle, Springseile mit komischen Griffen, Schachteln mit Spielen, Puzzles und Farbkästen... Oh, es gab nichts, was sie nicht für die erste unvergessene und perfekte Audrina gekauft hätten – weit mehr, als sie mir gekauft hatten. Auf den dunklen Borden, wo das Spielzeug für alle Ewigkeit saß und darauf wartete, wieder geliebt zu werden, gab es Dutzende von weichen, pastellfarbenen Tieren, alle mit dunklen Knopfaugen, die blitzten und leuchteten und jeder meiner Bewegungen zu folgen schienen. Es gab sogar noch Babyrasseln und abgetragene, bronzierte Babyschuhe, in denen sie ihre ersten Schritte gemacht hatte. Meine Schuhe hatten sie nicht aufgehoben und bronziert, genausowenig wie die von Vera.

Unter dem großen Fenster mit dem weißen Vorhang stand ein Puppenhaus. Auf einem Spielzeugtisch mit vier Stühlen darum standen Teller und Gläser, lag Besteck. Alles war für eine Party hergerichtet worden, die nie gegeben worden war. Und bunte Teppiche lagen überall, unterteilten das Zimmer in viele kleine Zimmer.

Ganz leise, wie Einbrecher, schlichen wir uns in das Zimmer, das uns gespannt erwartete. Ich hatte meine Hausschuhe im Flur gelassen, genau wie er. So wollten wir unseren Respekt vor diesem Zimmer bekunden, in dem sie einmal geherrscht hatte, sie, die perfekte Tochter. Allein die Art, wie ich mich zu verhalten hatte, sobald ich dieses Zimmer betrat – Papa hatte mich gelehrt, den Kopf zu neigen, die Augen zu senken und nur ehrfürchtig zu flüstern –, machte mir schon angst. Erwartungsvoll ruhte sein Blick auf mir, als wartete er darauf, daß ihre besondere Gabe in mein Gehirn springen und es mit Audrinas Eigenschaften erfüllen würde.

Er sah mich weiterhin an, wartete darauf, daß etwas geschah. Aber als ich mich dann nur im Kreis drehte, mal dies, mal das ansah, wurde er ungeduldig und wies schließlich auf den einzigen für Erwachsene geeigneten Stuhl in diesem Zimmer: den magischen Schaukelstuhl mit dem lila Bezug und dem rosa Samtkissen. Zögernd begab ich mich, Zentimeter für Zentimeter, hinüber, hielt den Atem an, als ich mich zwang, mich zu setzen. Kaum saß ich steif in meinem Sessel, da kniete er an meiner Seite. Dann begann sein Ritual mit Küssen, die er auf mein Haar drückte, auf mein Gesicht, ja, sogar auf meine Arme und Hände. Das alles, nur um mir zu sagen, daß er mich von allen am liebsten mochte. Er murmelte mir Liebkosungen ins Ohr; sein Atem war heiß und feucht, und ehe ich noch protestieren konnte, sprang er auf und raste aus dem Zimmer, warf die Tür hinter sich zu und schloß ab.

Er hatte mich noch nie allein hier zurückgelassen!

»Nein, Papa!« schrie ich voller Panik und Entsetzen. »Komm zurück! Laß mich hier nicht allein!«

»Du bist nicht allein«, rief er mir von der anderen Seite der Tür aus zu. »Gott ist bei dir, und ich bin auch bei dir. Ich warte hier draußen, beobachte dich durchs Schlüsselloch, bete und lausche. Nur Gutes kann von deinem Schaukeln in diesem Stuhl kommen. Du mußt daran glauben, Audrina; nur Gutes wird deinen Geist erfüllen und an die Stelle deiner verlorenen Erinnerungen treten.«

Ich kniff die Augen zusammen und hörte die Mobiles noch lauter, viel lauter klingeln.

»Liebling, wein doch nicht. Du brauchst keine Angst zu haben. Hab Vertrauen zu mir und tu, was ich dir sage. Dann wird deine Zukunft noch heller sein als die Sonne über uns.«

Neben dem Stuhl war ein Nachttisch, auf dem eine Lampe stand. Daneben lag eine Bibel, *ihre* Bibel. Ich nahm das in schwarzes Leder gebundene Buch und hielt es dicht an mein Herz. Dann sagte ich mir, wie ich es schon so oft getan hatte, daß es nichts gab, wovor ich Angst haben mußte. Die Toten konnten niemandem etwas anhaben. Aber wenn sie das nicht konnten – weshalb hatte ich dann solche Angst?

Ich hörte Papas sanfte Stimme vor der verschlossenen Tür. »Du hast ihre Gaben, Audrina, ich weiß es. Selbst wenn du es nicht glaubst, ich glaube es. Und ich bin es, der Bescheid weiß. Ich bin sicher, unsere Bemühungen haben bisher nur deshalb nicht zum Erfolg geführt, weil ich mit dir im Zimmer geblieben bin. Meine Gegenwart ist es, die dir die Chance zum Erfolg nimmt. Jetzt weiß ich, daß es die Einsamkeit, die Abgeschiedenheit ist, die den Prozeß in Gang setzt. Du mußt deinen Geist von jeglicher Sorge befreien. Darfst weder Angst noch Freude, noch Verwirrung empfinden. Alles und nichts wird dir gegeben werden. Sei einfach zufrieden, daß du am Leben bist daß du bist, wer du bist und wo du bist. Verlange nichts und erhalte alles. Sitz einfach da und laß alles los, was dir angst oder Sorgen macht. Die Zufriedenheit wird dir deine Glieder lockern, deinen Geist entspannen, und wenn der Schlaf dich zu übermannen droht, dann laß ihn kommen. Hörst du mich? Hörst du mir zu? Keine Angst. Papa ist ja hier.«

All seine Worte waren mir vertraut. Es war immer dasselbe: Ich brauchte keine Angst zu haben, wo mich die Angst doch fast ersticken ließ. »Papa?« heulte ich ein letztes Mal, »bitte, laß mich nicht...«

»Oh«, er seufzte aus tiefstem Herzen, »warum muß ich dich zwingen? Warum kannst du nicht einfach glauben? Lehn dich in den Schaukelstuhl zurück, lehn deinen Kopf gegen die hohe Rückenlehne, umfasse die Armlehnen und fang an zu schaukeln. Sing, wenn es dir hilft, einen klaren Kopf zu bekommen, Ängste, Sorgen und Wünsche abzulegen. Sing und sing, bis du wie ein leerer Krug bist. Leere Krüge haben Platz für vieles, aber volle Krüge können nichts mehr aufnehmen...«

O ja, das hatte ich schon früher gehört. Ich wußte, was er tat. Er versuchte, mich in die erste Audrina zu verwandeln – oder vielleicht sollte ich auch nur das Instrument werden, durch das er mit ihr in Verbindung treten konnte. Ich wollte nicht sie sein. Und wenn ich jemals sie werden würde, dann würde ich ihn hassen, hassen! Ja, er beruhigte mich, tröstete mich, und wenn ich nicht die ganze Nacht hierbleiben wollte, dann mußte ich tun, was er sagte. Zuerst blickte ich mich wieder im Zimmer um, prägte mir noch einmal jede Einzelheit ein. Dann kam das Gefühl, daß ich sie sein könnte, die tote Audrina, die nur noch aus Knochen in ihrem Grab bestand. Nein, nein, ich mußte die richtigen Gedanken haben, mußte Papa geben, was er haben mußte. Ich sagte mir, daß das hier nur ein altes Schlafzimmer war, angefüllt mit altem Spielzeug. Ich sah eine riesige Spinne, die ihr Netz von einer Puppe zur anderen webte. Mammi mochte keine Hausarbeit, wollte nicht einmal dieses Zimmer putzen. Es wirkte zwar makellos sauber, aber das war nur die Oberfläche. Ich fühlte mich irgendwie wohler, als ich erkannte, daß Mammi nur Papas wegen so tat. Und Tante Elsbeth weigerte sich, dieses Zimmer zu putzen.

Unbewußt fing ich an zu schaukeln.

Eine alte, fast vergessene Melodie tauchte plötzlich wieder auf. Die Worte schläferten mich ein, die Melodie ließ meinen Puls langsamer schlagen. Plötzlich überkam mich innere Ruhe, ließ meine Lider schwer werden..., und dann hörte ich ganz schwach mein dünnes Stimmchen singen:

Nur ein Spielzimmer im sichern Zuhaus,
nichts als ein Spielzimmer im sichern Zuhaus,
ich weine nicht, ich fürchte nichts, muß nicht
  in die Welt hinaus,
denn mein Papa behält mich immer zu Haus,
in meinem Spielzimmer im sichern Zuhaus.

Das Spielzimmer der ersten und unvergessenen Audrina. Der perfekten Audrina, die ihren Eltern niemals den Kummer und die Sorgen bereitet hatte, die sie mit mir täglich erlebten. Ich wollte ihr Lied nicht singen, aber ich konnte nicht aufhören. Wieder und wieder hörte ich, wie ich es sang, versuchte, meine Augen offenzuhalten, damit sie die Elefanten, Bären und Spielzeugtiger auf den Regalen sehen konnten, die alle so süß und freundlich schauten – bis ich mich abwandte. Wenn ich dann wieder hinsah, fletschten sie die Zähne.

Die Tapete war von einem verblaßten bläulichen Violett, geschmückt mit glitzernden Silberfäden, die Spinnweben an die Wände warfen. Auf den Spielsachen gab es noch mehr Spinnen. Eine riesige fing an, noch mehr Puppen zusammenzuweben, und eine andere ruhte sich in der Augenhöhle einer Puppe aus, deren Haar irgendwie die Farbe von meinem eigenen hatte. Es war schrecklich!

»Schaukle, Audrina, schaukeln!« befahl Papa. »Laß die Bodenbretter knarren. Laß die grauen Nebel kommen. Sieh zu, wie sich die Wände auflösen, hör zu, wie die Mobiles im Wind klirren. Sie bringen dich zurück, dorthin zurück, wo du all deine Erinnerungen wiederfindest, all die Gaben, die ihr innewohnten. Sie braucht sie nicht mehr, dort, wo sie jetzt ist, aber du brauchst sie. Also sing,

sing,
sing, ...«

Sein Singsang war hypnotisierend, aber er kannte die Worte nicht, die ich sagte. Papa liebt mich, ja, das tut er. Papa braucht mich, ja, das tut er.

> *Jesus liebt mich, das ist klar,*
> *was in der Bibel steht, ist wahr...*

Die glänzenden, schwarzen Knopfaugen der Plüschtiere schienen zu glitzern und zu leuchten. Sie schienen mehr zu wissen, als ich je wissen würde. Kleine rosa oder rote Zungen schienen bereit, mir Geheimnisse zu erzählen, die Papa niemals enthüllen würde. Hoch über mir klirrten die Mobiles. Zufriedenheit überkam mich, als ich schaukelte und schaukelte und ruhiger wurde. Alles war in Ordnung mit mir, denn früher oder später würde ich auf unerklärliche Weise in etwas Besseres verwandelt werden...

Ich wurde schläfrig, noch schläfriger, ein unwirkliches Gefühl. Das orangefarbene Licht der Gaslampen zitterte, fing die Silber- und Goldfäden in der Tapete ein. Die Farben im Raum fingen an, sich zu bewegen, zu funkeln wie Diamanten, die plötzlich Feuer gefangen hatten. Die Musik der Mobiles unter der Kuppel drang in meinen Kopf, tanzend, tanzend, sie erzählte mir von glücklichen Zeiten da oben, wenn ich gespielt hatte, und von einem schrecklichen Augenblick da oben. Wer ließ den Kristallzapfen aufblitzen?

Wie konnte der Wind ins Haus eindringen und meine Haare flattern lassen, wenn alle Fenster verschlossen waren? Gab es Gespenster auf dem Dachboden? Oder Zugluft in der Kuppel? Warum bewegte sich das Haar auf meinem Kopf, warum?

Der gesunde Teil in mir wollte glauben, daß dies alles hoffnungslos sei, daß ich niemals ein »leerer Krug« werden würde, der sich mit allem nur erdenklichen Wunderbaren füllen würde. Ich wollte wirklich nicht diese erste Audrina sein, auch wenn sie schöner und talentierter gewesen war. Trotzdem schaukelte und sang ich weiter. Ich konnte nicht aufhören. Zufriedenheit breitete sich aus, machte mich glücklicher. Mein aufgeregtes Herz schlug langsamer. Mein Puls raste nicht mehr. Die Musik, die ich hörte, war schön, und ich hörte hinter mir – oder vor mir – eine Männerstimme singen.

Jemand, der mich brauchte, rief mich; jemand, der in der Zukunft wartete. Träumerisch, ohne mich darüber zu wundern, sah ich, wie sich die Wände öffneten, als sich die Moleküle langsam, ganz langsam trennten, öffneten und Poren bildeten, durch die ich ohne Schwierigkeit hinausschweben konnte. Ich war draußen in der Nacht, die schnell zum Tag wurde.

Frei! Ich war frei! Da war kein Spielzimmer mehr, kein Papa! Kein Whitefern!

Glücklich hüpfte ich nach der Schule an diesem, meinem besonderen Tag, heim. Und ich war ich. Glücklich tanzte ich einen schmutzigen Waldweg entlang. Ich kam gerade aus der Schule, und ich wunderte mich nicht darüber, obwohl ich wußte, daß ich nie zur Schule gegangen war. Irgend etwas Weises sagte mir, daß ich im Körper der ersten und wundervollsten Audrina steckte, und ich würde sie ebensogut kennenlernen, wie ich mich selbst kannte. Ich war sie, und sie war ich, und ›wir‹ trugen ein hübsches Kleid aus Crêpe de Chine. Darunter trug ich meinen besten Unterrock – den mit der irischen Spitze und den gestickten Kleeblättern am Saum.

Es war mein Geburtstag, und ich war neun Jahre alt. Das hieß, daß ich bald zehn sein würde, und zehn war nicht mehr so weit von elf, und wenn ich erst einmal zwölf war, lag der ganze Zauber, eine Frau zu sein, zum Greifen nah vor mir.

Ich wirbelte im Kreis herum, um zu sehen, wie mein Faltenrock bis hoch zur Taille hinaufflog. Ich neigte den Kopf und drehte mich weiter, um meinen hübschen Unterrock zu sehen.

Plötzlich hörte ich ein Geräusch auf dem Weg vor mir. Jemand kicherte. Der Himmel färbte sich plötzlich dunkel, es war wie Schwarze Magie. Blitze zuckten, Donner grollte.

Ich konnte mich nicht rühren. Wie eine Marmorstatue stand ich erstarrt da. Mein Herz begann wild zu schlagen. Ein sechster Sinn erwachte und schrie mir zu, daß etwas Entsetzliches geschehen würde, schon bald.

Schmerz, hämmerte mir mein sechster Sinn ein, Schande, Schrecken und Beschämung. Mammi, Papa, helft mir! Laßt nicht zu, daß sie mir weh tun! Laßt es nicht zu! Ich bin jede Woche zur Sonntagsschule gegangen, habe nicht einmal gefehlt, wenn ich einen Schnupfen hatte. Ich hatte mir meine schwarze Bibel mit meinem Namen in Gold verdient, und eine Goldmedaille hatte ich auch. Warum hatte der Schaukelstuhl mich nicht gewarnt und mir erzählt, wie ich fliehen könnte! Gott, bist du da? Siehst du das, Gott? Dann tu doch etwas! Tu irgend etwas! Hilf mir!

Sie stürzten aus den Büschen hervor. Drei von ihnen. Lauf, lauf ganz schnell. Sie würden mich nie kriegen, wenn ich schnell genug lief. Meine Beine bewegten sich, rannten... aber nicht schnell genug.

Schrei, schrei laut und immer lauter!

Ich kämpfte, stieß und kratzte, mein Kopf krachte gegen die Zähne des Jungen, der mir die Arme auf dem Rücken festhielt.

Gott hörte meine Hilferufe nicht. Niemand hörte sie. Schrei, schrei, schrei noch einmal – bis ich nicht mehr schreien konnte. Ich fühlte nur noch Scham, Erniedrigung, rücksichtslose Hände, die mir Gewalt antaten.

Dann der andere Junge, der sich hinter den Büschen erhob, wie gelähmt dort stand und mich anstarrte. Sein Haar klebte an der Stirn, denn es regnete jetzt heftig. Sehen, wie er fortlief!

Meine Schreie ließen Papa ins Zimmer stürzen. »Liebling, Liebling«, rief er und fiel auf die Knie, damit er mich in die Arme nehmen konnte. Er drückte mich an seine Brust und streichelte meinen Rücken, mein Haar. »Ist ja schon gut, ich bin ja hier. Ich werde immer hiersein.«

»Du hättest das nicht tun sollen«, schluchzte ich, noch immer zitternd von dem Schock.

»Was hast du diesmal geträumt, mein Liebes?«

»Schlimme Sachen, schreckliche Sachen.«

»Erzähl mir alles. Laß deinen Papa den Schmerz und die Schande von dir nehmen. Weißt du jetzt, warum ich dich immer davor warne, in den Wald zu gehen? Das war deine Schwester, Audrina. Deine tote Schwester. So etwas darf dir nicht geschehen. Du läßt diese Szene in deinen Kopf dringen, wo ich doch nur möchte, daß du dich auf die andere Seite des Waldes versetzt. Hast du gesehen, wie glücklich sie sein konnte? Wie froh und lebhaft? Hast du gefühlt, wie wundervoll alles für sie war, wenn sie sich dem Wald fernhielt? Das wünsche ich mir für dich. Ach, meine süße Audrina«, flüsterte er und vergrub sein Gesicht in meinem Haar, »es wird nicht immer so sein. Eines Tages, wenn du dich hinsetzt und schaukelst, dann wirst du auf die andere Seite des Waldes gelangen, wirst die Knaben vergessen und feststellen, wie schön es ist, am Leben zu sein. Und wenn du das erst tust, dann werden all die Erinnerungen, die du vergessen hast, die guten Dinge zurückkommen und dich wieder zu einem Ganzen machen.«

Da erzählte er mir, mit besten Absichten, daß ich jetzt kein Ganzes war – und wenn das stimmte, was war ich dann? Verrückt?

»Morgen abend werden wir es noch einmal versuchen. Ich glaube, es war nicht so schlimm wie bisher. Diesmal hast du dich frei gemacht und bist zu mir zurückgekehrt.«

Ich wußte, daß ich mich vor diesem Zimmer und diesem Stuhl hüten mußte. Irgendwie mußte ich Papa davon überzeugen, daß ich den Wald hinter mir gelassen und die Gaben bereits gefunden hatte, die die erste Audrina nicht mehr brauchte.

Ganz sanft und liebevoll brachte er mich ins Bett, deckte mich zu. Dann kniete er nieder und sprach ein Gebet, bat die Engel hoch droben, mich zu beschützen und sicher und mit süßen Träumen durch die Nacht zu geleiten. Er küßte mich auf die Wange und sagte mir, daß er mich liebte. Und schon als er die Tür hinter sich schloß, fragte ich mich, wie ich ihn dazu bringen könnte, mich nicht mehr in dieses Zimmer und diesen Stuhl zu zwingen. Wie kam es, daß ich haßte, was er mit mir machte, aber die Idee liebte, zu sein, was er sich wünschte? Wie konnte ich ich selbst bleiben – wenn er versuchte, mich in sie zu verwandeln?

Stundenlang lag ich auf dem Rücken und starrte zur Decke hinauf, versuchte, meine Vergangenheit wiederzufinden. Papa hatte mir unzählige Erklärungen dafür gegeben, was ihn am glücklichsten machen würde. Er wollte Geld, Unmengen von Geld, für sich selbst, für Mammi und mich. Er wollte dieses Haus herrichten lassen, bis es wie neu war. Er mußte all die Versprechen erfüllen, die er Lucietta Lana Whitefern gegeben hatte, der Erbin, die jeder achtbare Mann der Ostküste begehrt hatte, bis sie ihn geheiratet hatte. Was für eine gute Partie meine Mutter doch gewesen war. Hätte sie nur nicht zwei Audrinas geboren.

Teestunde am Dienstag

Weihnachten ging vorüber, aber ich kann mich kaum noch an etwas anderes erinnern als an die Puppe, die unter dem Baum gelegen hatte. Vera war neidisch gewesen, obwohl sie oft behauptete, sie sei viel zu alt, um noch mit Puppen zu spielen.

Die Zeit verging so schnell, daß es mir angst machte. Noch ehe ich es bemerkt hatte, war der Frühling schon da. Vera quälte mich gern mit der Behauptung, daß jeder, dem die Zeit durch die Finger rann, verrückt sei.

Heute war Dienstag. Tante Mercy Marie würde wieder zu Besuch kommen. Dabei kam es mir so vor, als wäre sie erst gestern zur Teestunde hervorgeholt worden.

An diesem Dienstag morgen hatte Papa es nicht eilig, in sein Büro zu kommen. Er saß am Küchentisch und sprach über das Leben und seine Schwierigkeiten, während Vera und meine Tante Pfannkuchen in sich hineinschlangen, als würden sie nie wieder etwas zu essen bekommen. Meine Mutter richtete die Schnittchen für die Teestunde her.

»Es waren gute und schlechte Zeiten«, fing mein Papa an. Er liebte diesen Satz, der an den Nerven meiner Mutter ebenso zu zerren schien wie an den meinen. Wenn Papa das sagte, hatte man schreckliche Angst, auch nur an morgen zu denken, geschweige denn noch weiter in die Zukunft.

Er erzählte mehr und mehr, ließ seine Jugendzeit so schön erscheinen, daß ich es für unmöglich hielt, jemals etwas so Schönes erleben zu können. Das Leben war einfach perfekt gewesen, als Papa noch ein Junge war; die Menschen waren damals netter gewesen; die Häuser waren dafür gebaut, eine Ewigkeit zu halten und nicht gleich auseinanderzufallen, wie sie es heute taten. Sogar die Hunde waren besser gewesen, als er noch ein Junge war, wirklich zuverlässig; man konnte sicher sein, daß sie jedes Stöckchen zurückbrachten, das man ihnen warf. Und selbst das Wetter war besser, nicht so heiß im Sommer, nicht so kalt im Winter, außer bei einem Schneesturm. Kein heutiger Schneesturm kam auch nur entfernt an die eisige Kälte und Wildheit der Schneestürme heran, in denen Papa von der Schule heimlaufen mußte.

»Zwanzig Meilen«, prahlte er, »durch Wind und Schnee, Eis und Regen und Hagel – aber nichts hielt mich daheim – nicht einmal, als ich Lungenentzündung hatte. Als ich in der Fußballmannschaft der High School war und mir das Bein gebrochen hatte, hinderte mich das doch nicht daran, jeden Tag zur Schule zu laufen. Ich war hart im Nehmen und entschlossen, eine gute Ausbildung zu bekommen.«

Mammi stellte einen Teller ab, so heftig, daß er sprang. »Damian, hör auf, so zu übertreiben.« Ihre Stimme klang rauh und ungeduldig. »Siehst du denn nicht, daß du deiner Tochter völlig falsche Vorstellungen vermittelst?«

»Habt ihr ihr denn jemals andere Vorstellungen vermittelt?« meinte Tante Elsbeth anklagend. »Wenn Audrina normal wird, dann ist das ein Wunder.«

»Amen«, fügte Vera hinzu. Sie grinste mich an und streckte mir die Zunge heraus. Papa bemerkte es nicht. Er war zu sehr damit beschäftigt, meine Tante anzubrüllen.

»Normal? Was ist denn schon normal? Meiner Meinung nach ist normal nur gewöhnlich, durchschnittlich. Das Leben gehört den seltenen, außergewöhnlichen Individuen, die es wagen, anders zu sein.«

»Damian, würdest du bitte aufhören, deine Ideen vor einem Kind darzulegen, das noch zu jung ist, um zu verstehen, daß du von nichts eine Ahnung hast als davon, den ganzen Tag zu reden.«

»Schweig!« fuhr Papa sie an. »Ich werde nicht zulassen, daß meine Frau mich vor meinem einzigen Kind lächerlich macht. Lucky, augenblicklich entschuldigst du dich!«

Grinste Tante Elsbeth? Warum? Ich war der Meinung, daß sie meine Eltern gern streiten hörte. Vera gab einen erstickten Laut von sich und erhob sich dann mit großer Mühe, um in die Halle zu humpeln. Bald würde sie in den Schulbus steigen. Ich hätte meine Seele verkauft, um wie jedes andere Kind mitzufahren, das nicht etwas so Besonderes war wie ich. Statt dessen mußte ich daheim bleiben, einsam, sehnte mich nach Spielkameraden und war doch nur von Erwachsenen umgeben, die meinen Kopf mit einem Mischmasch von Gedanken füllten, die sie dann später wieder durcheinanderbrachten. Kein Wunder, daß ich nicht wußte, wer ich war oder welchen Wochentag, Monat oder sogar welches Jahr wir hatten. Für mich gab es keine guten oder schlechten Zeiten. Mir schien es, als lebte ich in einem Theater. Bloß waren die Schauspieler auf der Bühne meine Familienmitglieder, und auch ich mußte eine Rolle spielen – ohne zu wissen, welche das war.

Ganz plötzlich, ohne irgendeinen ersichtlichen Grund, sah ich mich in der Küche um und erinnerte mich an eine große, orangefarbene Katze, die immer in der Nähe des alten Eisenofens geschlafen hatte.

»Ich wünschte, Tweedle Dee würde heimkommen«, bemerkte ich traurig. »Seit meine Katze fort ist, fühle ich mich noch mehr allein.«

Papa fuhr zusammen. Mammi starrte mich an. »Aber Tweedle Dee ist doch schon so lange fort, Audrina.« Ihre Stimme hatte einen angestrengten, besorgten Klang.

»Ja, schon, ich weiß. Aber ich möchte trotzdem, daß er heimkommt. Papa, du hast ihn doch nicht ertränkt, oder? Du würdest doch meine Katze nicht umbringen, bloß weil – sie dich zum Niesen bringt?«

Er warf mir einen besorgten Blick zu, ehe er sich zu einem Lächeln zwang. »Nein, Audrina. Ich tue doch mein Bestes, um all deine Bedürfnisse zu erfüllen. Wenn diese Katze hätte bleiben wollen, damit ich mich zu Tode niese, dann hätte ich das um deinetwillen schweigend erlitten.«

»Erlitten schon, aber nicht schweigend«, murmelte meine Tante.

Ich sah zu, wie sich meine Eltern umarmten und küßten, ehe Papa zur Garage lief. »Viel Spaß bei eurer Teegesellschaft«, rief er Mammi zu. »Aber ich wünschte, ihr würdet Mercy Marie ruhen lassen. Was wir brauchen, ist jemand, der in der leeren Hütte lebt, die uns gehört. Dann hättet ihr eine nette Dame zur Nachbarin, die ihr zum Tee einladen könntet.«

»Damian«, rief Mammi mit süßer Stimme, »fahr du nur zu und amüsier dich. Aber laß Ellie und mich auch unseren Spaß haben, wenn wir hier schon wie Gefangene leben müssen.«

Er brummte, sagte aber nichts mehr. Gleich darauf sah ich ihn durch die Vorderfenster davonfahren. Er winkte noch einmal, ehe er außer Sichtweite war. Ich wollte nicht, daß er fuhr. Ich verabscheute die Teestunde am Dienstag.

Normalerweise wurde der Tee um vier serviert, aber seit Vera angefangen hatte, die letzte Schulstunde zu schwänzen, um rechtzeitig um vier daheim zu sein, war der Tee auf drei Uhr vorverlegt worden.

Ich trug meine besten Kleider und wartete darauf, daß das Ritual begann. Es gehörte zu meiner Erziehung, bei dieser Gelegenheit anwesend zu sein. Und wenn Vera krank genug war, um nicht in die Schule gehen zu müssen, dann wurde sie auch ganz offiziell eingeladen. Ich vermutete oft, daß Vera ihre Knochen nur brach, um daheimbleiben und hören zu können, was in unserem vornehmsten Salon geschah.

Meine Spannung wuchs, als ich darauf wartete, daß Mammi und meine Tante auftauchten. Zuerst kam Mammi. Sie trug ihr schönstes Nachmittagskleid – ein weiches, fließendes Wollkleid in hübschem Korallenrot, mit Paspeln in Veilchenblau, passend zu ihren Augen. Dazu trug sie ein Perlenkollier und Ohrringe mit echten Diamanten und Perlen, die zu dem Collier paßten. Der Schmuck gehörte zum Erbe Whiteferns, hatte sie mir mehr als einmal erklärt, und würde eines Tages mir gehören. Sie hatte ihr wunderschönes Haar nach oben gebürstet, aber ein paar Locken hingen herab, um der Frisur die Strenge zu nehmen und Mammi ein elegantes Aussehen zu verleihen.

Als nächstes kam meine Tante in ihrem besten Gewand, einem dunklen, marineblauen Kostüm mit weißer Bluse. Wie immer trug sie ihr glänzend-schwarzes Haar im Knoten tief im Nacken. Winzige Brillanten steckten in ihren Ohren, und an ihrem kleinen Finger trug sie einen Rubinring. Sie sah genauso aus, wie man sich eine Lehrerin vorstellt.

»Ellie, würdest du Mercy Marie einlassen?« bat Mammi. Dienstag war der einzige Tag, an dem meine Mutter ihre Schwester so nennen durfte. Nur Papa konnte meine Tante jederzeit Ellie nennen.

»Du bist spät, meine Liebe«, sagte Tante Elsbeth und stand auf, um den Deckel des Pianos zu heben und den schweren Silberrahmen hervorzuziehen, in dem das Foto einer dicken Frau mit wirklich liebem Gesicht steckte. »Wirklich, Mercy Marie, wir dachten schon, du würdest gar nicht mehr kommen. Aber du hattest schon immer die ärgerliche Angewohnheit, zu spät zu kommen. Wahrscheinlich, um Eindruck zu machen. Aber du würdest auch Eindruck machen, wenn du früher kommen würdest, meine Liebe.« Mammi kicherte, während meine Tante sich setzte und die Hände im Schoß faltete. »Das Klavier ist doch hoffentlich nicht zu hart für dich? Aber es ist wenigstens kräftig genug... hoffe ich.« Wieder kicherte Mammi. Ich rutschte unruhig hin und her, denn ich wußte, das Schlimmste kam erst noch. »Ja, Mercy Marie, wir verstehen schon, warum du immer zu spät kommst. Es muß schon sehr anstrengend sein, immer vor diesen leidenschaftlichen Wilden davonzurennen. Aber du solltest wirklich wissen, daß man munkelt, du wärest von einem Kannibalenhäuptling gekocht und zum Abendessen verspeist worden. Lucietta und ich sind entzückt, zu sehen, daß das nur ein bösartiges Gerücht war.«

Sorgfältig schlug Tante Elsbeth die Beine übereinander und starrte auf das Porträt auf dem Klavier. Es stand genau da, wo normalerweise die Notenblätter lehnen. Es gehörte zu Mammis Rolle, aufzustehen und die Kerzen im Kristalleuchter anzuzünden, während das Feuer prasselte und knackte und die Gaslampen flackerten, so daß die Kristallzapfen der Leuchter bunte Farben einfingen und durch das Zimmer sandten.

»Elsbeth, meine Liebe«, sagte meine Mutter für die tote Frau, die mitmachen mußte, auch wenn ihr Geist häufig rebellierte. »Ist das eigentlich das einzige Kostüm, das du besitzt? Du hast es letzte Woche und auch in der Woche davor getragen. Und dann dein Haar, du lieber Gott, warum trägst du nicht mal eine andere Frisur? So siehst du aus wie sechzig!«

Mammis Stimme war immer unerträglich süß, wenn sie für Tante Mercy Marie sprach.

»Mir gefällt meine Frisur«, erwiderte meine Tante spröde. Dabei beobachtete sie meine Mutter, die den Teewagen hereinrollte. Er war hoch mit all den Leckerbissen beladen, die Mammi vorbereitet hatte. »Wenigstens versuche ich nicht, wie eine verwöhnte Frau auszusehen, die ihre ganze Zeit damit verbringt, einem egoistischen Sexmolch zu gefallen. Ich weiß natürlich, daß das die einzige Art von Mann ist, die es gibt. Genau darum bleibe ich ja auch allein.«

»Ich bin sicher, daß das der einzige Grund dafür ist«, sagte meine Mutter mit ihrer eigenen Stimme. Dann sprach sie wieder für das Foto auf dem Klavier. »Aber, Ellie, ich erinnere mich noch gut an die Zeit, als du selbst wahnsinnig in einen egoistischen Irren verliebt warst. So sehr verliebt, daß du mit ihm ins Bett gegangen bist und sein Kind bekommen hast. Zu schade, daß er dich nur dazu benutzt hat, seine Bedürfnisse zu befriedigen; zu schade, daß er sich nie in dich verliebt hat.«

»Ach, der«, schnaubte meine Tante verächtlich. »Das war doch bloß eine kurzfristige Beziehung. Seine animalische Ausstrahlung hat mich vorübergehend angezogen, aber ich hatte genug Verstand, um ihn zu vergessen und mich Besserem zuzuwenden. Ich weiß, daß er sofort eine andere gefunden hat. Die Männer sind doch alle gleich – selbstsüchtig, grausam, fordernd. Ich weiß jetzt, daß er den schlimmsten aller Ehemänner abgegeben hätte.«

»Zu dumm, daß du nicht einen so wundervollen Mann gefunden hast wie Lucky«, sagte die süße Stimme vom Klavier, als sich meine Mutter setzte, um an einem winzigen Sandwich zu knabbern.

Ich starrte auf das Bild einer Frau, an die ich mich nicht erinnern konnte, obwohl Mammi sagte, ich hätte sie kennengelernt, als ich vier Jahre alt war. Sie schien sehr reich gewesen zu sein. Brillanten hingen an ihren Ohren, am Hals, steckten auf ihren Fingern. Der Pelzbesatz auf ihrem Kostümkragen ließ es so aussehen, als säße ihr Gesicht direkt auf den Schultern. Oft stellte ich mir vor, daß sie auch Pelzbesatz an den langen, weiten Ärmeln und dem Saum des Rockes haben würde, wenn sie aufstand, wie eine Königin aus dem Mittelalter.

Mercy Marie war bis nach Afrika gereist in der Hoffnung, ein paar heidnische Seelen zu erretten und zum christlichen Glauben zu bekehren. Jetzt gehörte sie selbst zu den Heiden, war verspeist worden, nachdem sie getötet und gekocht worden war.

Nach allem, was ich bei diesen Teestunden hörte, hatte Tante Mercy Marie einst eine lächerliche Vorliebe für Sandwiches mit Salat und grüner Gurke gehabt. Allerdings nur, wenn sie auf möglichst dünnem Käsebrot angerichtet waren. So mußte Mutter das Brot backen, die Kruste abschneiden und es mit der Kuchenrolle flachrollen. Danach wurde das Brot mit Kuchenförmchen in verschiedenen Formen ausgestochen.

»Wirklich, Mercy Marie«, sagte meine Tante in ihrer rauhen Art. »Schinken, Käse, Hühnchen oder Thunfisch sind nicht so schlecht, wie du denkst. Wir essen so etwas ständig... nicht wahr, Lucietta?«

Mammi runzelte die Stirn. Ich haßte ihre nächsten Worte, sie waren so grausam und bissig. »Wenn Mercy Marie Salatgurken und Salat-Sandwiches so gern hat, Ellie, warum läßt du sie dann nicht auch ein paar essen, anstatt sie alle in dich hineinzustopfen? Sei doch nicht so gierig. Lerne endlich zu teilen.«

»Lucietta, Liebes«, sprach die schrille Stimme vom Klavier, diesmal von meiner Tante zum Klingen gebracht, »bitte erweise deiner älteren Schwester den Respekt, der ihr zukommt. Du gibst ihr bei Tisch so winzige Portionen, daß sie es dadurch wettmachen muß, daß sie all die Dinge ißt, die ich so liebe.«

»Oh, Mercy, du bist so lieb und großzügig. Ich müßte natürlich wissen, daß der Appetit meiner Schwester niemals zu stillen ist. Ein Faß ohne Boden könnte auch nicht mehr aufnehmen als der Magen meiner Schwester. Vielleicht versucht sie, die große Leere ihres Lebens mit Essen zu stopfen. Vielleicht bedeutet es für sie Liebe.«

Immer weiter zog sich die Teestunde hin, während die parfümierten Kerzen niederbrannten und das Feuer rote Funken versprühte. Tante Ellie verzehrte alle Sandwiches, sogar die mit der Hühnerleberpastete, die ich so gern mochte – und Vera auch. Ich knabberte an einem Sandwich, das ich gar nicht mochte. Diese Sorte schmeckte immer so, wie Tante Mercy Marie sie gemocht hatte: feucht, grasig, durchgeweicht.

»Also wirklich, Lucietta«, sagte Tante Elsbeth mit der Stimme der lieben Verschiedenen. Dabei warf sie mir einen empörten Blick zu, weil ich offensichtlich nicht schätzte, was Tante Mercy Marie so gut geschmeckt hatte. »Du solltest etwas wegen des Appetits dieses Kindes tun. Sie besteht ja nur noch aus Haut und Knochen und riesigen Augen. Und dann dieser lächerliche Haarmop. Warum sieht sie so mitgenommen aus? Man könnte meinen, ein Windhauch könnte sie schon fortwehen – wenn sie nicht vorher schon den Verstand verliert. Lucietta, was treibst du mit diesem Kind?«

Ungefähr in diesem Augenblick hörte ich die Seitentür gehen, und ein paar Sekunden später stahl sich Vera ins Zimmer. Sie versteckte sich hinter einer Topfpalme, damit unsere Mütter sie nicht sehen konnten, und legte einen Finger an die Lippen, als ich zu ihr hinübersah. Sie hatte eine riesige, medizinische Enzyklopädie bei sich, auf deren Umschlag der männliche und weibliche Körper abgebildet waren – ohne Kleider.

Ich drehte mich um. Hinter mir kicherte Vera. Ich verkroch mich in das kleine Versteck in meinem Gehirn, wo ich mich sicher fühlen konnte und keine Angst zu haben brauchte; aber dieser Ort war wie ein Gefängnis. Ich fühlte mich immer gefangen, wenn Tante Mercy Maries gehässiger Geist unseren Salon heimsuchte. Sie war tot und existierte nicht, aber irgendwie brachte sie es fertig, daß ich mich wie ein Schatten ohne Substanz fühlte. Meine Hände flatterten nervös, tasteten nach meinen ›gequälten‹ Augen, den ›eingefallenen‹ Wangen, denn früher oder später würde sie diese Dinge auch erwähnen.

»Mercy«, meldete sich meine Mutter, »wie kannst du nur so wenig sensibel sein, vor meiner Tochter?« Sie stand auf, in ihrem weich fließenden Gewand schien sie so groß und geschmeidig.

Verwirrt starrte ich das Kleid an. Sie war doch in einem korallenroten Kleid ins Zimmer gekommen. Wie und wann hatte es die Farbe gewechselt? Oder war es das Licht vom Fenster, das es jetzt violett, grün und blau erscheinen ließ? Mein Kopf schmerzte. War es Sommer, Winter oder Herbst? Ich wollte zum Fenster laufen und die Bäume betrachten, denn sie waren die einzigen, die nicht lügen würden.

Ich hörte die Erwachsenen reden, aber ich versuchte, sie nicht zu verstehen. Dann ging Mammi zum Klavier hinüber und setzte sich, um all die Kirchenlieder zu spielen, die Tante Mercy Marie gern sang. Immer wenn meine Mutter sich ans Klavier setzte, geschah etwas Verblüffendes: Sie trat auf wie auf einer Bühne, als würde ihr bald ein großes Publikum applaudieren. Ihre langen, schlanken Finger zögerten dramatisch über den Tasten, sausten dann herab und schlugen einen Akkord an, um unsere Aufmerksamkeit zu gewinnen. Sie spielte und sang so wunderschön und traurig, daß ich am liebsten geweint hätte. Auch meine Tante fing an zu singen, aber ich konnte nicht einstimmen. Irgend etwas in mir wollte schreien, schreien! Das alles war falsch. Gott war nicht da oben. Er kam nicht, wenn man ihn brauchte... er war nie gekommen und würde auch nie kommen.

Mammi sah meine Tränen und wechselte abrupt das Tempo. Diesmal spielte sie ein Lied im Rockrhythmus, sang dabei und wiegte sich hin und her, so daß ihr Busen zitterte.

Meine Tante aß Kuchen. Entmutigt verließ meine Mutter das Klavier und setzte sich wieder aufs Sofa.

Verwirrt fuhr mein Kopf herum, als ich die Stimme vom Klavier her etwas sagen hörte. Ich wollte Tante Elsbeth dabei erwischen, daß sie den Mund bewegte, aber als ich sie ansah, nippte sie an ihrem heißen Tee. Ich wußte, daß er einen guten Schuß Bourbon beinhaltete genau wie Mammis Tee. Vielleicht war es der Alkohol, der sie so grausam werden ließ. Ich wußte nicht, ob sie Tante Mercy Marie gemocht hatten, als sie noch lebte, oder ob sie sie verabscheut hatten. Ich wußte nur, daß sie sich gern darüber lustig machten, wie sie ihrer Meinung nach ums Leben gekommen war. Sie glaubten Papa nicht, der mir mehr als einmal erklärt hatte, daß Tante Mercy Marie vielleicht irgendwo als Frau eines afrikanischen Häuptlings lebte.

»In primitiven Gesellschaften sind dicke Frauen sehr beliebt«, erzählte er mir. »Sie verschwand einfach zwei Wochen nach ihrer Ankunft dort unten. Glaub nicht alles, was du hörst, Audrina.«

Das war mein größtes Problem – was ich glauben sollte und was nicht.

Kichernd schenkte Mammi noch ein bißchen Tee in ihre und Tante Elsbeths Tasse. Dann griff sie nach einer Kristallflasche mit der Aufschrift ›Bourbon‹ und machte die Tassen voll. Erst dann entdeckte sie Vera. »Vera«, sagte sie, »möchtest du auch eine Tasse heißen Tee?«

Natürlich wollte Vera. Aber sie verzog wütend das Gesicht, als kein Bourbon dazugemischt wurde.

»Wieso bist du schon so früh aus der Schule zurück?« erkundigte sich meine Tante in scharfem Ton.

»Es war Lehrerversammlung, und alle Schüler wurden früher als gewöhnlich heimgeschickt.«

»Vera, sei ehrlich in der Gegenwart der lebenden Toten«, kicherte meine Mutter, die inzwischen fast betrunken war. Vera und ich wechselten Blicke. Dies war einer der seltenen Augenblicke, in denen wir uns wirklich verstehen konnten.

»Was treibst du denn, um dich zu amüsieren, Elsbeth?« fragte meine Mutter mit der hohen, schrillen Stimme, die sie annahm, wenn sie für Tante Mercy Marie sprach. »Du mußt dich doch auch manchmal langweilen, so abgeschieden von der Welt und ohne Freunde. Du hast schließlich keinen hübschen Ehemann, der dich in deinem kalten, einsamen Bett warm hält.«

»Also wirklich, Mercy«, antwortete meine Tante und blickte direkt in die Augen auf dem Foto, »wie könnte ich mich langweilen? Wo ich doch mit so faszinierenden Menschen wie meiner Schwester und ihrem Börsenmakler-Mann zusammenlebe, die es beide lieben, in ihrem Schlafzimmer miteinander zu kämpfen, bis einer von ihnen schreit. Ehrlich gesagt, ich fühle mich in meinem einsamen Bett ziemlich sicher, auch ohne einen gutaussehenden brutalen Mann, der seinen Gürtel gern als Peitsche einsetzt.«

»Elsbeth, wie kannst du meiner besten Freundin solchen Unsinn erzählen? Damian und ich spielen miteinander, das ist alles. Das erregt ihn und mich.« Mammi lächelte dem Foto entschuldigend zu. »Leider weiß Elsbeth überhaupt nichts von den vielen Dingen, die einen Mann erfreuen können.«

Meine Tante schnaubte verächtlich. »Mercy, ich bin überzeugt, du hast niemals zugelassen, daß Horace solche krankhaften Spielchen mit dir trieb.«

»Wenn sie es getan hätte, wäre sie jetzt nicht da, wo sie ist«, meinte Mammi kichernd.

Vera riß die Augen ebenso weit auf wie ich. Beide saßen wir stumm und reglos da. Ich war sicher, daß sie alle beide vergessen hatten, daß wir auch noch da waren.

»Wirklich, Mercy Marie, du mußt meiner Schwester verzeihen. Sie ist ein bißchen betrunken. Wie ich gerade schon sagte, ich lebe hier mit so faszinierenden Menschen zusammen, daß es keinen Augenblick langweilig wird. Eine Tochter ist im Wald gestorben, eine andere tritt an ihre Stelle, und die Dummköpfe geben ihr auch noch denselben Namen –«

»Elsbeth«, fuhr meine Mammi sie scharf an und richtete sich plötzlich kerzengerade auf, »wenn du deine Schwester und ihren Mann so sehr haßt, warum gehst du dann nicht fort und nimmst deine Tochter mit? Gewiß gibt es doch irgendwo eine Schule, die dringend eine Lehrerin benötigt. Du hast eine so scharfe Zunge, daß es dir eigentlich gelingen sollte, die Kinder damit im Zaum zu halten.«

»Nein«, erklärte meine Tante ruhig. Sie nippte noch immer an ihrem Tee. »Ich werde dieses Museum niemals verlassen. Es gehört mir genauso, wie es ihr gehört.« Sie spreizte den Finger auf eine Art und Weise ab, die ich bewunderte. Mir gelang es niemals, meinen Finger so lange so zu halten.

Komisch, daß meine Tante so vornehme Manieren hatte und dabei so wenig vornehme Kleider trug. Meine Mutter hatte schicke Sachen, aber sie benahm sich alles andere als schick. Während meine Tante ihre Knie dicht zusammenhielt, hielt Mammi sie auseinander. Während meine Tante so steif und gerade dasaß, als hätte sie einen Stock verschluckt, ließ sich meine Mutter zusammenfallen wie eine Puppe. Sie taten alles, um sich gegenseitig zu ärgern und zu verletzen – mit Erfolg.

Bei diesen Teestunden sagte ich niemals etwas, außer, ich wurde direkt angesprochen. Für gewöhnlich blieb Vera genauso still, weil sie hoffte, noch mehr Geheimnisse zu erfahren. Vera hatte sich um ein Sofa geschlichen und saß jetzt mit ausgestrecktem Bein da. Das andere hatte sie bis ans Kinn hinaufgezogen, während sie das bebilderte Medizinbuch durchblätterte, das die menschliche Anatomie erklärte. Gleich hinter dem Umschlag befand sich ihr Pappmann aus vielen dicken Papierschichten. Auf der ersten war er einfach nur nackt. Wenn man diesen Mann dann umdrehte, war er mit allen Arterien abgebildet, die rot eingezeichnet waren; die Venen blau. Unter diesem bunten Bild versteckte sich noch ein Mann, der all seine wichtigen Organe zeigte. Das letzte Bild zeigte das Skelett, das Vera überhaupt nicht beachtete. Es gab auch eine nackte Frau, die von innen bis außen betrachtet werden konnte, aber sie hatte Vera noch nie so interessiert. Schon vor langer Zeit hatte sie den »Fötus« aus der Gebärmutter gezogen und benutzte dieses Babybild jetzt als Lesezeichen in ihren Schulbüchern. Stück für Stück nahm Vera jetzt den nackten Mann auseinander und untersuchte ihn genauestens. Jedes Organ konnte wieder an seine richtige Stelle gebracht werden, indem man die Streifen durch die Schlitze mit der richtigen Nummer schob. Mit der linken Hand umfaßte sie seine Geschlechtsteile, während sie sein Herz und seine Leber herausriß, sie hin- und herdrehte, ehe sie schließlich das Papierding aus ihrer linken Hand nahm und genau studierte.

›Wie merkwürdig Männer doch gebaut sind‹, dachte ich, als sie den Mann wieder zusammensetzte. Dann schickte sie sich an, ihn wieder auseinanderzunehmen. Ich wandte mich ab.

Inzwischen waren meine Mutter und Tante Elsbeth schon recht betrunken.

»Ist irgend etwas so wunderbar, wie du es dir vorgestellt hattest?«

Mammi erwiderte den warmen Blick meiner Tante. »Ich liebe Damian immer noch, auch wenn er seine Versprechen nicht erfüllt hat. Vielleicht habe ich mir auch nur selbst was vorgemacht, als ich dachte, ich wäre tatsächlich gut genug, um Konzertpianistin zu werden. Vielleicht habe ich geheiratet, um nicht feststellen zu müssen, wie durchschnittlich ich wirklich bin, wie mittelmäßig.«

»Lucietta, das glaube ich einfach nicht«, sagte meine Tante erstaunlich lebhaft. »Du bist eine talentierte Pianistin, und das weißt du ebensogut wie ich. Du läßt bloß zu, daß dieser Mann dir Flausen in den Kopf setzt. Wie oft hat Damian dich schon damit getröstet, daß du ohnehin keinen Erfolg gehabt hättest?«
»Unzählige Male«, sang meine Mutter albern. Sie war so betrunken, daß ich am liebsten geweint hätte. »Sprich nicht mehr davon, Ellie. Dadurch bekomme ich zu großes Selbstmitleid. Mr. Johanson wäre so enttäuscht von mir. Ich hoffe, er ist tot und hat niemals herausgefunden, daß ich es zu nichts gebracht habe.«

»Hast du ihn geliebt, Lucietta?« erkundigte sich meine Tante freundlich.

Ich spitzte die Ohren. Vera schaute von ihrem Spiel mit dem großen, nackten Mann auf, dessen Herz sie in der Hand zerquetschte.

Mr. Ingmar Johnson war der Musiklehrer meiner Mutter gewesen, als sie noch ein junges Mädchen war. »Als ich fünfzehn und voller romantischer Gefühle war, da habe ich schon gedacht, ich würde ihn lieben.« Mammi seufzte und wischte sich eine Träne fort, die über ihre Wange lief. Sie wandte den Kopf ab, so daß ich ihr schönes Profil sah, und starrte zum Fenster hinaus. Die Wintersonne fiel nur schwach ins Zimmer und warf blasse Lichtflecken auf den Orientteppich.

»Er war der erste Mann, der mir einen richtigen Kuß gegeben hat ... die Jungs in der Schule hatten das auch getan, aber seiner war der erste, richtige Kuß.«

Waren denn nicht alle Küsse gleich?

»Mochtest du seine Küsse?«

»Ja, Ellie, recht gern sogar. Sie erweckten eine Sehnsucht in mir. Ingmar hat mich erweckt und mich dann unerfüllt gelassen. Damals lag ich so manche Nacht wach, und selbst jetzt noch wache ich manchmal auf und wünsche mir, ich hätte ihn fortfahren lassen, hätte ihn beenden lassen, was er angefangen hatte, anstatt nein zu sagen und mich für Damian aufzuheben.«

»Nein, Lucietta, du hast es richtig gemacht. Damian hätte dich niemals geheiratet, wenn er auch nur vermutet hätte, daß du keine Jungfrau mehr seiest. Er behauptet zwar, ein moderner, liberaler Mann zu sein, aber im Grunde ist er konservativ. Du weißt verdammt gut, daß er nicht mit dem fertig geworden ist, was Audrina geschah, genausowenig wie sie ...«

Was meinte sie damit? Wie hätte die erste Audrina mit etwas fertig werden können, wenn sie sie doch tot im Wald gefunden hatten? Plötzlich drehte sich Mammi um, sah mich halb verborgen hinter dem Farn. Sie starrte mich an, als müßte sie ihre Gedanken erst ordnen, ehe sie sprechen konnte. »Audrina, warum versuchst du, dich zu verstecken? Komm her und setz dich auf einen Stuhl, wie eine Dame. Warum bist du so still? Sag doch ab und zu etwas. Niemand mag einen Menschen, der nicht weiß, wie man sich unterhält.«

»Was war es, womit die erste Audrina genausowenig fertiggeworden ist wie Papa?« fragte ich, stand auf und ließ mich dann gar nicht damenhaft in einen Sessel fallen.

»Audrina, sei vorsichtig mit der Teetasse!«

»Mammi, was ist meiner toten Schwester eigentlich genau zugestoßen? Was hat sie getötet – eine Schlange?«

»Das ist doch keine Unterhaltung«, fuhr Mammi mich zornig an. »Wirklich, Audrina, wir haben dir alles über den Unfall deiner Schwester erzählt, was du wissen mußt. Vergiß nicht, sie wäre noch am Leben, wenn sie uns gehorcht hätte. Ich hoffe, du wirst immer daran denken, wenn du glaubst, du müßtest dich auflehnen, und meinst, Ungehorsam sei ein gutes Mittel, dich an deinen Eltern zu rächen, die versuchen, das Beste für dich zu tun.«

»War die erste Audrina schwierig?« fragte ich in der Hoffnung, zu hören, daß sie nicht perfekt gewesen war.

»Jetzt reicht es aber wirklich. Denk nur immer daran, daß der Wald verbotenes Gebiet ist.«

»Aber Vera geht doch auch in den Wald...«

Vera war aufgestanden und stand hinter dem Sofa. Sie lächelte meiner Mutter zu, und dieses Lächeln sagte mir, daß sie den Grund für den Tod meiner Schwester kannte. Plötzlich wünschte ich, sie hätte Mammis Warnung nicht mitgehört, denn damit hatte Vera eine zusätzliche Waffe gegen mich in der Hand.

Danach löste sich die Gesellschaft auf. Ich würde wohl nie eine glanzvolle Gesellschafterin abgeben. Tante Elsbeth legte das Foto fort, Vera hinkte zu ihrem Zimmer hinauf und nahm einen Teil des nackten Mannes mit, und ich saß allein im neurömischen Salon. Ich wußte jetzt, daß ich keine direkten Fragen stellen und eine offene Antwort darauf erwarten konnte. Ich mußte es lernen, heimtückisch zu werden, hinterlistig wie alle anderen, sonst würde ich niemals etwas erfahren, nicht einmal die Tageszeit.

In jener Woche war der Valentinstag. Nach der Schule hinkte Vera mit einem Papiersack voller Valentinsgeschenke heim, die sie alle von ihren Freunden bekommen hatte. Mit einem riesigen, roten Satinherzen kam sie in mein Zimmer. Sie öffnete das Herz und zeigte mir eine Fülle köstlicher Pralinen. »Von dem Jungen, der mich am meisten liebt«, erklärte sie mir hochmütig und riß die Schachtel an sich, ohne mir auch nur eine einzige Praline anzubieten. »Eines Tages wird er mich von hier fortholen und mich heiraten. Es steht in seinen Augen geschrieben, diesen herrlichen, bernsteinfarbenen Augen. Er zieht bald – nun, ist ja egal, wohin er zieht. Aber er liebt mich. Ich weiß, daß er mich liebt...«

»Was sagtest du? Wie alt ist er?«

»Was bedeutet das schon?« Sie setzte sich auf mein Bett und griff erneut in die Pralinenschachtel, wobei sie mir einen seltsamen Blick zuwarf. »Ich kann zehn, zwölf, vierzehn, sechzehn sein, jedes Alter. Denn ich habe den Zauber der ersten Audrina, der unvergessenen und perfekten, schönsten Audrina. Spieglein, Spieglein an der Wand, wer ist die schönste Audrina im Land? Und der Spiegel antwortet: *Du* bist es, Vera, *du*.«

»Du bist verrückt«, sagte ich und wich zurück. »Und du kannst den Zauber gar nicht haben, denn er gilt nur für Mädchen mit meinem Namen. Papa hat mir das gesagt.«

»Ach, Papa würde dir doch alles erzählen. Und du bist dumm genug, es zu glauben. Ich werde niemals so dumm sein. Meine Mutter war dumm genug, sich von einem süß daherschwatzenden Knaben überreden zu lassen, mit ihm ins Bett zu gehen, aber mir wird so etwas nicht passieren. Wenn jemand verführt, dann werde ich es sein, die verführt. Ich weiß schon, wie. Dieses Medizinbuch verrät mir alles, was ich wissen muß. Dieser dumme Aufklärungsunterricht in der Schule bietet ja überhaupt keine Tatsachen.«

Bald hatte sie alle Pralinen aufgegessen und gab mir das leere Herz aus rotem Satin. Aus irgendeinem Grund rührte es mich. Wie nett von dem Jungen, Vera so etwas zu schenken. Ich hatte nicht gewußt, daß Vera in irgend jemandem Liebe entfachen konnte, da sie es ja nicht einmal bei ihrer eigenen Mutter vermochte.

Löwen und Lämmer

Eines Tages hörte ich, wie der Bote eines Bekleidungsgeschäfts zu Mammi sagte: »Ist heute nicht ein herrlicher Frühlingstag?« Sonst hätte ich vielleicht überhaupt nicht erfahren, daß Frühling war, so kalt war es. Die Bäume hatten noch nicht ausgeschlagen, die Vögel sangen nicht. Ich genoß es, zumindest die Jahreszeit zu wissen, wenn auch nicht den Monat. Aber ich schämte mich zu sehr, um zu fragen, welchen Monat wir hatten, und zu riskieren, daß die Leute mich mitleidig anstarrten. Es war nichts Tolles und Besonderes, nichts über die Zeit zu wissen – es war verrückt. Vielleicht schämten sie sich deshalb, mir zu sagen, warum die erste Audrina gestorben war. Vielleicht war sie auch verrückt gewesen.

Ich riskierte die Verachtung des Lieferanten, lief hinter ihm her und stellte meine alberne Frage: »Nun, wir haben März, Mädel. Er stürmt herbei wie ein Löwe, und bald verläßt er uns wieder so sanft wie ein Lamm.«

Es war kalt, der Wind blies heftig, und das konnte ich alles leicht mit einem Löwen in Verbindung bringen. Als ich am nächsten Tag aufwachte, schien die Sonne, Eichhörnchen und Kaninchen hüpften über unseren Rasen, und die Welt war in Ordnung, wenn man Papa und Mammi Glauben schenken konnte.

Das Abendessen am nächsten Tag endete damit, daß Papa Vera anfuhr: »Verschwinde aus der Küche! Man hat mir erzählt, daß du dabei erwischt worden bist, wie du im Drugstore schmutzige Bilder ausgeschnitten hast. Wenn ein Mädchen auf diese Weise stiehlt, dann steht fest: Wo Rauch ist, ist auch Feuer!«

»Ich habe nichts getan, Papa!« schluchzte Vera.

Später, in meinem Zimmer, fuhr sie mich an: »Gott hat mich mit zerbrechlichen Knochen und dich mit einem zerbrechlichen Hirn gestraft. Aber von beidem ist mir mein Schicksal noch immer lieber!« Aber dann weinte sie. »Papa liebt mich nicht, wie er dich liebt... Ich hasse dich, Audrina, ich hasse dich wirklich.«

Ich war verblüfft. Ich war Papas Kind. Da war es doch nur natürlich, daß er mich am liebsten hatte. Ich versuchte, ihr das zu erklären. »Ach, du«, kreischte sie. »Was weißt du denn schon? Du bist verwöhnt und verhätschelt, als wenn du zu gut für diese Welt wärest... Aber warte nur ab, am Ende bin ich es, die gewinnt!«

Entschlossen, etwas zu unternehmen, ging ich zu Papa, der aus irgendeinem Grund schrecklich aufgeregt zu sein schien. Er marschierte im neurömischen Salon auf und ab und warf von Zeit zu Zeit einen Blick auf seine Armbanduhr. Aber er wollte mich nicht hinsehen lassen, als ich es versuchte. »Was willst du, Audrina?« fragte er ungeduldig.

»Ich möchte über Vera reden, Papa.«

»Aber ich möchte nicht über Vera reden, Audrina.«

Ich wich zurück. »Selbst wenn sie nicht deine Tochter ist, solltest du nicht so gemein zu ihr sein.«

»Was hat sie dir erzählt?« erkundigte er sich mißtrauisch. »Hat sie versucht dir zu erklären, warum du diesen Traum hast?«

Ich riß die Augen auf. Ich hatte Vera niemals von meinem schlimmsten Alptraum erzählt. Papa war der einzige, der von meinen bösen Träumen wußte. Ich war sicher, daß er auch nicht wollte, daß Mammi sich deshalb Sorgen machte. Und dieser Traum war mein Fluch, meine Schande; niemals würde ich Vera davon erzählen. Ich bewegte den Kopf von einer Seite zur anderen, während ich immer weiter zurückwich.

»Warum hast du Angst vor deinem eigenen Vater? Hat dieses Mädchen dir schlimme Geschichten erzählt?«

»Nein, Papa.«

»Lüg mich nicht an, Mädel. Ich sehe sofort, wenn du lügst. Deine Augen verraten dich.«

Seine gemeine, rücksichtslose Art zwang mich, kehrtzumachen und fortzulaufen. Ich stieß gegen Garderobenständer und Schirmständer, bis ich schließlich in eine Ecke sank, um erst einmal wieder zu Atem zu kommen. Da hörte ich meine Tante und meinen Vater zusammen den Flur entlangkommen. »Es ist mir egal, was du sagst, Ellie. Ich tue mein Bestes, um sie zu heilen. Ich tue auch für Vera mein Bestes, und das ist nicht einfach. Großer Gott, warum konntest du nicht ein Kind wie meine Audrina bekommen?«

»Genau das braucht dieses Haus«, antwortete meine Tante kalt, »noch eine Audrina.«

»Jetzt hör mir mal zu, Ellie. Hör mir gut zu. Halt Vera von meiner Tochter fern! Erinnere Vera jeden Tag aufs neue daran, daß sie den Mund halten soll. Sonst ziehe ich ihr die Haut vom Leib und reiße ihr die Haare vom Kopf. Sollte ich jemals herausfinden, daß Vera auch nur irgend etwas damit zu tun hatte –«

»Natürlich nicht!«

Ihre Stimmen erstarben. Ich blieb allein im Schatten zurück. Mir war übel, als ich versuchte zu begreifen, was das alles zu bedeuten hatte. Vera kannte das Geheimnis, warum ich mich nicht wie andere Leute erinnern konnte. Ich mußte Vera dazu bringen, es mir zu erzählen. Aber Vera haßte mich. Sie würde mir niemals etwas erzählen. Irgendwie mußte ich Vera dazu bringen, mich nicht mehr zu hassen. Vielleicht sogar, mich zu mögen. Dann würde sie mir auch das Geheimnis erzählen, das mich umgab.

Beim Frühstück am nächsten Morgen lächelte Mammi und war sehr fröhlich. »Ratet, was passiert ist«, sagte sie, als sie sich zu Tisch setzte. »Wir werden Nachbarn bekommen. Dein Vater hat die kleine Hütte vermietet, in der Mr. Willis gewohnt hat, bis er starb.«

Dieser Name kam mir irgendwie bekannt vor. Hatte ich Mr. Willis gekannt?

»Heute ziehen sie ein«, fuhr Mammi fort. »Wenn wir nicht Tante Mercy Marie erwarten würden, könnten wir durch den Wald spazieren und sie willkommen heißen. Juni ist ein so schöner Monat.«

Mit offenem Mund starrte ich sie an. »Aber, Mammi, der Lieferant hat gestern gesagt, es sei März.«

»Nein, Liebling, es ist Juni. Der letzte Bote war schon vor Monaten hier.« Sie seufzte. »Ich wünschte, das Geschäft würde täglich liefern; dann hätte ich etwas, auf das ich mich freuen könnte, abgesehen von Damians Heimkehr.«

Die ganze Freude, die ich normalerweise bei der Aussicht auf Nachbarn empfunden hätte, war zerstört, weil ich ein so schlechtes Gedächtnis hatte. In diesem Augenblick hinkte Vera in die Küche, warf mir einen bösen Blick zu, ehe sie sich auf einen Stuhl fallen ließ und um Schinken, Eier, Pfannkuchen und Krapfen bat. »Hast du gesagt, wir würden Nachbarn bekommen, Mammi?«

Mammi? Warum nannte sie meine Mutter so? Ich funkelte sie zornig an, versuchte aber, es Mammi nicht sehen zu lassen. Sie sah müde aus, ziemlich mitgenommen, als sie anfing, die Gänseleberpastete für die Teestunde zuzubereiten. Warum machte sie sich nur so viel Mühe, wenn diese Frau doch tot war und nur Tante Elsbeth alles aufessen würde?

»Ich weiß, wer die neuen Nachbarn sind«, erklärte Vera grinsend. »Der Junge, der mir zum Valentinstag eine Schachtel mit

Pralinen geschenkt hat, hat angedeutet, sie würden vielleicht in unsere Nähe ziehen. Er ist elf, aber er ist so groß, daß er aussieht wie dreizehn oder vierzehn.«

Mit grimmigem Gesicht stapfte meine Tante herein. »Dann ist er zu jung für dich«, fuhr sie Vera scharf an. War Vera wirklich so viel älter, als ich dachte? Himmel, warum konnte ich nicht von allen das Alter wissen? Sie wußten doch auch, wie alt ich war. »Fang bloß nicht an, ihm schönzutun, Vera, sonst wirft Damian uns beide hinaus.«

»Ich habe keine Angst vor Papa«, sagte Vera. »Ich weiß, wie man Männer behandeln muß. Ein Kuß, eine Umarmung, ein Lächeln, und schon schmelzen sie.«

»Du bist geschickt, das weiß ich. Aber laß diesen Jungen in Ruhe. Hast du gehört, Vera?«

»Ja, Mutter«, antwortete Vera, so verächtlich sie konnte. »Natürlich! Jeder Tote hat das hören können! Außerdem will ich wirklich keinen elfjährigen Jungen. Ich hasse das Leben hier draußen, wo es bloß die blöden Jungs aus dem Dorf gibt.«

Papa kam herein. Er trug einen neuen, maßgeschneiderten Anzug. Er setzte sich, befestigte eine Serviette unter seinem Kinn, um die reinseidene Krawatte nicht zu beschmutzen. Wenn Sauberkeit ein Zeichen der Götter war, dann war Papa ein wandelnder Gott.

»Ist es wirklich schon Juni, Papa?« fragte ich.

»Warum willst du das wissen?«

»Es kommt mir so vor, als wäre gestern erst März gewesen – der Mann, der Mammis neues Kleid gebracht hat, hat gesagt, es wäre März.«

»Das liegt doch schon Monate zurück, Liebling. Natürlich ist Juni. Sieh dir doch nur die Blumen an, wie sie blühen, und das grüne Gras. Und wie heiß es ist. Solche Tage hat man im März nicht.«

Vera aß die Hälfte ihrer Pfannkuchen. Dann sprang sie auf und lief in die Halle, um ihre Schulbücher zu holen. Sie hatte den Abschluß der Klasse nicht geschafft, und deshalb mußte sie jetzt in den Ferien acht Wochen lang die Sommerschule besuchen.

»Warum kommst du mir nach?« fuhr sie mich an.

Ich war dennoch fest entschlossen, Vera dazu zu bewegen, mich zu mögen. »Warum haßt du mich, Vera?«

»Ich hab' keine Zeit, alle Gründe aufzuzählen.« Ihre Stimme

war hochmütig. »In der Schule glauben alle, du seiest merkwürdig; sie wissen, daß du verrückt bist.«

Das überraschte mich. »Woher wissen sie das, wenn sie mich doch gar nicht kennen?«

Lächelnd drehte sie sich um. »Ich erzähle ihnen immer, was du Komisches machst: daß du dich immer im Schatten an der Wand hältst und daß du jede Nacht schreist. Sie wissen, daß du etwas so ›Besonderes‹ bist, daß du nicht einmal weißt, welches Jahr, welchen Monat oder welchen Tag der Woche wir haben.«

Wie gemein, die Familiengeheimnisse so auszuplaudern. Erneut verletzt, ließ mein Wunsch nach, sie zu bewegen, mich zu mögen. Ich glaubte sowieso nicht, daß sie es jemals tun würde. »Ich wünschte, du würdest nicht mit Leuten über mich reden, die das vielleicht nicht verstehen.«

»Was verstehen – daß du eine Irre ohne Gedächtnis bist? Wirklich, sie verstehen vollkommen; und niemand, absolut niemand, würde jemals mit dir befreundet sein wollen.«

Ein harter, schwerer Klumpen bildete sich in meiner Brust. Es tat weh. Ich seufzte und wandte mich ab. »Ich wollte bloß wissen, was alle anderen wissen.«

»Das, meine liebe kleine Schwester, ist vollkommen unmöglich für jemanden ohne Hirn.«

Ich wirbelte herum und brüllte: »Ich bin nicht deine Schwester! Lieber wäre ich tot, als deine Schwester zu sein!«

Noch lange nachdem sie die staubige Straße hinab verschwunden war, stand ich auf der Veranda und dachte, daß ich vielleicht verrückt war.

Um drei Uhr kam wieder Tante Mercy Marie, um auf unserem Klavier zu hocken. Wie immer wechselten sich meine Tante und meine Mutter ab, um für sie zu sprechen. Der Bourbon wurde in den dampfenden, heißen Tee geschenkt, und ich erhielt meine Tasse mit Cola und zwei Eiswürfeln. Mammi bat mich, so zu tun, als sei es heißer Tee. In meinem allerbesten, weißen Kleid saß ich im Sessel und fühlte mich ungemütlich. Weil Papa nicht da war, vergaßen mich die beiden Frauen schon bald und ließen all den Kummer heraus, der sich im Laufe der Woche angesammelt hatte.

»Elsbeth«, kreischte Mammi, nachdem das Haus beleidigt worden war, das sie so liebte, »das Schlimme mit dir ist, daß du so verdammt eifersüchtig darauf bist, daß unser Vater mich mehr geliebt hat als dich. Da sitzt du und sagst gemeine Sachen über dieses Haus, bloß weil du dir wünschst, es würde dir gehören. Genauso, wie du dir jede Nacht das Herz aus dem Leibe weinst, weil du allein in deinem Bett schläfst, oder dich unruhig hin und her wälzt, weil du eifersüchtig bist und das haben willst, was ich habe. Weil ich immer bekommen habe, was du dir gewünscht hast – dabei hättest du es haben können, wenn du deinen großen Mund nicht aufgemacht hättest!«

»Aber du weißt natürlich, wann du *deinen* großen Mund aufreißen mußt, Lucietta!« fuhr meine Tante sie an. »Dein Leben lang läufst du in diesem Mausoleum herum und schwärmst von seiner Schönheit. Natürlich hat unser Vater es dir hinterlassen und nicht mir. Ich hätte mich am liebsten übergeben, so süß warst du. Du hast mir alles gestohlen, was ich mir gewünscht habe. Sogar, wenn meine Freunde gekommen sind, um mich zu besuchen, warst du da, hast gelächelt und mit ihnen geflirtet. Du hast sogar mit unserem Vater geflirtet, hast ihn so umschmeichelt, daß ich daneben kalt und gleichgültig wirken mußte. Aber ich habe die ganze Arbeit hier getan, und ich tue sie immer noch! Du kochst das Essen und glaubst, das wäre genug. Nun, es ist nicht genug! Ich mache alles andere. Ich bin es leid, jedermanns Sklavin zu sein! Und als wenn das noch nicht genug wäre, bringst du deiner Tochter auch noch deine Tricks bei!«

Das schöne Gesicht meiner Mutter wurde flammendrot vor Empörung. »Nur weiter so, Elsbeth, dann wirst du kein Dach über dem Kopf mehr haben! Ich weiß schon, was dich so verbittert! Glaub nur nicht, ich wüßte es nicht. Du wünschst dir, daß du alles haben könntest, was ich habe!«

»Du bist eine Närrin. Und du hast einen Narren geheiratet. Damian Adare wollte nichts weiter als den Reichtum, von dem er angenommen hat, daß du ihn erben würdest. Du hast ihm niemals gesagt, daß unser lieber Vater seine Steuern nicht bezahlt hat, daß an unserem Haus nichts, aber auch gar nichts repariert worden ist. Das alles hat er erst erfahren, als es schon zu spät war. Du behauptest, du würdest Gaslicht lieben, aber in Wahrheit weißt du, daß elektrisches Licht den wahren Zustand dieses Hauses aufdecken würde. Die Küche und dieser Raum hier beherrschen unser Leben. Die Küche ist so hell, daß man kaum etwas sehen kann, wenn man anschließend dieses Zimmer betritt. Ich an deiner Stelle wäre ehrlich gewesen, und wenn du Ehrlichkeit einen Fehler nennst, dann bist du, bei Gott, fehlerlos!«

»Elsbeth«, schrie eine hohe Stimme vom Klavier her, »hör auf, so gehässig zu deiner geliebten Schwester zu sein.«

»Verschwinde und laß dich kochen«, kreischte Tante Elsbeth.

»Mercy Marie«, sagte meine Mutter, so arrogant sie konnte, »ich glaube, du solltest dich jetzt besser verabschieden. Da meine Schwester weder zu einem Gast noch zu meiner Tochter oder zu diesem Haus oder zu irgend jemandem sonst nett sein kann, nicht einmal zu ihrem eigenen Fleisch und Blut, sehe ich keinen Grund dafür, mit diesen Teestunden fortzufahren. Nur zögernd verabschiede ich mich von dir, denn ich habe dich geliebt und hasse den Gedanken an deinen Tod. Ich kann es nicht ertragen, zu sehen, wie Menschen, die ich liebe, sterben. Das hier war mein mitleiderregender Versuch, dich am Leben zu erhalten.« Sie sah meine Tante nicht an, als sie sagte: »Elsbeth, sei so freundlich und verlasse dieses Zimmer, bevor du etwas sagst, was mich dich noch mehr hassen läßt.« Mammi schien den Tränen nahe zu sein; ihre Stimme brach. Hatte sie vergessen, daß das alles nur ein Spiel war? War ich auch nur ein Spiel für sie, damit sie die geliebte erste Audrina am Leben erhalten konnte?

Der Mittwochmorgen kam. Ich war glücklich, daß ich mir einen Zettel geschrieben hatte, um mich zu erinnern, daß gestern Dienstag gewesen war. Jetzt hatte ich Zugriff zur Wirklichkeit. Heute war Mittwoch. Heute abend würde ich das aufschreiben. Endlich hatte ich eine Möglichkeit für mich gefunden, die Zeit festzuhalten.

Als ich am Zimmer meiner Eltern vorbeikam, auf dem Weg in die Küche, rief mich meine Mutter herein. Sie bürstete mit einer antiken, silbernen Bürste ihr langes Haar. Papa lehnte vor dem Spiegel und machte einen Knoten in seine Krawatte. Sorgfältig band er die Schlingen und Schlaufen, zog das eine Ende der Krawatte hindurch. »Sag du es ihr, Lucky«, sagte Papa sanft. Er schien vor Glück zu platzen. Mammi wandte sich mir zu. Auch sie lächelte.

Ich eilte zu ihr, damit sie mich umarmen und an ihre weiche Brust ziehen konnte. »Liebling, du hast dich immer darüber beklagt, daß du außer Vera niemanden zum Spielen hast. Aber es wird jemand kommen, der dir deine Einsamkeit nehmen wird. Ende November, Anfang Dezember wirst du bekommen, was du dir schon so lange sehnlichst wünschst...«

Die Schule! Sie würden mich zur Schule schicken! Endlich!

»Liebling, hast du uns nicht oft gesagt, du hättest gern einen Bruder oder eine Schwester? Nun, dein Wunsch wird bald in Erfüllung gehen.«

Ich wußte nicht, was ich sagen sollte. Die Vision glücklicher Tage in der Schule schwand dahin. Niemals wurden meine Träume wahr, niemals. Doch als ich dann zitternd in ihrer Umarmung stand und Papa mein Haar streichelte, war ich plötzlich unerwartet glücklich. Ein Baby. Ein kleiner Bruder oder eine kleine Schwester würden mich sicher von ihrer allzu großen Aufmerksamkeit befreien. Vielleicht würden sie sich dann wünschen, daß ich nicht immer im Haus sei, würden mich zur Schule schicken, um zu lernen. Da war Hoffnung. Es mußte Hoffnung geben.

Mammi warf Papa einen langen, traurigen und bedeutungsvollen Blick zu. »Damian, diesmal werden wir doch bestimmt einen Sohn bekommen, nicht wahr?«

Warum sagte sie das? Mochte sie keine Mädchen?

»Ganz ruhig, Lucky. Die Chancen stehen gut. Diesmal werden wir einen Jungen bekommen.« Papa lächelte mir liebevoll zu, als könnte er in meinen aufgeschreckten Augen meine Gedanken lesen. »Wir haben schon eine wundervolle und besondere Tochter. Also schuldet Gott uns einen Sohn.«

Ja, Gott schuldete ihm einen Sohn, nachdem er ihm die erste und unvergessene Audrina genommen und nur durch mich ersetzt hatte.

An jenem Abend kniete ich neben meinem Bett, faltete die Hände unter dem Kinn und betete mit geschlossenen Augen: »Lieber Gott, selbst wenn meine Eltern sich einen Jungen wünschen, hätte ich wirklich nichts dagegen, wenn du ihnen ein Mädchen schickst. Laß sie bloß nicht veilchenfarbene Augen und Chamäleonhaar haben wie mich. Laß sie nichts Besonderes sein. Man ist so schrecklich einsam, wenn man etwas Besonderes ist. Ich wünschte, du hättest mich auch ganz gewöhnlich geschaffen und mir ein besseres Gedächtnis gegeben. Wenn die erste und unvergessene Audrina da oben bei dir ist, dann schaffe das Kind nach ihrem Vorbild oder nimm Vera. Mach dieses Baby wundervoll, aber nicht so besonders, daß es nicht einmal zur Schule gehen kann.« Ich wollte schon schließen und Amen sagen, aber dann fügte ich noch hinzu: »Und, lieber Gott, beeil dich und laß diese Nachbarn einziehen. Ich brauche einen Freund, selbst wenn es der Junge ist, der Vera mag.«

Ich führte jetzt Tagebuch, um meinem Gedächtnis auf die Sprünge zu helfen. An diesem Donnerstag erfuhren meine Tante und meine Cousine die Neuigkeit, die ich schon einen ganzen Tag lang wußte. Es gab mir das Gefühl, meinen Eltern etwas Besonderes zu bedeuten, weil sie mir etwas so Wichtiges zuerst mitgeteilt hatten. »Ja, Ellie, Lucky ist wieder schwanger. Ist das nicht wundervoll? Natürlich werden wir diesmal einen Sohn verlangen, da wir ja schon die Tochter haben, um die wir gebeten hatten.«

Meine Tante warf meiner Mutter einen überraschten Blick zu. »Oh, mein Gott«, meinte sie bloß, »manche Menschen lernen es aber auch nie.«

Vera wurde noch bleicher, als sie es ohnehin schon war. Panik trat in ihre dunklen Augen. Dann bemerkte sie, daß ich sie anstarrte. Hastig richtete sie sich auf. »Ich gehe eine Freundin besuchen. Ich komme erst heim, wenn es wieder dunkel ist.«

Sie stand da, wartete darauf, daß jemand Einwände erhob, wie es sicherlich der Fall gewesen wäre, hätte ich dieselben Worte geäußert. Aber niemand sagte etwas. Es war fast, als wäre es ihnen allen egal, ob Vera zurückkam oder nicht. Erbost humpelte Vera aus der Küche. Ich sprang auf und folgte ihr auf die Veranda. »Wen besuchst du denn?«

»Das geht dich nichts an!«

»Wir haben keine Nachbarn in der Nähe, und bis zu den McKennas ist es sehr weit.«

»Kümmere dich nicht drum«, sagte sie mit erstickter Stimme. Tränen standen in ihren Augen. »Geh du nur wieder hinein und hör dir alles über das neue Baby an, und ich besuche meine Freundin, die dich nie ausstehen konnte.«

Ich sah ihr nach, wie sie die Sandstraße entlanghumpelte, und fragte mich, wen sie besuchen wollte. Vielleicht ging sie nirgendwohin, sondern suchte nur einen Flecken, wo sie für sich allein sein und weinen konnte.

Als ich wieder in die Küche kam, redete Papa noch immer. »Sie haben einen Teil ihrer Sachen letzte Woche in die Hütte gebracht, wohnen aber erst seit gestern dort. Ich habe sie noch nicht persönlich kennengelernt, aber der Makler sagt, sie hätten schon seit ein paar Jahren im Dorf gelebt und immer pünktlich ihre Miete bezahlt. Und denk nur, Lucky, jetzt hast du eine lebende Frau, die du zum Tee einladen kannst, und wir können uns von Mercy Marie verabschieden. Ihr beiden genießt es zweifellos, ihren grausamen, scharfen Geist zu imitieren, aber ich möchte dennoch, daß ihr mit diesem Spiel aufhört. Es ist nicht gut für Audrina, wenn sie Zeuge einer so bizarren Handlung wird. Außerdem kann Mercy Marie sehr gut die dicke Frau eines afrikanischen Häuptlings sein und alles andere als tot. Wir wissen nichts Genaues.«

Sowohl meine Mutter als auch meine Tante fingen an zu spotten – sie wollten nicht glauben, daß irgendein Mann Tante Mercy Marie haben wollte.

»Wir beenden die Teestunden«, sagte Mammi leise, als hätte sie jetzt, da sie ein Baby erwartete, jeglicher Gesellschaft ein Ende gemacht.

»Papa«, fing ich vorsichtig an, als ich mich wieder an den Tisch setzte, »wann habe ich Tante Mercy Marie das letzte Mal lebend gesehen?«

Papa beugte sich über den Tisch und küßte mich auf die Wange. Dann rückte er mit seinem Stuhl näher zu mir, so daß er den Arm um meine Schultern legen konnte. Meine Tante stand auf, um sich in den Schaukelstuhl zu setzen und zu stricken. Aber schon nach kurzer Zeit war sie so wütend mit ihrer Strickerei, daß sie sie hinwarf, einen Staubwedel ergriff und im angrenzenden Zimmer die Tischplatten abstaubte. Dabei hielt sie sich immer in der Nähe der Tür auf, damit sie zuhören konnte.

»Es ist schon viele Jahre her, daß du Mercy Marie gesehen hast. Natürlich kannst du dich nicht mehr an sie erinnern. Liebes, hör auf, dir deinen Kopf über die Vergangenheit zu zermartern. Heute zählt, nicht das Gestern. Erinnerungen sind nur wichtig für die Alten, die den besten Teil ihres Lebens bereits hinter sich haben und sich auf nichts mehr freuen können. Aber du bist noch ein Kind, und all die schönen Dinge liegen noch vor dir, nicht hinter dir. Du kannst dich nicht an jede Einzelheit deiner Kindheit erinnern, aber ich auch nicht. ›Das Beste kommt noch‹, hat irgendein Dichter geschrieben, und ich glaube daran. Papa wird dafür sorgen, daß du eine schöne Zukunft haben wirst. Deine Gabe wird wachsen und wachsen. Du weißt warum, nicht wahr?«

Der Schaukelstuhl. Der Stuhl machte aus mir die erste unvergessene Audrina und löschte all meine Erinnerungen aus. Oh, ich haßte sie. Warum konnte sie nicht einfach tot in ihrem Grab liegenbleiben? Ich wollte ihr Leben nicht, ich wollte mein eigenes. Ich befreite mich aus Papas Umarmung. »Ich gehe auf den Hof zum Spielen, Papa.«

»Aber lauf nicht in den Wald«, warnte er mich. Tante Elsbeth schien von unsichtbaren Fäden in die Küche zurückgezogen zu werden. Sie schwenkte den Staubwedel so drohend, als wollte sie Papa damit verprügeln.

Mammi wandte ihre violetten Augen ihrer Schwester zu und sagte sanft: »Wirklich, Elsbeth, du wirbelst mehr Staub auf, als du fortwischst.«

Kaum war ich draußen, als Papas Worte mir im Kopf herumgingen. Er liebte mich nicht wirklich. Er liebte sie, die erste und unvergessene. Die perfekte Audrina. Für den Rest meines Lebens würde ich versuchen müssen, das Niveau zu erreichen, das sie vorgegeben hatte. Aber wie konnte ich alles sein, was sie gewesen war, wenn ich doch ich selbst war?

Ich hatte eigentlich durch den Wald schleichen und unsere neuen Nachbarn besuchen wollen, aber meine Tante rief mich ins Haus zurück und hielt mich den ganzen Morgen damit in Trab, das Haus zu putzen. Mammi fühlte sich nicht wohl. Irgend etwas, das sie ›morgendliche Übelkeit‹ nannte, ließ sie immer wieder ins Bad rennen. Meine Tante sah erfreut aus, wenn sie es bemerkte, und murmelte die ganze Zeit über etwas von Dummköpfen vor sich hin, die den Zorn Gottes riskierten.

Gegen drei Uhr kam Vera heim. Sie sah verschwitzt, blaß und erschöpft aus. Sie warf mir einen verächtlichen Blick zu und stapfte die Treppe hinauf. Ich beschloß, erst nachzusehen, was sie tat, ehe ich mich durch den Wald schlich, um die neuen Nachbarn zu besuchen. Ich wollte nicht, daß Vera mir nachkam. Sie würde es bestimmt Papa erzählen, und dann wurde ich bestraft.

Vera war nicht in ihrem Zimmer. Auch nicht in meinem, wo sie die Schubladen durchwühlt hatte in der Hoffnung, etwas zu finden, was sich zu stehlen lohnte. Ich suchte weiter, hoffte, sie zu überraschen. Statt dessen überraschte sie mich.

In dem Zimmer der ersten Audrina, das Papa normalerweise verschlossen hielt, außer an den Tagen, an denen Mammi dort saubermachte, saß Vera in dem Schaukelstuhl. Dem Zauberstuhl. Hin und her schaukelte sie, sang dabei vor sich hin, wie Papa mich so oft singen ließ. Aus irgendeinem Grund war ich wütend, sie da zu sehen. Kein Wunder, daß ich die Gabe nicht empfing – Vera versuchte, sie mir zu stehlen!

»Steh sofort aus dem Stuhl auf!« schrie ich.

Zögernd kam sie wieder zu sich, öffnete ihre großen, dunklen

Augen, die genauso funkelten wie Papas. Höhnisch verzog sie die Lippen. »Willst du mich etwa dazu zwingen, Kleine?«

»Ja!« wütete ich, marschierte in das gefürchtete und verhaßte Zimmer, bereit, mein Recht zu verteidigen, in diesem Stuhl zu sitzen. Auch wenn ich die Gabe der ersten und unvergessenen Audrina nicht wollte – Vera sollte sie erst recht nicht bekommen.

Ehe ich noch etwas tun konnte, war Vera schon aufgesprungen. »Jetzt hör mir mal zu, Audrina Nummer zwei. Am Ende werde ich es sein, die den Platz der ersten Audrina einnimmt. Du hast nicht, was sie gehabt hat, und du wirst es auch nie besitzen. Papa versucht und versucht, dich zu dem zu machen, was sie gewesen ist, aber es gelingt ihm nicht, und allmählich begreift er das. Darum hat er mir gesagt, ich sollte diesen Stuhl jetzt auch benutzen. Denn jetzt will er, daß ich die Gaben der ersten Audrina aufnehme.«

Ich glaubte ihr nicht, aber irgend etwas Zartes in mir bekam einen Sprung. Sie sah mich schwach werden, sah mich zittern. »Deine Mutter liebt dich auch nicht annähernd so sehr, wie sie die erste Audrina geliebt hat. Sie spielt dir ihre Liebe nur vor! Deine Eltern würden dich beide gern tot sehen, wenn sie dafür das Mädchen wiederhaben könnten, das sie wirklich geliebt haben.«

»Hör auf, so etwas zu sagen!«

»Ich werde nie aufhören zu sagen, was gesagt werden muß!«

»Laß mich in Ruhe, geh nie wieder in dieses Zimmer! Du bist eine Lügnerin, Vera, eine böse, gemeine Lügnerin!« Ich holte weit aus und schlug nach ihr. Ausgerechnet in diesem Augenblick mußte sie aufstehen. Hätte sie es nicht so genau abgepaßt, hätte meine Faust sie wohl verfehlt. So jedoch traf ich sie voll am Kinn. Sie fiel rücklings in den Schaukelstuhl, der daraufhin umstürzte. Aber der Sturz konnte nicht so schlimm gewesen sein, wie ihr Geheul vermuten ließ...

Tante Elsbeth lief herbei. »Was hast du meiner Tochter angetan?« brüllte sie und half Vera auf die Füße. Kaum stand Vera, da stürzte Tante Elsbeth zu mir und schlug mich ins Gesicht. Geschickt wich ich ihrem zweiten Schlag aus. Ich hörte Vera schreien: »Mutter, hilf mir! Ich bekomme keine Luft mehr!«

»Natürlich bekommst du Luft«, fuhr meine Tante sie ungeduldig an. Aber eine Untersuchung im Krankenhaus ergab, daß Vera vier gebrochene Rippen hatte. Die Männer vom Rettungswagen warfen Mammi und meiner Tante sonderbare Blicke zu, als vermuteten sie, daß Vera sich nicht immer und immer wieder von selbst verletzen konnte. Dann schauten sie mich an und lächelten schwach.

Ich wurde ohne Abendessen zu Bett geschickt. (Papa kam erst spät heim, wegen eines Geschäftstreffens, und Mammi zog sich früh zurück und überließ mich der Obhut meiner Tante.) Die ganze Nacht über hörte ich Vera stöhnen, keuchen und nach Luft ringen, während sie versuchte zu schlafen. Vornübergebeugt wie eine uralte Frau kam sie mitten in der Nacht in mein Zimmer und schüttelte vor meinem Gesicht die Faust. »Eines Tages werde ich dieses Haus und alle, die darin sind, kaputtmachen«, zischte sie, »und du wirst die erste sein, an der ich Rache nehme. Denk immer daran, zweite und schlimmste Audrina, auch wenn du sonst alles vergißt.«

Arden Lowe

Am Morgen konnte ich es kaum erwarten, das Haus zu verlassen. Da Tante Elsbeth sich um die kranke Vera kümmerte und Mammi wegen ihrer morgendlichen Übelkeit im Bett blieb, hatte ich zum ersten Mal in meinem Leben Gelegenheit, mich unbemerkt davonzustehlen.

Die Wälder waren voller Schatten. Genau wie die erste Audrina war auch ich nun ungehorsam, aber der Himmel über mir zeigte keinerlei Anzeichen von Regen, und ohne Regen würde es nicht wieder geschehen. Leuchtende Sonnenstrahlen fielen durch das grüne Spitzendach aus Blättern, warfen goldene Lichtflecke auf den Weg vor mir. Vögel zwitscherten, Eichhörnchen jagten einander, Kaninchen hoppelten, und jetzt, wo ich Whitefern hinter mir gelassen hatte, fühlte ich mich gut, wenn auch nicht ganz wohl. Aber wenn ich jemals eigene Freunde finden wollte, dann mußte ich den ersten Schritt tun und mir, wenn schon sonst niemandem, etwas beweisen.

Ich wollte die Familie besuchen, die jetzt im Häuschen des Gärtners lebte, das so lange leer gestanden hatte. Ich war noch nie in diesem Teil des Waldes gewesen; dennoch erschien er mir vertraut. Ich blieb stehen und starrte auf den Weg, der nach rechts abzweigte, aber auch geradeaus weiterging. Tief in meinem Innern befahl mir ein Instinkt, mich nach rechts zu wenden. Das kleinste Geräusch ließ mich erstarren, ich lauschte, spitzte die Ohren, um das Kichern zu hören, das ich gehört hatte, als ich im Schaukelstuhl saß und wiedererlebte, was der ersten und Unvergessenen geschehen war und was mit diesem Stuhl verknüpft war. Die Blätter wisperten. Panik ergriff mich. Wieder und wieder hörte ich die Warnungen. »Gefährlich im Wald. Unsicher im Wald. Tod im Wald.« Nervös beschleunigte ich meine Schritte. Ich würde singen, so, wie die sieben Zwerge immer gepfiffen haben, um keine Angst zu haben... wieso dachte ich das jetzt? Das war *ihr* Gedanke!

Während ich vorwärts eilte, sagte ich mir immer wieder, daß es höchste Zeit für mich war, die Welt zu erkunden. Ich redete mir ein, daß jeder Schritt, mit dem ich mich von dem Haus mit seinen düsteren Ecken und drohenden Geräuschen entfernte, mich glücklicher machte. Ich war nicht schwach, nicht verwöhnt oder unfähig, in dieser Welt zu leben. Ich war einfach genauso mutig wie jedes andere Mädchen von... sieben Jahren?

Da war irgend etwas mit diesem Wald – mit der Art, wie die Sonne durch die Blätter schien. Die Farben versuchten, mir etwas zu sagen, mir etwas zu erzählen, an das ich mich nicht mehr erinnern konnte. Wenn ich nicht aufhörte zu denken, dann würde ich bald rennen und schreien und erwarten, daß mir dasselbe passieren würde wie ihr. Ich war die einzige Audrina, die auf dieser Welt noch lebte. Ich brauchte wirklich keine Angst zu haben. Ein Blitz schlägt niemals zweimal an der gleichen Stelle ein.

Am Rande einer Lichtung stieß ich auf das Häuschen im Wald. Es war ein kleines, weißes Haus mit einem roten Dach. Ich duckte mich hinter einem alten Baum, um mich zu verstecken, als ich einen Jungen aus der Haustür kommen sah. Er trug einen Eimer und einen Rechen. Er war groß und schlank, und ich wußte sofort, wer er war. Er war es, der Vera am Valentinstag die Pralinenschachtel geschenkt hatte. Sie hatte mir erzählt, daß er elf war, und im Juli würde er zwölf werden. Der beliebteste Junge in der Klasse – fleißig, intelligent und witzig –, und er war in Vera verliebt. Das bewies irgendwie, daß er doch nicht *so* helle war. Aber meine Tante sagte ja auch immer, daß Männer nur ausgewachsene Jungs waren, und das männliche Geschlecht wußte nur, was Augen und Drüsen sagten, sonst nichts.

Als ich ihn beobachtete, merkte ich an der flinken Art, wie er den Hof säuberte, sofort, daß er ein fleißiger Arbeiter war.

Er trug ausgewaschene Jeans, die hauteng saßen, als wäre er aus ihnen herausgewachsen oder als wären sie eingelaufen. Sein dünnes, altes Hemd war vielleicht einmal hellblau gewesen, aber jetzt war es zu einem Grauweiß verblichen. Von Zeit zu Zeit unterbrach er die Arbeit und ruhte ein wenig aus, sah sich um und imitierte Vogelgezwitscher. Doch wenige Sekunden später war er schon wieder an der Arbeit, zupfte Unkraut und warf es in den Eimer, den er dann häufig in eine riesige Mülltonne leerte. Dieser Junge machte mir keine Angst, auch wenn Papa und der Schaukelstuhl mich gelehrt hatten, Angst davor zu haben, was Jungs tun konnten.

Plötzlich riß er die Arbeitshandschuhe von den Händen, schleuderte sie zu Boden und wirbelte herum, schaute jetzt direkt zu dem Baum, hinter dem ich mich versteckte.

»Wäre es nicht langsam an der Zeit, daß du aufhörst dich zu verstecken und mich zu beobachten?« fragte er, wandte sich um, hob den Eimer mit Unkraut auf und leerte ihn in die größere Tonne. »Komm schon raus und sei freundlich. Ich beiße nicht.«

Meine Zunge klebte mir am Gaumen, obwohl seine Stimme nett klang.

»Ich tue dir nichts, wenn du davor Angst haben solltest. Ich weiß sogar deinen Namen. Du bist Audrina Adelle Adare, das Mädchen mit dem wunderschönen, langen Haar, das die Farbe wechselt. Alle Jungs in Whitefern reden über die Whitefern-Mädchen und sagen, du wärest die schönste von allen. Warum gehst du nicht zur Schule wie andere Mädchen? Und warum hast du mir nicht geschrieben und dich für die Pralinenschachtel zum Valentinstag bedankt, die ich dir vor Monaten geschickt habe? Das war gemein, weißt du, sehr gemein sogar. Nicht einmal anzurufen...«

Mir stockte der Atem. Er hatte die Pralinenschachtel *mir* und nicht Vera geschenkt? »Ich wußte nicht, daß du mich kennst, und mir hat niemand Pralinen gegeben«, sagte ich leise mit erstickter Stimme. Selbst jetzt war ich nicht sicher, daß er einem vollkommen unbekannten Mädchen so teure Pralinen geschickt hatte, wo Vera doch recht hübsch war und sich schon zur Frau entwickelte.

»Klar kenne ich dich. Darum habe ich dir doch den Brief geschrieben und mit den Pralinen geschickt. Ich sehe dich immer mit deinen Eltern. Das Dumme ist bloß, daß du niemals den Kopf drehst, um irgendwen zu sehen. Ich bin bei deiner Schwester in der Klasse. Ich habe sie gefragt, warum du nicht zur Schule gehst, und sie hat mir erzählt, daß du verrückt bist, aber das glaube ich nicht. Wenn Menschen verrückt sind, sieht man das ihren Augen an. Deshalb bin ich in den Drugstore gegangen und habe das schönste, rote Satinherz von allen ausgesucht. Ich hoffe, Vera hat dir wenigstens eine Praline gegeben; schließlich gehörten sie dir ja alle.«

Kannte er Vera so gut, daß er sogar vermutete, sie würde lügen und sie alle aufessen? »Vera hat gesagt, du hättest ihr die Schachtel geschenkt.«

»Aha! Genau das hat meine Mam auch vermutet, als ich ihr erzählte, du müßtest ein sehr undankbares Mädchen sein. Aber auch wenn du nichts davon gegessen hast, hoffe ich, du hast wenigstens gemerkt, daß es einen Jungen gibt, der dich für das schönste Mädchen hält, das er je gesehen hat.«

»Danke für die Pralinen«, flüsterte ich.

»Ich trage die Morgen- und Abendzeitungen aus. Es ist das erste Mal, daß ich mein hartverdientes Geld ausgegeben habe, um einem Mädchen etwas zu schenken.«

»Warum hast du das getan?«

Hastig wandte er den Kopf. Oh, seine Augen waren wirklich bernsteinfarben. Die Sonne fiel hinein, blendete ihn, zeigte mir aber genau, wie hübsch die Farbe seiner Augen war, viel heller als seine Haare. »Ich glaube, Audrina, daß man manchmal ein Mädchen nur ansehen muß, um zu wissen, daß man es mag. Und wenn sie dann nie auch nur in deine Richtung schaut, dann muß man eben etwas unternehmen... Und dann hat es doch nicht geklappt.«

Ich wußte nicht, was ich sagen sollte. Also sagte ich gar nichts. Aber ich bewegte mich ein wenig, so daß er mein Gesicht sehen konnte, während mein Körper noch immer sicher vom Gebüsch verdeckt war.

»Verdammt will ich sein, aber ich verstehe wirklich nicht, daß du nicht zur Schule gehst.«

Wie sollte ich es ihm erklären, wo ich es doch selbst nicht verstand? Außer es war so, wie Tante Elsbeth sagte, daß Papa mich ganz für sich haben und ›ausbilden‹ wollte.

»Da du nicht gefragt hast, stelle ich mich einfach selber vor. Ich bin Arden Nelson Lowe.« Vorsichtig trat er näher an mein Versteck, reckte den Hals, um mich besser sehen zu können. »Mein Name fängt auch mit ›A‹ an, wenn das etwas zu bedeuten hat, und ich glaube, das hat es.«

»Was glaubst du denn, daß es bedeutet?« fragte ich verblüfft. »Aber komm nicht näher, sonst laufe ich davon.«

»Dann laufe ich dir nach und hole dich ein.«

»Ich kann sehr schnell laufen.«

»Ich auch.«

»Wenn du mich einholen würdest, was würdest du dann tun?«

Er lachte und wirbelte im Kreis herum. »Ich weiß nicht. Aber wenigstens könnte ich dich aus der Nähe sehen und herausfinden, ob deine Augen wirklich violett sind oder bloß dunkelblau.«

»Wäre das wichtig?« Ich machte mir Sorgen. Meine Augenfarbe war wie meine Haarfarbe – wechselhaft. Es waren sonderbare Augen, die ihre Farbe entsprechend meiner Laune wechselten, von Violett bis hin zu einem tiefen, dunklen Purpur. Gequälte Augen, sagte Tante Elsbeth, die mir immer wieder auf indirekte Art zu verstehen gab, daß ich sonderbar war.

»Nein, es wäre nicht wichtig«, sagte er.

»Arden«, rief eine Frauenstimme, »mit wem sprichst du da?«

»Mit Audrina«, rief er zurück. »Du weißt doch, Mammi, die jüngere der beiden Mädchen, die in dem großen Haus auf der anderen Seite vom Wald leben. Sie ist unfaßbar hübsch, Mammi, aber so schüchtern. Ich habe noch nie ein so schüchternes Mädchen getroffen. Sie versteckt sich hinter den Büschen, bereit, davonzulaufen, wenn ich in ihre Nähe komme. Sie ist ganz anders als ihre Schwester, kann ich dir sagen. Findest du, daß das die richtige Art ist, einem Jungen gegenüberzutreten?«

Im Haus lachte seine Mutter fröhlich auf. »Es ist vielleicht ganz genau die richtige Art, um einen Jungen wie meinen Sohn zu interessieren, der es liebt, Geheimnisse zu lüften.«

Ich reckte den Hals und sah eine schöne, dunkelhaarige Frau an einem offenen Fenster des Häuschens sitzen. Ich konnte sie bis zur Taille sehen. Mit dem langen, blauschwarzen Lockenhaar, das ihr über die Schultern fiel, erschien sie mir wie ein Filmstar. Ihre Augen waren dunkel, ihre Haut hell und makellos wie Porzellan.

»Audrina, du bist hier immer willkommen, wenn du Lust hast, uns zu besuchen«, rief sie freundlich. »Mein Sohn ist ein feiner, anständiger Junge, der dir niemals etwas antun würde.«

Ich war atemlos vor Glück. Nie zuvor hatte ich einen Freund gehabt. Ich war ungehorsam gewesen, wie die erste Audrina, war in den Wald gelaufen... und hatte Freunde gefunden! Vielleicht war ich doch nicht so verdammt wie sie. Der Wald würde mich nicht zerstören, wie er sie zerstört hatte...

Ich wollte etwas sagen, wollte vortreten und mich zeigen und den Mut aufbringen, Fremden auf ihrem eigenen Grund und Boden gegenüberzutreten. Doch gerade, als ich bereit war, mich zu zeigen, hörte ich aus dem Wald hinter mir meinen Namen rufen, wieder und wieder. Die Stimme war noch fern und schwach, aber mit jedem Ruf klang sie näher.

Es war Papa! Woher wußte er, wo er mich finden würde? Was machte er schon so früh daheim? Warum war er nicht im Büro? Hatte Vera ihn angerufen und ihm erzählt, daß ich weder im Haus noch auf dem Hof war? Er würde mich bestrafen, ich wußte, daß er das tun würde. Selbst wenn das hier nicht der schlimmste und verbotene Teil des Waldes war – er wollte einfach nicht, daß ich mich den Blicken derer entzog, die von morgens bis abends über mich wachten.

»Auf Wiedersehen, Arden«, rief ich hastig und winkte ihm zu. Dann winkte ich auch seiner Mutter am Fenster zu. »Auf Wiedersehen, Mrs. Lowe. Ich freue mich, Sie beide kennengelernt zu haben. Und danke, daß Sie mich zur Freundin haben wollen. Ich brauche Freunde, deshalb werde ich bald wiederkommen, das verspreche ich.«

Arden lächelte übers ganze Gesicht. »Bis bald, hoffe ich.«

Ich rannte zu Papas Stimme zurück. Hoffentlich erriet er nicht, wo ich gewesen war. Ich wäre fast mit ihm zusammengestoßen, der den kaum sichtbaren Weg entlangmarschierte. »Wo bist du gewesen?« fragte er, packte meinen Arm und drehte mich zu sich herum. »Wovor läufst du davon?«

Ich starrte in sein Gesicht empor. Wie immer sah er sehr gut aus, sauber und gepflegt. Er trug einen dreiteiligen Anzug, maßgeschneidert. Noch als er meinen Arm losließ, wischte er sich schon trockene Blätter vom Ärmel. Dann untersuchte er seine Hose, um zu sehen, ob die Dornen sie zerrissen hatten. Wenn das der Fall gewesen wäre, hätte er mich vielleicht noch schlechter behandelt. Doch zum Glück hatte sein neuer Anzug keinen Schaden erlitten. So konnte er mich gerade soviel anlächeln, daß ich meine Angst verlor. »Ich habe dich seit zehn Minuten gerufen.

Audrina, habe ich dir nicht immer wieder verboten, den Wald zu betreten?«

»Aber, Papa, heute ist solch ein wunderschöner Tag, und ich wollte sehen, wohin die Kaninchen immer laufen, um sich zu verstecken. Ich wollte wilde Erdbeeren pflücken und Blaubeeren und Vergißmeinnicht. Und dann wollte ich noch Maiglöckchen, um sie in mein Zimmer zu stellen, damit es gut duftet.«

»Du bist doch diesen Weg nicht bis ans Ende gelaufen, oder?« Irgend etwas in seinen Augen warnte mich davor, ihm zu erzählen, daß ich Arden Lowe und seine Mutter getroffen hatte.

»Nein, Papa. Mir fiel ein, was ich versprochen habe, und da bin ich den Kaninchen nicht länger nachgelaufen. Papa, Kaninchen sind ja so schnell.«

»Gut«, sagte er, packte erneut meine Hand und wirbelte mich herum. Dann zerrte er mich hinter sich her. »Ich hoffe, du belügst mich niemals, Audrina. Lügen haben kurze Beine.«

Ich schluckte nervös. »Warum bist du so früh daheim, Papa?«

Mit gerunzelter Stirn wandte er sich zu mir um. »Ich hatte heute morgen beim Frühstück schon so ein Gefühl deinetwegen. Du wirktest so verschlossen. Ich saß in meinem Büro und fragte mich, ob du es dir nicht vielleicht in den Kopf gesetzt hättest, die neuen Mieter zu besuchen, die in das Häuschen eingezogen sind. Und jetzt hör mir mal zu, mein Mädchen: Du wirst nie dort hingehen. Hast du verstanden? Wir brauchen das Mietgeld, aber sie sind uns gesellschaftlich nicht ebenbürtig. Also laß sie in Ruhe.«

Es war schrecklich, einen Vater zu haben, der Gedanken lesen konnte. Ich mußte noch einmal versuchen ihm klarzumachen, wie sehr ich Freunde brauchte. »Aber, Papa, du hast doch zu Mammi gesagt, sie könnte die neue Nachbarin dienstags zum Tee einladen.«

»Nein, nicht nach dem, was ich über sie herausgefunden habe. Es gibt eine Menge alter Sprichwörter, und die meisten davon sollte man ernst nehmen. Gleich und gleich gesellt sich gern – und ich möchte nicht, daß du dich zu jemandem gesellst, der unter dir steht. Einfache Leute werden dir deine Besonderheit rauben, werden dich einfach zu einem weiteren Mitglied ihrer Herde machen. Aber ich möchte, daß du eine Anführerin wirst, eine, die aus der Menge hervorragt. Die Menschen sind dumm, Audrina, dumme Schafe, bereit, jedem zu folgen, der anders ist. Außerdem brauchst du dir auch keine Sorgen über Freunde zu machen, wo deine

Familie doch bald schon größer sein wird. Denk doch nur, wieviel Spaß du mit einem kleinen Bruder oder einer kleinen Schwester haben wirst. Mach dieses Baby zu deinem besten Freund.«

»So, wie Mammi und ihre Schwester Freundinnen sind?«

Er warf mir einen scharfen Blick zu. »Audrina, mit deiner Mutter und ihrer Schwester kann man nur Mitleid haben. Sie wohnen im selben Haus, nehmen dieselben Mahlzeiten ein, weigern sich aber anzunehmen, was jede von ihnen der anderen geben könnte. Wenn sie diese Mauer des Grolls doch nur durchbrechen könnten. Aber das werden sie nie. Jede hat ihren Stolz. Stolz ist etwas Wunderbares, aber er kann auch zu groß werden. Was du Tag für Tag zu sehen bekommst, ist Liebe, die auf den Kopf gestellt und zu Rivalität geworden ist.«

Ich verstand ihn nicht. Erwachsene waren wie Prismen; ständig wechselten sie die Farben und brachten meine Gedanken durcheinander.

»Liebling, versprich mir, daß du nie mehr in den Wald gehen wirst.« Ich versprach es ihm. Er preßte die Finger meiner Hand so fest, daß ich es einfach versprechen mußte. Jetzt schien er zufrieden, und der Druck ließ nach. »So, und jetzt sag' ich dir, was ich von dir möchte. Deine Mutter braucht dich jetzt, wo sie sich wegen der Schwangerschaft nicht wohl fühlt, besonders. Versuch ihr zu helfen, so gut du kannst. Und versprich mir, niemals fortzulaufen, ohne mir zu sagen, wo du bist.«

Aber er würde mich doch nie irgendwohin gehen lassen, niemals! Glaubte er, ich könnte davonlaufen?

»Ach, Papa«, heulte ich und warf meine Arme um ihn. »Ich werde dich niemals verlassen! Ich werde bei dir bleiben und mich um dich kümmern, wenn du alt bist. Ich werde dich immer lieben, ganz gleich, was passiert!«

Er sah mich traurig an und schüttelte den Kopf. »Das sagst du jetzt, aber du wirst nicht mehr daran denken, wenn du einen jungen Mann kennen- und liebenlernst. Dann wirst du mich vergessen und nur noch an ihn denken. So ist das Leben nun einmal. Die Alten müssen den Jungen weichen.«

»Nein, Papa, du kannst bei mir bleiben, selbst wenn ich heirate... was ich nicht glaube.«

»Ich hoffe nicht. Ehemänner wollen die Eltern nicht in der Nähe haben. Niemand will sich von alten Leuten das Leben schwermachen lassen. Außerdem sind sie teurer. Darum muß ich auch soviel Geld verdienen – als Sicherheit für mein Alter. Und das deiner Mutter.«

Ich starrte zu ihm hinauf. Ich hatte das Gefühl, daß er niemals alt werden würde. Er war viel zu stark, zu lebhaft, als daß das Alter ihm hätte graue Haare und Falten im Gesicht verleihen können. »Sind alte Damen auch nicht gern gesehen?« erkundigte ich mich.

»Nicht, wenn sie so sind wie deine Mutter«, antwortete er und lächelte bitter. »Irgend jemand wird deine Mutter immer haben wollen. Und wenn kein Mann sie mehr haben will, dann wendet sie sich an dich... Sei also für sie da, wenn sie dich braucht. Und sei auch da, wenn ich dich brauche.«

Mich schauderte. Mir gefiel dieses ernste Erwachsenengespräch nicht, schon gar nicht, wo ich gerade den ersten Jungen kennengelernt hatte, den ich gern haben konnte. Wir näherten uns dem Waldrand. Die Bäume standen jetzt weiter auseinander, und gleich darauf fing der Rasen an. Papa redete immer noch.

»Liebling, im Haus ist eine alte Dame, die du noch nie gesehen hast. Deine Mutter und ich, wir wünschen uns so sehr einen Jungen, daß wir einfach nicht bis zur Geburt warten können, um herauszufinden, was wir bekommen werden. Man hat mir gesagt, daß diese Dame, Mrs. Allismore, das Geschlecht eines ungeborenen Kindes voraussagen kann.«

Als wir uns dem Haus näherten, blieb ich stehen, starrte das große, alte Gebäude an, das mir wie ein alter Hochzeitskuchen erschien; dort, wo Braut und Bräutigam hätten sein sollen, aber nicht waren, befand sich die Kuppel. Die hohen, schmalen Fenster erschienen mir wie Schlitzaugen, die nach draußen gekehrt waren. Aber wenn ich im Haus war, sah ich, daß die Fenster sich nach innen wandten und ein Auge auf jeden hatten, vor allem auf mich.

Papa zerrte mich weiter. Ein komischer, kleiner schwarzer Wagen parkte auf der langen, geschwungenen Auffahrt, die dringend neu hätte gepflastert werden müssen. Unkraut wucherte in allen Ritzen. Ich versuchte, meine Hand aus Papas Hand zu ziehen, damit ich nicht dabeisein und etwas mit ansehen mußte, was mir vielleicht angst machen würde. Aber Papa zerrte mich durch die Haustür und gab mir keine Chance, in mein Versteck, unter der Kuppel, zu rennen. Sobald die Türen sich hinter uns geschlossen hatten, ließ er mich los. Geschickt vermied ich es, meinen Fuß auf irgendeinen bunten Sonnenfleck am Boden zu stellen.

Meine Mutter, Tante Elsbeth, Vera und eine uralte Frau waren in unserem besten Salon versammelt. Mammi lag auf der purpurnen Samtcouch. Die alte Frau beugte sich über sie. Als sie uns hereinkommen sah, zog sie den Ehering vom Finger meiner Mutter und befestigte ihn an einem Faden. Vera beugte sich vor. Sie schien sehr interessiert. Langsam, ganz langsam ließ die alte Frau den Ring über Mammis Bauch pendeln.

»Wenn der Ring hin und her pendelt, wird es ein Junge«, murmelte die alte Frau. »Wenn er im Kreis schwingt, ein Mädchen.«

Zuerst bewegte sich der Ring unruhig hin und her, vollkommen unentschlossen; dann blieb er stehen, änderte die Bewegung, und Papa fing an zu lächeln. Doch sein Lächeln verging schnell, als der Ring versuchte, einen Kreis zu vollziehen. Papa beugte sich vor und atmete schwer. Tante Elsbeth saß groß und hoch aufgerichtet; ihre dunklen Augen blickten ebenso erwartungsvoll wie Papas. Vera rutschte näher, die dunklen Augen weit aufgerissen. Mammi hob den Kopf und verrenkte sich den Hals, um zu sehen, was vorging, warum nichts gesagt wurde. Ich schluckte, hatte einen dicken Klumpen in der Kehle. »Was ist denn los?« erkundigte sich Mammi nervös.

»Sie müssen sich ganz ruhig halten«, krächzte die alte Mrs. Allismore. Ihr hexengleiches Gesicht legte sich in winzige Falten. Ihr kleiner Mund sah aus wie ein grob umrandetes Knopfloch. Nicht Sekunden, sondern Stunden schienen zu verstreichen, in denen dieser Ring die Richtung wechselte, sich einfach nicht festlegen wollte. »Hat Ihr Arzt etwas von Zwillingen gesagt?« fragte die Alte mit verwundert gerunzelter Stirn.

»Nein«, flüsterte Mammi. Sie schien noch beunruhigter. »Als ich das letzte Mal bei ihm war, sagte er, er könnte nur einen Herzschlag hören.«

Papa griff nach ihrer Hand, zog sie an seine Wange und rieb sich damit über die Bartstoppeln. Ich konnte das leise, kratzende Geräusch hören. Dann bückte er sich und küßte Mammis Wange.

»Lucky, nun schau doch nicht so besorgt drein. Das ist doch ohnehin alles nur Unsinn. Gott wird uns das richtige Kind senden; wir müssen uns keine Sorgen machen.«

Aber Mammi bestand darauf, daß Mrs. Allismore es noch eine Weile versuchte. Fünf endlose Minuten verstrichen, ehe die alte Frau grimmig den Ring von dem Faden löste. »Ma'am, ich sage es nicht gern, aber was Sie da in sich tragen, ist weder männlich noch weiblich.«

Mammi stieß einen leisen, erschreckten Schrei aus.

Nie zuvor hatte ich Papa so wütend gesehen. »Verschwinden Sie!« brüllte er. »Sehen Sie sich nur meine Frau an! Sie haben sie zu Tode erschreckt!« Er drängte die alte Frau zur Tür. Zu meiner Verblüffung schob er ihr eine Zwanzigdollarnote in die Hand. Warum gab er ihr so viel Geld?

»Fünfzig Dollar, Sir.«

»Zwanzig oder gar nichts für das, was Sie geleistet haben«, fuhr Papa sie an, schob sie hinaus und verschloß die Tür hinter ihr. Als ich den Salon wieder betrat, war Vera in den Schatten gerückt. Von hier aus sah sie Papa mit harten Augen an. In der Hand hielt sie ein riesiges Stück Schokoladekuchen, das als Nachtisch für mich aufgehoben worden war... Sie hatte am Vorabend schon doppelt soviel gegessen.

Als sie meinen wütenden Blick auffing, grinste sie und leckte sich die Schokolade von den Fingern. »Alles weg, süße Audrina. Nichts mehr übrig für dich, weil du ja fortlaufen mußtest. Wo bist du gewesen, süße Audrina?«

»Halt den Mund!« schrie Papa sie an. Dann fiel er neben Mammi auf die Knie, die weinend auf dem Sofa lag. Er versuchte sie zu trösten, indem er sagte, daß es ohnehin eine alberne Idee gewesen wäre.

Aber Mammi schlang die Arme um ihn und jammerte: »Damian, was kann sie damit gemeint haben? Alle sagen, daß sich ihre Vorhersagen immer erfüllen!«

»Nun, diesmal gewiß nicht.«

Vera knüllte das Wachspapier zusammen, in das der Kuchen gewickelt gewesen war, und schob es in ihre Tasche. »Ich glaube, Mrs. Allismore hat hundertprozentig recht. Ein weiteres Monstrum wird in das Haus der Whiteferns ziehen. Ich kann es schon richtig riechen.« Mit diesen Worten eilte sie in die Halle. Aber sie war nicht schnell genug. Wie der Blitz sprang Papa auf die Füße, und schon lag sie über seinen Knien. Er zog ihr den Rock hoch und fing an, sie so fest zu schlagen, daß ich durch das dünne, weiße Nylonhöschen sehen konnte, wie ihr Hinterteil sich rot färbte. Sie schrie und wehrte sich, versuchte sich aus seinem Griff zu befreien. Aber sie war ihm nicht gewachsen.

»Hör auf, Damian!« schrien meine Mutter und meine Tante

gleichzeitig. »Das reicht, Damian«, Mammi stützte sich auf einen Ellbogen. Sie sah sehr schwach aus.

Rücksichtslos schob Papa Vera von seinem Schoß, so daß sie zu Boden fiel. Sie kroch davon, versuchte ihren Rock herunterzuziehen und ihre Unterwäsche zu verdecken. »Wie konntest du das tun, Damian?« fragte meine Tante. »Vera ist eine junge Frau – viel zu alt, um verprügelt zu werden. Ich könnte ihr nicht böse sein, wenn sie dir das niemals verzeiht.«

Danach aßen wir zu Abend. Alle waren so böse, daß nur Vera und meine Tante ihre Teller leer essen konnten. Später, in der Nacht, hörte ich Mammi in Papas Armen schluchzen. Sie machte sich immer noch Sorgen wegen des ungeborenen Kindes. »Damian, irgend etwas stimmt nicht mit diesem Kind. Manchmal bewegt es sich unaufhörlich und hält mich wach, und dann wieder rührt es sich überhaupt nicht.«

»Psst«, tröstete er. »Alle Babys sind verschieden. Wir sind zwei gesunde Menschen. Wir werden auch ein gesundes Baby bekommen. Diese Frau hat nicht mehr göttliche Kräfte als ich.«

Es hätte ein wundervoller Sommer werden können, wenn Vera mir nicht auf Schritt und Tritt gefolgt wäre. Wieder und wieder versuchte ich, mich durch den Wald zu schleichen, ohne daß Vera es bemerkte, aber sie schien meine Gedanken riechen zu können und heftete sich mir wie ein Indianer an die Fersen. Ardens Mutter bestand darauf, daß ich sie Billie nennen sollte, aber es war ein merkwürdiges Gefühl. Trotzdem tat ich es schließlich, weil sie es so wünschte. Sie war der einzige Erwachsene in meinem Leben, der bereit war, sein Wissen auf eine Weise mit mir zu teilen, die ich verstehen konnte. Mir gefiel es am besten, wenn ich mich ohne Vera zu ihnen schleichen konnte, denn Vera schaffte es irgendwie immer, die Unterhaltung zu beherrschen. Jedesmal wenn wir zu Besuch waren, fragten wir uns anschließend, warum Billie uns nicht ins Haus bat. Ich war zu höflich, um irgend etwas zu sagen. Und Vera tat so, als hätte sie gute Manieren, also sagte sie auch nichts.

Eines Tages hörte ich, wie Arden Billie erzählte, daß Vera zwölf sei. Ich starrte ihn mit einem merkwürdigen Gefühl an. Er wußte mehr über Vera als ich. »Hat sie dir das erzählt?«

»Himmel, nein!« meinte er lachend. »Vera hat komische Ideen, was ihr Alter angeht. Aber sie ist im Schulregister eingetragen, und so weiß ich zufällig, daß sie zwölf Jahre alt ist.« Er lächelte mir schüchtern zu. »Willst du damit sagen, daß du nicht wußtest, wie alt deine eigene Schwester ist?«

»Äh, doch, natürlich. Aber sie sagt, daß sie jetzt so viele Lügen erzählen will, daß die Leute in ein paar Jahren nicht mehr wissen werden, wie alt sie in diesem Sommer wirklich war.«

Trotz Vera hatte ich in diesem Sommer meinen Spaß. Es kam mir so vor, als wäre Billie mir gegenüber viel herzlicher als im Umgang mit Vera; ja, sie schien sogar mehr um mein Wohlergehen besorgt als meine eigene Mutter. Aber Mammi fühlte sich nicht wohl, und deshalb konnte ich ihr verzeihen. Dunkle Ringe tauchten unter ihren Augen auf. Wenn sie ging, stützte sie mit einer Hand ihr Kreuz. Sie spielte nicht mehr Klavier und hörte sogar auf, ihre Romane zu lesen. Jeden Tag schlief sie auf dem purpurfarbenen Sofa ein, das Buch auf den angeschwollenen Brüsten. Ich liebte sie so sehr, daß ich dort stand und sie im Schlaf beobachtete. Ich hatte Angst um sie und das kleine Baby, das weder Junge noch Mädchen war. Vera erzählte mir die ganze Zeit, daß es ein ›Neutrum‹ sein würde wie eine Puppe. »Ohne etwas zwischen den Beinen«, lachte sie. »Das kommt manchmal vor. Ist eine Tatsache. Eines der bizarren Dinge, die in der Natur vorkommen. Steht in meinen Medizinbüchern.«

Monatliche Krämpfe, die Vera ans Bett fesselten, gaben mir Gelegenheit, zu Arden und Billie zu laufen. Arden und ich picknickten unter den Bäumen, breiteten alles auf rot-weiß karierten Tischtüchern aus. Niemals hatte ich Angst vor ihm. Als er mich schließlich berührte, befühlte er mein Haar. Ich hatte nichts dagegen.

»Wann hast du Geburtstag?« fragte er eines Tages, während ich auf dem Rücken lag und durch die Baumwipfel nach oben starrte und versuchte die Wolken zu sehen, die wie Segelschiffe über den Himmel zogen. »Am neunten September«, antwortete ich unglücklich. »Ich hatte eine ältere Schwester, die genau neun Jahre vor meiner Geburt gestorben ist. Sie hieß genau wie ich.«

Bis ich das sagte, hatte Arden versucht, aus einem winzigen Rad eine Beule herauszuklopfen. Jetzt hörte er mit dem Hämmern auf und starrte mich merkwürdig an. »Eine ältere Schwester? Die genauso hieß wie du?«

»Ja. Man hat sie tot im Wald gefunden, unter einem Goldregenbaum. Deswegen sollte ich auch niemals hierherkommen.«

»Aber du *bist* hier«, seine Stimme klang sonderbar. »Wie kannst du es wagen, zu kommen?«

Ich lächelte. »Ich würde alles wagen, um Billie zu besuchen.«

»Meine Mutter? Nun, das ist nett, aber was ist mit mir?«

Da drehte ich mich auf die Seite, damit er mein Gesicht nicht sehen konnte. »Ach, ich glaube, dich kann ich in Kauf nehmen.«

Ich drehte mich wieder um, blinzelte zu ihm hinüber. Da saß er im Schneidersitz in seiner kurzen, weißen Hose, mit nacktem Oberkörper, der im Sonnenschein schimmerte. »Na ja«, meinte er, hob den Hammer wieder auf und schickte sich an, das kleine Rad weiter zu bearbeiten, »ich glaube, daran kann man erkennen, daß du noch eine Menge lernen mußt, ehe du erwachsen bist – oder aber, daß du genauso bist wie deine Schwester.«

»Sie ist nicht meine Schwester, sondern meine Cousine, Arden. Meine Eltern taten nur so, als wäre sie meine Schwester, um meine Tante vor der Schande zu bewahren. Meine Tante ist fortgegangen und zwei Jahre später zurückgekehrt. Damals war Vera erst ein Jahr alt. Meine Tante war so sicher, daß Veras Vater nur einen Blick auf sein Baby werfen und sich in seine Tochter verlieben würde. Aber es ist nicht so gekommen. Während meine Tante fort war, hat er eine andere geheiratet.«

Arden sagte kein Wort. Er lächelte bloß, um mir zu zeigen, daß es ihm egal war, wer Vera war.

Arden liebte seine Mutter mehr, als ich es bei einem Jungen je für möglich gehalten hätte. Wenn sie ihn rief, sprang er auf und lief ins Haus. Er hängte die Wäsche auf, nahm sie ab. Er schleppte die Abfalleimer, etwas, was mein Papa nie tun würde. Arden hatte feste Grundsätze über Ehrbarkeit, Treue und darüber, daß man denen helfen mußte, die Hilfe benötigten; aber auch über Pflichten und Ergebenheit; außerdem hatte er noch etwas, über das er niemals sprach, das ich aber trotzdem bemerkt hatte. Er schien Schönheit eher und stärker zu empfinden als andere Leute. Er konnte im Wald stehenbleiben und stundenlang arbeiten, um schließlich ein Stück Quarz auszugraben, das aussah wie ein riesiger, rosa Diamant. »Ich werde daraus einen Anhänger für das Mädchen machen lassen, das ich eines Tages heiraten werde. Ich weiß nur noch nicht, welche Form er haben soll. Was meinst du, Audrina?«

Als ich den Quarz in die Hand nahm und hin und her drehte, war ich neidisch auf das Mädchen, das er eines Tages heiraten würde. Der Stein hatte viele Einbuchtungen, aber in seiner Mitte waren die Farben so hell und klar, daß er einer Rose ähnelte.

»Warum nicht wie eine Rose? Die voll erblühte Blume, nicht nur eine Knospe.«

»Also schön, eine Rose«, sagte er und schob den Stein in die Tasche. »Eines Tages, wenn ich reich bin, werde ich dem Mädchen, das ich liebe, alles schenken, was sie sich je erträumt hat. Und für meine Mutter werde ich dasselbe tun.« Ein Schatten zog über sein Gesicht. »Bloß kann man mit Geld nicht kaufen, was sich meine Mutter am meisten wünscht.«

»Und was ist das? Oder ist das eine zu persönliche Frage?«

»Ja, sehr persönlich.« Er verstummte, aber das war nicht schlimm. Wir konnten stundenlang zusammensein, ohne zu reden, und dennoch fühlten wir uns wohl miteinander. Ich lag im Gras und sah zu, wie er sein Fahrrad reparierte, sah zu seiner Mutter am Fenster hinüber, wo sie einen Kuchenteig anrührte, und ich dachte, daß eine richtige Familie so leben müßte – und nicht die ganze Zeit nur streiten. Die düsteren Schatten in unserem Haus weckten auch düstere Schatten in mir. Hier draußen im Freien waren die Schatten unter den Bäumen nur vorübergehend. Aber Whitefern drohte ständig im Hintergrund.

»Audrina«, sagte Arden plötzlich und bastelte dabei immer noch an seinem Rad herum, »was denkst du eigentlich wirklich von mir?«

Ich hatte ihn gern, mehr, als ich zugeben wollte, aber das konnte ich ihm unmöglich sagen. Warum verschwendete ein Junge von zwölf Jahren seine Zeit an ein siebenjähriges Mädchen? Vera mußte ihm doch bestimmt besser gefallen. Aber das wollte ich ihn auch nicht fragen. »Du bist mein erster Freund, Arden, und ich glaube, ich bin dir sehr dankbar, daß du dich überhaupt mit mir abgibst.«

Unsere Blicke trafen sich kurz. Ich sah in seinen Augen etwas schimmern wie Tränen – aber warum sollte er weinen, wenn ich so etwas sagte? »Eines Tages werde ich dir etwas erzählen müssen, und danach wirst du mich nicht mehr mögen.«

»Dann erzähl es mir niemals. Denn ich will nicht aufhören, dich zu mögen, Arden.«

Er wandte sich ab. Was hatte er mir zu erzählen? Hatte auch Arden ein Geheimnis wie alle anderen?

Eines Morgens rannte ich schon früh zu Arden, damit er mir zeigen konnte, wie man Fische fängt und lebende Würmer als

Köder an den Haken befestigt. Vera kam hinter mir her, obwohl ich versucht hatte, unbemerkt aus dem Haus zu schlüpfen. Ich mochte die Würmer nicht auf die Haken spießen, und bald zog Arden aus seiner Tasche künstliche Fliegen und zeigte mir, wie man diese Köder auslegte. Dabei stand er auf einem Uferstück, das höher lag als der Rest. Vera, die neben mir saß, flüsterte mir zu, wie gut Arden in seiner roten Badehose aussah. Sie kicherte und deutete auf die Stelle, von der all die kleinen Babys kommen.

»Ich glaube kein Wort von dem, was du sagst«, flüsterte ich zurück. Ich lief rot an und wußte nur zu gut, daß alles stimmte, was sie sagte. Warum schien alles an Jungen so vulgär und gemein zu sein, wenn Vera darüber sprach? Ich mochte Vera nicht, aber sie hatte eine Art, all die Dinge beim Namen zu nennen, über die sonst niemand reden wollte. Ich nahm an, daß ihr Interesse an Medizinbüchern ihr mehr über das Leben verriet, als ich selbst jemals herausfinden würde.

»Ich wette, du und Arden, ihr habt schon miteinander ›Doktor‹ gespielt.«

Sie lachte noch lauter, als sie mir erklärte, was sie damit meinte. Ich schlug nach ihr. »Manchmal hasse ich dich, Vera.«

»He, ihr beiden!« rief Arden, drehte sich um und hielt seinen Fang hoch in die Luft »Das ist wirklich mal ein Großer. Ein Barsch, groß genug für uns alle. Kommt, wir bringen ihn Mam. Sie kann ihn zum Mittagessen kochen.«

»Ach, Arden.« Vera klatschte in die Hände und riß ehrfürchtig die dunklen Augen auf. »Ich glaube, das ist tatsächlich der alte Fisch, den alle Fischer hier in der Gegend seit Jahren zu fangen versuchen. Ich glaube, du hast ihn erwischt. Was für ein guter Angler du bist.«

Für gewöhnlich schien Vera Arden zu verärgern, aber diesmal lächelte er, geschmeichelt über ihr Lob. »Ach, Vera, der ist mir förmlich an die Angel gesprungen.«

Ich haßte ihn, weil er ihrer plumpen Schmeichelei erlag, weil er nicht erkannte, daß Vera alles sagen würde, nur damit er sie mehr ansah als mich. Ich sprang auf die Füße und lief zu der Stelle hinüber, wo ich mein Sommerkleid hingelegt hatte. Hinter dem schützenden Gebüsch wollte ich den Badeanzug gegen mein Kleid tauschen. Aber meine Sachen waren fort, sogar meine Sandalen! Mein weißer Badeanzug lag bereits am Boden, naß und schmutzig, und ich schaute mich überall um. Wahrscheinlich waren meine

Kleider vom Wind davongeweht worden. »Vera, hast du meine Kleider versteckt?« fragte ich endlich.

In diesem Augenblick, als ich in die andere Richtung schaute, erhaschte ich noch einen kurzen Blick auf eine flinke Hand, die meinen Badeanzug packte. Ich erkannte den Ring an ihrem Finger. Veras Hand. Ich brüllte, wollte ihr nachlaufen, aber Arden war da draußen, und ich hatte nichts am Leibe. »Arden«, rief ich. »Halt Vera auf! Sie hat meine Kleider und meinen Badeanzug gestohlen.« Ich weinte fast, als ich mich nach irgend etwas umsah, das ich benutzen konnte, um meine Nacktheit zu verbergen.

Ich hörte Arden durch die Büsche trampeln, Vera rufen – und dann kam er in meine Richtung, wobei er einen Höllenlärm machte. »Audrina, ich kann Vera nicht finden. Sie kann nicht schnell rennen, also muß sie sich verstecken. Du kannst mein Hemd anziehen. Es ist lang genug, um dich zu bedecken, bis du daheim bist.«

Ich spähte durchs Gestrüpp und sah ihn zu der Stelle laufen, wo er seine Kleider abgelegt hatte. »He!« schrie er dann, »meine Sachen sind auch weg! Aber das macht nichts, Audrina. Bleib einfach, wo du bist, und ich laufe nach Hause und bitte Mam, dir etwas zu leihen.«

In diesem Augenblick kam mein Vater aus dem Wald gelaufen. Brüllend stürzte er sich auf Arden. »Wo ist meine Tochter?« Wild sah er sich um, richtete dann seinen drohenden Blick wieder auf Arden. »Also schön, junger Mann – wo ist Audrina? Was hast du mit ihr gemacht?«

Vor Schock sprachlos, konnte Arden nur den Kopf schütteln. Doch als mein Vater auf ihn zuging, die riesigen Hände zu Fäusten geballt, fand er die Sprache wieder. »Sir, vor einem Augenblick war sie noch hier. Sie muß auf dem Heimweg sein.«

»Nein«, knurrte Papa, runzelte die Stirn und zog die dichten Brauen zusammen. »Wenn das wahr wäre, wäre ich ihr unterwegs begegnet. Wenn sie nicht daheim ist, und hier ist sie auch nicht, wo kann sie dann sein? Ich weiß, daß sie dich und deine Mutter häufig besucht. Vera hat mir das erzählt. Also, wo, zum Teufel, ist Audrina?«

Leise Angst klang aus Ardens Stimme. »Ich weiß es wirklich nicht, Sir.« Er bückte sich, um seinen Fisch aufzuheben. »Ich habe Audrina das Fischen beigebracht. Sie wollte den Würmern nicht weh tun, also habe ich ihr gezeigt, wie sie mit den Fliegen umgehen muß. Audrina hat zwei von den großen Fischen gefangen, Vera einen, und das hier ist der, den ich gefangen habe.«

Papa wandte mir den Rücken zu. Vielleicht konnte ich mich davonstehlen, und er würde mich nicht sehen. Ich duckte mich und schlich davon. Doch plötzlich erhielt ich von hinten einen Stoß. Ich schrie, als ich mit dem Kopf voran in einen Dornenbusch stürzte.

Papa brüllte meinen Namen. Er brauste zu mir, trampelte das dichte Gebüsch nieder, schrie, als er mich nackt fand, riß sich das teure Sportjackett vom Leib und warf es mir um die Schultern. Dann wirbelte er auf dem Absatz herum, raste zu Arden zurück und packte ihn bei den Schultern. Brutal schüttelte er ihn hin und her.

»Hör auf damit, Papa!« rief ich. »Arden hat nichts getan! Wir haben nur geangelt, und wir haben Badeanzüge angehabt, damit unsere Kleider nicht schmutzig werden. Es war Vera, die mir mein Kleid gestohlen hat, und als ich meinen Badeanzug ausgezogen hatte, hat sie den auch gepackt und ist fortgelaufen.«

»Du hast deinen Badeanzug ausgezogen?« brüllte Papa. Sein Gesicht war so rot, als würde es jeden Augenblick explodieren.

»Papa!« schrie ich, als mein Vater eine drohende Bewegung machte. »Arden hat nichts Falsches getan. Er ist der einzige Freund, den ich je gehabt habe, und jetzt bestrafst du ihn dafür, daß er mich mag!« Ich lief zu der Stelle, wo die beiden standen, schob mich zwischen sie. Mein Vater funkelte mich an, versuchte, mich beiseite zu schieben, aber ich klammerte mich an seine Arme. »Ich wollte mich hinter den Büschen umziehen; Arden hat noch geangelt. Als Vera mir meine Kleider gestohlen hat und dann auch noch meinen Badeanzug, hat er mir sein Hemd angeboten. Aber sie hat seine Sachen auch mitgenommen. Als du gekommen bist, wollte er gerade heimlaufen und mir etwas von seiner Mutter zum Anziehen bringen – und jetzt willst du ihn für etwas bestrafen, was Vera getan hat.«

Hinter mir sprang Arden auf die Füße. »Wenn Sie schon jemanden bestrafen müssen, dann Vera. Audrina hat niemals irgend etwas getan, dessen sie sich schämen müßte. Vera ist es, die ein schlimmes Spiel treibt. Und wie ich sie kenne, hat sie Ihnen wahrscheinlich auch erzählt, was wir heute vorhatten, in der Hoffnung, daß Sie das Schlimmste annehmen würden.«

»Und was ist das Schlimmste?« fragte Papa ironisch, wobei er mich dicht an seiner Seite hielt. Seine Jacke wäre fast von meinen Schultern zu Boden geglitten. Verzweifelt zog ich sie zusammen. Ich versuchte, einen Busen zu verstecken, den es gar nicht gab.

Papas Zorn verebbte allmählich. Seine Finger entkrampften sich, aber er hielt mich immer noch sehr fest an der Schulter. »Junger Mann, ich bewundere Sie dafür, daß Sie versucht haben, meine Tochter zu schützen, aber sie hat sich allein dadurch schon schlecht benommen, daß sie hierhergekommen ist. Vera hat mir nichts erzählt. Ich habe dieses Gör seit gestern abend nicht mehr gesehen. Ich brauchte meiner Audrina heute morgen nur in die Augen zu schauen. Sie leuchteten so sehr beim Frühstück, daß ich sofort mißtrauisch geworden bin.« Sein Lächeln war charmant und teuflisch zugleich, als er sich mir zuwandte. »Du siehst also, meine Liebe, daß du vor mir keine Geheimnisse haben kannst. Ich brauche keine Vera, um zu erraten, was du vorhast. Und niemand sollte besser wissen als du, was es heißt, sich mit einem Jungen heimlich im Wald zu treffen.«

Papa grinste, legte die flache Hand vor Ardens Brust und stieß ihn zurück. »Was nun Sie angeht, junger Mann: Wenn Sie wollen, daß Ihre hübsche Nase so gerade und ungebrochen bleibt, dann lassen Sie meine Tochter in Ruhe.«

Arden taumelte zurück, fiel aber nicht.

»Auf Wiedersehen, Arden«, rief ich, zerrte an Papas Hand und versuchte, ihn fortzuziehen, ehe er Arden noch einmal stoßen konnte.

Papa wählte für den Heimweg die schlechtesten Wege. Dornen zerkratzten mein Gesicht, meine Beine und Füße. Nach einer Weile ließ er meine Hand los, um sein eigenes Gesicht vor den niedrigen Zweigen schützen zu können.

Ich hatte große Schwierigkeiten, sein Jacket nicht zu verlieren. Es drohte immer wieder von meinen Schultern zu rutschen. Wenn ich es auf eine Schulter hinaufzog, rutschte es auf der anderen wieder hinunter. Die Ärmel schleiften über den Boden, und ein paarmal stolperte ich und fiel. Ungeduldig wartete er darauf, daß ich wieder aufstand, und nach dem dritten Sturz packte er die Ärmel und schlang sie mir wie einen schweren Schal um den Hals.

Hilflos starrte ich zu ihm auf, fragte mich, warum er so gemein zu mir war. »Tust du dir nun selbst leid, Liebling? Bedauerst du deine überstürzten Handlungen – daß du es riskiert hast, meinen Zorn zu erregen, um einen Jungen zu sehen, der dich am Ende doch nur ruinieren wird? Er ist ein Dreck, deiner nicht wert.«

»Das ist nicht wahr, Papa«, heulte ich. Mein ganzer Körper brannte und juckte. Meine Füße waren zerschnitten, meine Beine zerkratzt. »Du kennst Arden nicht.«

»Du auch nicht!« fuhr er mich an. »So, und jetzt werde ich dir etwas zeigen.« Wieder packte er meine Hand und zerrte mich in eine andere Richtung. Weiter und weiter ging es, bis ich es aufgab, mich ihm zu widersetzen. Schließlich blieb er abrupt stehen.

»Siehst du diesen Baum?« fragte er und deutete auf einen prächtigen Baum mit goldenen Blättern, die leise in der sanften Sommerbrise schaukelten. »Das ist ein Goldregen.« Unter dem Baum war ein kleiner Hügel, mit Klee bestanden, über dem Bienen summten und nach Nektar suchten. »Dort haben wir deine ältere Schwester gefunden. Tot lag sie da. Nur, daß es ein regnerischer Tag im September war. Es hat tüchtig geregnet. Der Himmel war dunkel vor Gewitterwolken, Blitze zuckten, und zuerst dachten wir, sie wäre vom Blitz erschlagen. Aber es gab genug Beweise, daß es nicht das Werk Gottes war.«

Mein Herz jagte wie ein wildes, verängstigtes Tier in meiner Brust, hämmerte gegen meine Rippen, schrie, wollte ausbrechen.

»Jetzt hör mir mal zu, hör mir gut zu. Lern aus den Fehlern der anderen, Audrina. Lerne, ehe es zu spät ist, um dich selbst zu retten. Ich möchte dich nicht auch eines Tages tot dort finden.«

Der Wald bedrängte mich, drohte mich zu ersticken. Die Bäume wollten mich tot sehen, weil ich eine andere Audrina war, die sie für sich beanspruchten.

Seine Lektion war noch nicht zu Ende. Herzlos schleifte Papa mich vorwärts. Ich weinte jetzt, wußte, daß er recht hatte. Ich hätte nicht ungehorsam sein dürfen, niemals. Ich hätte die andere Audrina niemals vergessen dürfen.

Er führte mich zu unserer Familiengruft. Ich haßte diesen Ort. Ich versuchte, mich hinzusetzen, Widerstand zu leisten, aber Papa hob mich an der Taille hoch. Mit steifen Armen hielt er mich vor sich wie eine Puppe und blieb dann vor dem hohen, schlanken Grabstein stehen, der das Symbol für ein junges Mädchen zu sein schien. Wieder sagte er, was er schon hundertmal gesagt hatte, und genau wie früher immer ließen seine Worte mir das Blut in den Adern gerinnen, wurden mir die Knochen weich.

»Da liegt sie, meine erste Audrina. Diese wundervolle, besondere Audrina, die zu mir aufgeschaut hat, als sei ich Gott. Sie hat mir vertraut, hat an mich geglaubt. In meinem ganzen Leben habe ich niemanden gekannt, der mich so uneingeschränkt liebte, ohne Fragen zu stellen. Aber Gott hat sie mir genommen und durch dich ersetzt. Das muß eine Bedeutung haben. Es liegt nun an dir, ihrem Tod einen Sinn zu geben. Ich kann nicht mit dem Gedanken leben, daß ihr Tod vergebens gewesen sein soll, Audrina. Du mußt alle Eigenschaften deiner toten Schwester annehmen. Ich bin sicher, daß Gott sonst böse sein wird, genauso böse wie ich. Du liebst mich nicht genug, um zu glauben, daß ich nur das Beste tue, um dich vor dem zu bewahren, was ihr zugestoßen ist. Aber du hast im Schaukelstuhl gewiß einiges über die Jungs im Wald erfahren, an dem Tag, an dem sie starb.«

Ich starrte in sein hübsches Gesicht hinauf, über das jetzt Tränen liefen. Dann schlang ich meine Arme um seinen Hals, vergrub mein Gesicht an seiner Schulter. »Ich werde alles tun, was du willst, Papa, solange du mich nur Arden und Billie besuchen läßt. Ich werde im Schaukelstuhl sitzen und wirklich versuchen, ihre Eigenschaften zu übernehmen. Ich schwöre dir, ich werde mitarbeiten wie niemals zuvor.«

Seine kräftigen Arme umfingen mich. Ich spürte seine Lippen auf meinem Haar, und später säuberte er mit seinem Taschentuch mein schmutziges Gesicht, ehe er mich küßte. »Abgemacht. Du darfst diesen Jungen und seine Mutter einmal pro Woche besuchen, solange du Vera mitnimmst und dich von diesem Jungen durch den Wald begleiten läßt. Aber geh niemals nach Einbruch der Dunkelheit oder an einem regnerischen Tag.«

Ich wagte nicht, mehr zu verlangen.

Konkurrenz

Der Friedhof und der Schaukelstuhl hatten mich ihre Lektion gelehrt. Von nun an würde ich das Mädchen sein, das Papa haben mußte, um reich zu werden und ein glückliches Leben zu führen. Ich wußte, daß er seinen Weg für den besten hielt, und ich selbst konnte nicht entscheiden, ob etwas in einer Situation richtig oder falsch war. Außerdem wollte ich, daß Papa mich mehr liebte als diese abscheuliche erste Audrina. Ich wünschte, sie wäre nie geboren worden, genauso, wie Vera sich wünschte, daß ich niemals geboren worden wäre, dessen war ich mir sicher.

»Du wirst niemals so wunderbar werden wie deine tote Schwester«, erklärte Vera so entschieden, daß es tatsächlich so schien, als hätte sie sie gekannt. Sie versuchte, Papas Hemd zu bügeln, um ihm zu zeigen, daß sie es konnte, aber sie ruinierte es nur. Das Eisen klebte und hinterließ Brandflecken in Form des Bügeleisens. »Die erste Audrina konnte Hemden bügeln wie eine Göttin«, sagte sie und beugte sich über ihre Arbeit. »Und sie gab sich immer solche Mühe mit ihrem Haar. Dein Haar ist immer völlig zerzaust.«

Auch Veras Haar sah nicht gerade prächtig aus, so, wie es ihr in dünnen Strähnen ins Gesicht hing. Die Sonne fiel vom Fenster aus durch ihr aprikosenfarbenes Haar, verwandelte die Spitzen in Gold, den Haaransatz färbte sie rot. Sonnenhaar. Feuerhaar.

»Ich begreife wirklich nicht, warum sie jemand so Dummes wie dich nach einem so klugen Mädchen benannt haben. Du machst doch überhaupt nichts richtig«, fuhr sie fort. »Eltern können wirklich Narren sein. Bloß weil du so aussiehst wie sie, haben sie gedacht, du hättest auch ihren Verstand und ihre Persönlichkeit. Dabei bist du nicht annähernd so hübsch. Und außerdem bist du launisch.« Sie drehte sich um, um die Hitze am Bügeleisen kleiner zu stellen, aber es war schon zu spät. Entsetzen zeigte sich auf ihrem Gesicht, als sie die Brandflecken untersuchte und überlegte, was sie tun könnte. »Mammi«, rief sie, »wenn ich Papas Hemd verbrenne, was soll ich dann tun?«

»In den Wald fliehen«, rief ihre Mutter zurück, die vor ihrem Fernseher hockte, in dem ein alter Spielfilm lief.

»Dummkopf«, wandte sich Vera nun an mich, »frag deine Mutter, was man machen kann, um die Flecken aus dem Hemd deines Vaters zu entfernen.«

»Ich bin zu dumm – ich weiß nicht, was du meinst«, sagte ich und rührte weiter in meinem Haferflockenbrei. Ich war sicher, daß Papa mich heute abend wieder in den Schaukelstuhl setzen würde, wie er es zwei-, dreimal pro Woche tat.

»Arme, zweitbeste Audrina«, meinte Vera. »Zu blöd, um auch nur zur Schule zu gehen. Keiner hier will, daß man draußen in der Welt erfährt, wie dumm du bist.« Aus dem Schrank zog sie eine riesige Flasche mit Bleichmittel. Davon goß sie ein wenig auf einen Schwamm und betupfte damit Papas neues, rosa Hemd. Das

Eisen hatte einen dicken Brandfleck hinterlassen, gerade da, wo sein Jackett das Hemd nicht bedeckte.

Ich trat neben sie, um zu sehen, was sie tat. Es schien zu klappen mit dem Bleichmittel.

Papa stapfte in die Küche, frisch rasiert und gekämmt, bereit fortzugehen. Er blieb neben dem Bügelbrett stehen und starrte Vera an. Jetzt, wo ihre Figur fraulich wurde, sah sie ausgesprochen hübsch aus. Sein Blick wanderte von ihr zu mir und wieder zurück. Verglich er mich mit ihr? Was sah er, daß er so unentschieden aussah?

»Was, zum Teufel, machst du mit meinem Hemd, Audrina?« fragte er, als er zum ersten Mal das Bügelbrett ansah.

»Sie hat es für dich gebügelt, Papa«, meldete sich Vera und trat näher zu ihm, wie um zu demonstrieren, daß sie auf seiner Seite wäre. »Und das dumme Ding war so damit beschäftigt, auf mir herumzuhacken, daß sie das Bügeleisen auf deinem neuen Hemd vergessen hat –«

»O mein Gott!« schrie er, packte das Hemd und untersuchte es genauestens. Dann stöhnte er auf, als er etwas sah, das ich noch überhaupt nicht bemerkt hatte. Die Sonne schimmerte durch die Löcher in dem dünnen Hemd. »Da sieh nur, was du angestellt hast!« brüllte er mich an. »Dieses Hemd ist aus reiner Seide! Du hast mich einhundert Dollar gekostet.« Dann fiel sein Blick auf die Riesenflasche mit Bleichmittel. Wieder stöhnte er. »Erst verbrennst du mein Hemd, und dann gießt du noch Bleichmittel darauf? Wo war denn dein Verstand, Mädchen?«

»Reg dich nicht auf«, sagte Vera, stürzte vor und riß ihm das Hemd aus der Hand. »Ich werde das Hemd für dich reparieren, du wirst es nicht mehr von einem neuen unterscheiden können. Schließlich wissen wir ja, daß Audrina überhaupt nichts richtig machen kann.«

Er funkelte mich an, ehe er sich mit zweifelndem Gesicht ihr zuwandte. »Wie willst du ein Hemd ausbessern, in das Bleichmittel Löcher gefressen hat? Es ist hin, und ich wollte es zu einer wichtigen Versammlung tragen.« Er riß seine weinrote Krawatte vom Hals, starrte auf seine hellgraue Hose und schickte sich an, die Küche zu verlassen.

»Papa«, fing ich an, »ich habe dein Hemd nicht versengt.«

»Lüg mich nicht an«, erklärte er voll Verachtung. »Ich habe dich am Bügelbrett gesehen, und die Flasche mit dem Bleichmittel war keinen Schritt von dir entfernt. Außerdem glaube ich, daß es Vera vollkommen egal ist, ob mein Hemd kraus ist oder nicht. Aber ich habe natürlich angenommen, daß du weißt, wie wichtig es mir ist, immer perfekt gekleidet zu sein.«

»Ich weiß doch überhaupt nicht, wie man Hemden bügelt, Papa. Vera sagt doch auch die ganze Zeit, daß ich so dumm bin, daß ich überhaupt nichts weiß.«

»Papa, sie lügt. Und was noch schlimmer ist, ich hab' ihr gesagt, sie soll ein feuchtes Tuch nehmen, aber sie wollte nicht auf mich hören. Aber du weißt ja selbst, wie Audrina ist.«

Er schien gerade richtig schimpfen zu wollen, als er mein verzweifeltes Gesicht bemerkte. »Schon gut, Vera. Das reicht jetzt. Wenn du dieses Hemd retten kannst, gebe ich dir zehn Dollar.« Er lächelte schief.

Getreu ihrem Wort zeigte Vera Papa sein rosa Hemd, als er an diesem Abend heimkam. Es sah brandneu aus. Er nahm es ihr aus den Händen, drehte und wendete es, suchte nach Flicken und Stichen, konnte aber nichts entdecken. »Ich traue meinen Augen nicht«, sagte er. Dann lachte er und zog seine Brieftasche hervor. Er reichte Vera zehn Dollar. »Süße, vielleicht habe ich dich doch falsch eingeschätzt.«

»Ich habe es zu einem Kunststopfer gebracht, Papa«, erklärte sie bescheiden und senkte den Kopf. »Es hat mich fünfzehn Dollar gekostet, das heißt also, fünf Dollar von meinem Ersparten.«

Er hörte aufmerksam zu. Wenn es überhaupt Menschen gab, die mein Vater bewunderte, dann waren es solche, die sparen konnten. »Woher hast du Geld, was du sparen kannst, Vera?«

»Ich erledige Besorgungen für alte Leute. Helfe ihnen beim Einkaufen«, antwortete sie leise und schüchtern. »Samstags gehe ich immer zu Fuß den weiten Weg ins Dorf. Manchmal passe ich auch irgendwo auf Kinder auf.«

Mir blieb der Mund offenstehen. Es stimmte schon, daß Vera samstags hin und wieder verschwand, aber ich konnte mir nicht vorstellen, daß sie fünfzehn Meilen ins Dorf und weitere fünfzehn zurücklief. Papa war höchst beeindruckt, zog eine weitere Zehn-Dollar-Note hervor und reichte sie ihr. »Jetzt hat mich das Hemd einhundertundzwanzig Dollar gekostet, aber das ist immer noch besser, als es fortzuwerfen.«

Er sah mich nicht einmal an, als er sich impulsiv vorbeugte und Vera auf die Wange küßte. »Du überraschst mich, Mädchen. Ich bin nicht immer nett zu dir gewesen. Ich dachte, dir wäre es egal, wenn mein Hemd kaputt ist. Ich habe nicht einmal gedacht, daß du mich mögen würdest.«

»Ach, Papa«, sagte sie mit leuchtenden Augen, »ich liebe dich vom Scheitel bis zur Sohle.«

Ich haßte sie, haßte sie wirklich, weil sie ihn Papa nannte, wo er doch mein Vater war und nicht ihrer.

Aus irgendeinem Grund wich Papa vor Vera zurück, blickte auf seine Schuhe hinab, als wollte er die hornigen Zehennägel sehen, die ihm so peinlich waren. Er räusperte sich, wirkte beunruhigt. »Nun, das ist ja ein übertriebenes Kompliment, aber wenn du es ehrlich meinst, dann bin ich erfreut und gerührt.«

Verblüfft sah ich ihm nach, als er das Zimmer verließ, ohne auch nur einen einzigen Blick in meine Richtung getan zu haben. An diesem Abend kam er nicht in mein Zimmer, um mich ins Bett zu bringen, mir einen Kuß zu geben oder mit mir zu beten, und wenn ich von Jungs im Wald träumen würde, dann würde er in dieser Nacht bestimmt nicht herbeieilen, um mich zu retten, davon war ich überzeugt.

Am Morgen war es Vera, die Papa den Kaffee einschenkte. Sie löste Mammi ab, die niedergeschlagen wirkte und schrecklich blaß war. Dann sprang Vera auf, um drei Scheiben Toast zu rösten, und sie blieb dabei stehen, damit sie nicht zu dunkel wurden. Papa liebte es, wenn sie außen knusprig und innen weich waren. Vera briet seinen Speck perfekt, und ich hörte nicht eine einzige Klage von ihm. Nach dem Essen bedankte Papa sich bei ihr, daß sie ihn bedient hatte. Dann stand er auf, um zur Arbeit zu fahren. Vera humpelte hinter ihm her und ergriff seine Hand. »Papa, ich weiß zwar, daß du nicht mein richtiger Vater bist, aber könnten wir nicht so tun, als wenn du es wärest? Könnten wir das nicht tun, Papa?«

Er schien sich nicht wohl in seiner Haut zu fühlen, schien nicht zu wissen, was er sagen sollte, wirkte aber gleichzeitig gerührt. Papa gehörte zu mir und Mammi, nicht zu Vera. Ich warf meiner Tante einen Blick zu. Sie saß mit grimmigem Gesicht und zusammengekniffenen Lippen am Tisch. Ich wünschte, daß sie und Vera fortgehen und nie wieder in dieses Haus zurückkommen würden.

Bald darauf fuhr Papa fort. Ich sah ihm nach, sah zu, wie der Wagen auf die Sandstraße einbog, die ihn zur Schnellstraße und in die Stadt bringen würde. Dort würde er mit Geschäftsmännern zu Mittag essen, und das Ganze nannte er dann Arbeit. Zu meiner Überraschung blieb er kurz an unserem Briefkasten stehen. Ich fragte mich, warum er die Post nicht schon am Vorabend mitgebracht hatte. Hatte er es so eilig gehabt, Mammi zu sehen, zu hören, wie sie den Tag überstanden hatte und wie es ihr ging, daß er vergessen hatte, nach der Post zu sehen?

Als ich dann zum Briefkasten kam, stellte ich fest, daß die Post noch da war. Ja, Zeitschriften und Zeitungen quollen sogar aus der Tür, die sich nicht mehr schließen ließ.

Es war schwer für mich, alles zu schleppen, was an Papa gerichtet war. Aber so würde ich Papa zurückgewinnen. Ich wußte, was er von mir wollte. Ich wußte, was Papa am wichtigsten war – Geld. Ich mußte mein ›Talent‹ einsetzen, um Papa zu Geld zu verhelfen. Dann wäre ich für alle Zeiten sein Liebling. Ich versuchte, die erste Seite vom *Wall Street Journal* zu lesen, noch ehe ich die Post in der Küche auf den Tisch warf. Dann raste ich davon und suchte zusammen, was ich brauchte: Bleistift und Notizblock, ein Stück Bindfaden und eine Nadel.

In dem Schrank unter der Treppe hoben wir alles auf, was wir später einmal fortwerfen wollten. Dort fand ich auch alte Ausgaben des *Journal*. Ich breitete die Seiten mit den Datierungen aus, machte eine Liste der besten Aktien. Zwei Wochen sollten als Zeitspanne groß genug sein. Während ich so arbeitete, konnte ich Vera mit meiner Tante streiten hören, die sie gebeten hatte, ihr mit der Wäsche zu helfen. Vera wollte ins Kino gehen. Sie war mit einem Freund verabredet.

»Nein!« brüllte meine Tante. »Du bist zu jung, um dich zu verabreden.« Vera sagte etwas, was ich nicht verstehen konnte. »Nein, nein, nie!« Ich hörte es ganz deutlich. »Hör auf zu betteln. Wenn ich nein sage, meine ich auch nein – ich bin nicht so wie ein paar andere hier im Haus, die erst nein sagen und gleich darauf ihre Meinung ändern.«

»Laß mich tun, was ich will, oder ich werde mich mitten auf der Main Street aufbauen und all unsere Familiengeheimnisse hinausposaunen!« kreischte Vera. »Ich bleibe so lange dort stehen, bis jeder weiß, wer mein Vater ist und was du getan hast – und dann wird der Name Whitefern noch tiefer in den Dreck gezogen.«

»Eine Silbe über unsere Familiengeheimnisse, und du bekommst keinen Pfennig von mir oder irgend jemandem sonst. Wenn du dich anständig benimmst, dann haben wir eine Chance, früher oder später noch unseren Gewinn zu machen. Aber du ärgerst Damian und Lucietta. Du bist wie ein Dorn in ihren Augen, aber es kann sich für uns beide bezahlt machen, wenn du wenigstens versuchst, dich zu benehmen. Ich habe den Tag verflucht, an dem ich dich empfangen habe. Wie oft habe ich mir gewünscht, ich hätte deine Geburt verhindert. Aber als ich dann gesehen habe, wie du Damians Hemd hast ausbessern lassen, als ich sah, wie beeindruckt er war, da habe ich neue Hoffnung bekommen.« Ihre Stimme nahm einen flehenden Ton an. »Audrina muß nicht der Liebling der Familie sein, Vera. Vergiß nicht, alles, was ihr zugestoßen ist, hat dir einen gewissen Vorteil verschafft. Nutz das aus. Du weißt, wie Damian ist und was er braucht. Bewundere ihn, respektiere ihn. Schmeichle ihm, und dann wirst du sein Liebling sein.«

Schweigen breitete sich aus, dann konnte ich sie etwas flüstern hören, was ich nicht verstand. Wieder spürte ich den schon vertrauten Schmerz in meiner Brust. Sie planten eine Verschwörung gegen mich – und sie wußten, was mir zugestoßen war, aber ich nicht!

Ich hatte fast geglaubt, daß meine Tante mich mochte. Jetzt hörte ich, daß auch sie meine Feindin war. Ich kehrte an den Tisch zurück, um noch entschlossener zu arbeiten. Ich würde die Aktie herausfinden, die steigen würde, und so würde ich Papa reich machen, sehr, sehr reich.

Ich band meinen kleinen Ring mit meinem Geburtsstein an den Bindfaden. Ich dachte mir, ich könnte es machen wie Mrs. Allismore und auf diese Weise vorhersagen, welche Aktien den größten Gewinn erzielen würde. Papa behauptete immer, es sei keine Wissenschaft, mit Aktien zu handeln, sondern eine Kunst. Und was ich jetzt tat, erschien mir sehr künstlerisch. Ich hatte eine Nadel mit einem Stück Faden an dem Ring befestigt. Das sollte mein Zeiger sein. Zweimal berührte sie dieselbe Aktie. Ich versuchte, sie noch ein drittes Mal dazu zu zwingen. Drei – das war eine magische Zahl. Aber der Zeiger weigerte sich, selbst als ich die Augen öffnete und versuchte, den Ring zu beherrschen. Er schien tatsächlich eigene Kräfte zu haben, war unentschlossen, zögerte, genauso wie sich Mammis Ring über ihrem Bauch gezeigt hatte.

In diesem Augenblick hörte ich jemanden laut aufheulen. »Wo sind meine Diamanten-Ohrringe?« rief Tante Elsbeth. »Sie sind das einzig Wertvolle, das mir mein Vater hinterlassen hat! Und wo ist der Verlobungsring meiner Mutter? Fort! Vera, hast du meinen Schmuck gestohlen?«

»Nein. Vielleicht hast du ihn verlegt wie alles andere!«

»Es ist Jahre her, daß ich diesen Ring getragen habe. Du weißt, daß ich meinen besten Schmuck immer in diesem Kästchen aufgehoben habe. Vera, lüg nicht. Du bist die einzige, die jemals mein Schlafzimmer betritt. Also, wo sind die Sachen?«

»Warum fragst du nicht Audrina?«

»Sie? Sei doch nicht albern. Das Mädchen würde niemals irgend etwas stehlen; dazu ist sie viel zu anständig. Im Gegensatz zu dir.« Sie brach ab, ich faltete meine Zeitungen zusammen und verstaute die Liste der Aktien sorgfältig. »Jetzt weiß ich, was du getan hast, um Damians rosa Seidenhemd wiederherzustellen«, schimpfte meine Tante. »Du hast meine Ohrringe und meinen Ring gestohlen, hast sie versetzt und ihm ein neues Hemd gekauft. Verdammt sollst du sein, Vera! Nein, du gehst nicht ins Kino. Weder heute noch an irgendeinem anderen Samstag! Bis zu dem Tag, an dem du genug Geld verdient hast, um meinen Schmuck zurückzubringen, bleibst du daheim!«

Ich trat an den Fuß der Treppe, um sie besser hören zu können. Ich hörte einen dumpfen Knall, als wenn jemand gefallen wäre. Dann raste Vera die Treppe hinunter, gefolgt von meiner hinkenden Tante. »Wenn ich dich erwische, sperre ich dich für den Rest des Sommers in deinem Zimmer ein!«

Vera flog die Treppe herab. Sie hatte ihr bestes Kleid und ihre neuen, weißen Schuhe an. Ich stand ihr im Weg. Brutal schubste sie mich beiseite und eilte zur Haustür. Noch ehe meine Tante die Hintertreppe hinabgelaufen war, rief Vera: »Audrina, sag dieser Ziege, daß ich sie genauso verachte wie dich, deine Mutter und deinen Vater und dieses Haus! Ich gehe ins Dorf, und wenn ich dort bin, werde ich meinen Körper auf der Straße verkaufen. Ich werde mich direkt vor Papas Frisierladen stellen und schreien: ›Holt euch eure Whitefern!‹ So laut werde ich das rufen, daß mich sogar die Männer in der Stadt hören können, und dann kommen sie alle! Und ich werde reicher als ihr alle zusammen!«

»Du Hure!« brüllte meine Tante, rannte durch die Küche auf Vera zu. »Komm sofort hierher! Wag es ja nicht, die Tür zu öffnen und zu gehen!«

Aber die Tür wurde geöffnet und zugeworfen, noch ehe meine

Tante auf die Veranda hinauslaufen konnte. Ich sah Vera um die Kurve verschwinden. Das Dorf war fünfzehn Meilen weit entfernt. Die Stadt dreißig. Würde sie per Anhalter fahren?

Meine Tante trat neben mich. »Bitte, erzähl deinem Vater nicht, was du da eben gehört hast. Es gibt Dinge, über die man besser nicht spricht.«

Ich nickte. Sie tat mir leid. »Kann ich irgendwie helfen?«

Sie schüttelte den Kopf. »Weck deine Mutter nicht auf. Sie braucht Ruhe. Ich gehe nach oben. Du mußt dir dein Frühstück selbst machen.«

Samstags schlief Mammi gern lang. So hatte meine Tante Gelegenheit, in dem kleinen Zimmer neben dem Eßzimmer zu bleiben, wo sie ihren Fernseher stehen hatte. Sie schaute sich gern alte Filme und Fernsehserien an. Das war ihre einzige Unterhaltung.

Mein Appetit hatte mich verlassen. Ich zweifelte nicht im mindesten daran, daß Vera genau das tun würde, was sie angedroht hatte. Sie würde uns alle vernichten. Ich setzte mich und versuchte, nicht daran zu denken, was Arden und seine Mutter denken würden.

In meinem Kopf kreisten unglückliche Gedanken. Ich fragte mich, was Papa zu dem gemacht hatte, was er war: liebenswert und verabscheuungswürdig, selbstsüchtig und dann wieder großmütig. Er brauchte immer jemanden in seiner Nähe, vor allem, wenn er sich rasierte, und da Mammi das Frühstück zubereitete, war ich es meistens, die auf dem Badewannenrand hockte und ihm zuhörte, wenn er von all den interessanten Vorgängen in seinem Maklerbüro erzählte.

Ich stellte viele Fragen, die den Aktienmarkt betrafen, fragte, was der Grund dafür war, daß Aktien im Wert stiegen oder fielen. »Nachfrage«, lautete die Antwort für die Aufsteiger, »Enttäuschung« war seine Erklärung dafür, wenn sie fielen. »Die Gerüchte von Firmenübernahmen und -verschmelzungen spielen eine wichtige Rolle dafür, daß Aktien in die Höhe schnellen. Aber bis die Allgemeinheit davon erfährt, ist es schon zu spät, um noch einzusteigen. Alle Banken und Großanleger haben dann bereits gekauft und sind bereit, dem armen, unwissenden Anleger etwas zu verkaufen, der dann zum Höchstkurs einsteigt. Wenn man die richtigen Verbindungen hat, weiß man, was vorgeht – wenn man diese Verbindungen nicht hat, sollte man sein Geld lieber auf der Bank liegenlassen.«

Stück für Stück eignete ich mir eine Menge Wissen über den Kapitalmarkt an. Das war auch gleichzeitig Papas Art, mir Mathematik beizubringen. Ich dachte an Geld nicht in Form von Cents, sondern im Punktsystem. Ich hörte von Aktien, die den Markt anführten, aber mit Sicherheit bald im Kurs sinken würden, und von Aktien, die den äußersten Tiefstand erreicht hatten, aber bald wieder anziehen würden. Er zeigte mir Diagramme und brachte mir bei, sie zu lesen, obwohl Mammi sich darüber lustig machte. Sie war der Ansicht, ich wäre noch viel zu jung, um das zu verstehen. »Unsinn! Ein junger Kopf nimmt schnell auf; sie versteht mehr davon als du.« O ja, in gewisser Weise liebte ich meinen Vater sehr, denn wenn er mein Gedächtnis auch nicht erneuern konnte, so machte er mir doch Hoffnung für die Zukunft. Eines Tages würde er seine eigene Maklerfirma haben, und ich wäre dann seine Geschäftsführerin. »Mit deinen Gaben müssen wir einfach Erfolg haben«, sagte er immer. »Ich sehe es direkt schon vor mir, Audrina: D. J. Adare & Comp.«

Wieder einmal setzte ich mich über meine Liste der ausgewählten Aktien und vollführte meinen Trick mit Ring und Faden, und wieder landete meine Nadel zweimal auf derselben Aktie. Mein Herz schwoll vor Glück. Ich hatte es nicht der Vorsehung überlassen. Papa würde Geld haben, wenn ich ihm erst *diesen* Traum erzählte.

Und wenn diese Aktie, die ich ausgewählt hatte, tatsächlich anstieg – wovon ich inzwischen überzeugt war –, dann würde ich nie wieder in diesem Schaukelstuhl der ersten und unvergessenen Audrina sitzen müssen. Ich würde ihre Gabe besitzen – oder eine noch bessere! Ich kannte Papa. Geld war, was er wollte, was er brauchte; und Geld war auch das, wovon er wirklich nicht genug hatte.

Ich lief die Treppe hinauf, um mich anzuziehen. Ich war überzeugt davon, daß ich bald auch mein Gedächtnis wiederfinden würde. Vielleicht würde es mit dem Faden-und-Ring-Trick klappen, wenn ich den Ring über der Bibel kreisen ließ. Ich lachte, als ich ins Zimmer der ersten Audrina eilte und dann hinab in die Küche, noch ehe ich meine Schärpe fertig gebunden hatte.

Mammi war auch in der Küche. Sie hatte blaue Lockenwickler im Haar, so dick wie Konservendosen. »Audrina«, fragte sie müde, »könntest du bitte auf den Speck achten, während ich die Eier schlage?« Dunkle Ringe lagen unter ihren Augen. »Ich habe die ganze Nacht kein Auge zugetan. Dieses Baby ist ungewöhnlich unruhig. Als ich gegen Morgen endlich eingeschlafen war, klingelte der Wecker deines Vaters, und schon sprang er aus dem Bett und quasselte los, erzählte mir immer wieder, daß ich mir keine Sorgen machen sollte wegen dem, was die Alte gesagt hat. Er glaubt, ich sei deprimiert, nicht müde, und deshalb hat er beschlossen, für heute abend zwanzig Gäste einzuladen! Kannst du dir so etwas vorstellen? Da bin ich im sechsten Monat, so müde, daß ich kaum aus dem Bett finde, und er glaubt, es würde mir Spaß machen, nette Kleinigkeiten für seine Freunde zuzubereiten. Er redet mir ein, daß ich mich langweile. Dabei ist er es, der sich langweilt. Ich wünschte wirklich, er würde Golf oder Tennis spielen oder irgend etwas anderes, das ihn an den Wochenenden von daheim forthält!«

Oh, jetzt begriff ich! Irgendwie hatte Papa mit seinem sechsten Sinn gespürt, daß ich heute meine Gabe entdeckt hatte – das mußte der wirkliche Grund sein, warum er feiern wollte. Hundertmal oder öfter hatte er mir versprochen, an dem Tag, an dem meine Begabung ans Licht des Tages kommen würde, eine große Party zu geben. Also stimmte es. Ich hatte sie jetzt. Sonst hätte die Nadel auch nicht zweimal auf dieselbe Aktie gezeigt, da ich auch noch neun andere aufgeführt hatte. Ich fühlte mich so gut, daß ich am liebsten gejubelt hätte.

»Wo sind Elsbeth und Vera?« fragte Mammi.

Ich konnte ihr nicht von dem Streit erzählen, auch nicht, was Vera zu tun angedroht hatte. Mammis Mädchenname war ihr Heiligtum. Und wenn irgend jemand Vera mitgenommen hatte, dann konnte sie in diesem Augenblick bereits im Dorf sein und all unsere Geheimnisse herausschreien.

Der Gedanke an Vera raubte mir meine Zuversicht, was meine Begabung anging. Mein Leben lang, so schien es mir, hatte Papa mir allen möglichen Unsinn eingeredet, hatte meinen Kopf mit Erzählungen über das Übernatürliche vollgestopft, an das er glaubte, aber meine Mutter nicht. Wenn er mir etwas erzählte, war ich überzeugt, daß alles der Wahrheit entsprach. Doch kaum hatte er das Haus verlassen, glaubte ich, daß es nicht stimmte.

»Wo ist Elsbeth?« fragte Mammi.

»Sie ist gestolpert und gefallen.«

»Verdammt«, murmelte Mammi und stieß mir in die Seite, damit ich den Speck umdrehte. »Ein Haus voller Idioten, die entschlossen sind, aus dir und mir auch Idioten zu machen. Audrina, ich möchte nicht, daß du noch weiter in diesem Schaukelstuhl sitzt. Die einzige Gabe, die deine ältere Schwester besaß, war eine außergewöhnliche Liebe zu und Respekt vor deinem Vater, und das ist es, was ihm fehlt. Sie hat jedes Wort geglaubt, was er gesagt hat. Hat seine verrückten Ideen ernst genommen. Denk du selbst nach, laß dich nicht von ihm beherrschen. Nur halte dich dem Wald fern – diese Warnung nimm bitte sehr ernst.«

»Aber, Mammi, Arden Lowe wohnt im Häuschen des Gärtners auf der anderen Seite. Er ist mein einziger Freund. Ich würde sterben wollen, wenn ich ihn nicht mehr sehen dürfte.«

»Ich weiß, daß du dich einsam fühlst, so ohne Freunde in deinem Alter. Aber wenn das Baby erst da ist, hast du einen Freund. Und du kannst Arden hierher einladen. Dann laden wir auch seine Mutter zum Tee ein, und Tante Mercy Marie lassen wir nicht mehr auf dem Klavier sitzen.« Ich lief zu ihr, umarmte sie. Ich war so glücklich, daß ich hätte platzen können.

»Du hast ihn sehr gern, nicht wahr?«

»Ja, Mammi. Er lügt niemals. Er bricht niemals ein Versprechen. Er hat auch keine Angst, sich die Hände schmutzig zu machen, so wie Papa. Wir reden über wirkliche Dinge, nicht über so etwas wie Papa. Er hat mir mal gesagt, er hätte irgendwo gelesen, daß ein Feigling viele Tode stirbt. Er sagt, er sei einmal vor lauter Schreck so entsetzt gewesen, daß er sich wie ein Feigling benommen hätte, und das kann er sich selbst niemals verzeihen. Mammi, er sieht so unglücklich aus bei diesen Worten.«

Mitleid erfüllte ihre schönen Augen. »Sag Arden, daß es manchmal besser sei, davonzulaufen und am Leben zu bleiben, um an einem anderen Tag zu kämpfen. So etwas kommt nämlich häufig vor.«

Ich wollte sie fragen, was sie damit meinte, aber sie hatte jetzt alles fertig, stellte es auf den Tisch. Und Papa war noch nicht daheim, meine Tante war oben, und Vera... Gott allein wußte, was Vera in diesem Augenblick trieb.

»Deck den Tisch, Liebling, und schau nicht so besorgt drein. Ich finde, Arden ist ein Name, der sehr edel klingt, und er versucht, so gut er kann, diesem Namen Ehre zu machen. Du solltest einfach nur deinen Vater so sehr lieben, wie seine erste Tochter es getan hat. Dann wird er dich auch nicht mehr in diesen Stuhl zwingen.«

»Mammi, wenn er heimkommt, werde ich ihm sagen, er soll die Party absagen.«

»Das kannst du nicht tun. Er ist in die Stadt gefahren, um Essen und frische Blumen zu kaufen. Sobald seine Geschäftsbesprechung vorüber ist, wird er heimfahren. Weißt du, dein Vater hat niemals eine Party geben dürfen, als er noch ein Junge war, und jetzt benutzt er jede Gelegenheit, um das alles nachzuholen. Im Herzen bleiben Männer immer Kinder, Audrina, das darfst du nie vergessen. Wie alt sie auch werden, es gelingt ihnen immer, im Herzen ein Junge zu bleiben; sie wünschen sich immer, was sie sich früher gewünscht haben, und merken gar nicht, daß sie, als sie noch Jungs waren, sich nichts sehnlicher wünschten, als männlich zu sein. Das ist doch merkwürdig, nicht wahr? Als ich noch ein Mädchen war, wünschte ich mir immer, wir würden niemals Parties geben. Denn wenn wir welche gaben, mußte ich immer oben bleiben. Und dabei wäre ich so gern nach unten gekommen und hätte mitgefeiert. Ich habe mich versteckt und zugeschaut, und ich fühlte mich immer schrecklich unerwünscht. Erst als ich schon sechzehn war, tanzte ich in meinem eigenen Haus.«

»Wo hast du getanzt?«

»Wir haben die Teppiche aufgerollt und im neurömischen Salon oder im hinteren Wohnzimmer getanzt. Und manchmal habe ich mich auch durch ein Fenster davongeschlichen und mich mit einem Freund getroffen, der mich zum Tanzen ausgeführt hat. Meine Mutter hat die Hintertür unverschlossen gelassen, damit ich heimlich wieder ins Haus kommen konnte, und mein Vater hat es nie erfahren. Wenn meine Mutter mich dann gehört hat, ist sie in mein Zimmer gekommen und hat sich auf mein Bett gesetzt, damit ich ihr alles erzählen konnte. So wird es mit uns auch sein. Wenn du alt genug bist, um zum Tanzen zu gehen, werde ich dafür sorgen, daß du es tust.«

Wenn meine Gabe mir nicht zu meiner Freiheit verhalf, dann vielleicht meine Mutter. »Hattest du viele Freunde, Mammi?«

»Ja, ich glaube schon.« Nachdenklich starrte sie über meinen Kopf hinweg. »Ich habe mir immer geschworen, nicht zu heiraten, ehe ich dreißig bin. Ich wünschte mir meine musikalische Karriere mehr als einen Ehemann und Kinder – und sieh, wie alles gekommen ist.«

»Das tut mir leid, Mammi.«

Sie strich mir übers Haar. »Liebling, entschuldige. Da rede

ich so viel, und du bekommst ein ganz schlechtes Gewissen. Dabei war ich es doch, die die Wahl getroffen hat. Ich habe mich in deinen Vater verliebt, und wenn man liebt, vergißt man darüber alles andere. Wenn dein Vater mich nicht geheiratet hätte, wäre ich wahrscheinlich an gebrochenem Herzen gestorben. Aber sei du vorsichtig, daß dir die Liebe nicht alles nimmt, was du für dich und deine Zukunft planst. Wenn dein Vater dir den Kopf auch mit dummen, albernen Ideen vollstopft: In einem Punkt hat er recht. Du bist etwas Besonderes. Du hast auch Talent, selbst wenn du noch nicht weißt, worin dein Talent liegt. Dein Vater ist ein guter Mann, der aber nicht immer das Richtige tut.«

Ich starrte in ihr Gesicht empor, vollkommen verwirrt. Erst erzählte sie mir, daß Papa mir wirre Dinge einredete, und dann sagte sie, daß ausgerechnet seine verrückteste Idee wahr sein würde.

Augenblicke später kehrte Papa heim. Er schleppte Einkäufe und Blumen, und Vera taumelte hinter ihm her. Sie sah schmutzig aus; ihr Haar war zerzaust, und sie hatte geweint. »Mammi«, schluchzte sie, lief zu meiner Mutter und rief neuen Haß in mir hervor, weil sie versuchte, mir nicht nur den Vater, sondern auch die Mutter zu nehmen. »Papa hat mich am Haar in seinen Wagen gezerrt – schau nur, was er angerichtet hat. Und ich habe es erst gestern abend gewaschen und aufgedreht.«

»Tröste sie ja nicht, Lucky!« brauste Papa auf, als er sah, wie Mutter schützend die Arme um Vera legte. Er packte Vera und stieß sie so wild auf einen Küchenstuhl, daß sie zu heulen anfing. »Die Göre stolperte die Schnellstraße entlang, als ich sie gesehen habe. Als ich anhielt und ihr befahl, einzusteigen, erzählte sie mir, daß sie eine Hure werden und Schande über uns alle bringen würde. Elsbeth, wenn du nicht weißt, wie du deine Tochter zu behandeln hast, dann werde ich meine eigenen Methoden einsetzen.«

Ich hatte gar nicht bemerkt, daß meine Tante in die Küche gekommen war. Sie trug eines ihrer einfachen Baumwollkleider, die im Vergleich mit den hübschen Kleidern meiner Mutter billig und gewöhnlich wirkten.

»Vera, geh nach oben. Und da bleibst du, bis ich dir sage, daß du wieder nach unten kommen kannst«, fuhr Papa sie an. »Und du bekommst nichts zu essen, ehe du dich nicht bei uns allen entschuldigt hast. Du solltest dankbar sein, daß du überhaupt einen Platz in diesem Haus gefunden hast.«

»Ich gehe, aber ich werde nie dankbar sein!« Vera stand auf und trottete aus der Küche. »Und ich werde runterkommen, wenn ich soweit bin.«

Papa stürzte vorwärts.

»Mammi, laß nicht zu, daß er sie schlägt!« schrie ich. »Wenn er das tut, stellt sie nur wieder irgend etwas an, um sich zu verletzen.« Vera rief ihre Unfälle immer selbst hervor, kurz nachdem sie Papa so sehr erzürnt hatte, daß er sie bestrafen mußte.

Meine Mutter seufzte. Sie sah noch müder aus. »Ja, du hast wahrscheinlich recht. Damian, laß sie gehen. Sie ist schon genug gestraft.«

Warum verteidigte meine Tante ihre Tochter nicht? Manchmal schien sie Vera gegenüber ebenso abgeneigt wie Papa. Doch schon bekam ich wieder ein schlechtes Gewissen. Auch ich haßte Vera oft aus tiefstem Herzen. Ich mochte sie eigentlich nur dann, wenn ich Mitleid mit ihr hatte.

Oben an der Treppe schrie Vera aus voller Brust. »Niemand liebt mich! Ich bin euch allen ganz egal! Wage es ja nicht, mich noch einmal zu schlagen, Damian Adare! Wenn du das tust, werde ich alles erzählen! Du weißt, wem ich es erzählen werde, und es wird dir leid tun, jawohl!«

Blitzschnell war Papa aus seinem Stuhl aufgesprungen und raste die Treppe hinauf. Die dumme Vera kreischte noch immer, bis er die Tür zu ihrem Zimmer aufriß. Dann gab es einen Aufprall. Als nächstes hörte ich sie so laut und lange schreien wie noch nie – und sie hatte ihr Leben lang immer wieder laut und lange geschrien. Mein Blut gerann. Noch ein Aufprall – dann völlige Stille. Wir drei in der Küche starrten zur Decke hinauf, die der Boden von Veras Zimmer war. Was hatte Papa Vera angetan?

Ein paar Minuten später kehrte Papa in die Küche zurück.

»Was hast du Vera getan?« fragte Mammi scharf. Ihre Augen waren starr, als sie ihn anfunkelte. »Sie ist doch noch ein Kind, Damian. Du solltest nicht so grob zu einem Kind sein.«

»Ich habe überhaupt nichts getan, verdammt!« brüllte er. »Ich habe die Tür zu ihrem Zimmer geöffnet. Sie ist zurückgewichen und über einen Stuhl gestolpert. Sie ist gefallen und hat zu schreien angefangen. Sie stand auf und lief zu dem Schrank, wo sie auf der Innenseite das Schloß angebracht hat. Dort wollte sie sich verstekken. Aber sie ist doch tatsächlich noch mal gestolpert und gefallen. Ich hab' sie weinend am Boden liegenlassen. Du solltest wohl besser hinaufgehen, Ellie. Sie hat sich vielleicht wieder einen Knochen gebrochen.«

Ungläubig starrte ich Papa an. Wenn ich gefallen wäre, hätte er mir sofort geholfen. Er würde mich geküßt, umarmt und mir Hunderte von lieben Dingen ins Ohr geflüstert haben. Aber bei Vera tat er nichts, er ging einfach fort. Dabei war er erst gestern so nett zu ihr gewesen. Ich sah meine Tante an, hielt fast den Atem an und fragte mich, wie sie sich rächen würde dafür, daß Papa so herzlos war.

»Nach dem Frühstück gehe ich hinauf«, antwortete meine Tante und setzte sich wieder. »Noch ein gebrochener Knochen würde mir den Appetit verderben.«

Mammi stand auf, um nach Vera zu sehen. »Wag es ja nicht!« befahl Papa. »Du siehst so müde aus, als wolltest du gleich umfallen, und ich möchte, daß du heute abend auf der Party hübsch und ausgeruht bist.«

Noch erschütterter stand ich auf und ging zur Treppe. Papa rief mich zurück, aber ich ging weiter, nahm immer drei Stufen auf einmal. »Ich komme, Vera!« rief ich dabei.

Vera lag nicht mit gebrochenen Knochen in ihrem Zimmer auf dem Boden, wie ich es erwartet hatte. Ich lief herum und fragte mich, wo sie sein könnte. Dann hörte ich sie zu meiner Verblüffung im Zimmer der ersten Audrina, wo sie sang:

Nur ein Spielzimmer im sichern Zuhaus,
nichts als ein Spielzimmer im sichern Zuhaus,
ich weine nicht, ich fürchte nichts, muß nicht in die Welt hinaus,
denn mein Papa behält mich immer zu Haus,
in meinem Spielzimmer im sichern Zuhaus...

Mir kam es so vor, als hätte ich noch nie ein so trauriges, mitleiderregendes Lied gehört; sie sang, als würde sie ihre Seele dem Teufel verkaufen, nur um ich sein zu können und gezwungen zu werden, in dem Stuhl zu sitzen, den ich so verabscheute.

Zögernd kehrte ich wieder in die Küche zurück, wo ein unerklärlich jovialer Papa einer griesgrämigen Mammi erzählte, daß eine Party genau das richtige wäre, um ihre Laune zu bessern.

»Wie geht's Vera?« erkundigte sich Mammi. Ich antwortete, daß es Vera gutginge und sie sich nichts gebrochen hätte, erwähnte aber nicht, daß sie im Schaukelstuhl saß und den Schlüssel von Papas Schlüsselring gestohlen haben mußte.

»Hab' ich's dir nicht gleich gesagt?« meinte Papa. »Lucky, sobald Audrina mit dem Essen fertig ist, machen wir einen Spaziergang am Fluß entlang.« Er stand auf. Es kam mir so vor, als hätte er seine Serviette absichtlich in die halbvolle Kaffeetasse geworfen. Mammi zog die Serviette aus der Tasse und warf ihm einen Blick zu, der eindeutig besagte, daß er sich wieder mal als der Dreckfink gezeigt hatte, der er nun einmal war. Sie wagte es jedoch nicht, irgend etwas zu sagen. Es hätte auch keinen Zweck gehabt. Papa tat, was er wollte, und das würde er immer tun.

Er nahm meine Hand und führte mich zum Rasen hinter dem Haus, der sanft zum Fluß hin abfiel. Das funkelnde Wasser ließ den Tag wunderschön erscheinen. Papa lächelte mich an. »Morgen ist dein neunter Geburtstag, Liebling.«

»Papa«, rief ich aus und starrte ihn an. »Wie kann morgen mein neunter Geburtstag sein, wo ich heute doch erst sieben Jahre alt bin?«

Es schien ihm für einen Augenblick die Sprache zu verschlagen. Wie immer, wenn er nicht sofort wußte, was er sagen sollte, streichelte er mir übers Haar, rieb dann mit dem leicht gekrümmten Finger über meine Wangen. »Süßes, hab' ich dir nicht schon oft gesagt, daß wir dich deswegen eben nicht zur Schule schicken? Du gehörst zu den seltenen Menschen, die überhaupt kein Zeitgefühl haben.« Er sprach deutlich und sah mir in die Augen, als müßte er diese Information dort einbrennen. »Wir feiern in unserem Haus keine Geburtstage mehr, weil das irgendwie deinen eigenen, besonderen Kalender durcheinanderbringt. Vor zwei Jahren und einem Tag warst du sieben Jahre alt.«

Was er da sagte, war unmöglich! Warum hatte er mir nicht erzählt, daß ich acht Jahre alt war und nicht sieben? Versuchte er absichtlich, mich verrückt zu machen? Ich legte die Hände vor die Ohren, um alles andere auszuschließen, was er vielleicht noch sagen würde. Mit fest zusammengekniffenen Augen zermarterte ich mir das Hirn, versuchte mich daran zu erinnern, daß irgend jemand mir gesagt hatte, daß ich acht Jahre alt sei. Aber ich konnte mich nicht erinnern, daß irgend jemand etwas anderes als das Alter von sieben erwähnt hatte.

»Audrina, Liebes, nun schau doch nicht so verängstigt. Versuche nicht, dich zu erinnern. Glaub einfach, was dein Papa dir erzählt. Morgen ist dein neunter Geburtstag. Papa liebt dich, Mammi liebt dich, und sogar Ellie mit ihrer spitzen Zunge liebt dich, wenn sie auch nicht wagt, das zuzugeben. Das kann sie auch nicht, weil Vera da ist, und Vera beneidet dich. Vera könnte dich auch lieben, wenn ich ihr mehr Zärtlichkeit entgegenbringen würde. Ich werde es versuchen, werde wirklich versuchen, dieses Mädchen zu mögen, nur damit du mit keiner Feindin in deinem eigenen Heim zu leben hast.«

Ich schluckte, fühlte, daß ich Halsschmerzen bekam, wie sich meine Augen mit Tränen füllten. Irgend etwas an meinem Leben war sonderbar. Ganz egal, wie oft Papa mir auch von meinem besonderen Wesen erzählte, es war einfach nicht normal, ein ganzes Jahr zu vergessen. Es konnte nicht normal sein. Ich würde Arden fragen. Aber dann würde er wissen, daß etwas mit mir nicht in Ordnung war, und würde mich auch nicht mehr mögen.

Es schien also so, als müßte ich Papa glauben. Ich sagte mir, daß ich schließlich nur ein Kind sei. Was machte es schon für einen Unterschied, wenn ich ein Jahr im Prozeß des Erwachsenwerdens verlor? Und wenn die Zeit schneller verging, als ich es merkte, was machte das schon?

Manchmal tauchten unterbewußte Ängste auf, beunruhigten mich, bedrohten meinen Versuch, alles hinzunehmen. In meinem Kopf zuckten Farben hin und her, ich fühlte die wiegende Bewegung meines Körpers, hin und her, hin und her; singende Stimmen erzählten mir von Geburtstagsfeiern, als ich acht Jahre alt war und ein weißes Kleid mit Rüschen getragen hatte, das mit einer violetten Satinschärpe zusammengehalten worden war.

Aber was bedeuteten diese Schaukelstuhlträume? Außer, daß die erste und unvergessene Audrina an ihrem Geburtstag ein weißen Rüschenkleid getragen hatte? All diese Visionen von Feiern – das waren ihre Feiern. Wohin konnte ich mich wenden, um die Wahrheit herauszufinden? Gab es jemanden, der wirklich vollkommen ehrlich zu mir war? Es gab niemanden, der mir die Wahrheit sagen würde, denn es könnte mich ja verletzen.

Papa zog mich neben sich auf den grasbewachsenen Abhang. Die Sonne stand hoch über uns, brannte heiß auf mein Haar nieder, als ich mit Papa dort saß und saß. Jedes Wort, das er sagte, wusch klare Bilder aus meinem Gedächtnis fort und ersetzte sie durch unscharfe Flecken. Ich beobachtete die Gänse und Enten, die wie wild zu der Stelle paddelten, wo Mammi sie immer fütterte. Sie hatten eine Vorliebe dafür, im Frühling ihre Tulpen und Narzissen zu fressen.

»Laß uns darüber sprechen, was du gestern nacht geträumt hast«, sagte Papa, nachdem wir lange Zeit geschwiegen hatten. »Letzte Nacht hörte ich dich stöhnen und stöhnen, aber als ich dann zu dir kam, hast du dich in deinem Bett hin und her geworfen und hast zusammenhangloses Zeug geredet.«

Von Angst erfüllt schaute ich mich um, sah einen Specht an einem unserer schönsten Bäume herumhacken. »Hau ab!« rief ich. »Friß die Würmer aus den Kameliensträuchern!«

»Audrina«, sagte Papa ungeduldig, »vergiß die Bäume. Die sind noch hier, lange nachdem wir beide fort sind. Erzähl mir, was du in dem Schaukelstuhl gesehen hast.«

Wenn Papa daran glaubte, daß Mrs. Allismore mit ihrem Faden- und-Ring-Trick arbeiten konnte, dann schien es nur gerecht, daß ich dieselbe Methode anwandte, um ihn zu erfreuen. Ich wollte gerade sprechen, als ich spürte, wie sich die Haare in meinem Nacken aufrichteten. Hastig wandte ich den Kopf und erhaschte einen Blick auf Vera in dem Zimmer, in dem der Schaukelstuhl stand. Sie war noch immer da oben, schaukelte noch immer. Sollte sie doch für alle Zeiten so weiterschaukeln; da war keine Gabe, nur die Einbildung eines Menschen, der irgendeinen Zauber in sein Leben wünschte. Und vielleicht war Einbildungskraft am Ende auch eine besondere Gabe.

»Schön, Liebes, ich will dich nicht weiter bedrängen. Erzähl mir einfach, was du gestern nacht geträumt hast.«

Ich sagte den Namen der Aktie, die meine Nadel zweimal und dann noch zweimal berührt hatte. Papa sah mich ungläubig an, dann wütend. Aus seiner Reaktion schloß ich sofort, daß ich etwas Falsches getan hatte.

»Audrina, habe ich dich um einen Börsentip gebeten?« fragte er verärgert. »Nein, das habe ich nicht getan. Ich habe dich gebeten, mir deine Träume zu erzählen. Ich versuche dir zu helfen, dein Gedächtnis wiederzufinden. Begreifst du denn nicht, daß ich dich deshalb in diesen Stuhl setze? Ich habe versucht es so aussehen zu lassen, als sei es ganz natürlich, daß du das Gedächtnis verloren hast. Aber das ist es nicht. Ich wollte nichts weiter, als daß du wiederfindest, was du vergessen hast.«

Ich glaubte ihm nicht. Ich wußte, was er wollte. Er wollte, daß ich mich in die erste Audrina verwandelte! Darum hatte er all diese Bücher über schwarze Magie und psychische Kräfte in seinem Arbeitszimmer versteckt.

Ich wich zurück, starrte zum Haus hinüber. Ich war schrecklich aufgewühlt. Vera schaukelte noch immer, hin und her, hin und her. O Gott, wenn sie nun den Traum hatte, den einzigen Traum, den der Stuhl mir immer wieder bescherte? Würde sie schreien? Würde Papa hinlaufen, um sie zu retten?

Oder wenn nun alles stimmte, was Papa mir erzählte, und wenn es wirklich eine besondere Gabe zu gewinnen gab. Dann könnte sie mich jeden Augenblick aus seinem Herzen verdrängen. Atemlos plapperte ich los, nicht länger unentschlossen. »Ich sah mich, Papa, als erwachsene Frau. Ich habe in einem riesigen Haus gearbeitet, überall um mich her standen Maschinen. Sie glühten, wechselten die Farben, sprachen mit merkwürdigen Stimmen und sandten Botschaften durch die Luft. Ich stand ganz vorn und unterrichtete eine große Klasse, wie man die Maschinen einzusetzen hatte. Deshalb dachte ich – aber ich hätte dich natürlich entscheiden lassen sollen, was es bedeutet. Die Buchstaben, die ich dir nannte, standen auf all diesen Maschinen, auf jeder einzelnen, Papa.«

IBM.

Sein Lächeln zur Belohnung war dünn und verkniffen, aber er umarmte mich. »Schön, du hast versucht, mir finanziell zu helfen, aber das ist nicht das, was ich wollte. Erinnerungen, Audrina, füll die Löcher in deinem Gehirn mit den *richtigen* Erinnerungen. Wir werden es später noch einmal mit dem Schaukelstuhl versuchen. Vielleicht läßt er dich diesmal den Wald überspringen und setzt dich an der richtigen Stelle ab.« Ich wollte weinen, war nahe daran, denn ich hatte diesen komischen Traum mit den Maschinen wirklich gehabt, und die Nadel hatte viermal auf diese Initialen gezeigt. »Wein doch nicht, mein Liebling«, tröstete er mich und küßte mich wieder. »Ich verstehe dich ja, und vielleicht setze ich sogar ein bißchen Geld auf diese Aktie, obwohl sie bald wieder abfallen muß. Trotzdem, es wäre vielleicht nicht schlecht zu warten, bis sie abfällt, und dann in großen Mengen zu kaufen, ehe sie wieder klettert. Du bist intuitiv, und dein Herz ist rein, selbst –«

Ich sprang auf die Füße und lief davon, um seinen Überlegungen zu entgehen. Jetzt würde er Geld auf diese Aktie setzen. Was aber, wenn sie weiter fallen würde?

Die arme Mammi schuftete in der Küche, bereitete eine Party vor, die sie nicht brauchte, wo sie sich doch so schlecht fühlte. Ich lief ans Fenster, von wo aus ich Papa beobachten konnte. Er war aufgestanden und war jetzt am Fluß, schleuderte Kieselsteine über das Wasser, als gäbe es keine Sorgen auf der Welt.

Mammi sagte kein Wort davon, daß morgen mein neunter Geburtstag wäre. Kam das, weil morgen gar nicht mein Geburtstag war? Ich ging zu dem Schrank unter der Treppe und sah in den Zeitungen nach. Morgen war der neunte September. Typisch für mich: Ich vergaß, daß heute der Achte war. Aber war es wirklich so wichtig, neun Jahre alt zu werden? Ja, entschied ich, als sich der Tag dahinzog und niemand außer Papa meinen Geburtstag erwähnte. Es war gefährlich, die neun zu erreichen.

Die Party begann um halb zehn, kurz nachdem ich zu Bett gegangen war. Der Lärm, den zwanzig von Papas besten Freunden machten, drang bis hinauf zu mir, obwohl mein Zimmer weit vom Partyzimmer entfernt lag. Ich wußte, da unten waren Bankiers, Anwälte, Ärzte und andere einflußreiche Personen, die immer noch reicher werden wollten. Sie liebten unsere Parties; die Speisen waren ausgezeichnet, Alkohol floß in Mengen, und das Beste von allem war, wenn Mammi sich ans Klavier setzte, um etwas zu spielen. Dann erst erwachte die Party zu vollem Leben. Da Mammi Musikerin war, zog sie andere Musiker an, die gern mit ihr zusammen spielten. So kam es, daß Ärzte und Anwälte ihre Söhne und Töchter mitbrachten, die irgendein Instrument spielen konnten, und gemeinsam, mit Mammi als Hauptperson, gab es eine ›Jam Session‹.

Barfuß und im Nachthemd lief ich hinunter, um meine Mutter am Klavier sitzen zu sehen. Sie trug ein rotes Seidenkleid, das so tief ausgeschnitten war, daß es mehr zeigte, als Papa gutheißen würde. Alle Männer versammelten sich ums Klavier, beugten sich über Mammis Schultern, starrten in ihren Ausschnitt, während sie sie ermunterten, weiterzuspielen, schneller zu spielen. Ihre Finger flogen über die Tasten; sie wippte im Takt, als sie immer schneller und wilder spielte. Sie lächelte und lachte zur Antwort auf Dinge, die ihr ins Ohr geflüstert wurden, spielte mit einer Hand und hielt mit der anderen das Glas Champagner, an dem sie nippte. Dann stellte sie das leere Glas ab, machte einem etwa zwanzigjährigen Jungen ein Zeichen, Akkordeon zu spielen, und gemeinsam spielten sie eine wilde Polka, zu der alle einfach tanzen mußten. Wenn man Papa glauben konnte, dann war Mammi alles mögliche für die Leute, aber niemals sie selbst. Wenn ihr Publikum klassische Musik wünschte, dann würde sie sie spielen; wollte es eine populäre Ballade, würde es sie bekommen. Wenn man sie fragte, welche Art von Musik sie am liebsten hatte, dann antwortete sie: »Ich mag alle Richtungen.« Ich fand es wundervoll, so aufgeschlossen zu sein, so flexibel und vielseitig. Tante Elsbeth mochte keine Musik, die nicht von Grieg war.

Nach all dem Spaß, den Mammi zu haben schien, war es schwer, sich vorzustellen, daß sie sich den ganzen Tag lang beschwert hatte, für diese Leute, die sie eigentlich gar nicht mochte, schuften zu müssen. »Wirklich, Damian, du erwartest einfach zuviel von mir. Ich bin im sechsten Monat, man sieht es schon deutlich, und du willst, daß sie mich so sehen?«

»Du bist wunderbar, und das weißt du auch, schwanger oder nicht. Du siehst immer sensationell aus, wenn du Make-up auflegst, ein leuchtendes Kleid anziehst und dein strahlendes Lächeln aufsetzt.«

»Heute morgen hast du mir noch gesagt, ich sähe schrecklich aus.« Ihre Stimme klang heiser vor Müdigkeit.

»Und es hat gewirkt, oder nicht? Du bist aus dem Bett gesprungen, hast dir die Haare gewaschen, die Nägel lackiert, und ich habe dich noch nie hübscher gesehen.«

»Damian, Damian«, hatte meine Mutter da geflüstert, mit von Gefühlen erstickter Stimme, und dann war die Tür zugefallen. Ich stand allein im Flur vor ihrem Schlafzimmer und fragte mich, was sie taten, nachdem Papa die Tür zugestoßen hatte.

Alles, was sie gesagt hatten, hallte jetzt in meinem Kopf wider, als ich Mammi am Klavier beobachtete. Sie war so schön. Im Vergleich mit ihr sah meine Tante nichtssagend aus. Sie trug ein Kleid, das für die Küche passend war, aber für sonst gar nichts.

Ich quietschte auf vor Schmerz, als ich in den Arm gekniffen wurde. Da stand Vera im Nachthemd. Dabei sollte sie nicht herunterkommen, ehe Papa es ihr sagte – und bislang hatte er das nicht getan. Vera kam niemals in meine Nähe, ohne mir irgendwie weh zu tun. »Deine Mutter ist nichts weiter als eine große Angeberin«, flüsterte sie. »Eine Frau, die schwanger ist, sollte sich nicht mehr zeigen.« Aber als ich dann zu Vera hinblickte, sah ich Bewunderung in ihren Augen, auch sie war vom Rhythmus der Musik gefangen.

»Die erste Audrina konnte auch so Klavier spielen«, sagte Vera leise in mein Ohr. »Sie konnte auch Noten lesen, und die Aquarelle, die sie gemalt hat! Du dagegen kannst überhaupt nichts.«

»Du auch nicht!« fuhr ich sie an, aber ich war wieder verletzt. »Gute Nacht, Vera. Du solltest besser verschwinden, wie ich es tue, sonst sieht Papa dich noch und bestraft dich wieder.«

Ich eilte in mein Zimmer zurück. Auf halbem Weg die Treppe hinauf drehte ich mich noch einmal um. Vera stand noch immer hinter der Portiere, hielt sich daran fest, um nicht das Gleichgewicht zu verlieren, während ihre Füße im Rhythmus der Musik über den Boden glitten. Sie schaute bis zum Ende zu.

Erst nachdem der Lärm unten aufhörte, konnte ich einschlafen. Normalerweise schlief ich unruhig und Vera ganz tief. Ich wünschte, ich könnte das auch, als ich einschlief, um Sekunden später – so schien es mir jedenfalls – bereits wieder geweckt zu werden. Meine Eltern stritten heftig miteinander.

Kein Wunder, daß Mammi Parties mit Papa nicht mochte. Jedesmal hörte eine Party bei uns so auf. Lieber Gott, betete ich, als ich aus dem Bett glitt, heute ist mein neunter Geburtstag, und das ist kein guter Anfang dafür. Bitte, laß es ganz sanft enden.

Vera kniete bereits auf dem Teppich im Flur und spähte durchs Schlüsselloch. Sie hielt einen Finger an die Lippen und machte mir schweigend ein Zeichen, fortzugehen. Es gefiel mir nicht, wie sie meine Eltern bespitzelte, und ich weigerte mich zu gehen. Statt dessen kniete ich neben ihr und versuchte, sie beiseite zu stoßen. Papas kräftige Stimme drang durch die schwere Eichentür.

»Und noch dazu in deinem Zustand. Du hast getanzt wie ein billiges Flittchen. Du hast einen Narren aus dir gemacht, Lucietta.«

»Laß mich in Ruhe, Damian!« schrie Mammi. Ich mußte sie schon mindestens hundertmal so schreien gehört haben. »Du lädst Gäste ein, ohne es mir vorher zu sagen. Du ziehst los und kaufst Sachen, die wir uns nicht leisten können, und Blumen und Sekt für sie, und dann reichst du selbst mir sogar ein Glas; und wenn ich dann einen Schwips habe, bist du wütend. Was soll ich denn auf einer Party machen? Rumsitzen und dich bewundern?«

»Du weißt nie, wie man etwas anständig macht!« brüllte Papa. Seine Stimme tat einem in den Ohren weh, wenn er wütend war, und dabei konnte er so lieb und sanft sein, wenn er etwas von einem wollte. Warum nahm er keine Rücksicht auf Mammi, wo sie so offensichtlich sein Verständnis brauchte? Dachte er denn überhaupt nicht an das kleine Baby, das seinen Zornesausbruch vielleicht mithören konnte?

Ich zitterte innerlich aus Angst um Mammis Gesundheit. Konnte man die Liebe denn immer an- und ausschalten wie mit einem elektrischen Schalter? Ich lief in mein Schlafzimmer zurück und zog mir ein Daunenkissen über die Ohren, aber noch immer konnte ich sie streiten hören. Ich wußte nicht, was ich anderes tun konnte, als aufzustehen und zurückzugehen. Vera lehnte noch immer an der Tür. Auch sie zitterte, aber vor unterdrücktem Lachen. In meiner Wut hätte ich sie am liebsten geschlagen.

»Du hast geflirtet, Lucietta. Geflirtet, und das in deinem Zustand! Du hast dich so dicht an diesen kindischen Klavierspieler gedrückt, daß es aussah, als wäret ihr zu einem einzigen Menschen verschmolzen. Und du hast so herumgewackelt, daß man deine Brustwarzen sehen konnte!«

»Halt den Mund!« schrie sie. Ich schlug mir die Hände vors Gesicht. Am liebsten hätte ich laut geschrien, damit sie endlich aufhörten.

»Damian, du bist ein gemeiner Kerl! Ein rücksichtsloser, selbstsüchtiger, langweiliger, brutaler Kerl. Du willst, daß ich spiele, aber dann bist du wütend, wenn ich dir die Schau stehle. Ich habe es schon früher gesagt, und ich werde es immer wieder sagen: Du hast nur ein Talent: zu quasseln! Und du bist eifersüchtig, weil ich mehr kann.«

Das war ein Fehler! Jetzt würde er keine Gnade mehr mit ihr kennen. Langsam, ganz langsam, wie in einem Alptraum, sank ich neben Vera auf die Knie. Sie gestattete mir, durchs Schlüsselloch zu spähen, gerade in dem Augenblick, als sein harter Schlag Mammis Gesicht traf. Ich schrie auf, genau wie meine Mutter. Ich fühlte ihren Schmerz und ihre Scham wie meine eigene.

Vera fing an zu lachen, als sie mich fortschob und ihr Auge ans Schlüsselloch preßte. »Audrina«, flüsterte sie, »jetzt nimmt er seinen Gürtel ab. Jetzt kriegt deine Mutter, was sie verdient. Und ich freue mich darüber! Es wird Zeit, daß er sie bestraft – genau, wie er dich auch bestrafen sollte.«

Wütend schlug ich nach ihr. Meine Wut war ebenso groß wie Papas, als ich Vera beiseite schob und die Tür aufriß. Ich fiel ins Schlafzimmer meiner Eltern, stolperte über Vera. Papa wirbelte herum. Er trug kein Hemd, die Hose stand offen. Sein Gesicht war eine einzige Maske der Wut. Mammi hatte sich auf dem Bett zusammengerollt, hielt die Arme schützend über den dicken Bauch.

»Was, zum Teufel, treibt ihr zwei hier?« brüllte Papa, schleuderte seinen Gürtel zu Boden und wies zur Tür. »Raus! Und wagt es ja nicht, uns noch einmal nachzuspionieren!«

Ich sprang auf die Füße und versuchte, meine Stimme ebenso kräftig klingen zu lassen wie seine. »Wag du es nicht, meine Mutter noch einmal zu schlagen oder diesen Gürtel zu benutzen, um sie damit auszupeitschen! Wag es ja nicht!«

Er sah mich wütend an, seine dunklen Augen weit aufgerissen, sein Blick wild. Er roch nach Alkohol. Als ich ihn gleichermaßen wild und wütend anstarrte, beruhigte er sich langsam. Er fuhr sich mit der riesigen Hand übers Gesicht, warf einen Blick in den Spiegel und schien entsetzt. »Ich würde deine Mutter niemals schlagen, das solltest du eigentlich wissen«, sagte er schwach, als hätte er Angst, ich hätte es gesehen, oder als schämte er sich, weil ich es gesehen hatte. Ich wußte nicht genau, was es war. Draußen in der Halle kicherte Vera. Er wirbelte herum und schrie: »Wie oft habe ich dir schon gesagt, daß dieser Teil des Hauses mir gehört? Verschwinde von hier, Vera!«

»Ach, Papa, bitte, schrei mich nicht so an. Es war nicht meine Schuld. Audrina kam in mein Zimmer und hat mich aus tiefem Schlaf geweckt und gebeten, mit ihr zu kommen. Sie beobachtet euch immer durchs Schlüsselloch, Papa, wenn sie nicht schlafen kann.«

Sein Kopf fuhr herum. Ich sah ihm an, daß er mich für zu anständig hielt, um zu lauschen. »Geh in dein Zimmer, Audrina«, befahl er kalt. »Und spionier mir nie wieder nach. Ich hatte eigentlich eine bessere Meinung von dir. Es kommt dir vielleicht so vor, als wäre ich ein Scheusal. Aber das kommt nur daher, daß ich der einzige Mann in einem ganzen Haus voller Frauen bin, die alle darauf aus sind, mich zu vernichten. Sogar du versuchst es schon auf deine eigene Art. Und jetzt raus! Alle beide!«

»Du tust Mammi auch bestimmt nicht weh?« Ich blieb stehen und wartete auf eine Antwort, obwohl er einen Schritt vorwärts machte.

»Natürlich tue ich Mammi nicht weh.« Aus seiner Stimme klang Sarkasmus. »Wenn ich sie schlagen und verletzen würde, müßte ich schließlich die Arztrechnungen bezahlen, nicht wahr? Außerdem ist mein Sohn in ihr, und ich denke an ihn.«

Mühsam setzte sich meine Mutter auf und rief mich zu sich. Sie öffnete die Arme, als ich näher kam. Ihre Küsse auf meinem Gesicht waren feucht. »Tu, was dein Vater sagt, Liebling. Er wird mir nicht weh tun. Er hat mir noch nie richtig weh getan – körperlich.«

Unentschlossen blickte ich von ihr zu Papa, als er Vera aus dem Zimmer drängte und ihr noch einen harten Schlag aufs Hinterteil versetzte. Dann drehte er sich zu mir um. Ich fürchtete, daß er auch mich schlagen würde, aber er umarmte mich statt dessen. »Tut mir leid, daß ich dich aufgeweckt habe. Wenn ich zuviel trinke und dann in den Spiegel schaue, sehe ich einen Narren, der nicht weiß, wann er aufhören muß. Und dann will ich immer jemanden bestrafen, weil ich selbst versagt habe.«

Ich verstand kein Wort von alldem.

»Alles wird wieder gut werden. Die Party ist vorbei.« Schmerz und Scham stand in seinen Augen. »Geh jetzt wieder ins Bett und vergiß alles, was du hier gesehen und gehört hast. Ich liebe dich, und ich liebe deine Mutter, und das heute abend war die letzte Party, die ich gegeben habe. Ein für allemal.«

Als ich in meinem Bett lag, quälten mich Zweifel über Männer, über die Ehe. In jener Nacht beschloß ich, niemals zu heiraten, nicht in einer Million Jahren, nicht, wenn alle Männer so sein konnten wie Papa, wundervoll und schrecklich; falsch und liebevoll und grausam, selbst wenn sie liebten, beleidigend, kritisierend raubten sie einem das Selbstvertrauen, setzten Verachtung an seine Stelle und das tiefe Gefühl von Scham, einfach bloß, weil man eine Frau war.

Vielleicht hatte Tante Elsbeth recht. Männer waren die Könige der Berge, die Könige der Wälder, Könige daheim und im Büro und überall – einfach, weil sie Männer waren.

Ein Alptraum bei Tageslicht

In jener Nacht, als ich dann endlich eingeschlafen war, warf ich mich unruhig hin und her, träumte entsetzliche Dinge. Aber ich wagte es nicht, zu weinen oder zu schreien, aus Angst, Papa könnte in mein Zimmer eilen und mich ausfragen.

Von nun an würde ich alles allein regeln, was auch immer in meinem Leben nicht in Ordnung war. Wie konnte ich ihm auch nur einen einzigen Schlag ins Gesicht meiner Mutter verzeihen?

Verwirrung war mir ein bekannter Geisteszustand. Warum also fühlte ich mich so deprimiert und enttäuscht von jemandem, den ich liebte, wenn ich doch die ganze Zeit über gewußt hatte, daß ich ihn auch hassen konnte? Meine eigene Widersprüchlichkeit verblüffte mich, aber irgendwie gelang es mir, mich in einen leichten Traum zu flüchten. Schreckliche Visionen von knochigen Körpern quälten mich, die über eine zerbrechliche Brücke ins Nichts stürzten.

Ich zwang mich dazu, aufzuwachen. Tränen hatten mein Kissen genäßt. Ich vermutete, daß der Tag nur wenig Vergnügen für mich bereithalten würde. Die Tränen, die ich im Schlaf geweint hatte, hatten sicher einen sehr guten Grund.

Kummer umgab mich, als ich mich in der Morgendämmerung wusch, anzog und dann leise die Treppe hinunterschlich. Das Haus war voll düsterer Schatten; kein einziger Sonnenstrahl fiel durch die Bleiglasfenster. Ich mußte jetzt nicht über die Farben springen, aber ich wünschte sie mir zurück, damit der Tag heller schien, gewöhnlicher. Ein Blick aus dem Küchenfenster zeigte mir einen dunklen Himmel, der Regen verhieß. Morgennebel hing schwer über dem River Lyle. Aus der Ferne klangen traurig die Nebelhörner, und Schiffe, die in See stachen, ließen ihren melancholischen Abschiedsgesang ertönen. Die Möwen, die sich immer an der Stelle aufhielten, wo Mammi die Enten und Gänse fütterte, waren zu hören, aber ich konnte sie nicht sehen. Ihre schrillen, klagenden Schreie drangen erstickt und gespenstisch an mein Ohr, und ich bekam eine Gänsehaut. An einem solchen Tag konnte nur Schreckliches passieren.

Schick die Sonne heraus, lieber Gott, schick das Licht. Es ist mein neunter Geburtstag, Gott, und an diesem Tag ist die erste und unvergessene Audrina im Wald gestorben.

Ich wünschte mir, daß der Nebel sich verzöge, damit er mir sagte, daß dieser, mein Geburtstag, nichts Schreckliches verhieß. Ich stand in der Nähe der Treppe und wartete darauf, die Schritte meiner Mutter zu hören, oder die vertraute Art, wie sie immer vor sich hinsummte, wenn sie sich anzog und oben umherging. Beeil dich und komm nach unten, Mammi, ich brauche dich, ich muß dich sehen. Sie würde mir meine Angst nehmen.

Ich verließ die Küche, die so trübe wirkte, wenn Mammi nicht dort war, und ging ins Eßzimmer hinüber. Alle zwanzig Stühle waren um einen riesigen, rechteckigen Tisch aufgereiht. Dieser Tisch gab einen wunderbaren Tanzboden ab. Wenn niemand in der Nähe war, zog ich oft meine Schuhe aus und kletterte hinauf. Aber heute war das Zimmer düster und kaum der geeignete Ort, um zu tanzen. Niemand hatte die schweren, grünen Vorhänge aufgezogen, um etwas Licht ins Zimmer zu lassen. Mammi machte das immer, sobald sie unten ankam. Als ich die Vorhänge geöffnet hatte und mich dann umsah, wirkte der schönste Raum des Hauses noch immer grimmig und düster.

Irgendwo mußte es einen Kalender geben, auf dem ich meinen Geburtstag mit einem roten Kreis kennzeichnen konnte. Aber ich wollte keinen roten Kreis, denn dies war auch *ihr* Geburtstag gewesen. An diesem Tag wäre sie achtzehn Jahre alt geworden. Wie jung Mammi gewesen sein mußte, als sie Papa geheiratet hatte. Als ich aus dem Fenster sah, entdeckte ich die ersten Regentropfen. Oh, lieber Gott, regnete es denn immer am neunten September?

Arbeit. Tante Elsbeth sagte immer, daß sie keine Zeit hätte, sich um irgend etwas Sorgen zu machen, wenn sie arbeitete. Genau das würde ich tun. Ich würde den Speck braten, die Eier schlagen, Omelettes machen, nach dem Essen die Teller abwaschen, und Mammi könnte sich einfach hinsetzen und sich darüber freuen, wie gut sie mich erzogen hatte. Wenn bloß Tante Elsbeth und Vera den Mund halten würden.

Kaum hatte ich die Bratpfanne auf die Gasflamme gestellt, darauf bedacht, den Speck in die kalte Pfanne zu tun, damit er sich nicht krümmte, da wurde ich auch schon grob beiseite gedrängt. »Was, zum Teufel, treibst du hier?« fuhr meine Tante mich an.

»Ich helfe Mammi.«

Die arme Tante Elsbeth konnte überhaupt nicht kochen. Keiner wollte sie in der Küche sehen, außer, um den Boden zu schrubben oder die Fenster zu putzen.

»Was für ungezogene Gedanken hast du eigentlich im Kopf?« schimpfte meine Tante und übernahm die Pfanne. Sofort stellte sie die Flamme zu hoch. Sie wollte nicht auf mich hören, als ich ihr sagte, sie müßte die Flamme klein halten.

Ich zog hervor, was ich brauchte, um für fünf Personen zu decken, und beobachtete dabei meine Tante. Eine Tasse glitt mir aus der Hand und zerbrach am Boden. Wie erstarrt stand ich da. Es war Papas Lieblingsbecher. Der einzige, aus dem er trinken wollte. Jetzt hatte er noch mehr Grund, wütend auf mich zu sein.

Meine Tante warf mir einen geringschätzigen Blick zu. »Jetzt sieh nur, was du angerichtet hast. Du wärst eine größere Hilfe, wenn du dich der Küche fernhalten würdest. Dieser Kaffeebecher war der letzte aus dem Service, das deine Eltern zur Hochzeit geschenkt bekommen haben. Dein Vater wird platzen, wenn er hört, was du getan hast.«

»Was hat die Verrückte denn diesmal angestellt?« fragte Vera, als sie in die Küche hinkte. Sie ließ sich auf einen Stuhl fallen und stützte die Arme auf den Tisch, damit sie den Kopf in die Hände legen konnte. »Ich schlafe immer noch. Das ist ein schrecklich lautes Haus. Nie kann man hier anständig schlafen.«

Den Tisch zu decken war das einzige, von dem ich annahm, daß ich es richtig machte. Und jetzt schimpfte meine Tante und erklärte, daß ich zu viele Teller hingestellt hatte. »Drei Gedecke, Mädchen. Das reicht.«

Ich starrte sie an. »Warum denn nur drei?«

Sie drehte den Speck wieder um. »Deine Mutter hat kurz vor Sonnenaufgang Wehen bekommen. Scheint so, daß all ihre Kinder genau dann kommen müssen, wenn ich gerade eingeschlafen bin.«

»Wehen – heißt das, Mammi bekommt heute das Baby?«

»Natürlich.«

»Aber ist das Baby nicht zu früh?«

»Das ist eben manchmal so. Man kann nie genau vorhersagen, wann ein Baby kommt. Sie ist Ende des sechsten Monats, fast schon im siebten. Auch wenn der Arzt die Wehen nicht aufhalten kann, hat das Kind eine Chance zu überleben.«

O Gott, ich hoffte, das Baby würde genügend Zeit bekommen, um fertig entwickelt zu sein, mit Haaren und kleinen Fingernägeln und Zehennägeln. »Wie lange dauert es, bis ein Baby geboren ist?« fragte ich schüchtern.

»Bei jemandem wie Lucietta wird es sicher den ganzen Tag dauern und morgen auch noch sehr lange. Sie liebt es doch, auch noch aus der einfachsten und natürlichsten Sache etwas Schwieriges und Schmerzhaftes zu machen.« Tante Elsbeth verzog ihre dünnen Lippen zu einem gemeinen, jungfräulichen Lächeln. »Sie ist ihr Leben lang verwöhnt worden, nur weil sie zufällig hübscher geboren wurde als die meisten Mädchen.«

»Hat Papa angerufen und gesagt, daß Mammi starke Schmerzen hat? Hat er gesagt, daß sie das Baby verliert?« Ich hätte sie gern angeschrien, weil sie so wenig sagte, wo es doch um meine Mutter und meinen Bruder oder meine Schwester ging. Der schwere Klumpen in meiner Brust wog immer mehr und wurde immer größer. Der Regen sagte tatsächlich Unheil voraus. Der Alptraum der vergangenen Nacht blitzte durch meine Gedanken. Diese Knochenmenschen...

»Audrina ist auch verwöhnt«, bemerkte Vera, »und dabei ist sie nicht einmal die hübscheste Tochter.«

Ich versuchte, das grausige Zeug hinunterzuschlucken, das meine Tante zusammengepanscht hatte – sie erklärte, daß ich damit Fleisch auf die Knochen bekommen würde. Vera kicherte, als sie das hörte.

Der Speck wurde in den Abfall geworfen. Er war so verbrannt, daß selbst meine Tante ihn nicht essen wollte. Wütend beschwerte sich Vera über die Omelettes, die meine Tante schmackhaft zu machen versuchte. »Puh, es wird schwer werden, das Essen jetzt noch zu genießen, wo Mammi nicht da ist, um es zuzubereiten.« Vera betonte das Wort ›Mammi‹ ganz besonders, nur um ihre eigene Mutter zusammenzucken zu sehen. Aber Tante Elsbeth versuchte so zu tun, als hätte sie die Spitze nicht bemerkt.

Ich war es, die die Küche putzte, während meine Tante vor ihrem Fernseher saß, und ich war es auch, die den Boden fegte, als Vera davoneilte, um sich für die Schule anzuziehen. Während ich den Herd putzte, fragte ich mich, ob ich hübscher war als Vera und ob ich wenigstens halb so schön war wie die erste und unvergessene Audrina. Ich vermutete, daß das nicht der Fall sein konnte, nach allem, was ich über ihre ›strahlende, durchsichtige, ätherische Schönheit‹ gehört hatte.

»Du bleibst jetzt daheim und gehst nicht in den Wald«, warnte mich meine Tante aus dem anderen Zimmer, als sie hörte, wie die Hintertür geöffnet wurde. »Es regnet. Und das letzte, was dein Vater gesagt hat, bevor er wegfuhr, war, daß ich auf dich aufpassen und dich nicht fortlaufen lassen soll. Wenn es aufhört zu regnen, kannst du im Hof spielen – aber geh nicht weiter.«

»Was hat er meinetwegen gesagt?« rief Vera, bereit, um zu der Stelle zu laufen, wo der Schulbus sie aufnehmen würde. Sie trug einen gelben Regenmantel und hatte die Kapuze übers Haar gezogen.

»Damian hat dich überhaupt nicht erwähnt.« Wie kalt die Stimme meiner Tante klingen konnte, wenn sie es wollte! Sie machte sich nicht viel aus ihrer eigenen Tochter. Ich lächelte vor mich hin. Es erschien mir so albern. Oft hatte ich heimlich einen Blick in den Fernseher geworfen, den meine Tante so selbstsüchtig für sich behielt. Ich wußte, daß die Leute in den Fernsehserien auch manchmal ›außereheliche Kinder‹ hatten.

»Du kannst Audrina nicht trauen, wenn es um Arden Lowe geht«, rief Vera haßerfüllt. »Besser, du schließt die Türen ab und verriegelst die Fenster. Sonst läuft sie bestimmt zu ihm. Warte nur ab; früher oder später läßt sie ihn ...«

»Lass' ich ihn was?« fuhr ich sie wütend an.

»Vera, kein Wort mehr! Lauf, bevor du deinen Bus verpaßt!«

Neidisch sah ich Vera nach, wie sie zur Schnellstraße stapfte, und das Wasser in jeder Pfütze aufspritzen ließ. Ehe sie um die Kurve bog, drehte sie sich noch einmal nach mir um und machte mir eine lange Nase. Vera verschwand, aber ich stand immer noch da, dachte an Mammi, hoffte, daß sie nicht zu arge Schmerzen haben und nicht viel Blut verlieren würde. Schmerzen schienen immer mit einer Menge Blut verbunden zu sein. Das wußte ich schon. Aber es gab auch geistige Schmerzen. Und die waren vielleicht die schlimmsten, weil niemand außer einem selbst sie bemerkte.

Warum rief Papa nicht an und sprach mit mir? Ich wollte wissen, was vorging. Ich hielt mich so lange in der Nähe des Telefons auf, bis der Regen aufhörte und das stille, düstere Haus mir auf die Nerven ging.

Dann ging ich zum Fluß hinunter. Im schwachen Sonnenschein unter einem blassen, ausgewaschenen Himmel, warf ich Kiesel in den Fluß, wie ich es meinen Papa hatte tun sehen. Eine Woche ohne Mammis Kochkünste – ich würde abnehmen, und dabei war ich schon so dünn.

Den ganzen Tag über rief Papa nicht an. Ich machte mir Sorgen, ging im Zimmer auf und ab, lief immer wieder ans Fenster. Vera kehrte heim und beschwerte sich, daß der Gemüseeintopf nicht schmeckte, den Tante Elsbeth zum Abendessen vorbereitet hatte. Dann sah ich Arden unsere Auffahrt entlangradeln. Eine riesige Kiste war auf seinem Fahrrad befestigt. Ich lief hinaus zu ihm, denn ich hatte Angst, meine Tante könnte meinem Vater von seinem Besuch erzählen.

»Herzlichen Glückwunsch!« rief er und grinste, als er vom Rad stieg und zu mir gelaufen kam. »Hab' nur eine Sekunde Zeit – aber ich habe dir etwas gebracht, was meine Mutter für dich gemacht hat. Und dann noch eine Kleinigkeit von mir.«

Hatte ich ihm erzählt, daß ich heute Geburtstag hatte? Ich glaubte es nicht. Ich hatte es ja selbst bis gestern nicht einmal gewußt. Seine Augen blickten warm und leuchteten, als ich in die größere Schachtel griff. Darin lag ein wunderschönes veilchenfarbenes Kleid mit weißem Kragen und Manschetten. Ein kleiner Strauß Seidenveilchen war am Ausschnitt befestigt.

»Mammi hat es für dich genäht. Sie sagt, sie kann jeden mit den Augen messen. Gefällt es dir? Glaubst du, daß es dir paßt?«

Impulsiv warf ich die Arme um ihn. Ich war so glücklich, daß ich hätte weinen können. Niemand sonst hatte sich an meinen Geburtstag erinnert. Er schien verlegen und entzückt über meine Reaktion. Dann reichte er mir hastig eine kleinere Schachtel. »Es ist nicht viel, wirklich, aber du hast mir doch gesagt, du hättest Schwierigkeiten, dich an alles zu erinnern, und würdest deshalb Tagebuch führen. Ich habe überall nach einem gesucht, was in der Farbe zu Mammis Kleid paßt, aber es gibt keine Tagebücher in Violett. Deshalb habe ich dir ein weißes mit Veilchen darauf gekauft. Und wenn du gegen fünf zu uns kommen könntest – Mammi hat einen Geburtstagskuchen für dich. Wenn du nicht kommen kannst, bringe ich ihn dir.«

Ich wischte mir über die Augen und schluckte meine Freudentränen hinunter. »Arden, das Baby kommt heute. Meine Mutter ist schon vor Morgengrauen fort, und wir haben noch kein Wort von ihr gehört. Ich komme, wenn Papa anruft und mir sagt, daß es Mammi und dem Baby gutgeht. Wenn nicht, kann ich nicht fort.«

Vorsichtig, als hätte er Angst, ich könnte schreien oder mich wehren, umarmte er mich kurz. »Mach dir keine Sorgen. Babys werden alle paar Sekunden geboren, Millionen Tag für Tag. Es ist eine ganz natürliche Sache. Ich wette, deine Tante hat deinen Geburtstag ganz vergessen, was?«

Ich nickte und senkte den Kopf, damit er den Schmerz nicht sah, den ich fühlte. Das hübsche, kleine Tagebuch, das er mir geschenkt hatte, hatte einen goldenen Schlüssel, mit dem ich meine Geheimnisse verschließen konnte. Oh, ich hatte eine Menge Geheimnisse, die selbst mir nicht bekannt waren.

»Ich warte am Waldrand auf dich, sobald ich die Zeitungen

ausgetragen habe. Ich bleibe dort, bis die Sonne untergeht, und wenn du nicht kommst, bringe ich dir deinen Geburtstagskuchen hierher.«

Das konnte ich nicht zulassen. Papa würde es herausfinden. »Morgen komme ich ganz bestimmt. Dann können wir feiern. Sag Billie vielen Dank für das Kleid. Ich finde es sehr hübsch. Und danke für das schöne Tagebuch. Es ist genau das, was ich mir gewünscht habe. Warte nicht am Waldrand. Schreckliche Dinge passieren im Wald, vor allem an diesem Tag. Ich möchte nicht, daß du nach Einbruch der Dunkelheit noch dort bist.«

Der Blick, den er mir zuwarf, schien gequält, sonderbar und voll von etwas, das ich nicht verstand. »Bis später, Audrina. Ich bin froh, daß du neun Jahre alt bist.« Damit fuhr er fort, und ich blieb zurück, fühlte mich aber nicht mehr so allein und unglücklich wie zuvor.

Das von meiner Tante zubereitete Essen war so geschmacklos, daß selbst sie ohne großen Appetit aß. Noch immer kam kein Anruf von Papa. »Er ist ein schrecklicher Mann«, sagte Vera, »selbstsüchtig, und er denkt nie an irgend jemanden außer an sich und seine eigenen Gefühle. Ich wette, er sitzt in diesem Augenblick in einer Bar und gibt Drinks aus. Und ich wette mit dir, Audrina, daß du nicht mehr sein Liebling bist, sobald er das Baby heimbringt..., egal ob Mädchen oder Junge.«

In dieser Nacht quälten mich erneut Alpträume. Ich sah Babys, die darauf warteten, geboren zu werden. Sie schwebten auf Wolken umher, und alle weinten und wollten Mammis Baby sein. Ich sah Papa, der mit einer riesigen Baseballkeule alle weiblichen Babys ins Universum hinausschleuderte, und dann packte er sich einen großen Jungen und nannte ihn ›Sohn‹. Der Bruder, von dem ich dachte, ich wünschte ihn mir, wuchs über Nacht zu einem Riesen heran, der mich niedertrampelte – aber Papa kümmerte sich überhaupt nicht darum.

Ich wachte auf. Mein Zimmer kam mir bleich und düster vor. Die Sonne war erst ein rosiger Hauch am Horizont. Noch immer müde, fiel ich erneut in Schlaf. Diesmal träumte ich, daß meine Mammi kam und mich in die Arme nahm. Sie sagte mir, daß ich die schönste und beste und wundervollste Tochter sei und daß sie mich bald wiedersehen würde. »Sei ein braves Mädchen, und gehorche Papa«, flüsterte sie, als sie mich küßte. Ich hörte ihre Worte nicht, fühlte nur, was sie sagte. Ich sah zu, wie sie verblaßte, bis sie Teil einer rosenfarbenen Wolke wurde, die schimmerte wie eines ihrer eleganten Abendkleider.

Es war ein merkwürdiges Gefühl, aufzuwachen und zu wissen, daß meine Eltern nicht im Haus waren. Noch merkwürdiger war es, daß ich von ihnen geträumt hatte. Ich träumte niemals von jemandem, außer er hatte mich enttäuscht oder verletzt. Von Vera träumte ich sehr viel.

Der Tag verlief fast wie der vorige. Ich war so aufgeregt, daß ich schließlich Billie anrief und ihr sagte, sie sollte meinen Geburtstag mit Arden feiern, denn Papa hatte noch immer nicht angerufen, und ich mußte einfach hierbleiben, um mit ihm zu sprechen. »Das verstehe ich, Liebes. Dein Kuchen wartet auf dich. Und wenn es nötig wird, mache ich dir einen neuen.«

Gegen vier Uhr rief meine Tante mich in die Küche. »Audrina«, rief sie, »dein Vater hat angerufen, als du oben warst. Das Baby ist geboren. Sie heißt Sylvia.« Sie sah mich nicht ein einziges Mal an bei diesen Worten. Ich haßte es, wenn Menschen mit mir sprachen, ohne mich dabei anzusehen. Zur Abwechslung war Vera einmal damit beschäftigt, Kartoffeln zu schälen.

»Jetzt wirst du sehen«, meinte sie und grinste böse, »die wird er lieber haben als dich, du Hohlkopf.«

»Hör auf damit, Vera! Ich will nie wieder hören, daß du Audrina so nennst.« Zum erstenmal verteidigte meine Tante mich. Dankbar sah ich sie an. »Vera, geh nach oben und mach deine Hausaufgaben. Audrina kann die Kartoffeln weiter schälen.«

Meine Dankbarkeit verging. Immer mußte ich Veras Aufgaben erledigen. Es war fast, als hätte ich eine böse Stiefschwester und wäre selbst das Aschenbrödel. Vera grinste. »Tut mir leid, daß ich dir das antun muß«, sagte meine Tante in einem für sie freundlichen Ton, »aber ich möchte allein mit dir reden.«

»Ist mit Mammi alles in Ordnung?« erkundigte ich mich vorsichtig.

»Audrina, ich habe dir noch mehr zu sagen.« Meine Tante sprach stockend. Auf der anderen Seite der Küche verschwand eine Locke aprikosenfarbenen Haares im Schatten, als Vera versuchte, sich zu verstecken.

»Schon gut, Ellie«, sagte Papa, der genau in diesem Augenblick in die Küche trat. Müde ließ er sich auf einen Stuhl fallen. »Ich werde es ihr selbst auf meine Weise sagen.«

Er war so schnell und still aus dem Nichts aufgetaucht, daß ich ihn wie einen Fremden anstarrte. Noch nie hatte ich ihn mit so langen Bartstoppeln gesehen; noch nie waren seine Kleider so zerknittert gewesen. Seine Augen waren rotgerändert und verschwollen; dunkle Ringe lagen darunter. Er erwiderte meinen Blick kurz, stützte dann die Ellbogen auf den Tisch und vergrub das Gesicht in den Händen. Seine Schultern bebten. Meine Angst wuchs. Ich lief zu ihm und versuchte ihn zu umarmen, wie er mich so oft umarmt hatte. »Papa, du siehst so müde aus.« Mir war, als ob mein Herz schwer wie ein großer Stein war. Warum zitterte er? Warum verbarg er sein Gesicht? War er so enttäuscht, daß das Baby wieder ein Mädchen war; wurde er einfach nicht mit der Vorstellung fertig, noch ein Kind wie mich zu haben?

Er schauderte. Dann hob er den Kopf, ließ die Hände sinken und ballte sie zu Fäusten. Mehrmals schlug er kräftig auf den Tisch, bis schließlich die Blumenvase umfiel. Sofort lief meine Tante herbei und stellte sie wieder hin. Sie holte einen Schwamm, um das Wasser aufzuwischen, während ich lief, um frisches Wasser in die Vase zu füllen. »Papa, nun sag schon! Erzähl mir von Mammi. Es kommt mir vor, als sei sie schon einen ganzen Monat fort.«

Seine dunklen Augen glänzten von ungeweinten Tränen. Er schüttelte den Kopf von einer Seite zur anderen, mit derselben Bewegung, wie Hunde es tun, wenn sie Wasser abschütteln wollen. Panik wollte sich in seinen Augen zeigen, und als er sprach, hörte ich voll Angst das Zögern in seiner Stimme. »Audrina, du mußt jetzt tapfer sein. Ein großes, tüchtiges Mädchen.« Ich starrte ihn an und verabscheute, was er sagte. »Weißt du noch, wie du mir immer von den Teestunden erzählt hast, und wie Tante Mercy Marie dafür zu sorgen schien, daß Tod und Leben in ständigem Krieg miteinander lagen? Nun, so ist das nun einmal. Leben und Tod gehören nun einmal zu unserem menschlichen Dasein, genau wie Tag und Nacht, Schlafen und Wachen. Der eine wird geboren, der andere stirbt. Wir verlieren, wir gewinnen. Nur so kann man das Leben ertragen und gesund bleiben.«

»Papa«, schluchzte ich, »du –«

»Ach, hör auf!« rief meine Tante. »Damian, warum bist du nicht einfach offen zu ihr? Du kannst Audrina nicht immer vor den Härten des Lebens bewahren. Je länger du es hinauszögerst, desto schwerer wird es für sie, wenn sie sich dann doch der Wahrheit stellen muß. Hör endlich auf damit, deine Tochter in einer Phantasiewelt leben zu lassen.«

Er lauschte ihren harten Worten, ihrer rauhen Stimme und sah mich traurig an. »Du hast wahrscheinlich recht«, sagte er seufzend. Eine der Tränen, die in seinen Augen glänzten, lief jetzt über sein Gesicht. Er nahm mich in die Arme, hob mich dann auf seinen Schoß und drückte mich an die Brust. Dann räusperte er sich. »Liebling, es fällt mir nicht leicht, das zu sagen. Ich mußte noch niemals jemandem eine solche Nachricht überbringen, schon gar nicht meinem liebsten Kind. Du hast vielleicht schon einmal gehört, daß es für deine Mutter sehr schwer war, dich zur Welt zu bringen.«

Ja, ja, ich hatte davon gehört – aber sie hatte auch mit der ersten Audrina Probleme gehabt.

»Mit Sylvia war es nun noch schlimmer.« Er hielt mich noch fester, brach mir fast die Knochen. »Ich glaube, ich habe dir schon vor einiger Zeit erklärt, wie ein Baby durch den Geburtskanal auf die Welt kommt.« Er zögerte, was mir nur noch mehr Angst machte. »Die arme Sylvia blieb in diesem Kanal stecken – vielleicht zu lange.« Wieder machte er eine Pause. Mein Herz klopfte so laut, daß ich es hämmern hören konnte. Vera trat in die Küche und hörte jetzt auch zu. Ihre dunklen Augen wirkten, als ob sie bereits Bescheid wüßte.

»Liebling, halt dich jetzt ganz fest. Ich muß es sagen, und du mußt es hören. Deine Mutter ist nicht mehr bei uns, Liebling. Sie ist jetzt im Himmel... Sie ist gestorben, kurz bevor Sylvia geboren wurde.«

Ich hörte es ihn sagen, aber ich glaubte ihm nicht. Nein, nein, es konnte einfach nicht sein. Ich brauchte meine Mutter. Ich mußte sie haben, und Gott hatte Papa doch schon seine beste Audrina geraubt. War er so herzlos, daß er ihm noch einmal so weh tun konnte?

»Nein, Papa. Meine Mutter ist zu jung und zu hübsch, um tot zu sein.« Ich schluchzte. Ich war noch immer ein kleines Mädchen. Wer sollte mir helfen, erwachsen zu werden? Ich starrte ihn an, wollte sehen, ob er lächelte und zwinkerte. Das würde bedeuten, daß alles nur ein häßlicher Scherz war, den Vera sich ausgedacht hatte. Ich sah zu meiner Tante hinüber, die mit gesenktem Kopf dastand und ihre Hände an der fleckenlosen Schürze trocknete. Vera sah sonderbar aus, als wäre sie ebenso verblüfft wie ich. Papa ließ den Kopf auf meine Schulter sinken und weinte. Oh, er würde nicht weinen, wenn es nicht wahr wäre!

In meinem Innern war alles wie betäubt; Tränen liefen über mein Gesicht.

»Ich habe sie geliebt, Audrina«, schluchzte mein Vater. »Manchmal war ich nicht so, wie ich hätte sein sollen, aber ich habe sie trotzdem geliebt. Sie hat so viel aufgegeben, um mich zu heiraten; ich weiß, daß ich sie von der Karriere abgehalten habe, die sie sich so sehr gewünscht hat, und ich habe mir selbst jeden Tag eingeredet, daß sie es zu nichts gebracht haben würde; aber das hätte sie, wenn ich nicht in ihr Leben getreten wäre. Sie hat einen Antrag nach dem anderen abgelehnt, war entschlossen, Konzertpianistin zu werden. Aber ich wollte nicht zulassen, daß sie mich abwies. Ich wollte sie haben, und ich habe sie bekommen; und dann habe ich ihr gesagt, sie wäre nur eine mittelmäßige Pianistin, mehr, um mich selbst als um sie zu trösten. Ich wollte der Mittelpunkt ihrer Welt sein, und sie hat mich dazu gemacht. Sie hat so viel von sich gegeben, hat versucht all das zu sein, was ich mir gewünscht habe, selbst wenn ich nicht der war, den sie sich ersehnte. Sie hat gelernt, wie sie mir gefallen konnte, und dafür hätte ich dankbar sein sollen. Ich habe ihr niemals gesagt, daß ich dankbar bin...« Er brach ab, mußte sich die Augen trocknen und sich räuspern, ehe er fortfahren konnte. »Sie hat dich mir geschenkt, Audrina. Sie hat mir auch andere Dinge geschenkt, und jetzt, wo es zu spät ist, erkenne ich, daß ich mich niemals auch nur annähernd dankbar genug gezeigt habe.«

Von irgendwo aus meinem Innern tauchte eine Vision von ihm auf, wie er über ihr stand und den Gürtel schwang. Ich hörte wieder ihre Stimme, wie sie in der letzten Nacht geklungen hatte, in der ich sie lebend sah. »Er hat mir niemals weh getan... körperlich.« Er mußte ihr gefühlsmäßig weh getan haben. Heiße Tränen schossen in meine Augen. Aber warum hatte Papa nichts davon gesagt, daß sie ihm die schönste aller Töchter geschenkt hatte, die tote Tochter auf dem Friedhof?

»Nein«, wiederholte Papa, bebend am ganzen Körper, und versuchte, mich mit seinem Kummer mitzureißen, »ich habe mich niemals auch nur annähernd dankbar genug gezeigt.«

Ich war wütend auf Papa, weil er das Baby gezeugt hatte. Wütend auf Gott, weil er mir meine Mutter genommen hatte. Wütend auf Vera und jeden anderen, der eine Mutter hatte, weil ich keine mehr hatte. Jetzt hatte ich nur noch eine Tante, die mich haßte, und Vera war keinen Deut besser, und Papa – was für eine Liebe war es, die er für mich empfand? Nicht die Art, die ich wirklich brauchte, die verläßliche, sichere Art, die niemals log, niemals schwankte. Wem würde ich mich jetzt anvertrauen können? Meiner Tante gewiß nicht. Sie wollte nie hören, was ich zu sagen hatte, und genausowenig würde sie mir all das erzählen, was ich wissen mußte, um erwachsen zu werden. Wer würde mir beibringen, wie ich einen Mann dazu bringen könnte, mich zu lieben? Papas Art von Liebe war so selbstsüchtig und grausam.

Irgendwie hatte ich seit dem Augenblick, als ich an diesem Morgen aufwachte, gewußt, daß irgend etwas Schreckliches geschehen würde. Irgend etwas in mir, das alles zu wissen schien, vor allem, wenn es um etwas Tragisches ging, hatte mich darauf vorbereitet – und deshalb hatte ich von Mammi geträumt. Vielleicht war sie sogar wirklich zu mir gekommen und hatte sich von mir verabschiedet, ehe sie auf dieser rosenfarbenen Wolke verschwunden war. Warum mußte an meinem Geburtstag immer jemand sterben?

Was, wenn Gott nun Papa auch zu sich nahm? Dann hätte ich nur noch meine Tante, die das Beste in mir zerstören würde.

»Wo ist das Baby?« fragte ich mit dünner, spröder Stimme.

»Liebling, Liebling«, fing Papa an, »es wird alles gut werden, bestimmt.« Ich bog mich zurück, starrte ihn an. Ich wußte, daß er log. Seine breiten Schultern fielen nach vorn. »Also schön, ich will versuchen, es dir verständlich zu machen. Neugeborene Babys sind immer empfindlich. Vor allem Frühgeborene. Sylvia ist sehr klein, sie wiegt nur dreieinhalb Pfund. Sie ist noch kein fertiges Baby, wie du es gewesen bist. Sie hat keine Haare, keine Fingernägel, keine Zehennägel. Deshalb braucht sie Pflege. Hier können wir ihr die nicht geben. Sie ist noch in einem Brutkasten, Audrina, einem beheizten Glaskasten, in dem Ärzte und Schwestern sie ständig überwachen können. Darum muß Sylvia noch eine Weile im Krankenhaus bleiben.«

»Ich möchte sie sehen. Bring mich ins Krankenhaus, damit ich sie sehen kann. Vielleicht hätte Mammi gar nicht sterben müssen, wenn... wenn...« Aber so sehr ich es auch wünschte, ich konnte ihm nicht sagen, daß er sie umgebracht hatte.

»Liebling«, fuhr er leise und ausdruckslos fort, und seine dunklen Augen sahen mich müde an. »Sylvia ist ein winziges Baby.

Die Schwestern kümmern sich Tag und Nacht um sie. Sie tragen Masken vor den Gesichtern, um die Luft steril zu halten. Kinder deines Alters sind immer von Bakterien umgeben; man würde dich nicht in Sylvias Nähe lassen. Vielleicht überlebt sie auch gar nicht. Du mußt dich auch auf ihren Tod gefaßt machen.«

O Gott! Wenn sie auch starb, dann wäre Mammis Tod ja sinnlos – obwohl kein Tod wahrscheinlich einen Sinn haben konnte. Ich sagte mir, daß Sylvia leben würde, denn ich wollte jeden Morgen, jeden Mittag und jeden Abend dafür beten, bis zu dem Tag, an dem sie zu mir heimkommen und ich ihre Mutter sein würde.

»Sie ist noch so klein und hat doch schon so viel Kummer und Schmerz verursacht«, murmelte Papa müde und legte erneut seinen Kopf auf die gefalteten Arme auf dem Tisch. Er schloß die Augen und schien zu schlafen. Tante Elsbeth hielt sich in seiner Nähe auf. Offensichtlich wollte sie ihn trösten, wußte aber nicht, wie. Einmal schickte sie sich sogar an, sein Gesicht zu berühren, aber hastig zog sie die Hand zurück, und nur ihre Blicke liebkosten ihn.

Sie macht ihm Vorwürfe, gibt ihm die Schuld genau wie ich, dachte ich. Ohne daran zu denken, daß Mammi vielleicht einfach nicht dafür gebaut war, Babys leicht zu bekommen. Dann, als mein Vater spürte, daß meine Tante ihn ansah, hob er den Kopf und starrte sie an. In seinen müden Augen lag Herausforderung.

»Ich hoffe, du kannst dir eine Pflegerin leisten, die sich um Sylvia kümmert, wenn sie heimkommt«, sagte Tante Elsbeth rücksichtslos. Ihre dunklen Augen blickten ebenso herausfordernd wie seine. »Wenn du glaubst, daß ich den Rest meines Lebens damit vergeude, hierzubleiben und mich um zwei Kinder zu kümmern, die nicht die meinen sind – dann denke lieber noch ein zweites Mal darüber nach, Damian Adare.«

Lange kämpften sie schweigend mit Blicken, und als Tante Elsbeth als erste die Augen niederschlug, meinte Papa: »Du bleibst.« Seine Stimme war tonlos. Sie blickte auf, begegnete seinem festen Blick, ohne mit der Wimper zu zucken, trotzig. »Ja, Ellie, du wirst nicht gehen, weil du nämlich die Herrin von Whitefern sein wirst, mit allem, was dazugehört.«

Betonte er das ›allem‹? Vielleicht bildete ich es mir nur ein. Ich hatte nun einmal eine lebhafte Phantasie, sogar, wenn ich unter Schock stand wie jetzt.

An diesem Abend schlich Vera in mein Schlafzimmer, als ich weinend im Bett lag. Sie flüsterte mir ins Ohr, daß Papa das Leben meiner Mutter hätte retten können, wenn er nicht unbedingt das Baby hätte haben wollen. »Aber er hat deine Mutter nicht genug geliebt«, fuhr sie grausam fort. »Er wollte das Baby, von dem er überzeugt war, daß es ein Sohn sein würde. Du kannst sicher sein, wenn er gewußt hätte, daß es wieder nur ein Mädchen sein würde wie du, dann hätte er den Ärzten gesagt, sie sollten nicht das Baby, sondern deine Mutter retten.«

»Ich glaube dir nicht«, schluchzte ich. »Papa hat mir nicht erzählt, daß er irgendeine Wahl hatte.«

»Weil er nicht wollte, daß du es weißt. Er hat dir ja nicht einmal erzählt, daß deine Mutter ein schwaches Herz hatte. Deshalb hat sie auch so viel auf dem Sofa gelegen oder im Bett. Deshalb war sie auch immer so müde. Nach deiner Geburt hat ihr Arzt ihnen gesagt, daß sie nie wieder ein Kind haben dürfte. Als Sylvia also in dem steckenblieb, was dein Vater den Geburtskanal nennt, da hätte er den Ärzten sagen können, sie sollten das Leben deiner Mutter retten und nicht Sylvias. Aber er wollte das Kind. Er wollte einen Sohn. Alle Männer wünschen sich einen Sohn. Deshalb liegt deine Mutter in diesem Augenblick auf einer harten, kalten Pritsche in einem riesigen Kühlschrank in der Leichenhalle des Krankenhauses. Und morgen früh werden sie sie herausholen und in eine Leichenhalle fahren. Und da kommen dann Männer und ziehen ihr alles Blut aus dem Körper. Sie werden ihr die Lippen und die Augenlider zusammennähen, damit sie sich nicht öffnen, wenn man die Leiche anschaut – und sie werden sogar noch Watte in –«

»Vera!« brüllte mein Vater, marschierte ins Zimmer und packte sie an den Haaren. »Wie kannst du es wagen, zu meiner Tochter ins Zimmer zu gehen und ihr so schreckliche Geschichten zu erzählen? Was hast du nur für ein krankes Gehirn?«

Es regnete am Tag der Beerdigung meiner Mutter. Es hatte schon drei Tage lang ununterbrochen geregnet. Unsere kleine Familie drängte sich unter einem düsteren Baldachin zusammen. Der Nieselregen lief in kleinen Rinnsalen herab, tropfte auf den Sarg meiner Mutter, der mit roten Rosen bedeckt war. Am Kopf des Sarges stand ein Kreuz aus weißen Rosen, mit einem veilchenfarbenen Band, auf dem in Goldbuchstaben mein Name stand. »Für Mammi, von ihrer liebenden Tochter Audrina.« »Papa«, flüsterte ich und zupfte an seinem Ärmel. »Wer hat das Kreuz für mich geschickt?«

»Ich«, flüsterte er zurück. »Die roten Rosen, die sie am liebsten hatte, sind von mir. Aber ich fand, daß weiße Rosen die Liebe eines Kindes zu seiner Mutter besser ausdrücken können. All die anderen Blumen sind von unseren Freunden aus der Stadt.«

Noch nie hatte ich so viele schöne Blumen an einem so traurigen Ort gesehen. Um uns herum drängten sich Menschen in düsterer Kleidung und mit traurigen Gesichtern, und dennoch fühlte ich mich schrecklich allein. Dabei klammerte ich mich an Papas Arm, und auf der anderen Seite stand Arden und hielt ganz fest meine Hand.

»Liebe Freunde«, fing der Pfarrer aus der Kirche an, die wir jeden Sonntag besuchten, »wir haben uns an diesem traurigen Tag hier versammelt, um einem lieben und geliebten Mitglied unserer Gemeinde die letzte Ehre zu erweisen. Einer schönen und talentierten Dame, die einen Tag wie diesen mit dem Sonnenschein ihrer Gegenwart erleuchten konnte. Sie hat unser aller Leben schön gemacht. Allein weil sie lebte, sind wir schon reicher geworden. Und weil sie so großartig war, gibt es Kinder hier im Dorf von Whitefern, die Spielzeug und neue Kleider unter dem Weihnachtsbaum gefunden haben, wo sonst nichts gelegen hätte. Es gab Essen auf den Tischen der Armen, weil diese Dame sich darum kümmerte...« So ging es weiter und weiter; ich hörte von all den guten Taten, die meine Mutter vollbracht hatte. Niemals hatte sie auch nur angedeutet, daß sie einen solch großen Beitrag zu all den wohltätigen Aufgaben der Kirche geleistet hatte.

Und meine Tante hatte meine Mutter so oft selbstsüchtig und verwöhnt genannt, wo sie doch immer nur gegeben hat. Ein Wind erhob sich, und ich schwöre, es roch nach Schnee. Kalt war der Wind, so schrecklich kalt. Ich drängte mich näher an Papa, drückte ganz fest seine behandschuhte Hand, die die meine umklammerte. Dann hörte ich Worte, von denen ich gewußt hatte, daß der Pfarrer sie früher oder später sagen würde, obwohl dies das erste Begräbnis war, das ich erlebte. »Und wandle ich auch im finsteren Tal, fürchte ich nichts, denn der Herr ist mein Hirte...«

Es schien so, als stände ich ewig dort im Regen, der auf mich herabprasselte und um mich herum Pfützen bildete. Ich stellte mir meine Mutter vor, wie sie mit ihrer klaren Sopranstimme sang; jetzt würde ich sie nie wieder singen hören.

Ihr Sarg wurde von dem hydraulischen Lift angehoben und in die Erde gelassen. Ich würde sie nie wieder sehen. »Papa!« heulte ich, ließ Arden los und drehte mich um, um mein Gesicht an seine Jacke zu pressen. »Laß nicht zu, daß sie Mammi in das nasse Loch versenken. Sie sollen sie in eines der kleinen Häuser aus Marmor bringen.«

Wie traurig er aussah. »Ich kann mir kein Marmormausoleum leisten«, flüsterte er zurück und ermahnte mich, kein Aufsehen zu erregen. »Aber wenn wir erst einmal reich sind, dann lassen wir einen Tempel für deine Mutter errichten – hörst du mir zu, Audrina?«

Nein, ich hörte nicht zu. Ich beschäftigte mich mit Gedanken an die erste und unvergessene Audrina, als ich meine Augen auf ihren Grabstein richtete. Warum wurde meine Mutter nicht neben ihr bestattet? Ich fragte Papa danach. Er reckte das eckige Kinn. »Wenn ich einmal tot bin, möchte ich zwischen meiner Frau und meiner Tochter liegen.«

»Wo werde ich liegen, Papa?« fragte ich, und der Schmerz in meinem Herzen mußte auch in meinen Augen gestanden haben. Selbst im Tode gehörte ich eigentlich nirgendwohin.

»Du wirst deinen Platz früher oder später kennen«, antwortete er mit gepreßter Stimme. »Sag jetzt nichts mehr, Audrina. Die Leute starren dich schon an.«

Was er sagte, ließ mich die Bewohner von Whitefern ansehen. Sie kamen uns nie besuchen, grüßten oder winkten niemals, wenn wir durch die Straße fuhren. Sie haßten uns aus vielen Gründen, sagte mein Vater, obwohl die Geschehnisse der Vergangenheit nicht unsere Schuld waren. Und doch kamen sie zur Beerdigung meiner Mutter. Waren das die Armen, die sie gespeist und gekleidet und denen sie Geld geschenkt hatte? Wenn ja, warum weinten sie dann nicht auch? Aber ich schluckte meine Tränen, hielt mich gerade, hob den Kopf und wußte, daß Mammi es gutheißen würde. Sie würde sich wünschen, mich tapfer und stark zu sehen. »Kultivierte Menschen zeigen niemals ihre Gefühle; sie halten sie zurück, bis sie allein sind.«

Endlich war das Begräbnis vorüber. Die Menschen gingen davon, und nur unsere Familie blieb noch zurück, bereit, in Papas Wagen heimzufahren. »Ich gehe nach New York«, sagte ich zu Papa, als er die Beifahrertür für mich aufhielt. »Ich habe beschlossen, Konzertpianistin zu werden, so wie Mammi es werden wollte. Es gibt nichts, absolut nichts, was du tun könntest, um mich davon abzuhalten.«

Arden stand direkt hinter mir, um einzusteigen. Er, Vera und meine Tante sollten auf dem Rücksitz sitzen. »Du kannst nicht Klavier spielen«, antwortete Papa grob. »Als deine Mutter in deinem Alter war, hat sie schon jahrelang gespielt. Du hast deine Hände nicht ein einziges Mal auf die Tasten gelegt. Das ist doch ein sicheres Zeichen dafür, daß du dich nicht zur Musik hingezogen fühlst.«

»Sie ja auch nicht, Papa. Sie hat mir erzählt, daß ihre Eltern sie gezwungen haben, Musikunterricht zu nehmen. Aber schließlich machte es ihr Spaß. Ich werde auch gern Musik machen, wenn ich erst einmal spielen kann.«

»Geben Sie Audrina eine Chance«, mischte sich Arden ein, der sich während der Beerdigung an meiner Seite gehalten hatte. Daß Billie nicht auch gekommen war, stimmte mich traurig.

»Halten Sie sich da raus, junger Mann«, grollte Papa und warf Arden einen haßerfüllten Blick zu. »Du bist noch ein Kind, Audrina, und weißt noch nicht, was richtig für dich ist. Du hast andere, weitaus wichtigere Talente, als auf einem Klavier herumzuhämmern.«

Ich glaubte keine Sekunde lang, daß er wirklich bedauerte, aus Mammi nur eine Ehefrau und Mutter gemacht zu haben. Genausowenig glaubte ich, daß er mich entkommen lassen würde – aber ich wollte es wenigstens versuchen. Ich würde alles vollenden, was meine Mutter für sich selbst gewünscht hatte, als sie noch jung und voller Träume war. Ich würde dafür sorgen, daß ihre Träume wahr wurden, und nicht in dem Schaukelstuhl sitzen, damit Papas Träume wahr wurden.

»Das ist ein dummer Ehrgeiz«, fuhr Papa fort. Noch immer funkelte er Arden so böse an, als wünsche er, er würde auf der Stelle tot umfallen und mich nie wieder belästigen.

»Warten Sie mal 'ne Minute, Mr. Adare. Hören Sie auf, Audrina herabzusetzen. Es ist kein dummer Ehrgeiz, wenn sie die Träume ihrer Mutter erfüllen möchte. Audrina ist genau der sensible Mensch, der einen großen Musiker abgeben kann. Und ich kenne genau den richtigen Lehrer für sie. Sein Name ist...«

»Ich will seinen Namen nicht hören!« brauste Papa auf. »Zahlst du ihre Stunden, Junge? Verdammt will ich sein, wenn ich es tue. Der Vater meiner Frau hat ein Vermögen dafür ausgegeben, weil er dachte, seine Tochter würde weltberühmt werden, und sie hat es nicht durchgehalten.«

Aber er vergaß ja alles, was er am Tag von Mammis Tod gesagt hatte. Er bedauerte überhaupt nichts! »Weil sie dich geheiratet hat, Papa!« Ich schrie so laut, daß die Leute, die noch auf dem Friedhof waren, erstaunt die Köpfe nach uns umwandten. Unter ihren interessierten Augen erbleichte ich und richtete meine Augen auf den schlanken, weißen Grabstein, der vor dem sturmgezeichneten Himmel aufragte. Es war beunruhigend, seinen eigenen Namen auf einem Grabstein zu sehen.

»Das ist nicht der richtige Ort, um über deine Karriere zu sprechen«, entschied Papa.

Noch einmal wandte er sich an Arden. »Und Sie, junger Mann, können sich vom heutigen Tage an von meiner Tochter fernhalten. Sie braucht weder Sie noch Ihren Rat.«

»Bis später«, rief Arden, winkte mir zu und zeigte auf seine eigene Art seinen Trotz.

»Der Junge bedeutet nichts als Ärger«, grollte Papa. Irgendwie war es Vera gelungen, über die Rückenlehne zu klettern, und jetzt saß sie zwischen Papa und mir und machte ihn nur noch wütender, als sie Arden wie wild zuwinkte, als wir an ihm vorüberfuhren.

Jetzt, wo Mammi nicht mehr hier war, schien das Haus leer, ohne ein wirkliches Herz, und Papa hatte offenbar den Schaukelstuhl vergessen. Eines Nachts, als ich wieder nicht schlafen konnte, kam mir der Gedanke, daß ich vielleicht auch mit Mutter Kontakt aufnehmen könnte, indem ich mich in den Schaukelstuhl setzte und sang und schaukelte, wie Papa es sich immer wünschte. Ich würde bestimmt nicht schreien, wenn ich meine Mutter wiedersehen würde. Der Gedanke hinderte mich am Einschlafen. Konnte ich es wagen, mich ganz allein in dieses Zimmer zu schleichen? Ohne Papa draußen im Flur? Ja, ich mußte erwachsen werden. Irgend jemand mußte mir beibringen, wie, und Mammi kannte sicher all ihre Fehler und würde mir sagen, wie ich sie vermeiden könnte.

Auf Zehenspitzen schlich ich den Flur entlang, an Veras Zimmer vorüber. Ich konnte ihr Radio spielen hören. Im Zimmer der ersten Audrina machte ich eine schwache Lampe an, ehe ich die Tür schloß und mich umsah. Es war nicht annähernd so sauber wie zu der Zeit, als Mammi noch lebte. Tante Elsbeth sagte, sie hätte zuviel zu tun mit Kochen und Putzen und Waschen. Die wenigen Spinnen, die vor Mammi geflohen waren, waren zurückgekommen und hingen jetzt unter der Decke. Einige von ihnen webten ihre Netze zwischen den Lilien des Schaukelstuhls. Von Abscheu erfüllt ging ich zu einem der beiden Schränke und holte einen Strampelanzug heraus. Damit wischte ich den Schaukelstuhl ab, umwickelte anschließend meinen Schuh mit dem Stoff und quetschte jede einzelne Spinne tot. Es war schrecklich, und ich hatte so etwas noch nie zuvor getan. Ich war schon viel mutiger.

Zitternd und schwach saß ich dann im Stuhl, bereit aufzuspringen, sollte irgend etwas Schlimmes geschehen. Das Haus war so still, daß ich mich selbst atmen hören konnte. Entspannen, ich mußte mich entspannen. Ich mußte zu dem leeren Kelch werden, der sich mit Frieden und Zufriedenheit füllen würde, und dann könnte Mammi zu mir kommen. Solange ich an Mammi und nicht an die andere Audrina dachte, würden die Jungs im Wald nicht kommen.

Es war eins von Mammis Liedern, das ich dann sang. Zum ersten Mal, seit Papa mich in diesen Stuhl gezwungen hatte, machte es mir keine Angst, denn Mammi wartete auf mich, als hätte sie gewußt, daß ich sie suchen würde. Hinter den geschlossenen Lidern sah ich sie. Sie war etwa neunzehn, rannte durch ein Feld voller Frühlingsblumen, und ich war noch ein Baby in ihren Armen. Ich wußte, daß ich es war und nicht die erste Audrina, denn um den Hals des kleinen Mädchens hing eine goldene Kette mit meinem Geburtsstein daran. Dann sah ich, wie Mammi mir half, meine Schärpe zu binden, wie sie mir beibrachte, Schleifen zu machen. Und dann, zu meiner großen Überraschung, saß ich neben ihr auf der Klavierbank, und sie zeigte mir, wie man Tonleitern spielt. Da war ich schon älter, und der Ring, der einmal an einer Kette um meinen Hals gehangen hatte, saß jetzt an meinem Zeigefinger.

Schrecklich aufgeregt kehrte ich aus dem Spielzimmer zurück. Nichts Schlimmes war geschehen. Aber dafür hatte ich ein Geheimnis entdeckt. Eine Erinnerung hatte eines der Löcher in meinem Kopf ausgefüllt. Ohne daß Papa es wußte, hatte Mammi mir ein paar Klavierstunden gegeben.

Dieses Wissen nahm ich mit zu Bett, hielt es fest in meinem Herzen, denn jetzt wußte ich es ganz sicher. Es war der Wunsch meiner Mutter gewesen, daß ich ihren Platz einnahm, die Karriere machte, die man ihr verweigert hatte.

TEIL ZWEI

Die Musik beginnt von neuem

Nach Mammis Tod wurde das Leben in unserem Haus ganz anders. Ich ging jetzt nicht mehr in die Kuppel, um Frieden und Einsamkeit zu finden. Ich saß in dem früher so gefürchteten Schaukelstuhl, wo ich das Gefühl hatte, daß Mammi in der Nähe war. Das Leben öffnete sich mir mehr und mehr, und so kümmerte ich mich nur wenig um Vera, die Schwierigkeiten hatte, Treppen zu steigen. Wenn es regnete, hinkte sie mehr, als wenn es trocken war. Aber es entging mir nicht, daß sie sich große Sorgen um ihr Aussehen machte. Täglich wusch sie ihr Haar, drehte es auf, lackierte ihre Nägel so häufig, daß das Haus ständig nach Nagellackentferner roch. Sie bügelte ihre Unterwäsche, ihre Kleider und manchmal sogar ihre Sweater. Sogar ihre Stimme änderte sich. Sie versuchte, sanft zu sprechen, nicht so schrill wie früher. Ich erkannte, daß Vera sich ernsthaft bemühte, meine Mutter nachzuahmen – und ich hatte gedacht, Mammi gehörte mir allein.

Aus dem Herbst wurde Winter. Thanksgiving und Weihnachten waren düstere, traurige Feiertage, und mein Herz tat mir weh vor Mitleid mit Papa und mir. Sogar Vera sah traurig aus, als sie auf Mammis leeren Stuhl am unteren Ende des Tisches starrte. Wenn Papa arbeitete, war ich allein in einem Haus voller Feinde, ein Schatten dessen, was ich gewesen war, als Mammi noch lebte. Verzweifelt klammerte ich mich an meine Erinnerungen an sie, versuchte, ihr Bild im Nebel meines Gedächtnisses festzuhalten. Ich wollte nicht, daß jemals irgendeine Erinnerung an meine Mutter in diesem bodenlosen Loch meines Gehirns versank, wo alles Vergessene darum kämpfte, wieder an die Oberfläche zu gelangen.

Papa hielt mich fast wie eine Gefangene in unserem Haus, klammerte sich mit einer Verzweiflung an mich, daß ich Mitleid für ihn empfand, Liebe, aber auch Haß ... und ich brauchte ihn auch. Ich durfte Arden überhaupt nicht mehr sehen, aber es gelang mir häufig, mich zu dem Häuschen im Wald zu schleichen.

Wann immer ich Gelegenheit hatte, saß ich an dem großen Flügel und überlegte, wie ich die Hände halten mußte, wohin ich die Finger legen mußte, damit eine so zauberhafte Musik erklang wie früher bei Mammi. Stunden um Stunden hämmerte ich auf den Tasten herum, bis ich spürte, daß das Klavier die häßlichen Töne nicht mochte, die ich ihm entlockte. Ich konnte nicht spielen. Selbst wenn Mammi vor langer Zeit einmal versucht hatte, mir das Spielen beizubringen, so hatte ich ihr Talent doch nicht geerbt, genausowenig, wie ich irgendein Talent von der ersten und unvergessenen Audrina geerbt hatte. ›Ich bin dumm und untalentiert‹, sagte ich mir immer wieder und quälte mich selbst damit.

»Audrina«, tröstete Arden mich eines Tages, nachdem ich ihm vorgeklagt hatte, daß ich überhaupt kein Talent hätte, »niemand weiß von allein, wie man spielen muß.«

»Weißt du, was?« sagte ich. »Ich werde Papa erklären, daß ich einfach Unterricht haben muß. Er wird bestimmt dafür bezahlen, wenn ich nur lange genug darum bettele.«

»Bestimmt«, antwortete er, wandte sich aber unbehaglich ab. Danach gingen wir Hand in Hand zum Haus. Zu meiner Enttäuschung blieb Billie zwar am Fenster, lud mich aber immer noch nicht ins Haus ein. Arden und ich unterhielten uns durchs offene Fenster mit ihr. Leicht hätten Fliegen ins Haus dringen können, und meine Tante hätte das verrückt gemacht. Aber Billie machte sich wegen der Fliegen offensichtlich keine Gedanken, sondern schien einfach glücklich, mich wiederzusehen.

Noch am selben Abend sprach ich wegen meines Musikunterrichts mit Papa. »Ich habe dich herumklimpern hören. Wenn irgend jemand Unterricht braucht, dann bist du es. Deine Mutter wäre natürlich entzückt gewesen. Und ich bin es auch.« Ich konnte nicht glauben, daß er seine Meinung so vollkommen geändert haben sollte. Er schien einsam, gelangweilt, und ich trat näher, so daß ich meine Arme um ihn legen konnte. Vielleicht würde Papa nun doch versuchen, mich glücklich werden zu lassen.

»Tut mir leid, daß ich all die schrecklichen Dinge gesagt habe nach Mammis Tod, Papa. Ich hasse dich nicht, und ich gebe dir auch nicht die Schuld daran, daß sie tot ist. Wenn du bloß Sylvia heimbringen würdest, dann hätte ich nicht das Gefühl, daß sie für nichts gestorben ist. Bitte, bring Sylvia bald heim.«

»Liebling«, sagte er und sah fort, »das werde ich. Sobald die Ärzte es erlauben, wirst du deine kleine Schwester bekommen.«

In dieser Nacht sagte ich mir, daß Gott vielleicht wußte, was er tat, wenn er Mütter fortnahm und Vätern dafür eine neue Tochter schenkte. Vielleicht hatte er einen guten Grund dafür, zu tun, was er getan hatte. Auch wenn es mir die Mutter nahm, die ich so dringend brauchte, würde Sylvia sie doch nicht vermissen, denn sie hätte mich und würde nichts anderes kennen.

Es war schon Sommer, als der Musiklehrer, den Arden kannte, endlich von einem langen Aufenthalt in New York City zurückkam. An einem wunderschönen Tag nahm mich Arden auf der Lenkstange seines Rades mit nach Whitefern Village, um mich Lamar Rensdale vorzustellen. Er war groß und sehr dünn, mit einer hohen, breiten Stirn und wildem, lockigem, schokoladenbraunem Haar. Seine Augen hatten genau dieselbe Farbe wie sein Haar. Wohlwollend musterte er mich von oben bis unten, lächelte, führte mich dann zum Klavier und bat mich, ihm zu zeigen, was ich bereits konnte. »Spiel einfach so herum, wie du es immer gemacht hast«, sagte er und blieb hinter mir stehen, während Arden sich setzte und mir aufmunternd zulächelte.

»Nicht so schlecht, wie du gesagt hast«, erklärte Mr. Rensdale. »Deine Hände sind klein, aber du kannst eine Oktave fassen. Hat deine Mutter außergewöhnlich gut gespielt?«

So fing es an. Natürlich wußte Papa, daß es Arden war, der mich ins Dorf und wieder zurückfuhr, aber er sagte nichts. »Aber spiel nicht mit ihm im Wald herum. Bleibt die ganze Zeit in Sichtweite seiner Mutter. Du darfst nie mit ihm allein sein. Niemals. Ist das klar?«

»Jetzt hör mal, Papa«, fing ich an, sah ihm offen ins Gesicht und bemühte mich, meiner Stimme einen festen Klang zu verleihen, »Arden ist kein so schlechter Junge, wie du denkst. Wir treffen uns nicht im Wald, sondern am Waldrand. Seine Mutter sitzt am Fenster und unterhält sich mit uns. Sie kann uns fast immer sehen. Und sie ist so schön, Papa, wirklich. Ihr Haar ist so dunkel wie deines, und ihre Augen sehen aus wie die von Elizabeth Taylor. Nur sind Billies Augen sogar noch hübscher. Und du hast doch immer gesagt, niemand hätte hübschere Augen als Elizabeth Taylor.«

»Und ist das nicht schön?« meinte er zynisch, als wollte er nicht benutzen, mißbrauchen. Wenn sie die Pubertät erreicht, wird

»Niemand ist so schön wie Elizabeth Taylor, außer Elizabeth Taylor. Die Menschen sind Individuen, Audrina. Jeder einzelne von uns ist einzigartig. Ein Wunder – das es nie ein zweites Mal gibt, selbst wenn sich unsere alte Welt noch eine, fünf oder sogar zehn Billionen Jahre weiterdreht. Es wird nie eine zweite Elizabeth Taylor geben und keine zweite Lucietta Lana Whitefern Adare; deshalb bedeutest du mir ja gerade soviel. Wenn ich jemals das Glück haben sollte, noch eine Frau zu treffen, die so schön ist wie deine Mutter, so herzlich und liebevoll, dann werde ich auf die Knie fallen und Gott dafür danken. Aber ich werde vielleicht nie wieder eine Frau wie sie finden, Audrina, und ich bin so allein, so schrecklich allein und einsam.«

Er war einsam. Man sah es in seinen düsteren Augen, merkte es daran, daß er den Appetit verloren hatte. »Papa, Billie ist wirklich schön. Ich habe nicht übertrieben!«

»Es ist mir egal, wie sie aussieht. Ich bin fertig mit Frauen und dem Eheleben. Ich werde all meine Energie darauf verwenden, für dich zu sorgen.«

Aber das wollte ich doch nicht! Das bedeutete, daß er mir niemals meine Freiheit geben würde. Und das bedeutete auch, daß er seine ganze Zeit damit verbringen würde, zu versuchen, aus mir die erste und unvergessene Audrina zu machen. Aber wenn er wirklich glaubte, daß es jeden Menschen nur einmal geben konnte, warum versuchte er dann die ganze Zeit, mich in sie zu verwandeln?

Ich stand vor ihm. Seine Hände lagen noch immer um meine Taille, und ich konnte einfach nichts mehr sagen. Ich konnte nur nicken und fühlen, wie sich Verwirrung in mir breitmachte.

Da Arden täglich ins Dorf fuhr, durfte ich fünf Klavierstunden pro Woche nehmen. Dadurch bekam ich das Gefühl, daß ich die verlorene Zeit bald wieder einholen würde. Eine volle Stunde blieb ich immer bei Lamar Rensdale und bemühte mich wirklich, alles aufzunehmen, was er mir beibrachte. Mr. Rensdale behauptete, ich sei eine außergewöhnliche Schülerin mit angeborenem Talent. Ich wollte ihm glauben, daß er die Wahrheit sagte und mir nicht nur schmeichelte, damit ich wiederkam und seine Gebühren zahlte. Arden hastete immer zurück, nachdem er die Zeitungen ausgetragen hatte, um mich abzuholen, wenn der Unterricht vorüber war.

Eines späten Abends, acht Monate nach Mammis Tod, schlich

ich mich die Treppe hinunter und übte auf Mammis großem Flügel. Sein Klang war wundervoll, so rein, viel besser als das billige Klavier, auf dem mein Lehrer spielte. Ehe ich mit dem Unterricht begonnen hatte, hatte ich nicht einmal bemerkt, daß unser Flügel einen guten Klang hatte. Als ich so dasaß, mitten in der Nacht, und meine einfache kleine Melodie spielte, schloß ich die Augen und tat so, als wäre ich Mammi, und meine Finger waren ebenso geschickt wie ihre. Aber es klang nicht wundervoll. Meine Musik sandte mir keine Schauder den Rücken hinunter, wie ihre es getan hatte. Entmutigt öffnete ich die Augen und beschloß, mich lieber eng an die Noten zu halten und nicht zu improvisieren. In diesem Augenblick hörte ich hinter mir ein leises Geräusch. Ich wirbelte herum und sah Vera in der Tür stehen. Sie lächelte schalkhaft, und ich wand mich vor Verlegenheit.

»Du gehst ja plötzlich vollkommen in deiner Musik auf«, sagte sie. »Wie ist er denn, dein Mr. Rensdale?«

»Nett.«

»Das meine ich nicht, Dummkopf. Ich habe die Mädchen in meiner Schule sagen hören, er wäre sehr jung, gutaussehend und sexy – und Junggeselle.«

Verlegen wich ich aus. »Das mag er wohl wirklich alles sein, aber für dich ist er trotzdem zu alt, Vera. Er würde ein Kind wie dich überhaupt nicht anschauen.«

»Niemand ist zu alt für mich – aber du wirst für alle zu alt sein, liebe Audrina. Wenn du Papa endlich entkommst, kracht es schon in deinen Gelenken, und du wirst eine Brille tragen müssen, die zu deinem grauen Haar passen wird.«

Das Schlimmste war, daß ich wußte, daß jedes Wort von ihr der Wahrheit entsprach. Papa hängte sich von Tag zu Tag mehr an mich und schränkte mich immer mehr ein. Ständig, außer nachts, behandelte er mich wie seine Frau. Tatsächlich lauschte ich seinen Erzählungen über den Börsenmarkt mit weit mehr Toleranz und Verständnis, als Mammi es jemals getan hatte, und meine Tante brachte für diese Art ›langweiligen Geschwätzes‹ überhaupt keine Geduld auf.

»Ich werde dafür sorgen, daß Papa mir auch Musikunterricht bezahlt«, erklärte Vera und sah mich an. Ich wußte, daß sie mir das Leben zur Hölle machen würde, wenn sie ihren Willen nicht durchsetzen konnte.

Schon am nächsten Morgen trug Vera ihre besten Kleider. Ihr

sonderbares, hell-oranges Haar schmeichelte ihrem bleichen Gesicht irgendwie, und ihre dunklen Augen waren wirklich aufregend. »Für Audrina tust du alles und für mich überhaupt nichts«, beklagte sie sich bei Papa. »Dabei ist es meine Mutter, die dein Essen kocht und dein Haus putzt und deine Sachen wäscht und bügelt, und du bezahlst ihr keinen Pfennig dafür. Ich möchte auch Musikunterricht bekommen. Ich bin bestimmt genauso talentiert wie Audrina.«

Er starrte Veras blasses Gesicht an, bis sie errötete und sich halb abwandte, wie sie es immer tat, wenn sie etwas zu verbergen hatte. »Ich brauche auch etwas Schönes in meinem Leben«, jammerte sie, schlug ihre dunklen Augen nieder und zupfte an einer Locke ihres aprikosenfarbenen Haares.

»Also schön, einmal in der Woche auch für dich«, sagte er grimmig. »Du gehst zur Schule und hast Hausaufgaben zu machen. Audrina kann eine Stunde täglich haben, damit ihre Zeit ausgefüllt ist und sie ihre Sorgen vergißt.« Ich war sicher, daß Vera mit diesem ungleichen Arrangement nicht zufrieden sein würde, aber merkwürdigerweise beklagte sie sich nicht.

Am Freitag nahm ich Vera mit, um sie Mr. Rensdale vorzustellen. »Oh, Schönheit scheint wirklich in der Familie der Whiteferns zu liegen, wie es alle hier im Dorf behaupten«, sagte er, hielt ihr die Hand hin und lächelte. »Ich glaube, ich habe noch niemals zwei so hübsche Schwestern kennengelernt.«

Mir kam es so vor, als würde Vera seine Finger umklammern und selbst dann nicht loslassen, als er aufhören wollte, ihr die Hand zu schütteln. »Ach, ich bin längst nicht so hübsch wie Audrina«, erklärte Vera leise und schüchtern und klimperte dabei mit den gefärbten Wimpern. »Ich hoffe bloß, daß ich wenigstens halb soviel Talent habe.«

Ich konnte sie nur anstarren. Dieses Mädchen, das da mit Mr. Rensdale sprach, war nicht die Vera, die ich kannte. Ich merkte sofort, daß sie ihm gefiel und daß er dankbar für eine weitere Schülerin war. Vor allem für eine, die ihm schmeichelte und nicht aufhören konnte, ihn anzustarren. Wann immer sie konnte, pickte sie ein Stäubchen von seinem Anzug oder strich ihm die Locke aus dem Gesicht, die ihm beständig in die Stirn fiel.

Auf dem Heimweg vertraute sie mir alles an, was sie von ihren Schulfreundinnen über ihn wußte. »Er ist sehr arm, ein Künstler, der ums Überleben kämpft, heißt es. Ich habe gehört, daß er in

seiner Freizeit Musik komponiert und hofft, seine Stücke an einen Broadway-Produzenten verkaufen zu können.«
»Ich hoffe, daß er es schafft.«
»Du hoffst das auch nicht annähernd so sehr wie ich«, erklärte sie hitzig.

Die Monate vergingen so schnell, und Sylvia kam immer noch nicht heim, so daß ich mich immer mehr um meine kleine Schwester ängstigte. Ich wußte, daß mein Vater meine Tante mehrere Male mitgenommen hatte, um sie zu besuchen, also gab es sie wirklich. Aber nicht ein einziges Mal hatte Papa mir erlaubt, sie zu sehen. Er ging mit mir ins Kino, in den Zoo und besuchte natürlich auch das Grab der ersten Audrina, aber Sylvia war immer noch unerreichbar für mich.
So sehr ich auch bettelte und flehte, Papa weigerte sich, Sylvia heimzuholen. Mehr als ein Jahr war es jetzt her, daß meine Mutter gestorben und Sylvia geboren worden war.
»Sie wiegt inzwischen doch bestimmt über fünf Pfund?«
»Ja, jedesmal wenn ich sie sehe, wiegt sie ein bißchen mehr.« Er sagte es zögernd, als wünschte er, es wäre nicht so.
»Papa, sie ist doch nicht blind, ohne Arme oder Beine – es ist doch alles da, oder nicht?«
»Ja«, sagte er mit belegter Stimme, »sie hat die richtigen Teile an den richtigen Stellen, hat alle vier Glieder, die gleiche weibliche Ausstattung wie du. Aber sie ist immer noch nicht kräftig genug«, erklärte Papa zum x-ten Mal. »Sie ist nicht ganz normal, Audrina. Aber frag nicht nach Einzelheiten, ehe ich nicht bereit bin, sie dir zu schildern.«
Meine Gedanken an Sylvia hielten mich davon ab, mich völlig wohl zu fühlen. Ich sehnte mich nach ihr, wenn ich staubwischte oder -saugte. Vera konnte nicht saugen, weil ihr kürzeres Bein dann schmerzte. Sie konnte auch nicht staubwischen, weil sie ihre Hände nicht richtig kontrollieren konnte und alles fallen ließ, was sie aufhob. Das entschuldigte sie auch beim Tischdecken oder Aufräumen. Ich erledigte all ihre Aufgaben. Ich machte sogar die Betten, die einzige Pflicht Veras, auf der meine Tante bestand. Vielleicht war sie dankbar – auf jeden Fall schien Vera mich mehr zu mögen. Vertrauensvoll versuchte ich, sie wie eine Freundin zu behandeln. »Macht deine Musik Fortschritte? Ich habe dich noch nie üben hören, so wie ich es tue.«

»Das kommt, weil ich bei Lamar übe«, erwiderte sie mit einem leichten Lächeln. »Ich habe ihm erzählt, du würdest mir nicht erlauben, Mammis Klavier zu benutzen, und er hat mir geglaubt.« Sie kicherte, als ich die Stirn runzelte und etwas sagen wollte. »Er ist so gutaussehend, daß sein Anblick mir immer einen Schauer über den Rücken jagt.«

»Das ist er wohl, wenn man diesen Typ mag.«

»Dein Typ ist er wohl nicht, was? Ich finde ihn außerordentlich interessant. Er hat mir alles über sich erzählt. Ich wette, dir hat er überhaupt nichts erzählt. Er ist fünfundzwanzig Jahre alt und hat die Julliard School of Music besucht und dort sein Diplom gemacht. Im Augenblick komponiert er die Musik zu einem Stück, das er schreibt. Er ist überzeugt, daß er es einem Produzenten verkaufen kann, den er kennengelernt hat während seiner Zeit in New York.« Sie kam näher und flüsterte: »Ich hoffe und bete, daß er sein Musical verkauft und mich mitnimmt.«

»Ach, Vera, Papa würde dich niemals mit ihm gehen lassen. Du bist zu jung.«

»Es geht Papa überhaupt nichts an, was ich tue, verdammt noch mal! Er ist nicht mein Vater, und er besitzt mich nicht, wie er dich besitzt. Und wag ja nicht, ihm zu erzählen, daß ich Absichten auf Lamar Rensdale habe. Wir sind doch schließlich fast Schwestern ... nicht wahr?« Ich brauchte ihre Freundschaft, und deshalb versprach ich ihr gern, Papa nichts zu erzählen.

Wünsche werden wahr

Wieder war es Frühling. Mammi war seit über anderthalb Jahren tot. Aber keiner hatte sie vergessen. Ich vergrub mich in ihre Bücher über Gartenbau und lernte, für ihre geliebten Rosen zu sorgen. Jedes Rosenblatt erinnerte mich an Mammi mit ihrer zarten Haut, dem leuchtenden Haar, den rosigen Wangen. Hinter dem Haus baute meine Tante Zwiebeln, Kohl, Radieschen, Gurken und alles andere an, was man essen konnte. Dinge, die wuchsen, ohne daß man sie essen konnte, waren für meine Tante wertlos.

Vera war oft gemein, dann aber wieder sehr nett zu mir. Ich

traute ihr nicht, selbst wenn ich es wollte. Jetzt, wo Vera den Schaukelstuhl für sich beanspruchte, mied ich ihn mehr denn je. Aber Papa glaubte, daß ich immer noch darin schaukelte und früher oder später die Gabe übernehmen würde, die darin steckte.

»Wie alt bist du, was sagtest du?« fragte Mr. Rensdale eines Tages, nachdem er mir wieder erklärt hatte, daß ich die Musik ›fühlen‹ und gleichzeitig lernen müßte, die richtigen Tasten anzuschlagen. Aus irgendeinem unerklärlichen Grund liefen mir Tränen über das Gesicht, obwohl ich schon vor langer Zeit meine einzigartige, mißliche Lage akzeptiert hatte.

»Ich weiß nicht«, heulte ich. »Keiner sagt mir die Wahrheit. Ich habe ein Gehirn voll von halben Erinnerungen, das mir sagt, ich wäre vielleicht einmal zur Schule gegangen, aber mein Vater und meine Tante erklären mir, daß das nie der Fall gewesen ist. Manchmal glaube ich, ich bin verrückt, und deshalb schicken sie mich jetzt auch nicht zur Schule.«

Er hatte eine graziöse Art, sich zu erheben. Es war, als wenn sich ein Band entrollte. Langsam trat er hinter mich. Seine Hände, viel kleiner als Papas, streichelten mein Haar, dann meinen Rükken. »Sprich weiter, hör nicht auf. Ich würde gern mehr darüber erfahren, was in eurem Haus vor sich geht. Du verwirrst mich in vieler Hinsicht, Audrina. Du bist so jung, und doch wieder so alt. Manchmal sehe ich dich an und sehe einen gequälten Menschen vor mir. Ich möchte diesen Ausdruck von dir nehmen.«

Allein die zarte Art, wie er sprach, ließ mich Vertrauen zu ihm haben, und ich sprudelte alles heraus. Es war wie ein Fluß, der einen Damm durchbrochen hatte. Alles, was mich verwirrte, quoll hervor, einschließlich Papas Beharren darauf, daß ich in diesem Schaukelstuhl saß und das Talent übernahm, das einmal meiner toten Schwester innegewohnt hatte. »Ich hasse es, ihren Namen zu tragen! Warum haben sie mir nicht meinen eigenen Namen gegeben?«

Er stieß einen mitleidigen Laut aus. »Audrina ist ein sehr schöner Name, und er paßt so gut zu dir. Sei deinen Eltern nicht böse, daß sie versucht haben, an einem außergewöhnlichen Mädchen festzuhalten. Nur – du bist auch außergewöhnlich, vielleicht sogar noch mehr...« Aber ich bildete mir ein, ich hätte in seiner Stimme etwas gehört, das mir verriet, daß er mehr über mich wußte als ich selbst und daß er Mitleid mit mir hatte und mich vor allen Dingen vor dem schützen wollte, was ich nicht wissen durfte.

Aber gerade das, was ich nicht wissen sollte und nicht wußte, gerade das mußte ich wissen.

Dann, noch ehe ich wußte, wie mir geschah, lagen seine Finger unter meinem Kinn, und er schaute mir tief in die Augen. Es war ein merkwürdiges Gefühl, einem erwachsenen Mann so nah zu sein, der nicht mein Vater war.

Ich wich zurück, gemischte Gefühle erweckten etwas wie Panik in mir. Ich mochte ihn, und doch wollte ich nicht, daß er mich so ansah wie jetzt. Ich dachte an Papas Warnung, mit Jungs oder Männern allein zu sein, und eine flüchtige Vision von diesem regnerischen Tag im Wald tauchte vor meinem geistigen Auge auf.

»Was ist los, Audrina?« fragte er. »Ich wollte dich nicht erschrecken. Ich wollte dich nur beruhigen. Du bist nicht verrückt, du bist auf deine eigene, ganz besondere Art einfach wundervoll. In deiner Musik und in deinen Augen liegt Leidenschaft, wenn du dich nicht beobachtet fühlst. Eines Tages wird die Natur dich aufwecken, Audrina; dann wird die schlafende Schönheit in dir zum Leben erweckt. Unterdrücke sie nicht, Audrina. Laß sie heraus. Gib ihr eine Chance, dich zu befreien, und deine tote Schwester wird dich nicht mehr heimsuchen.«

Hoffnung erwachte in mir, als ich ihn bittend anstarrte, unfähig, meine Wünsche und Bedürfnisse in Worte zu fassen. Trotzdem verstand er. »Audrina, wenn du gern zur Schule gehen möchtest, dann werde ich einen Weg finden, um dir dabei zu helfen. Es ist gegen das Gesetz in diesem Staat, ein Kind daheim zu behalten, außer wenn dieses Kind geistig oder körperlich nicht in der Lage ist, am Unterricht teilzunehmen. Ich werde mit deinem Vater oder deiner Tante sprechen... und du wirst zur Schule gehen, das verspreche ich dir.«

Ich glaubte ihm. Es stand in seinem schokoladebraunen Blick geschrieben, daß er meinte, was er sagte. Ich weiß, daß meine Augen in diesem Augenblick vor Dankbarkeit für Lamar Rensdale leuchteten, und er schwor, schon am nächsten Tag meine Tante aufzusuchen. Ich warnte ihn, daß mein Vater ihm wahrscheinlich nicht zuhören würde.

In jenem Sommer schwammen Arden, Vera und ich im Fluß, fischten und lernten mit dem kleinen Boot zu segeln, das Papa gekauft hatte. Mit jedem Monat wurde Papa ein klein wenig reicher. Jetzt schmiedete er Pläne, das Haus wieder zu seiner ursprünglichen Pracht herrichten zu lassen. Er redete so viel davon, ohne irgend etwas zu tun, daß ich schon fürchtete, es würde niemals etwas geschehen. Aber es war jetzt auch nicht mehr wichtig, denn Mammi war tot.

Meine Tante war nicht mehr so griesgrämig wie früher, tatsächlich sah sie manchmal sogar richtig glücklich aus. Papa machte keine ironischen Bemerkungen mehr über ihr langes Gesicht und ihre knochige Gestalt. Er machte ihr sogar ein Kompliment zu ihrer neuen Frisur und dem Make-up, das sie jetzt auftrug.

Noch immer wollte Papa mir nicht sagen, warum er Sylvia nicht heimbringen konnte. Ich sparte von meinem Taschengeld, um Sylvia Rasseln und Beißringe zu kaufen, aber er brachte meine Schwester nie heim. Jetzt war sie schon zu alt für diese Dinge. Er erzählte mir, in der Klinik erlaubte man nicht, daß sie eigenes Spielzeug besaß. Ich verstand immer noch nicht, was mit Sylvia nicht in Ordnung war.

Von Tag zu Tag wurde Arden größer. Er war jetzt fünfzehn, wirkte aber viel älter. Schon machte er Pläne für seine Zukunft. »Bitte, halte das nicht für albern«, fing er vorsichtig an, »aber schon als Kind habe ich mir gewünscht, Architekt zu werden. In der Nacht träume ich von den Städten, die ich baue, funktionsgerecht und doch schön. Ich möchte auch die Landschaft planen, wünsche mir Bäume mitten in der Stadt. Ich würde die Schnellstraßen auf verschiedenen Ebenen führen, damit sie nicht so viel Platz einnehmen.« Er lächelte mich an. »Audrina, warte nur ab, du wirst sehen, was für Städte ich baue.«

Ich wünschte mir für Arden, was er sich selbst wünschte, und oft fragte ich mich, warum er sich mit mir abgab, wo so viele ältere Mädchen ihn interessieren mußten. Warum erweckte er in mir den Verdacht, daß er sich mir irgendwie verpflichtet fühlte?

Arden hatte Tage, da war er bester Laune, dann wieder – aber seltener – wirkte er bedrückt. Er liebte es, sich draußen aufzuhalten, mehr als im Haus, und wieder und wieder sagte ich mir, daß das der Grund dafür war, daß wir nie zu ihm ins Haus gingen. Und Billie mußte das genaue Gegenteil von ihm sein, denn sie kam niemals nach draußen. In der ganzen Zeit, die ich Billie und Arden kannte, hatte sie mich nicht ein einziges Mal zu sich eingeladen. Natürlich, ich konnte Arden auch nicht zu uns einladen wegen Papa, und vielleicht zahlte er es mir einfach heim. Vera neckte mich oft und erklärte, Billie hielt mich einfach nicht für gut genug für ihren Sohn und nicht einmal gut genug für ihr Haus.

Am Waldrand blieben Arden und ich stehen, um uns zu verabschieden. Die Sonne ging langsam am Horizont unter; einsam und düster ragte Whitefern vor dem purpurfarbenen, von roten und orangefarbenen Streifen durchzogenen Himmel auf. »Was ist das für ein Himmel?« fragte ich leise und hielt Ardens Hand noch fester umklammert.

»Ein Matrosenhimmel«, antwortete er leise. »Er verheißt für morgen einen besseren Tag.«

Typisch für Arden, so etwas zu sagen, auch wenn es nicht stimmte. Ich blickte vom Haus zur Auffahrt, starrte dann in die Richtung des Familienfriedhofes. Ich mußte mich räuspern, ehe ich fragen konnte: »Arden..., wie lange kennst du mich eigentlich?«

Warum ließ er meine Hand los, wurde rot und wandte sich ab? War es denn eine so ungewöhnliche Frage? Überzeugte ich ihn mit einer solchen Frage davon, daß ich wirklich verrückt war?

»Audrina«, sagte er endlich mit erschreckend heiserer Stimme, »ich habe dich das erste Mal getroffen, als du sieben warst.«

Das war nicht die Antwort, die ich haben wollte.

»He, nun hör schon auf, die Stirn kraus zu ziehen. Lauf heim, damit ich dich sicher ins Haus gehen sehe, ehe ich gehe.«

Von der Haustür aus sah ich noch einmal zurück, sah ihn dort warten. Ich winkte und wartete dann darauf, daß er zurückwinkte. Zögernd betrat ich schließlich das düstere Whitefern.

Die Zeit verstrich jetzt langsamer, und der August schleppte sich förmlich dahin. Die heißen Tage erweckten in mir den Wunsch nach einem Aufenthalt irgendwo, wo es kühl war. Aber wir verließen niemals unser Haus. Durch die hohen Decken war es im Haus kühler als draußen, aber in den schattigen Räumen leuchteten die bunten Glasfenster noch greller, und noch immer versuchten mir die Mobiles unter der Kuppel Geheimnisse zuzuflüstern.

»Papa«, sagte ich im September, als Vera wieder zur Schule ging, »ist Vera drei oder vier Jahre älter als ich?«

»Sie ist drei, fast vier Jahre älter«, sagte er, ohne nachzudenken. Dann sah er mich sonderbar an. »Was hat sie dir denn erzählt, wie alt sie sei?«

»Es ist unwichtig, was sie mir erzählt, weil sie die ganze Zeit nur lügt. Aber sie hat Arden erzählt, daß sie älter sei.«

»Vera ist vierzehn«, erklärte Papa gleichgültig. »Ihr Geburtstag ist am 12. November.«

Ich merkte mir das Datum, weil es möglicherweise stimmte. Ich wußte, daß Geburtstage in unserem Haus einfach nicht so wichtig waren wie anderswo. Und ich wußte auch, daß die Geburtstagsfeier der ersten Audrina die Geburtstage für alle anderen verdorben hatte.

Ich erinnerte mich an meinen elften Geburtstag, denn da schenkte mir Arden das Stück Rosenquarz, das er zu einer Rose hatte schneiden lassen. An einer dünnen Goldkette hing es um meinen Hals und gab mir das Gefühl, etwas ganz Besonderes zu sein. Niemand im Haus schenkte mir irgend etwas zu meinem Geburtstag – man gratulierte mir nicht einmal.

Ich arbeitete noch immer mit meinem Faden-und-Ring-Trick und gab Papa meine Tips. Manchmal fand ich die Listen im Papierkorb in seinem Arbeitszimmer, und manchmal beobachtete ich, wie er sie lange, lange anstarrte, als wollte er sich jede einzelne Aktie genau einprägen, ehe er meine Zettel fortwarf.

Im November erwischte ich ihn dabei. »Du hast von mir erwartet, daß ich dir irgendwie helfe, und wenn ich es dann tue, gibst du vor, ich hätte es nicht getan. Papa, warum gibst du dir solche Mühe, mich davon zu überzeugen, ich sei etwas Besonderes, wenn du dann anschließend meine Listen fortwirfst, als würdest du es selbst nicht glauben.«

»Weil ich ein Dummkopf bin, Audrina. Ich will aus meiner eigenen Kraft gewinnen, nicht aus deiner. Und ich habe dich bei deinem albernen, kleinen Spiel mit dem Ring und dem Faden beobachtet. Ich möchte Träume, ehrliche Träume, keine ausgedachten. Ich weiß, wann du ehrlich bist und wann nicht. Und ich werde dich zu dem machen, was du sein solltest, und wenn es bis ans Ende meines – und deines – Lebens dauert.«

Ich erstarrte, verängstigt durch seinen entschlossenen Ton. »Was soll ich denn sein?«

»Du sollst so sein wie meine erste Audrina«, erklärte er entschieden.

Mir wurde noch kälter; ich wich zurück. Vielleicht war er verrückt, nicht ich. Seine dunklen Augen folgten jeder meiner

Bewegungen, als wollten sie mir befehlen, auf der Stelle zu ihm zu laufen und ihn zu lieben, wie sie ihn geliebt hatte – aber ich konnte nicht tun, was er wollte. Ich wollte nicht sie sein. Ich wollte nur ich selbst sein.

Ich schlenderte in den Salon und fand dort Vera. Sie lag auf Mammis purpurfarbenem Sofa ausgestreckt. Sie hatte es sich in letzter Zeit angewöhnt, immer auf Mammis Lieblingssofa herumzuliegen und die Taschenbücher zu lesen, die Mammi so geliebt hatte. Sie behauptete, sie würde aus diesen Liebesromanen viel über das Leben und die Liebe lernen. Und das schien tatsächlich der Fall zu sein, denn es waren bestimmt nicht nur ihre Medizinbücher, die diesen erfahrenen Ausdruck in Veras dunkle Augen zauberten, die jetzt noch glühender blickten und funkelten. Wieder und wieder sagte sie mir, sie würde es lernen, so schön und charmant zu sein, daß kein Mann bemerken würde, daß ihr linkes Bein kürzer war als das rechte.

»Vera«, fragte ich, »warum läßt du dein kürzeres Bein nicht strecken, wie dein Arzt es dir geraten hat? Er hat gesagt, es könnte noch genauso lang werden wie das andere.«

»Aber das würde weh tun. Du weißt ja, daß ich keine Schmerzen ertragen kann, und außerdem hasse ich Krankenhäuser.«

»Wäre der Erfolg diese Schmerzen nicht wert?«

Sie schien den Erfolg gegen die Schmerzen abzuwägen. »Das habe ich auch einmal gedacht.« Doch nach weiterem Nachdenken fügte sie hinzu: »Aber jetzt habe ich meine Meinung geändert. Wenn ich normal gehen könnte, würde meine Mutter mich zu einer Sklavin machen, wie sie Papas Sklavin ist und wie du die ihre bist. Aber so kann ich ein Leben in Luxus führen, wie deine Mutter es getan hat, während meine Mutter geschuftet hat, bis sie vollkommen erschöpft ins Bett fiel.« Sie grinste boshaft. »Ich bin nicht dumm, du Närrin – oder ein Hohlkopf. Ich denke die ganze Zeit über nach. Und mein lahmes Bein wird mir bessere Dienste erweisen als dir deine beiden gesunden.«

Es hatte keinen Sinn, vernünftig mit Vera zu reden. Es mußte immer alles geschehen, was sie wollte. Vera wollte überhaupt nichts tun. Und wenn es ihr dienlich war – was häufig vorkam –, quälte sie mich mit der Erklärung, meine Mutter hätte ihre ständige Müdigkeit nur vorgetäuscht, um Papas Mitleid zu erregen und sich die Dienste ihrer Schwester zu sichern.

Als ich am nächsten Nachmittag zu Arden lief, blies der Wind

Blätter umher, ließ sie über den Boden schweben. Gänse über mir zogen nach Süden. Bald würde der erste Schnee fallen. Wir waren beide bis zu den Ohren in dicke Mäntel gehüllt. Unser Atem bildete kleine, weiße Wolken vor unseren Gesichtern. Warum spazierten wir bei solch eisigem Wetter durch den Wald? Warum konnten wir nicht jeder ins Haus des anderen gehen wie andere Leute? Ich seufzte, als ich ihn anstarrte. Dann schlug ich die Augen nieder.

»Arden, du weißt, warum ich dich nicht nach Whitefern einladen kann. Aber ich verstehe nicht, warum Billie mich nie in euer Haus bittet. Glaubt sie, ich sei nicht gut genug für euch?«

»Ich weiß, was du denkst, und ich verstehe dich.« Er ließ den Kopf hängen, schien sehr verlegen. »Weißt du, sie bringt alles in Ordnung. Wir malen und tapezieren. Sie näht neue Kissenbezüge, Vorhänge, Überdecken. Vom Tag unseres Einzugs an hat sie daran gearbeitet. Aber sie muß immer wieder aufhören und für andere Leute nähen, und deshalb dauert es so lange. Unser Haus ist noch nicht schön genug. Aber eines Tages, schon bald, wenn wir fertig sind, kannst du uns besuchen kommen.«

Thanksgiving, Weihnachten und Neujahr kamen und gingen, und noch immer hielten Arden und seine Mutter das Haus nicht für gut genug, um mich einzuladen. Arbeiter kamen in unser Haus, malten, tapezierten, entfernten alten Lack und strichen, polierten, brachten das ganze Haus wieder auf Vordermann. Wir hatten viele, unzählige Räume. Das Häuschen von Billie und Arden hatte nur fünf.

»Arden«, fragte ich schließlich eines Tages, »warum dauert es so lange, bis euer Haus fertig ist? Mir ist es egal, ob es schön ist oder nicht.«

Er hatte die Angewohnheit, meine Hand zu halten und mit seiner eigenen zu vergleichen, was die Größe anging; es war eine Möglichkeit, meinem Blick auszuweichen. Seine Finger waren doppelt so lang. Aber wenn es auch ein schönes Gefühl war, so wollte ich doch, daß er meinen Blick erwiderte und ehrlich mit mir war. Aber seine Antwort klang ausweichend. »Ich habe irgendwo noch einen Vater. Er ging fort, als ... als –« Er stotterte, stammelte, errötete, rutschte mit den Füßen hin und her, und es schien so, als wäre er von panischer Angst erfüllt. »Es ist wegen Mammi ...«

»Sie mag mich nicht wirklich.«

»Aber natürlich mag sie dich!« Er zog mich vorwärts, als wollte er mich in sein Haus schleifen, ganz gleich ob seine Mutter es guthieß oder nicht. »Es ist nicht leicht, darüber zu reden, Audrina. Vor allem, weil sie mich gebeten hat, dir nichts davon zu erzählen. Ich habe von Anfang an gesagt, wir müßten ehrlich sein, aber sie wollte nicht auf mich hören, obwohl es uns eine Menge Schmach und Ärger erspart hätte. Ich habe gesehen, wie du sie anschaust, dann mich, und dich fragst, was, zum Teufel, hier vorgeht. Ich weiß, dein Vater will nicht, daß ich einen Platz in deinem Leben einnehme, also frage ich dich nicht, warum ich nicht nach Whitefern eingeladen werde. Aber laß es uns jetzt hinter uns bringen. Es wird Zeit, daß du es erfährst.«

Es schien so, als hätte ich mein ganzes Leben in nur einem einzigen Gebäude verbracht. Noch nie war ich in einem anderen Haus gewesen – einem ohne Geister der Vergangenheit. Die kleinen Zimmer des Häuschens konnten nicht so düster und furchterregend sein wie unsere riesigen Räume, und genausowenig konnten sie erfüllt sein von der verblassenden Pracht verfallener Antiquitäten.

Zum erstenmal in meinem Leben sollte ich ein kleines, gemütliches, normales Haus sehen.

Als wir ankamen, schwebte Rauch zum Himmel. Möwen flogen hin und her, ließen den Tag trübe und düster erscheinen. Abrupt blieb ich stehen, als Arden mich durch die Tür ziehen wollte. »Ehe wir hineingehen, mußt du mir eine Frage beantworten. Wie lange kennen wir uns schon? Ich habe es schon einmal gefragt, aber du hast mir keine offene Antwort gegeben. Diesmal möchte ich eine ehrliche Antwort.«

Obwohl ich eine so einfache Frage stellte, er schlug die Augen nieder. »Wenn ich zurückdenke, kann ich mich an keine Zeit erinnern, in der ich dich noch nicht kannte. Vielleicht habe ich schon von dir geträumt, ehe ich dich wirklich kennengelernt habe. Als ich dich im Wald sah, versteckt hinter Büschen und Bäumen, da war es, als wäre ein Traum wahr geworden – das ist der erste Tag, an dem ich dich wirklich gekannt habe. Aber ich bin schon damit geboren worden, dich zu kennen.«

Seine Worte waren Trost für mich, als wir nun die Tür öffneten und Hand in Hand ins Haus traten, die Blicke ineinander versenkt.

Diesmal saß Billie nicht am Fenster. Ich sah sie auch nicht in diesem Zimmer, als ich eintrat. Arden flüsterte: »Ich glaube,

Mammi möchte diesen Tag ewig hinausschieben. Also vertrau mir, wie ich dir vertraue. Es wird schon alles gut werden.«

Das war alles, was er sagte, um mich vorzubereiten. Später habe ich mich oft gefragt, warum er nicht mehr, viel mehr sagte.

Billie

Arden warf die Tür hinter uns zu. Laut. Sehr laut. Eine Warnung, ein Signal für Billie? Ein paar tote Blätter waren mit uns hereingeweht. Schnell bückte ich mich, um sie aufzuheben. Als ich sie in der Hand hatte, richtete ich mich auf, um mich neugierig umzusehen. Das Wohnzimmer war sehr hübsch. Ein Sofa und zwei gemütliche Sessel waren mit hellem Chintz bezogen. Im Vergleich mit unseren riesigen Zimmern wirkte dieses sehr klein. Die Decke war kaum zweieinhalb Meter hoch, und ich fühlte mich fast eingesperrt, bedrückt. Trotzdem strahlte das Zimmer eine Gemütlichkeit aus, die zu Hause fehlte, die es dort auch nie geben würde, ganz gleich, wieviel Geld wir ausgäben, um die Pracht erneuern zu lassen, oder wie viele Sofas und Sessel wir mit Chintz beziehen lassen würden.

Es gab hier keine Schatten, nur klares Wintersonnenlicht, das strahlend hell durchs Fenster fiel. Es gab keine Bleiglasfenster, die meine Augen verwirrten und mich verzauberten.

»Mammi«, rief Arden, »ich habe Audrina mitgebracht. Komm schon raus. Du kannst dein Geheimnis nicht ewig für dich behalten.«

Ich wirbelte herum, starrte ihn an, vergaß die toten Blätter in meiner Hand. Geheimnisse, Geheimnisse, alle schienen Geheimnisse zu haben. Ich bemerkte seine Angst, sah die nervösen Hände, die er in die Taschen stopfte, als er mich anschaute. Der Ausdruck seiner Augen verriet mir, daß ich bald einen Test zu bestehen haben würde. Großer Gott, betete ich, laß es mich richtig machen, was immer es auch sein mag.

»Ich komme gleich!« rief Billie aus einem anderen Raum. Sie hörte sich genauso besorgt an wie ihr Sohn. Ihre für gewöhnlich so herzliche Stimme hatte alle Wärme verloren. Ich fühlte mich plötzlich gar nicht mehr wohl, hätte mich am liebsten umgedreht und wäre gegangen. Aber ich zögerte, als ich sah, wie Arden die Augen zusammenkniff und mich genau beobachtete. Nein, diesmal wollte ich nicht davonlaufen. Ich würde bleiben und endlich wenigstens eines der Geheimnisse lüften.

Nervös schaute Arden zu einer Tür hinüber, von der ich annahm, daß sie in Billies Schlafzimmer führte. Er forderte mich nicht auf, Platz zu nehmen. Vielleicht hatte er sogar vergessen, daß ich noch einen dicken Wintermantel mit Kapuze trug, denn er ließ ihn mich nicht ausziehen. Er war viel zu sehr auf diese geschlossene Tür fixiert. Ich nahm die Kapuze ab, behielt aber den Mantel an, während ich wartete und wartete und immer noch wartete. Auch Arden hatte seinen Mantel nicht ausgezogen, als glaubte er, daß wir nicht lange bleiben würden.

Dann, als er den Kopf senkte und auf seine Schuhe starrte, bemerkte ich zum ersten Mal ein Holzregal, auf dem Dutzende von Goldmedaillen mit Daten und Namen standen. Ich trat näher, fühlte mich unwiderstehlich angezogen. Ach, herrje! Entzückt wirbelte ich herum und strahlte Arden glücklich an.

»Arden! Billie ist Eiskunstläuferin gewesen? Wie wundervoll! All diese olympischen Medaillen! Wie konnte sie etwas so Phantastisches für sich behalten? Warte nur, bis Papa davon hört.«

Was hatte ich jetzt schon wieder Falsches gesagt? Arden schien noch verlegener. Dabei war das doch fast so schön, als wäre Billie Elizabeth Taylor gewesen. Ich konnte sie direkt vor mir sehen, wie sie graziös übers Eis glitt, in einem knappen, glitzernden Kostüm. Sie wirbelte herum, drehte sich und machte all das, was man Rittberger und so nennt, ohne daß ihr schwindlig geworden wäre. Und in der ganzen Zeit, die ich sie und Arden schon kannte, hatte sie nie damit geprahlt, ja, sie hatte es nie auch nur angedeutet. Billie redete immer mit mir, als wäre sie nichts Besonderes, und dabei war sie es.

Ein kleines Geräusch unterbrach meine Gedanken. Ich wirbelte herum und sah Billie. Sie mußte gewartet haben, bis ich ihr den Rücken zukehrte, war dann schnell ins Zimmer geeilt und hatte sich in einen Sessel gesetzt. Ich starrte sie an. Warum trug sie am hellichten Tag einen so weiten, langen Rock? Das Gewand sah sehr teuer aus, als hätte sie vor, einen offiziellen Galaabend zu besuchen.

Ihr prächtiges, pechschwarzes Haar hatte sie kunstvoll auf dem Kopf aufgetürmt, statt es wie sonst offen über den Rücken fallen zu lassen, und allein dadurch sah sie schon ganz anders aus. Ihr Gesicht war stark, ja übertrieben geschminkt. Ihre Wimpern waren länger und dichter, als ich es vorher bemerkt hatte. Und sie trug offenbar jedes einzelne Schmuckstück, das sie besaß. Ich lächelte schwach, wußte nicht, wie ich mich in einer solchen Situation verhalten sollte. Ohne all dieses Bühnen-Make-up war sie außerordentlich schön. Aber das Taftkleid und der schwere Modeschmuck ließen sie billig scheinen wie jemand, den ich überhaupt nicht kannte. Schlimmer noch: wie jemand, den ich nicht kennen wollte!

»Mammi«, sagte Arden und versuchte verzweifelt, das Lächeln auf seinen Lippen festzuhalten, »du hättest dir nicht so viele Umstände zu machen brauchen.«

Nein, Billie, das hättest du nicht. Du hast mir vorher viel besser gefallen.

»Doch – und du hättest mich warnen sollen, Arden. Das weißt du auch.«

Ich schaute von einem zum anderen, spürte, daß irgend etwas nicht in Ordnung war. Die Spannung zwischen Mutter und Sohn war so stark, daß ich zitterte. Ich spürte ihre Angst, weil *ich* im Haus war – wo sie mich nicht sehen wollte. Aber Arden sah mich so flehentlich an; seine Augen bettelten mich an, so zu tun, als merkte ich nicht, daß irgend etwas nicht stimmte. Also lächelte ich und trat zu Billie, schüttelte ihr die Hand. Ich setzte mich und fing mit einer albernen Unterhaltung an. Als sie noch am Fenster gesessen und ich draußen gestanden hatte, war es immer so leicht gewesen, mit ihr zu reden. Jetzt waren wir wie zwei Fremde, die sich zum erstenmal begegnen. Bald verabschiedete ich mich unter dem fadenscheinigen Vorwand, noch Tante Elsbeth helfen zu müssen.

»Bleibst du nicht zum Abendessen?« fragte Arden. Ich warf ihm einen kurzen, vorwurfsvollen Blick zu. Wenigstens zeigte Papa seine Feindseligkeit ganz offen und versteckte sie nicht hinter falscher Freundlichkeit, wie Billie es tat. Tränen traten mir in die Augen, als ich dachte, daß unsere Freundschaft nur für draußen gut genug war, nicht für drinnen. Es war genauso, wie Vera es gesagt hatte – ich war für Billie nicht gut genug. War ich denn so verrückt, daß die Leute mich nicht in ihrem Haus haben wollten? Wieder traf sich mein Blick mit Ardens – meiner anklagend, seiner noch immer um Verständnis flehend. Bitte, bitte, baten seine

Augen. Ich beschloß, lange genug zu bleiben, um herauszufinden, was uns alle so verlegen machte.

Irgend etwas brutzelte im Ofen. Vielleicht unterbrach ich Billie beim Kochen, und das gefiel ihr nicht. Es gab nicht genug für drei Personen, und sie wollte eigentlich nicht, daß ich zum Essen blieb. Es war ein so kleines Haus, daß die Küche ein Teil des Wohnzimmers zu sein schien. »Billie, ich glaube, da brennt etwas an. Soll ich es für dich vom Feuer nehmen?«

Sie wurde blaß, schüttelte den Kopf, gab Arden ein Zeichen, ehe sie mich anlächelte. »Nein, danke, Audrina. Arden kann das alles. Aber bitte, bleib doch und iß mit uns.« Aber ihr besorgter Gesichtsausdruck, den sie nicht verschleiern konnte, strafte ihre Worte Lügen.

Verlegen und bekümmert ließ ich den Kopf hängen. »Danke für die Einladung. Aber mein Vater möchte nicht, daß ich durch den Wald gehe und hierher komme, wie du weißt.«

Arden warf erst mir, dann seiner Mutter einen Blick zu. »Mammi, das wird alles ein bißchen viel, kannst *du* es Audrina nicht erzählen?«

Billie wurde erst rot, dann blaß. Jetzt wollte ich es gar nicht mehr wissen. Ich wollte nur noch fort von hier. Ich stand auf.

Doch da platzte Billie los: »Also, warum nicht.« Sie breitete ihre schlanken, mit kräftigen Muskeln versehenen Arme aus. »Audrina, mein liebes Mädchen, vor dir sitzt eine Frau, die einmal Olympiasiegerin im Eiskunstlauf gewesen ist. Dann wurde dieser Sport ihr Beruf. Das dauerte etwa achtzehn Jahre. Es war eine herrliche Zeit, ich habe jeden Augenblick, all die Aufregungen und Abenteuer geliebt. Arden kann dir Geschichten davon erzählen, wie wir aus dem Koffer gelebt haben. Wir reisten in der ganzen Welt herum, um die Leute zu unterhalten. Doch dann, eines schicksalhaften Tages, stürzte ich auf dem Eis, weil jemand eine Haarklammer verloren hatte. Ich hätte mir das Bein brechen können, aber ich trug nur einen tiefen Schnitt durch die Kufe eines Schlittschuhs davon. Dieser Schnitt hätte innerhalb einer Woche oder so heilen müssen. Aber er heilte noch nicht einmal in sechs Monaten, und die Ärzte fanden heraus, daß ich an Diabetes litt. Kannst du dir vorstellen, daß mein Bein unter meinen Augen abstarb und daß die Ärzte nichts dagegen tun konnten? Während meiner ganzen Karriere war ich niemals bei einem Arzt gewesen. Wenn ich gewußt hätte, daß ich an so einer Krankheit litt, hätte ich das Eislaufen wohl schon viel früher aufgegeben. Aber so war es nun mal.«

»Ja, Mammi. Aber du hast ein schönes Leben im Licht gehabt, und ich bin froh darüber.« Ardens Augen strahlten vor Stolz, als er sie anlächelte. »Ich kann noch jetzt meine Augen schließen und dich eislaufen sehen, dich, den Star der Show. Und ich war so stolz auf dich, so schrecklich stolz.« Er machte eine Pause und sah wieder zu mir herüber. »Audrina, was meine Mutter dir sagen möchte und was ihr so schwer fällt, ist –«

»Ich habe keine Beine mehr – das ist es!« schrie Billie.

Ungläubig starrte ich sie an.

»Ja«, schrie sie, »ich hatte gehofft, du würdest es niemals herausfinden. Ich wollte, daß wir Freundinnen würden. Ich wollte, daß du mich wie ein normales menschliches Wesen behandelst, nicht wie einen Krüppel.«

Ich war so verblüfft von alldem, daß mir ganz übel wurde. Ich starrte sie an, versuchte, nicht dorthin zu sehen, wo ihre Beine hätten sein müssen. Keine Beine? Aber wie bewegte sie sich dann? Ich wollte hinausrennen, wollte weinen. Denn hier war eine schöne, nette, wundervolle Frau, die Gott bestraft hatte, und noch jemand, den Papa nicht gutheißen würde.

Unheimliche Stille erfüllte das kleine Zimmer, breitete sich im ganzen Haus aus; es war fast, als stände die Zeit still. Wir befanden uns alle an einem tiefen Abgrund, der Billie verschlucken und Arden und mich für alle Zeiten trennen würde. Was immer ich auch sagte oder tat, der Ausdruck auf meinem Gesicht in diesem Moment würde ihnen mehr verraten als alle Worte.

Ich wußte nicht, was ich sagen oder tun sollte, nicht einmal, was ich denken sollte. Hilflos suchte ich nach den richtigen Worten... und dann dachte ich an meine Mutter. Angenommen, nur einmal angenommen, Mammi wäre ohne Beine aus dem Krankenhaus heimgekommen. Hätte ich da Abscheu empfunden? Hätte ich mich geschämt, wäre ich verlegen gewesen, wenn ich sie gesehen hätte? Nein, ich würde sie zurückhaben wollen, ganz gleich, wie. Ich würde alles tun, um Mammi zurückzubekommen, mit oder ohne Beine. Und da fand ich meine Stimme wieder.

»Du bist die schönste Frau mit dunklem Haar, die ich je gesehen habe«, sagte ich ganz ernst. »Ich glaube, du bist überhaupt die schönste Frau, die ich kenne, aber meine Mutter war auch schön. Wenn ich meine Mutter nur wiederhaben könnte, mir wäre es egal, ob sie Beine hätte oder nicht –« Ich brach ab, errötete und bekam ein schlechtes Gewissen. Denn Mammi wäre es nicht egal gewesen. Sie wäre mit diesem Verlust nicht fertig geworden. Sie hätte geweint, sich versteckt und wahrscheinlich sterben wollen, weil sie keine Lust zu einem Leben ohne Beine hatte.

Ich bewunderte Billie, die Ardens wegen lebte, aber auch ihretwegen, unter welchen Umständen auch immer. »Ich finde außerdem, daß du die netteste, großzügigste Frau bist, die ich jemals kennengelernt habe«, fuhr ich fort. »Ich bin mit meinen Problemen zu dir gekommen, habe sie dir aufgeladen, und du hast nie auch nur angedeutet, daß du eigene Probleme hast.« Beschämt und gedemütigt ließ ich wieder den Kopf hängen. Ich hatte Mitleid mit mir selbst, bloß weil mein Gedächtnis Lücken aufwies, durch die mir die Geheimnisse meines Lebens verlorengegangen waren.

Jetzt, wo sie mir ein wenig erzählt hatte, wollte Billie mir auch alles erzählen.

»Mein Mann hat mich verlassen, kurz nachdem ich vor etwas über zwei Jahren von der zweiten Amputation nach Hause zurückkehrte.« In ihrer Stimme lag keine Bitterkeit. »Mein Sohn sorgt für mich; das heißt, er hilft mir bei allem, was ich nicht selbst kann. Aber ich stelle mich schon ganz geschickt an, nicht wahr, Arden?«

»Ja, Mammi, du bist wunderbar. Es gibt nur wenig, was du nicht selbst tun kannst.« Er lächelte mir zu, war so stolz auf seine Mutter.

»Natürlich schickt mein ehemaliger Mann einmal im Monat einen Scheck«, fügte Billie hinzu.

»Eines Tages wird Dad heimkommen, Mammi. Ich weiß es.«

»Klar. In einem Jahr, das nur aus Sonntagen besteht.«

Ich sprang auf, lief zu ihr und küßte ihre stark geschminkte Wange. Impulsiv zog ich sie dann an mich. Fast automatisch schlossen sich ihre kräftigen Arme um mich, als könnte sie jemandem, der sie liebte und bewunderte, einfach nicht widerstehen, wenngleich ihr Tränen über die Wangen liefen und die schwarze Maskara dicke Spuren in ihrem Gesicht hinterließ. »Es tut mir so leid, daß ich ohne Vorwarnung hier hereingeplatzt bin«, schluchzte ich. »Es tut mir leid, daß du deine Beine verloren hast, Billie. Aber wenn du noch immer eislaufen würdest – auch wenn das jetzt egoistisch klingt –, dann hätten wir uns nie kennengelernt. Das Schicksal hat euch beide zu mir geführt.« Ich lächelte und wischte mir die Tränen fort. »Papa sagt, das Schicksal wäre der Kapitän all unserer Schiffe, nur wüßten wir das nicht.«

»Das ist eine feine Art, die Verantwortung von sich zu schieben. Aber jetzt lauf heim, Audrina, ehe dein Vater dich suchen kommt. Ich sehe dich bald wieder. Wenn du noch kommen willst.«

»Oh, ich werde schon bald wiederkommen«, antwortete ich zuversichtlich.

An diesem Tag brachte mich Arden wieder durch den Wald zurück.

Ich bewunderte Billie – und staunte auch über sie. Ich wollte wissen, wie sie es fertigbrachte, das Haus zu putzen und die Wäsche sauberzuhalten, wo sie doch keine Beine hatte. Wenn ich doch nur Vera erzählen könnte, was Billie alles ohne Beine schaffte, wo sie doch mit ihrer kleinen Behinderung kaum etwas zustande brachte. Ich fragte mich, wie ich mich verhalten würde, wenn ich Billie eines Tages ohne den alles verbergenden, langen, weiten Rock sehen würde. Denn bestimmt würde sie im Sommer nicht so viele Kleider tragen.

Am Rande des Waldes verabschiedeten wir uns hastig voneinander. Arden mußte immer Zeitungen austragen und anschließend noch Lebensmittel. Wahrscheinlich würde er niemals genug Schlaf bekommen, bis er mit dem College fertig war. Ich sah ihm nach, als er sich umdrehte und heimrannte. Er hing so sehr an seiner Mutter, war so rücksichtsvoll und hilfsbereit, daß ich immer weniger Zeit mit ihm verbringen konnte. Aber alles hatte seinen Preis. Traurig öffnete ich die Seitentür und betrat unser Haus der Schatten.

Vera lag auf dem Purpursofa und war in einen der Liebesromane meiner Mutter vertieft. Sie kümmerte sich kaum um mich, so beschäftigt war sie. Ich wollte ihr von Billie erzählen, aber aus irgendeinem Grund hielt ich mich zurück, ich hatte wohl Angst, sie könnte etwas Häßliches sagen. Und es würde auch nichts ändern, wenn ich erzählte, wie hart Billie arbeitete. Vera dachte, Arbeit wäre etwas für Dumme, die es nicht besser wußten. »Mein Gehirn wird mich schon durchbringen«, sagte sie immer. Als ich sie beobachtete, ohne daß sie mich bemerkte, sah ich, wie ihre Zungenspitze über ihre Unterlippe fuhr. Ihre Augen wurden glasig; ihre Brüste hoben und senkten sich, und bald war ihre Hand im Innern der Bluse, wo sie sich streichelte. Dann legte sie das Buch beiseite, warf den Kopf zurück und fing an, ihre andere

Hand unter den Rock zu schieben. Ich starrte ihr Treiben an.
»Vera! Hör auf damit! Das sieht ordinär aus!«
»Hau ab«, murmelte sie, ohne auch nur die Augen zu öffnen. »Was verstehst du schon davon? Du bist doch ein Baby aus dem Wald – oder nicht?«

Jetzt, wo ich erwachsen wurde, nahm Papa mich oft in seine Firma mit, erlaubte mir, zuzusehen und alles zu lernen, was er wußte. Ich war sein Ausstellungsstück, ersetzte meine Mutter, die oft in demselben Stuhl gesessen hatte, in dem ich jetzt an seinem Schreibtisch saß. Alte Männer und Frauen unterhielten sich mit mir, scherzten mit Papa, ehe sie sich den finanziellen Dingen zuwandten, die ich dank Papas Hilfe jetzt auch verstand. »Eines Tages wird meine Tochter meine Geschäftspartnerin sein«, informierte Papa stolz alle Neuankömmlinge, die es zum Teil schon Hunderte von Malen gehört hatten. »Wenn ein Mann eine Tochter hat wie ich, dann braucht er keinen Sohn.«

An solchen Tagen fühlte ich mich prächtig, und immer endeten sie mit einem Essen in einem guten Restaurant oder einem Kinobesuch. In den Straßen der Stadt sah ich beinlose Bettler, die auf kleinen Karren herumrutschten, manchmal mit behandschuhten Händen. Sie benutzten kleine Dinger, Eisen mit Gummifüßen, um sich damit über die Fußwege zu bewegen, ohne Blasen an den Fingern zu bekommen. Und früher hatte ich sie nie bemerkt, oder wenn doch, dann hatte ich mich abgewandt und so getan, als würde ich sie nicht sehen.

Am nächsten Tag mußte ich Billie etwas sagen, was ich ihr schon immer hatte sagen wollen, seit ich über ihre Beine Bescheid wußte. »Billie, ich habe mir in der Stadt Menschen ohne Beine angesehen. Also – ich werde nicht schockiert sein, wenn du nicht immer diese langen Röcke trägst.«

Sie sah mich mit gerunzelter Stirn an, wandte sich dann ab. Sie hatte ein hübsches Profil, klassisch, perfekt. »Ich weiß, wann du bereit sein wirst, mich ohne meine langen, weiten Röcke zu sehen. Ich kann es in deinen Augen lesen. Und noch bist du nicht soweit. Es ist kein schöner Anblick, Audrina. Diese Männer, die man auf der Straße sieht, tragen Hosen, die sie über den Stümpfen aufstecken, so daß man die Stümpfe nicht sieht. Ich hatte früher einmal sehr schöne Beine; jetzt habe ich zwanzig Zentimeter lange Stümpfe, die nicht einmal ich ansehen kann, ohne von Abscheu erfüllt zu sein.« Sie seufzte, zuckte die Achseln und lächelte mich dann an. »Manchmal tun mir meine fehlenden Beine noch weh. Phantomschmerzen nennen die Ärzte das. Ich wache mitten in der Nacht auf und spüre meine Beine unter mir, und sie tun so weh, daß ich manchmal nicht anders kann als Arden rufen, und er läuft herbei und gibt mir ein Medikament, das mir der Arzt verschrieben hat. Arden will nicht, daß ich es neben dem Bett aufbewahre, weil er Angst hat, ich könnte aus Versehen zuviel davon nehmen. Ich bin immer ganz benommen, und ich kann mich nicht erinnern, ob ich eine oder zwei Tabletten genommen habe. Während ich dann warte, daß die Tablette wirkt, sitzt er an meinem Bett und erzählt mir alberne Geschichten, um mich abzulenken und zum Lachen zu bringen. Manchmal bleibt mein Junge die ganze Nacht lang auf, bloß um mich zu unterhalten, wenn der Schmerz nicht nachlassen will. Gott war gut zu mir an dem Tag, als er mir sagte, dieses Baby nicht zu töten, obwohl es meiner Karriere hinderlich sein könnte. Ich dachte zweimal nach und ließ dann nicht abtreiben. Wenn ich schon vor langer Zeit gewußt hätte, daß all die Kinder, die ich nicht haben wollte, wie Arden gewesen wären, vielleicht hätte ich dann heute zwölf Kinder.«

Sollte das heißen, sie hatte so viele Abtreibungen hinter sich? Der Gedanke gefiel mir nicht. Ich redete mir ein, daß sie damit sagen wollte, sie hätte etwas anderes getan, um keine Kinder zu bekommen und ihre Karriere nicht aufgeben zu müssen. Ich wußte auch, daß nur ein Sohn so sein konnte wie Arden, selbst wenn sie hundert gehabt hätte: verantwortungsbewußt, ergeben, liebevoll, ein Mann, noch ehe er aufgehört hatte, ein Junge zu sein. Niemals war er zornig oder deprimiert, stets ausgeglichen und immer da, wenn er gebraucht wurde. Genau wie Billie.

Von meinen Gedanken überwältigt, stand ich auf, um Billie zu umarmen. Meiner Tante konnte ich niemals impulsiv Zärtlichkeit entgegenbringen, und doch wünschte ich es mir so oft. Ich brauchte Billie als meine Ersatzmutter, besonders weil Tante Elsbeth mich immer auf Armeslänge von sich hielt. »Also gut, Billie, vielleicht bin ich wirklich noch nicht bereit, dich ohne deinen langen Rock zu sehen, aber eines Tages, wenn ich hierherkomme und du deine feinen Sachen nicht anhast, werde ich keinen Ekel mehr empfinden. Du wirst in meine Augen blicken und dort nichts anderes sehen als Bewunderung und Dankbarkeit für das, was du bist, und auch dafür, daß du der Welt einen Arden geschenkt hast.«

Sie lachte und legte ihre kräftigen Arme um mich, ehe sie mir tief in die Augen sah. Traurig klang ihre Stimme. »Verliebe dich nicht zu schnell, Audrina. Arden ist mein Sohn, und ich halte ihn für perfekt, aber alle Mütter halten ihre Söhne für perfekt. Du brauchst jemand Besonderen. Ich würde gern glauben, daß Arden etwas so Besonderes ist, denn ich möchte nicht, daß er dich jemals enttäuscht – aber wenn er es irgendwann doch einmal tun sollte, dann denke daran, daß niemand von uns perfekt ist. Wir haben alle unsere schwache Stelle.«

Wieder suchte sie in meinen Augen, in meiner Seele. »Was beunruhigt dich so sehr, Audrina? Warum sind da all diese Schatten in deinen herrlichen Veilchen-Augen?«

»Ich weiß nicht.« Ich hielt sie ganz fest. »Ich glaube, ich hasse es einfach, nach einer älteren Schwester benannt zu sein, die auf geheimnisvolle Weise im Alter von neun Jahren gestorben ist. Ich wünschte mir, ich wäre die erste Audrina, die auch die unvergessene Audrina war. Mein Papa erzählt mir immer wieder, wie wundervoll sie war, und jedes Wort, mit dem er sie lobt, verrät mir, daß ich nicht an den Maßstab heranreiche, den sie gesetzt hat. Ich fühle mich verflucht, doppelt verflucht jetzt, wo Mammi an *meinem* neunten Geburtstag gestorben und Sylvia an diesem Tag geboren worden ist. Es ist irgendwie gemein und nicht richtig, daß so viel geschieht, wenn der neunte Tag des neunten Monats näher kommt.«

Tröstend und beruhigend hielt sie mich in den Armen, hörte geduldig zu, bis ich aufhörte. »Unsinn, das ist doch alles Unsinn. Du bist nicht verflucht. Aber dein Vater sollte nicht immer über ein Mädchen sprechen, das schon im Grab liegt. Nach allem, was mein Sohn über dich sagt, müßtest du einen Heiligenschein tragen, wenn du noch besser wärst, du müßtest Flügel haben und auf einem Podest aus purem Gold stehen. Ist es nicht albern, daß Männer immer wünschen, daß Frauen aussehen wie Engel, sich aber verhalten wie... na, egal. Du bist zu jung, um mehr zu hören.«

Verdammt, da hörte sie gerade dann auf, wenn sie etwas Wichtiges sagen wollte. Genau wie Mammi, Tante Elsbeth und sogar Mercy Marie wurde sie verlegen und ließ mich im ungewissen. Und immer noch wartete ich auf eine Information, die nie kommen würde.

Eines Nachmittags saß ich im Schaukelstuhl und ließ mich treiben, ließ die Jungs im Wald hinter mir zurück.

Ich wußte jetzt, daß es Papas Gegenwart war, selbst wenn er nur im Flur stand, die mich daran gehindert hatte, irgend etwas anderes in diesem Schaukelstuhl zu finden als die entsetzlichen Schrecken des Waldes. Allein konnte ich den leeren Krug mit Zufriedenheit und Frieden füllen, aber wenn Papa auch nur irgendwo in der Nähe war, mußte ich hinter dem Schaukelstuhl stehen und ihn mit beiden Händen fest umklammern und schaukeln, daß die Bodenbretter knarrten. Erst wenn er dachte, daß irgend etwas geschah, ging er davon.

Diesmal ließ ich die Schule hinter mir und machte mich auf den Weg zu einem wundervollen Ort, als ich aus dem Zimmer meiner Tante einen Streit vernahm. Zögernd trennte ich mich von der Vision der ersten Audrina und wurde wieder nur ich selbst. Meine Tante schrie: »Das Mädchen muß zur Schule gehen, Damian! Wenn du sie nicht zur Schule schickst, wird dich jemand bei den Behörden melden. Du hast erzählt, du hättest Lehrer angestellt, die sich um ihre Ausbildung kümmern, aber das stimmt nicht. Und sie wird nicht nur schulisch vernachlässigt; sie wird auch noch in anderer Weise mißbraucht. Du hast kein Recht, sie zu zwingen, in diesem Schaukelstuhl zu sitzen!«

»Ich habe das Recht zu tun, was ich will. Sie ist schließlich mein Kind!« wütete er. »Ich bin Herr in diesem Haus, nicht du. Außerdem hat sie keine Angst mehr vor dem Schaukelstuhl wie früher. Sie setzt sich jetzt bereitwillig dorthin. Ich habe dir ja gesagt, früher oder später wirkt der Stuhl Wunder.«

»Ich glaube dir nicht. Selbst wenn sie freiwillig dort sitzt, was ich bezweifle, möchte ich, daß das Mädchen zur Schule geht. Jeden Tag sehe ich, wie sie Vera nachschaut. Sie steht am Fenster und möchte so gerne haben, was Vera hat. Ich könnte weinen. Hat sie denn noch nicht genug mitgemacht, Damian? Laß sie noch einmal versuchen, ihren Platz zu finden. Bitte, gib ihr noch eine Chance.«

Mein Herz schlug Purzelbäume. Liebte meine Tante mich doch? Oder war es Lamar Rensdale gelungen, sie zu überzeugen, daß ich die Schule brauchte, wenn ich jemals glücklich und normal sein wollte?

Mein Papa lenkte ein. Er würde mir erlauben, die Schule zu besuchen.

Diese kleine, natürliche Sache erfüllte mich mit überwältigender

Freude. Als sich die Gelegenheit ergab, flüsterte ich meiner Tante zu, während Vera wieder in einen Liebesroman vertieft war: »Warum, Tante Elsbeth? Ich hätte nicht gedacht, daß es dir etwas ausmacht, wenn ich keine anständige Ausbildung erhalte.«

Sie zog mich in die Küche und schloß die Tür, als wenn auch sie nicht wollte, daß Vera mithörte. »Ich will einmal ganz ehrlich mit dir sein, Audrina. Und die Wahrheit ist etwas, was du in diesem Irrenhaus von kaum jemandem hören wirst außer von mir. Dieser Mann, der dir Klavierspielen beibringt, kam neulich hierher. Er hat mich gedrängt, dir zu helfen. Er hat gedroht, zur Schulbehörde zu gehen und ihnen von deiner Situation zu berichten; dein Vater hätte ein hohes Bußgeld zahlen müssen, wäre vielleicht sogar ins Gefängnis gekommen, weil er eine Schulpflichtige vom Unterricht fernhält.«

Ich konnte es nicht fassen! Lamar Rensdale hatte sein Versprechen erfüllt. Aber es hatte ja auch lange genug gedauert. Ich lachte, tanzte herum, hätte meine Tante fast umarmt, aber sie wich zurück. So rannte ich die Treppe hinauf zum Schaukelstuhl, wo ich anfing zu singen. Ich hoffte, Mammi zu finden, damit ich ihr die gute Nachricht erzählen konnte.

Ein fast normales Leben

Papa ging mit mir einkaufen, damit ich für die Schule vorbereitet war. Ich sollte im Februar eingeschult werden. All meine Weihnachtsgeschenke bestanden aus Dingen, die ich für die Schule brauchte – Mantel, Schuhe, sogar ein Regenmantel wie der von Vera war darunter, wie ich ihn mir schon seit Jahren gewünscht hatte. Es war aufregend, Röcke und Hosen, Sweater und Jacken auszusuchen. Papa wollte mir nicht erlauben, Jeans zu kaufen, wie die anderen Mädchen sie trugen. »Keine Hosen für meine Tochter!« tobte er. »Sie zeigen zu viel. Vergiß nicht, du sitzt immer so, daß die Beine zusammen sind, und schaust nicht einmal zu den Jungs hinüber – hast du gehört?«

Er hatte so laut gesprochen, daß das ganze Kaufhaus ihn gehört haben mußte. Ich bat ihn, die Stimme zu senken. Irgend etwas Abstoßendes kam immer über Papa, wenn er von Jungen sprach.

Als endlich der Februar kam, war ich wie ein kleines Kind, das vom Zirkus Glückseligkeit erwartet. Ich brauchte den Wald nicht zu fürchten, denn Papa würde mich morgens mitnehmen, und nachmittags sollte ich im Schulbus heimfahren.

»Du wirst es bald verabscheuen«, prophezeite mir Vera. »Du glaubst, daß es lustig wird, daß es den Lehrern wichtig ist, ob du etwas lernst oder nicht, aber es ist ihnen egal! Du sitzt mit dreißig oder fünfunddreißig anderen in einer Klasse, und bald wirst du wissen, daß es nichts als Langeweile bedeutet – einfache, langweilige Monotonie. Wenn die Jungs dort nicht wären, würde ich fortlaufen und nie wiederkommen.«

Nie zuvor hatte sie das zu mir gesagt. Als ich nicht zur Schule gehen konnte, hatte sie mir von all ihren lustigen Unternehmungen vorgeschwärmt. Sie hatte Hunderte von Freunden aufgezählt – und jetzt erzählte sie mir, sie hätte keinen einzigen. »Niemand mag die Whiteferns, nicht einmal wenn sie sich hinter dem Namen Adare verstecken.«

Papa forderte Vera auf, ihren vorlauten Mund zu halten. Hastig sagte ich gute Nacht, lief die Treppe hinauf und ins Spielzimmer, wo ich schaukeln und Mammi von meinem Leben erzählen konnte. Ich war sicher, daß sie irgendwo da oben war und mir zuhörte, sich für mich freute. Und als ich so schaukelte, schienen sich die Wände wieder aufzulösen, sie schienen porös zu werden, die erste Audrina lief durch ein Feld voller Blumen, lachte, als ein etwa zehnjähriger Junge sie jagte. Sie wirbelte herum, als er nach ihrer Schärpe griff und sie aufging. Wer war er? Warum starrte er die erste Audrina so an? Das Bild verblaßte, und die andere Audrina war wieder in der Schule. Ein großer, häßlicher Junge mit Pickeln im Gesicht saß hinter ihr. Locke um Locke tauchte er ihr langes Haar in sein Tintenfaß. Es war während des Kunstunterrichts, und sie bemerkte es nicht einmal.

»Au ... driii ... naa ...«, hörte ich eine erschreckende Singsangstimme. Ich schrak auf, war wieder ich selbst. Vera stand in der Tür. »Raus aus dem Stuhl! Du hast genug! Du brauchst nicht auch noch ihre Gabe! Raus da, und setz dich ja nie wieder rein – er gehört mir! Ich brauche ihre Gabe mehr als du.«

Ich überließ ihr den Schaukelstuhl, weil ich dachte, sie hätte recht. Ich brauchte diese unbekannte Gabe nicht. Sie hatte die erste Audrina nicht am Leben erhalten, ich hatte überlebt, und für den Augenblick war das Geschenk und Gabe genug.

Nervös zog ich mich am nächsten Morgen für meinen ersten Schultag an. Mein Rock war dunkelblau, aus einem leichten Wollstoff, den man nicht selbst waschen konnte. Meine Hände zitterten, als ich das schwarze Band um den Kragen meiner weißen Bluse band. »Du siehst sehr hübsch aus«, sagte Papa und lächelte mir von der Tür aus wohlwollend zu.

Hinter ihm stand Vera, mit neidischem Gesicht. Ihre dunklen Augen musterten mich von Kopf bis Fuß. »Ach, Papa, heutzutage zieht sich doch niemand mehr so an. Alle werden über Audrina lachen.« Sie schaute ihre eigenen Sachen an – ausgeblichene Jeans und einen Sweater. »Man geht jetzt so wie ich.«

Was sie da sagte, schenkte mir nicht gerade das Vertrauen und die Zuversicht, die ich gebraucht hätte. Ich wollte mich anpassen, wollte dazugehören, aber Papa ließ nicht zu, daß ich etwas anderes als Röcke, Blusen, Pullover oder Kleider trug.

Als Vera den gelben Bus bestiegen hatte, der sie zur High School bringen sollte, fuhr Papa mich zu meiner Schule und ging mit mir ins Büro der Direktorin. Man hatte schon alles vorher besprochen, es gab also nichts weiter zu tun, als mir zu zeigen, wohin ich mich wenden sollte, und mir zu sagen, wie ich mich zu verhalten hätte. Die Direktorin schien zu glauben, ich wäre lange Zeit krank gewesen. Sie lächelte mitfühlend. »Es wird dir gut gefallen, wenn du erst einmal alles besser kennst.«

Panik erfaßte mich, als Papa sich zum Gehen wandte. Ich kam mir vor, als wäre ich erst sechs Jahre alt. Und dann wurde meine Panik noch größer, denn ich konnte mich nicht erinnern, wie es war, sechs Jahre alt gewesen zu sein. Über die Schulter warf mir Papa noch einen Blick zu. »Du hast es so gewollt, Audrina. Wenn du kannst, genieße es jetzt.«

»Du bist ein reizendes Mädchen«, erklärte die Direktorin und marschierte einen langen Gang entlang. »Die meisten Kinder hier sind diszipliniert, aber ein paar sind es auch nicht. Dein Vater sagt, deine Tante sei Lehrerin gewesen und hätte sich um deine Ausbildung gekümmert. Du solltest es ohne Schwierigkeiten in der fünften oder sechsten Klasse schaffen. Wir fangen in der fünften Klasse an, und wenn du dort leicht mitkommst, versetzen wir dich.« Sie lächelte mir noch einmal aufmunternd zu. »Dein Vater ist ein sehr gutaussehender Mann, und er hält seine Tochter für absolut einmalig. Aber ich bin sicher, daß er das am besten beurteilen kann.«

Ich sah die Kinder an, die mich anstarrten. Ihre Kleidung war sehr lässig, genau wie Vera vorausgesagt hatte. Und doch hatte Vera mir an dem Tag, ehe wir einkaufen gingen, gesagt, daß die Sachen, die ich jetzt anhatte, genau das richtige wären. Ich hätte wissen müssen, daß Vera log. Die Mädchen trugen alle Jeans. Kein einziges hatte eine Schleife im Haar. Verstohlen löste ich das Band und ließ es zu Boden fallen. »He!« rief ein Junge hinter mir. »Du hast deine Schleife verloren!«

Ein paar Schüler hatten sie schon mit ihren Schuhen beschmutzt. Ich wußte nicht, was ich damit tun sollte. Deshalb steckte ich sie in meine kleine Tasche.

»Mädchen, Jungs«, sagte die Direktorin, die vor der Klasse stand, »ich möchte, daß ihr Audrina Adare kennenlernt. Tut, was ihr könnt, damit sie sich hier wohl fühlt.« Sie lächelte mir noch einmal zu, deutete auf einen leeren Platz und verließ das Klassenzimmer. Noch hatte sich der Lehrer nicht gezeigt. Ich saß mit meinem Block und meinen neuen Bleistiften da und wußte nicht, was ich tun sollte. Irgendwo weit hinten in meinem Kopf klingelte etwas – ich brauchte Bücher. Die anderen Schüler hatten alle Bücher. Vor mir saß ein hübsches Mädchen mit dunklem Haar und blauen Augen. Sie wandte sich lächelnd zu mir um. »Schau nicht so ängstlich«, flüsterte sie. »Unsere Lehrerin wird dir gefallen. Sie heißt Miß Trible.«

»Ich habe keine Bücher«, flüsterte ich zurück.

»Ach, die geben sie dir schon. Mehr Bücher, als du heimschleppen kannst.« Sie zögerte und musterte mich noch einmal. »Sag mal, bist du denn noch nie zur Schule gegangen?«

Aus irgendeinem Grund wollte ich nicht sagen, daß ich das nicht getan hatte. Ich log: »Doch, natürlich, aber eine Weile konnte ich nicht... ich... ich hatte mir das Bein gebrochen.«

Wenigstens hatte Vera einmal einem guten Zweck gedient. Ich konnte ihre Verletzungen heranziehen und wahrheitsgetreu darüber berichten. Bald drehten sich alle Mädchen zu mir um, um über meine gebrochenen Knochen zu hören, die mich daran gehindert hatten, die Schule zu besuchen, bis ich elf Jahre alt war.

Als Miß Trible in die Klasse kam, warf sie mir einen langen, merkwürdigen Blick zu. Ihr Lächeln war verkniffen. »Laßt uns alle aufstehen und vor der Flagge salutieren«, ordnete sie an. »Danach kommt die Anwesenheitsliste. Jeder einzelne von euch wird mit ›anwesend‹ antworten.«

Ein Junge hinter mir kicherte. »He, was ist denn mit der los? Die tut ja so, als wenn wir nicht wüßten, was kommt.«

Ich war aufgeregt, verwirrt, besorgt und nicht allzu glücklich. Ich hatte nicht das Gefühl, daß Miß Trible mich mochte. Ich dachte, daß die Gruppen von Kindern in der Pause über mich flüsterten.

Ich fand es nicht annähernd so wundervoll, mit Mädchen meines eigenen Alters zu sprechen, wie ich gedacht hatte. Ich fühlte mich so viel älter als sie alle. Aber andererseits war ich wie ein Erstkläßler, fürchtete mich davor, daß ich auf die Toilette mußte. Wo war die Toilette?

Je mehr ich über das Problem nachdachte, desto schlimmer wurde es. Bald mußte ich so dringend, daß es schon schmerzhaft war. Ich schlug die Beine übereinander, nahm sie wieder auseinander. »Audrina, stimmt etwas nicht?« fragte die Lehrerin.

»Nein, Ma'am«, log ich, weil ich mich vor den Jungs schämte zu sagen, was los war.

»Wenn du dich entschuldigen mußt, die Mädchentoilette ist am anderen Ende des Flügels. Du mußt nach links gehen, wenn du aus dem Zimmer kommst.«

Mit rotem Gesicht und todunglücklich sprang ich auf und rannte. Die ganze Klasse lachte. Als ich zurückkam, schämte ich mich so sehr, daß ich nicht einzutreten wagte. »Komm nur herein, Audrina«, rief Miß Trible. »Der erste Tag in einer neuen Schule ist immer ein schlimmes Erlebnis, aber du wirst bald sehen, wie du zurechtkommst, und wissen, wo alles ist. Wenn du etwas nicht weißt, dann frag einfach.« Dann klopfte sie mit ihrem Stock an die Tafel und forderte unsere Aufmerksamkeit.

Irgendwie brachte ich die ersten schrecklichen Tage in der Schule hinter mich. Ich tat, was die anderen Mädchen taten, ging in der Masse unter. Ich lächelte, wenn sie lächelten, lachte, wenn sie es taten, und bald fühlte ich mich völlig unehrlich. Manches, was die Mädchen in den Pausenräumen flüsterten, entsetzte mich. Ich wußte nicht, daß Mädchen so redeten. Langsam und allmählich fand ich heraus, was Vera zu dem gemacht hatte, was sie war. Sie machte das alles mit. Ich konnte das nicht. Ich konnte nicht über Witze lachen, die mir gemein und vulgär erschienen und gar nicht witzig. Ich konnte auch das Spiel nicht mitspielen: Erst die Jungs herausfordern, und dann laufen, laufen, denn ich hatte zu viele Visionen von der ersten Audrina an dem regnerischen Tag im

Wald. Ich fand nur eine einzige Freundin, das Mädchen, das vor mir saß.

»Das wird schon noch«, tröstete sie mich, als die erste lange Schulwoche vorüber war. »Aber versuch nicht, die reichen Mädchen aus der Stadt mit deinen Kleidern auszustechen... außer du bist auch reich.« Sie sah mich beunruhigt an. »Du bist reich, nicht wahr? Irgendwie bist du anders. Nicht nur deine Kleider, auch die Art, wie du dich frisierst. Du hast das schönste Haar, das ich je gesehen habe, aber du scheinst aus einem anderen Jahrhundert zu stammen.«

Wie konnte ich ihr sagen, daß ich das Gefühl hatte, aus einer anderen Welt zu stammen? Aus der Welt des neunzehnten Jahrhunderts, alt und antiquiert wie das Haus, in dem ich lebte.

Meine Klasse war nicht so groß, wie Vera vorausgesagt hatte. Meine Schule war eine Privatschule. Deshalb haßte Vera mich noch mehr, denn sie besuchte eine öffentliche Schule.

Ich ging auch weiterhin jeden Nachmittag zum Klavierunterricht. Eines Tages würde ich eine gute Pianistin werden, wenn ich so weitermachte. Lamar Rensdale behandelte mich mit besonderer Freundlichkeit.

»Bist du froh, in der Schule zu sein? Oder wünschst du dir jetzt, ich hätte mich besser um meine Angelegenheiten gekümmert?«

»Nein, Mr. Rensdale, ich werde immer dankbar sein für das, was sie getan haben, denn jetzt fange ich an, mich lebendig zu fühlen, und das habe ich nie zuvor getan. Dafür werde ich Ihnen ewig dankbar sein.«

»Wiedersehen, viel Glück, und möge deine Musik für alle Zeiten fortleben!« rief er mir nach, als ich aus der Tür stürzte und in den alten Wagen hüpfte, den Billie für Arden gekauft hatte.

Meine Lehrer schienen sehr rücksichtsvoll mit mir zu sein, und ich war froh darüber. Sie lächelten aufmunternd und gaben mir die Bücher, die ich Tag für Tag heimtrug. Nach zwei Monaten fand ich heraus, daß ich über Wissen verfügte, das es so scheinen ließ, als wäre ich schon früher einmal zur Schule gegangen. Vielleicht hatte ich wirklich die Erinnerungen der ersten Audrina übernommen? Oder meine Mutter und meine Tante hatten mich sehr gut unterrichtet, wenn ich am Küchentisch saß. Auch die anderen Lehrer, von denen Papa behauptete, daß er sie angestellt hatte (und an die ich mich nicht erinnern konnte), mußten dazu beigetragen haben.

Ostersonntag wurde Arden zum erstenmal zu uns eingeladen und durfte bei uns am Tisch Platz nehmen. Ich bettelte und flehte und weinte und drohte, weil ich auch Billie dabeihaben wollte, aber Billie hatte abgelehnt. »Komm mich nach dem Essen besuchen. Dann gibt es Schokoladenpudding. Du sagst doch immer, daß deine Tante ihn nicht richtig zubereiten kann.«

Das Essen am Ostersonntag war eine ungemütliche Angelegenheit, weil Papa Arden ständig ausfragte, wer und was sein Vater gewesen war und warum er Frau und Kind verlassen hatte. Während des ganzen Essens flirtete Vera mit Arden, klimperte mit ihren langen Wimpern, drehte und wand sich, um ihre Brüste zu zeigen, die deutlich verrieten, daß sie keinen BH trug. Arden schien von der Größe meines Heims beeindruckt. Er schaute sich um, als fühlte er sich nicht recht wohl und als würde er denken, er selbst könnte sich niemals etwas leisten, was auch nur halb so groß war.

Als der Sommer kam, verbrachten Arden und ich jede Minute zusammen. Er brachte mir im Fluß das Schwimmen bei, richtig zu schwimmen, wie er es tat. Der Grund des Flusses war schlammig und übersät mit Krabben. Etwas Wunderbares ging in diesem Sommer in meinem Innern vor, und ich wollte dem Haus entfliehen; aber so sehr ich mich auch bemühte, Vera hinter mir zu lassen, sie blieb immer auf meiner Spur.

Vera verlangte von Arden, daß er ihr beibrachte, seinen alten Wagen zu fahren. Ich hoffte, daß er es nicht tun würde, aber er brachte es ihr wirklich auf den alten Landstraßen bei, wo nicht viel Verkehr war. Eines Tages, nach einer solchen Stunde, eilten wir zum Fluß zurück und rissen uns die Kleider vom Leib. Wir trugen alle Badeanzüge darunter. Es war ein glühendheißer Tag. Als ich mich umdrehte, sah ich, wie Arden Vera in ihrem winzigen Bikini anstarrte. Die drei kleinen Dreiecke waren leuchtendgrün und schmeichelten ihrer Haarfarbe. Ihre blasse Haut hatte einen leichten Kupferschimmer angenommen, und selbst ich mußte zugeben, daß sie außerordentlich hübsch aussah. Sie hatte schon die Figur einer Frau, mit hohen, vollen Brüsten, die den winzigen grünen BH ausfüllten. Meine Brust war noch immer flach wie ein Bügelbrett.

Vera schlenderte näher zu Arden. Sie hatte ein hellgrünes Badetuch lässig um die Schultern geworfen. Ihre Hüften wackelten. Anscheinend war Arden so von dieser Bewegung fasziniert, daß er mich vollkommen vergaß. »Nach all der Fahrerei bin ich schrecklich müde. Würde es dir etwas ausmachen, Arden, mir den Abhang hinunterzuhelfen?«

Er eilte zu ihr, um ihr behilflich zu sein. Dabei wußte ich, daß sie mit der leichten Steigung spielend fertig wurde. Aus irgendeinem Grund schien er ihren Arm und ihre Taille nicht loslassen zu können. Seine Finger auf ihrem Oberarm streiften die schwellende Brust. Ich wurde rot vor Wut, als Vera in seine Augen blickte und lächelte. »Du wirst von Jahr zu Jahr hübscher, Arden.«

Er wurde nervös, errötete, zog seine Hände zurück und sah schuldbewußt zu mir herüber. »Danke«, brachte er mühsam heraus. »Du scheinst selbst auch täglich hübscher zu werden.«

Meine Augen wurden groß, als ich Vera im strahlenden Sonnenschein auf dem Bauch liegen sah. Arden schien sich nicht von ihr abwenden zu können. »Arden, würdest du mich bitte mit Sonnenmilch einreiben? Mit meiner empfindlichen Haut muß ich schrecklich aufpassen, sonst bekomme ich sofort einen Sonnenbrand.«

Sie hatte die hellste Haut, die ich je gesehen habe. Als ich jetzt ihre schöne Kupferhaut ansah, fragte ich mich, wie sie sich die zugelegt hatte. Zu meiner Überraschung bat Vera ihn dann, ihr Oberteil am Rücken zu öffnen. »Ich möchte keine hellen Streifen. Hör auf, mich so anzustarren, Audrina. Ich zeige schon nichts, wenn ich mich nicht zu schnell bewege. Du tust, als ob Arden noch nie nackte Titten gesehen hätte.« Sie grinste, als er zusammenfuhr und sie überrascht ansah – und auch schuldbewußt. Trotzdem kniete er nieder und öffnete ihren BH, und obwohl er verlegen aussah, peinlich berührt – er schmierte sie doch immerhin mit Sonnenöl ein. Und es dauerte verdammt lange!

Zu lange! Ich fand, daß seine Hände unnötig lange an gewissen Stellen verharrten. Er schien so aufgeregt, daß seine Hände zitterten. Wütend auf ihn und Vera, sprang ich auf und rannte den ganzen Weg bis nach Hause. Ich haßte sie beide.

Stunden später hinkte Vera in mein Zimmer, mit rotem, glücklichem Gesicht. »Was für ein prüder Dummkopf du doch bist«, sagte sie, als sie in meinen besten Sessel fiel. »Ich bin nicht an deinem Freund interessiert. Ich habe ein Auge auf jemand anderen geworfen.«

Ich glaubte ihr nicht. »Laß Arden in Ruhe, Vera. Wenn du ihn haben willst, dann mußt du zuerst mich umbringen.«

Vielleicht wäre es besser gewesen, wenn ich das nicht gesagt hätte. Ihre dunklen Augen strahlten auf. »Ach, wenn ich den wirklich haben wollte, dann wäre es ein leichtes, ihn zu kriegen«, schnurrte sie wie eine fette Katze. »Aber der ist ja noch ein Junge, viel zu unreif für mich. Andererseits – vielleicht ist er reifer, als ich dachte, und ich sollte ihm doch eine Chance geben. Das nächste Mal lasse ich mich wieder von ihm einschmieren – überall.«

»Papa würde dich umbringen.«

Sie warf ein nacktes Bein über die Samtlehne meines Sessels. Dabei zeigte sie so viel, daß ich mich abwenden mußte. »Aber du wirst es ihm nicht erzählen, Audrina, weil seine süße Audrina nämlich selbst ein großes Geheimnis hat. Du nimmst Unterricht beim größten Don Juan der Gegend. Lamar Rensdale hat jede Jungfrau im Umkreis von zwanzig Meilen verführt.«

»Du spinnst!« schrie ich. »Er hat nie etwas getan...«

Sie lehnte sich über die andere Seitenlehne des Sessels, so daß ihr Haar bis zum Boden hing. Das winzige Bikinioberteil rutschte so hoch, daß ich sehen konnte, daß auch ihre Brüste gebräunt waren. »Aber Papa wird das nicht glauben«, antwortete sie listig und schüttelte sich den Sand aus dem Haar. »Papa wird alles glauben, was die Dorfbewohner ihm erzählen. Also sei lieber nett zu mir, Audrina.«

Mir war übel, als sie aufstand, zum Spiegel ging und ihren Badeanzug auszog, um mir zu zeigen, was sie hatte und ich nicht. Dann, noch immer nackt, schlenderte sie aus meinem Zimmer, ließ den nassen Bikini auf meinem Teppich zurück.

Jetzt war ich nervös bei meinen Musikstunden, hatte Angst vor dem Mann, dem ich vorher vertraut hatte. Ich fuhr zusammen, wenn er sich über mich beugte, schrak zurück, wenn seine Hand mich zufällig berührte. Sein hübsches Gesicht verriet Erstaunen, und seine Augen versuchten, meinen Blick aufzufangen, aber es gelang ihnen nicht. »Was ist denn los, Audrina?«

»Nichts.«

»Ich verabscheue es, wenn jemand ›nichts‹ sagt, obwohl ganz offensichtlich etwas nicht in Ordnung ist. Warum vertraust du mir nicht mehr?«

»Ich habe da ein paar Sachen gehört«, flüsterte ich mit gesenktem Kopf. »Ich kann leider nicht mehr kommen.«

»So«, fing er verbittert an, »dann bist du also genau wie die andern und glaubst nur das Schlimmste von mir.« Er sprang auf und ging in dem kleinen Zimmer auf und ab. »Du bist zufällig die einzige Schülerin hier, die mich in diesem elenden Dorf festhält. Ich sage mir immer wieder: Selbst wenn ich nicht gut genug für den Broadway bin, so verhelfe ich der Welt doch immerhin zu einer guten Pianistin.«

Ich hatte Mitleid mit ihm und mit mir, denn es gab keinen anderen guten Lehrer hier, außer in der Stadt, dreißig Meilen entfernt, und da kam ich nicht hin. »Mr. Rensdale –« fing ich an.

»Lamar – warum nennst du mich nicht beim Vornamen?« fuhr er mich wütend an, verschränkte die langen Finger ineinander und reckte sie.

»Ich kann Sie nicht mit dem Vornamen anreden. Papa hat mich gewarnt, das zu tun, weil es der erste Schritt wäre...« Ich stockte, mir wurde heiß. »Vera redet eine Menge, vergessen Sie das nicht. Wenn sie Papa von Ihrem Ruf erzählt, würde er Sie verfolgen. Papa ist riesig, und er wartet nicht erst ab, um sich die Wahrheit anzuhören. Er würde alles glauben, was Vera ihm erzählt... und sie haßt mich. Er weiß, daß sie mich haßt, aber trotzdem würde er glauben, was sie sagt, denn er traut keinem Mann, wenn es um junge Mädchen geht. Wenn er nicht geglaubt hätte, daß ich rein und kindlich bin, dann hätte er mich sowieso gar nicht erst herkommen lassen.«

»Ich werde mit Vera reden, wenn sie das nächste Mal zum Unterricht kommt.« Er blieb vor mir stehen. »Sie vergeudet ihre Zeit mit dem Klavierunterricht und das Geld deines Vaters. Sie ist überhaupt nicht musikalisch, und doch besteht sie darauf, weiter herzukommen. Sie will dir Konkurrenz machen, Audrina. Sie will alles haben, was du hast. Sie will ebenso deinen Freund wie die Liebe, die dein Vater dir gibt und ihr nicht. Sie ist eifersüchtig auf dich und auch gefährlich. Hüte dich vor Vera.«

Ich sah ihn an und begegnete seinem Blick. Er berührte ganz leicht mein Haar, dann meine Wange, über die eine Träne gelaufen war. »Weinst du meinetwegen, oder um dich selbst?« fragte er leise. »Wer wird dir Klavierspielen beibringen, wenn ich fort bin? Was wird aus deinem Talent? Wirst du es unter der Hausarbeit und den Kindern verstecken, die du bekommen wirst, genau wie deine Mutter?«

»Ich komme wieder«, flüsterte ich. Ich hatte entsetzliche Angst, dieselbe Enttäuschung zu erleiden wie meine Mutter. »Ich werde riskieren, daß Vera Papa ihre Lügen erzählt, aber hüten auch Sie sich vor ihr.«

Sein Lächeln war dünn und schief, als er mir die Tränen fortwischte. Es war ein Lächeln, das dem von Vera sehr ähnlich war.

Von Tag zu Tag spielte ich besser und besser Klavier. An unserem Flügel fühlte ich mich wie Mammi, war entzückt von der Musik, die ich erklingen ließ, und irgendwie enttäuscht von dem Leben, das ich führte. Irgend etwas fehlte, aber ich wußte nicht, was es war.

In diesem Winter starrte ich auf den sanft niederfallenden Schnee. Ich war traurig und glaubte, daß es Sylvia war, die ich brauchte, um Erfüllung zu finden. Wenn ich Sylvia erst einmal bei mir daheim hätte und ich ihr all die Liebe und Zärtlichkeit geben könnte, die sie gewiß brauchte, würde ich glücklich sein. Wie schon so oft fragte ich mich, was mit Sylvia nicht stimmte. War es so schrecklich, daß Papa glaubte, die Wahrheit würde mir einen solchen Schlag versetzen, daß ich sie besser nie erfuhr? War ich denn wirklich so sensibel? Meine Tante hatte sich so oft darüber lustig gemacht, daß ich das Gefühl hatte, sie und Papa wüßten beide gleichermaßen Bescheid über meine verborgene Schwäche.

Der Schnee tanzte im Wind, die Flocken wirbelten umher wie kleine Ballerinas, sprangen hoch, schwebten herab, formten Bilder, erzählten mir immer wieder, daß ich nie, niemals frei sein würde, genausowenig wie Mammi frei gewesen war.

Vera kam durch meine Schlafzimmertür gestolpert. Die kalte Luft hing noch in ihrem Mantel, als sie ihn auszog und über einen zarten Sessel warf. »Rate mal, was ich getan habe!« explodierte sie, kaum fähig, sich zurückzuhalten. Ihre Augen funkelten wie schwarze Kohlen. Die Kälte hatte aus ihren Wangen rote Apfelbäckchen gemacht. An ihrem Hals waren rote Flecken. Flecken, die sie mir jetzt zeigte. »Die sind vom Küssen«, erklärte sie grinsend. »Ich habe diese Flecken überall. Ich bin keine Jungfrau mehr, kleine Schwester.«

»Du bist nicht meine Schwester!« fuhr ich sie wütend an.

»Was macht das schon für einen Unterschied? Ich könnte es genausogut sein. So, jetzt setz dich und hör zu, was in *meinem* Leben passiert. Und dann vergleiche es mit dem langweiligen Leben, das du selbst führst. Ich habe einen nackten Mann gesehen, Audrina, einen richtigen, nicht bloß ein Foto oder eine Zeichnung. Er war sehr behaart. Das würde man nie vermuten, wenn man ihn angezogen sieht. Sein Haar verläuft von der Brust nach unten, am Nabel vorbei, wird dann schmal und spitz, läuft weiter und wird buschig, bis –«

»Hör auf! Ich will nichts weiter hören!«

»Aber ich will, daß du noch mehr hörst. Ich will, daß du weißt, was du verpaßt. Es war wunderbar, diese ganzen zwanzig Zentimeter in mir zu spüren. Hast du gehört, Audrina? Ich hab's gemessen... gute zwanzig Zentimeter, und ganz hart und geschwollen.«

Ich lief zur Tür, aber Vera sprang auf und versperrte mir den Weg. Mit überraschender Kraft warf sie mich zu Boden, stellte sich dann mit gespreizten Beinen über mich. Ich wollte sie beiseite stoßen, treten, aber ich hatte Angst, sie könnte fallen und sich wieder einen Knochen brechen.

Jetzt setzte sie ihren Fuß auf meine Brust, die gerade zu schwellen anfing. »Er hat einen prächtigen Körper, kleine Schwester, wirklich, einen phantastischen Körper. Was wir tun, würde dich so sehr schockieren, daß du schreien würdest, möglicherweise würdest du sogar ohnmächtig... und ich habe jede Sekunde genossen. Ich kann überhaupt nicht genug von dem bekommen, was wir zusammen getan haben.«

»Du bist doch erst vierzehn«, flüsterte ich, ehrlich entsetzt, weil sie so irrsinnig wirkte und so schändliche Sachen sagte.

»Aber ich werde bald fünfzehn«, erklärte sie mit hartem Lachen. »Warum fragst du mich nicht, wer mein Liebhaber ist? Ich sag' es dir gern.«

»Ich will es gar nicht wissen. Du erzählst doch die ganze Zeit nur Lügen. Du lügst jetzt auch. Lamar Rensdale würde ein Kind wie dich nicht wollen.«

»Woher weißt du das? Weil er dich nicht haben will? Wer würde dich schon haben wollen, außer einem Jungen wie Arden? Er fühlt sich dir verpflichtet, meint, er müßte dich beschützen... Ich könnte dir so viel erzählen, daß du wahrscheinlich den Verstand verlieren würdest, vollkommen. Jeder, der wirklich bei Verstand ist, weiß, was in seinem Leben geschehen ist – jeder außer dir.«

»Laß mich in Ruhe, Vera!« brüllte ich. »Du bist eine Lügnerin und wirst es immer bleiben. Lamar Rensdale würde dich nicht mehr wollen, nachdem ich ihm von Papa erzählt habe.«

»Was hast du ihm von Papa erzählt?« fragte sie und sah mich mit harten, zusammengekniffenen Augen an.

»Ich habe ihm erzählt, daß Papa riesig ist und ein schreckliches

Temperament hat. Und selbst wenn Papa nicht dein Vater ist, wird er nicht zulassen, daß du unseren Namen ruinierst.«

Sie lachte so hysterisch, daß sie zu Boden fiel und wie eine Wahnsinnige umherrollte. »Mensch, Audrina, unseren Namen ruinieren? Wie kann man etwas ruinieren, das schon längst zerstört ist? Und wenn du mir nicht glaubst, dann geh doch und frag Lamar. Er hat nichts gegen mein Alter. Er mag junge Mädchen. Die meisten Männer tun das. Mensch, wenn du sehen könntest, wie er rittlings auf mir hockt, ohne einen Fetzen am Leib, und sein Ding...«

Entsetzt und angewidert rannte ich aus dem Zimmer, in die Küche hinunter zu Tante Elsbeth. Ich vergaß Vera, als ich meine Tante sah, die immer so hart arbeitete, die Hälfte meiner Pflichten und den größten Teil von Veras Aufgaben erledigte, jetzt, wo auch ich nicht mehr den ganzen Tag daheim war.

Tante Elsbeth sah vom Geschirrspülen auf. Was ich in ihren dunklen Augen sah, überraschte mich. Sie strahlten, als hätte sie ihr ganzes Leben noch einmal vorbeiziehen sehen und endlich etwas gefunden, über das sie sich freuen konnte. Sie nannte Papa nicht mehr grausam, wie sie es früher getan hatte. Und er bezeichnete sie nicht mehr als eine wandelnde Bohnenstange mit der spitzen Zunge einer Xanthippe.

»Audrina«, fing sie an, und ich hörte sogar ein bißchen Wärme aus ihrer Stimme, »du mußt jetzt sehr vorsichtig sein, damit dein Vater dein Leben nicht völlig beherrscht. Bei Vera kann er das nicht, denn sie kümmert sich nicht darum, was er von ihr hält. Aber weil es dir wichtig ist, bist du verwundbar. Er ist egoistisch genug, um dir alles zu nehmen, was du brauchst. Er lügt und betrügt. Er ist verteufelt klug und liebenswert, aber – und es tut mir leid, daß ich das sagen muß – auch völlig ohne Ehre oder Anstand. Wenn es ihm irgendwie gelingt, wird er dich hier festhalten bis zu dem Tag, an dem er stirbt, und dir nie erlauben, ein eigenes Leben zu führen. Ich sehe, daß du ihn liebst. Und in gewisser Hinsicht möchte ich dich für deine Treue und Ergebenheit loben. Aber Blutbande sollen keine Ketten sein. Du schuldest weder ihm noch Sylvia dein Leben.«

Oh, was meinte sie damit?

»Er wird Sylvia im Frühling heimholen«, sagte sie mit leiser, monotoner Stimme, die mir Schauer über den Rücken jagte. »Wenn sie erst einmal hier ist, wirst du keine Zeit mehr für deinen

Musikunterricht haben, auch nicht für irgend etwas anderes, weil du dich um sie kümmern mußt.«

Ich war glücklich und aufgeregt. Endlich würde Sylvia kommen. Aber meine Freude wurde überschattet von Tante Elsbeths Worten und ihrem Ausdruck. »Aber Sylvia ist im vergangenen September zwei Jahre alt geworden, Tante Elsbeth. Heißt das nicht, daß sie jetzt kein mühsames Baby mehr ist?«

Sie schnaubte. »Dein Vater möchte nicht, daß ich über Sylvia rede. Er möchte, daß du sie sehr lieb gewinnst, an ihr hängst. Ich warne dich, laß das nicht zu.«

Vollkommen verwirrt starrte ich sie an. Ich sollte meine eigene Schwester nicht lieben? Brauchte Sylvia denn meine Liebe nicht?

»Schau mich nicht so an. Ich denke an dich, nicht an sie. Sylvia kann nichts mehr helfen, und das ist schlimm. Aber du kannst gerettet werden, und das ist es, was ich versuche. Binde dich nicht so fest. Tu für sie, was du kannst, aber liebe sie nicht zu sehr. Später einmal wirst du mir dankbar sein, daß ich das jetzt gesagt habe und nicht erst, wenn es zu spät ist.«

»Sie ist ein Krüppel!« rief ich aus. »Warum hat Papa mir das nicht gesagt, Tante Elsbeth? Ich habe das Recht, es zu wissen. Was stimmt nicht mit Sylvia, Tante Elsbeth, bitte, sag es mir. Ich muß doch darauf vorbereitet sein.«

»Sie ist kein Krüppel«, sagte sie freundlich und sah mich mitleidig an. »Im Gegenteil, sie ist ein wunderhübsches Kind. In vieler Hinsicht sieht sie aus wie du in diesem Alter. Ihr Haar hat nicht die bemerkenswerte Farbe wie deines, aber sie ist ja schließlich auch fast noch ein Baby, und es kann sich noch ändern und genauso werden wie deines – und das deiner Mutter. Ich hoffe nur, daß sie eines Tages genauso aussehen wird wie du. Guter Gott im Himmel, wenn das geschehen würde, würde er dich vielleicht loslassen. Dann müßtest du nicht mehr diese albernen Traumspiele mitmachen, von denen er so viel hält. Für einen erwachsenen, intelligenten Mann kann er manchmal schon außergewöhnlich abergläubisch sein. Ich habe gesehen, wie du deinen Ring über den Aktienlisten hast pendeln lassen. Du bist also schlau. Aber sei auch klug genug, dich selbst in Sicherheit zu bringen, wenn die Zeit dafür gekommen ist.«

Was meinte sie?

»Audrina, hör auf meinen Rat und hör auf mit dem, was du tust. Versuch nicht, ihm zu helfen. Versuche statt dessen, in ihm das zu sehen, was er wirklich ist: jemand, der entschlossen ist, dich an sich zu fesseln in jeder nur erdenklichen Art und Weise. Er ist selbst davon überzeugt, daß du die einzige Frau auf der ganzen Welt bist, die seine Liebe und Ergebenheit wert ist, und dir will er alles geben, was er besitzt, ohne überhaupt zu merken, daß er dir damit das Schönste nimmt, was die Welt zu geben hat.«

»Aber ich verstehe dich nicht!«

»Dann denke darüber nach. Denke daran, wie groß seine Angst davor ist, alt zu werden und in ein Heim gesteckt zu werden. Für ihn ist das wie eine Phobie, eine Krankheit, Audrina. Wir müssen alle alt werden. Es gibt nichts, womit wir das verhindern könnten.«

»Aber, aber...«, stammelte ich, »warum versuchst du, mir zu helfen? Ich wußte ja nicht einmal, daß du mich magst!«

»Ich will versuchen, es dir zu erklären«, sagte sie und faltete die von der vielen Arbeit geröteten Hände im Schoß. »Als ich zurückkam, um mit meiner Tochter hier zu wohnen, wurde ich zur Dienerin gemacht. Ich hatte Angst, dir irgendwelche Gefühle entgegenzubringen. Ich hatte Vera, und Vera hatte niemanden außer mir. Das Dumme war, daß Vera Lucietta anbetete und mich schon bald dafür verachtete, eine Sklavin zu sein. Aber für mich hieß es: so leben oder fort. Ich hatte meine Gründe dafür, hierbleiben zu wollen. Und ich hatte recht... denn es wurde genauso, wie ich wußte, daß es werden würde, wenn ich nur Geduld genug aufbrachte.«

Mir stockte der Atem. »Erzähl mir mehr«, flüsterte ich.

»Wenn es um Schönheit ging, war deine Mutter immer die Siegerin, und ich beneidete sie natürlich. Ich war eifersüchtig auf ihre Figur, ihr Gesicht, ihr Talent, vor allem aber auf ihre Fähigkeit, die Männer dazu zu bringen, sie über alles zu lieben.« Ihre Stimme wurde hart. »Es gab da einen Mann, den ich geliebt habe, nur einen einzigen – und dann hat er sie gesehen. Nachdem er sie einmal gesehen hatte, war für mich alles aus. Es tut weh, zu verlieren, Audrina, so weh, daß man sich manchmal fragt, wie man damit weiterleben kann. Aber ich habe weitergelebt, und eines Tages werde ich vielleicht sogar einmal gewinnen.«

Es traf mich hart, als ich plötzlich begriff, warum meine Tante immer so eifersüchtig auf Mammi gewesen war und warum Mammi ihrer Schwester immer wieder an den Kopf geworfen hatte, daß sie immer alles bekam, was sie haben wollte, und meine Tante niemals. Tante Elsbeth hatte meinen Vater geliebt! Und obwohl sie mit ihm stritt und sein Verhalten mißbilligte, liebte sie ihn noch immer. Es kam mir so vor, als hätte ich das alles schon vor langer Zeit erraten und versucht, es in meinem Gehirn zu vergraben und zu vergessen.

»Tante Ellie, liebst du ihn sogar, wenn du weißt, daß er lügt und betrügt und weder Ehre noch Anstand besitzt?«

Aufgeschreckt wich sie meinem Blick aus. »Ich habe für einen Tag genug geredet«, erklärte sie knapp und ging mit einer frischen Tischdecke ins Eßzimmer hinüber. »Aber merk dir, was ich gesagt habe, und denk daran, daß die Dinge nicht immer sind, was sie zu sein scheinen. Vertrau keinem Mann und vor allem: Vergiß alle Träume, die dich beunruhigen.«

Sylvia

Die Zeit verging jetzt langsamer für mich. Ich hielt an meinen Erinnerungen fest. In meinem Tagebuch schrieb ich alle Erlebnisse auf und las sie täglich durch, um mir alles fest einzuprägen. Der Schaukelstuhl half mir in mehr als nur einer Hinsicht. Ich hatte mit ihm Frieden geschlossen. Ich hatte einen Ort, an den ich mich zurückziehen konnte, ein Heiligtum, wo ich Mammis Bild finden konnte, das auf den Wolken dahinschwebte.

Ich war elf Jahre und acht Monate alt in jenem Mai, als Sylvia heimkam. Meine Tante hatte dies bestätigt, und ich glaubte, daß sie mir diesmal die Wahrheit sagte. Sie bestätigte auch, daß Vera drei Jahre und zehn Monate älter war als ich. Nichts, so schwor ich mir, würde mich je wieder mein Alter vergessen lassen. Ich würde nicht zulassen, daß die grauen Nebel des Vergessens mich erneut umhüllten und wichtige Ereignisse verdunkelten. Ich sah in meinen Spiegel, sah kleine, harte Brüste, die sich unter meinen Sweatern abzeichneten. Ich trug lose Sweater, weil ich hoffte, daß Arden nichts bemerken würde, aber ich hatte ihn schon dort hinschauen sehen und gemerkt, daß er nicht wollte, daß ich ihn dabei ertappte. Ich sah andere Jungs in der Schule interessiert beobachten, wie meine Figur sich entwickelte. Ich ignorierte sie und konzentrierte mich auf Arden, der noch immer mit Vera in derselben Schule war. Was ich unter meinem Sweater hatte, war klein im Vergleich zu dem, was Vera zur Schau stellte, indem sie die engsten Pullover trug, in die sie sich hineinzwängen konnte.

Papa sagte nie etwas gegen Veras Aufzug. Sie durfte sich verabreden, durfte ins Kino und zu Schulbällen gehen. Sie gehörte zu einem Dutzend Clubs, jedenfalls erzählte sie das, wenn sie manchmal spät heimkam. Ich hatte nie Zeit für Gesellligkeiten. Ich mußte jeden Tag nach der Schule zu Mr. Rensdale eilen, aber ich fühlte mich jetzt nicht mehr so wohl bei ihm. Immer wieder mußte ich an das denken, was Vera mir erzählt hatte, was sie mit ihm tat. Manchmal dachte ich, daß sie log; dann wieder glaubte ich ihr. Eines Tages hatte Mr. Rensdale sein Sporthemd am Hals offenstehen, und seine Brust war wirklich sehr behaart, genau wie sie gesagt hatte. Sie hatte mir seinen nackten Körper so genau beschrieben, daß es mir fast vorkam, als wären seine Kleider durchsichtig. Ich konnte nicht in seine Richtung schauen.

Die Mädchen aus der Schule luden mich ein, aber Papa ließ sie mich niemals besuchen. Er wollte, daß ich bei ihm daheim war, ihm zuhörte, ihm beim Rasieren zusah und mir erzählen ließ, was er bei der Arbeit durchmachte. Während er sich rasierte und ich auf dem Badewannenrand hockte, lernte ich alles über den Börsenmarkt. Es war wie ein verrücktes Spiel für sehr reiche Leute. Nur die, die schon Millionen besaßen, konnten sicher sein, Gewinn zu machen – die anderen nur, wenn sie ›intuitiv‹ waren.

»Und du bist das«, sagte Papa und lächelte mich an, als er den Rasierschaum abwusch. »Audrina, der Schaukelstuhl hat dir geholfen, nicht wahr?«

»Ja, Papa. Kann ich jetzt gehen? Ich möchte Arden anrufen und mich für morgen mit ihm verabreden. Ich möchte gern mit ihm ins Kino gehen.«

»Ich gehe mit dir ins Kino.«

»Vera geht auch mit Jungs ins Kino. Warum darf ich das nicht?«

»Weil es mir verdammt egal ist, was Vera tut.«

Ich hatte schon öfter deshalb mit ihm gestritten und verloren; ich würde wieder verlieren. Doch dann lächelte Papa mich an. »Nun, meine geliebte, ungeduldige Kleine, du wirst bald haben, was du dir am meisten wünschst. Morgen ganz früh fahre ich dorthin, wo Sylvia lebt, seit sie aus dem Krankenhaus gekommen ist. Ich habe bereits angerufen und alle notwendigen Vorkehrungen getroffen. Morgen werde ich Sylvia heimholen.«

»Oh, Papa!« rief ich glücklich. »Danke, danke!«

Schon früh am nächsten Morgen, lange bevor Papa aus dem

Bett und unterwegs war, um Sylvia zu holen, raste ich durch den Wald zu dem Häuschen auf der anderen Seite. Der Wald war grün und üppig, erfüllt von der Schönheit des Frühlings. Ich hoffte, Arden zu erwischen, ehe er auf seinem Fahrrad davonfuhr, um die Morgenzeitungen auszutragen. Sein alter Wagen hatte ›den Geist aufgegeben‹ und wartete jetzt im Hof darauf, von Arden wieder repariert zu werden.

Rotkehlchen und Dompfaffen saßen im Gras und kümmerten sich kaum um mich, als ich zur Haustür lief und sie aufstieß, ohne anzuklopfen. Ich lief geradewegs in die Küche, wo ich dann abrupt stehenblieb, mit offenem Mund.

Da war Billie in Shorts und mit einem roten Oberteil. Zum erstenmal sah ich sie ohne all die langen, weiten Röcke, die sie immer so aussehen ließen, als hätte sie zwei Beine irgendwo darunter versteckt. Ihr Haar war offen und gewellt, das gestrickte Oberteil enthüllte einen bemerkenswert voluminösen Busen, aber alles, was ich sehen konnte, waren die beiden kleinen Stümpfe, die aus der kurzen Hose ragten. Sie sahen aus wie dicke Würste, die am Ende schmal wurden und säuberlich zusammengebunden waren. Kleine, strahlenförmig verlaufende Linien machten Falten, dort, wo die überschüssige Haut irgendwie befestigt worden war. Ich wich zurück.

Es war jämmerlich, diese Stümpfe, wo ihre schönen Beine gewesen waren. Ich schaute ins Wohnzimmer hinüber, wo sie all die Fotos von sich selbst in Kostümen aufbewahrte. Ich unterdrückte einen Aufschrei, und dabei hatte ich doch kein Mitleid zeigen wollen. Ich hatte sie sehen wollen, hatte nichts sagen wollen, hatte so tun wollen, als bemerkte ich nichts.

Zu meiner Überraschung fing Billie an zu lachen. Sie streckte den Arm aus, um meine Wange zu berühren, strich dann über mein vom Wind zerzaustes Haar. »Na los, starr sie nur an. Ich kann nicht sagen, daß ich dir einen Vorwurf deswegen mache. Sie sind kein hübscher Anblick, nicht wahr? Aber vergiß nicht, daß ich einmal zwei der schönsten, geschicktesten Beine hatte, die sich eine Frau nur wünschen kann. Sie haben mir gute Dienste geleistet, solange ich sie hatte, und die meisten Menschen werden niemals besitzen, was ich besessen habe.«

Wieder war ich sprachlos.

»Die Menschen lernen sich anzupassen«, sagte sie leise und berührte mich nicht mehr. Es war, als hätte sie Angst, ich könnte jetzt etwas dagegen haben. »Du versetzt dich in meine Lage und denkst, du könntest so nicht leben. Aber irgendwie erscheint es einem gar nicht mehr so schlimm, wenn man tatsächlich betroffen ist. Andererseits, und da sind wir Menschen nun einmal eigenartig, kann ich mich wieder umschauen und mich fragen: Warum gerade ich? Warum nicht sie? Oder der? Wenn ich wollte, könnte ich mich in einen Abgrund von Selbstmitleid stürzen. Aber meistens denke ich gar nicht über den Verlust meiner Beine nach.«

Da stand ich nun, verlegen, peinlich berührt, beschämt. Fast konnte ich ihre Beine sehen, die nicht da waren. »Arden hat mir erzählt, er sähe dich immer mit deinen Beinen, niemals ohne sie.«

»Ja«, sagte sie, und ihre Augen leuchteten. »Er ist ein wunderbarer Sohn. Ohne ihn hätte ich wahrscheinlich aufgegeben. Er hat mich gerettet. Weil ich Arden hatte, war ich gezwungen, weiterzumachen und zu lernen, selbständig zu sein. Und Arden würde alles für mich tun. Irgendwie haben wir es geschafft, weil wir einander hatten. Es war nicht leicht, aber gerade weil es schwer war, haben wir noch mehr Grund, stolz zu sein. Aber jetzt genug von mir. Was treibt dich so früh hierher?«

Als ich zögerte, fuhr sie mit ihrer Arbeit fort. Ihr hoher Stuhl auf Rollen stand so, daß sie ohne Mühe von einer Stelle zur anderen gelangen konnte, indem sie sich mit den Händen abstieß oder zu etwas zog. Doch dann passierte es, schneller, als ich sehen konnte – sie rutschte vom Stuhl und fiel krachend vor meine Füße. Da lag sie nun wie eine große, halbe Puppe.

Ich wollte ihr helfen.

»Hilf mir nicht!« befahl sie, und innerhalb von Sekunden hatte sie sich mit ihren kräftigen Armen auf den Stuhl zurückgehievt. »Audrina, schau mal in die Speisekammer. Dort siehst du einen kleinen, roten Karren. Den benutze ich, wenn ich durch die Gegend flitze. Arden hat ihn für mich gemacht. Er will ihn jedes Jahr neu streichen, immer in einer anderen Farbe, aber ich lasse ihn nicht. Ich mag Rot am liebsten. Ich bin nicht schüchtern, Liebes.«

Ich lächelte schwach, wünschte, ich könnte ebenso tapfer sein. Dann fragte ich, ob Arden bereits fort wäre.

»Ja, ist er. Wenn dieser lausige Kerl von einem Ehemann mir mehr Geld schicken würde, dann brauchte mein Sohn sich nicht zu Tode zu schuften.« Sie drehte sich um und strahlte. »Aber nun mach schon, sag mir, was du so früh bei uns treibst.«

»Billie, Sylvia kommt heute heim. Meine Tante hat mir erzählt, sie sei nicht normal, aber das ist mir egal. Ich habe ein so schlechtes Gefühl, weil ein armes, kleines Baby niemals seine Mutter gekannt hat, außer Papa niemanden hat, der es liebt. Und das reicht nicht, vor allem, wenn Papa sie nur ein-, zweimal im Monat besucht – wenn er das überhaupt tut. Bei meinem Vater weiß man nie, wann er die Wahrheit sagt, Billie.« Ich schämte mich. »Er lügt, und man weiß, daß er lügt; und er weiß, daß man es weiß, aber es macht ihm nichts aus.«

»Klingt ja schlimm.«

»Gestern habe ich Arden erzählt, daß Sylvia heute vielleicht heimkommen würde. Ich kenne Papa, deshalb war ich mir nicht sicher. Aber ich habe gelauscht und gehört, wie er gestern abend telefoniert hat. Er bringt sie heim. Er hat auch in seinem Büro angerufen und Bescheid gesagt, daß er heute nicht kommen würde. Habe ich dir schon gesagt, daß er jetzt Manager ist?«

»Ja, Liebes, mindestens zwei dutzendmal. Und jetzt werde ich dir etwas sagen, was du vielleicht selbst nicht weißt. Du bist sehr stolz auf deinen Papa. Selbst wenn du glaubst, du magst ihn nicht oder du haßt ihn, dann haßt du ihn und bist gleichzeitig traurig darüber. Aber keiner von uns ist nur gut oder nur schlecht. Es gibt alle möglichen Schattierungen. Keine Teufel durch und durch, keine wahrhaftigen Engel und Heiligen.« Sie lächelte. »Liebe du deinen Papa nur weiter, auch, wenn er nicht nur gut ist. Arden empfindet für seinen Vater genauso.«

Zwei Stunden später stand ich auf der Treppe vor dem Haus. Mein Herz klopfte irgendwo in meiner Kehle, meine Tante stand neben mir, und beide warteten wir darauf, meine kleine Schwester zu sehen – ich zum erstenmal. Ich sah mich um, denn ich wußte, ich würde mich später an diesen Tag erinnern müssen. Die Sonne strahlte vom Himmel. Keine Wolke war zu sehen. Dunst hing über dem Wald und dämpfte das Gezwitscher der Vögel. Das ist die Feuchtigkeit vom Tau, sagte ich mir, sonst nichts. Eine warme Brise vom Fluß zerzauste mein Haar.

Der große Rasen war von einem Mann aus dem Dorf gemäht worden; er hatte Unkraut gejätet, die Büsche beschnitten, den Weg auf der Vorderseite gefegt. Das Haus war frisch getüncht, das Dach war auch neu – so rot wie getrocknetes Blut, genau wie die Fensterläden. Wir hatten unsere besten Kleider an, um Sylvia daheim willkommen zu heißen. Auch Vera war da. Sie saß gelangweilt auf der Schaukel; ein kleines, geheimes Lächeln verzog ihre Lippen und ließ ihre dunklen Augen boshaft funkeln. Ich vermutete, daß sie weit mehr über Sylvia wußte als ich, so wie sie über alles mehr wußte als ich.

»Aud... driii... naaa...«, sang sie, »bald wirst du es sehen... wirst selbst sehen. Mensch, wirst duuuu traurig sein, daß du darum gebettelt hast, deine kleine Schwester herzuholen – denn ich will nichts mit ihr zu tun haben. Für mich existiert sie einfach nicht.«

Ich wollte mir meine Freude und Aufregung auf keinen Fall von Vera verderben lassen. Wahrscheinlich war sie nur eifersüchtig, weil es Mammis Baby war und nicht das meiner Tante.

»Audrina«, sagte meine Tante, »bist du wirklich so glücklich, wie du aussiehst?« Sie selbst runzelte meistens die Stirn, wenn Sylvias Name fiel, und für sie war heute bestimmt kein glücklicher Tag.

»Seht nur, seht! Da kommen sie!« rief ich aufgeregt und zeigte auf Papas Mercedes, der zwischen den Bäumen auftauchte, verschwand und dann wieder auftauchte. Ich trat ein bißchen näher an meine Tante heran, die sich reckte und aufrecht und groß neben mir stand. Für einen Sekundenbruchteil griff ihre Hand nach meiner, aber sie nahm sie nicht. Hatte sie noch nie genommen.

Hinter uns kicherte Vera, die auf der Schaukel hin und her schwang und dabei ihr ›Duuu wirst traurig sein‹-Liedchen trällerte.

Der glänzende, schwarze Wagen hielt vor unserem Eingang. Papa stieg aus und ging zur Beifahrertür, öffnete sie – aber ich konnte niemanden dort sehen. Dann griff Papa hinein und holte ein winziges Kind vom Sitz.

Papa rief mir zu: »Das ist Sylvia!« Er strahlte mich an, und dann stellte er Sylvia auf den Boden.

In diesem Augenblick hörte das Holz der Schaukel auf zu knarren. Vera erhob sich zögernd und kam näher. Ich sah aus dem Augenwinkel, daß ihre Augen auf mich gerichtet waren, als interessierten sie nur meine Reaktionen und Sylvia wäre ihr völlig egal. Nicht ein einziges Mal sah sie meine Schwester an. Wie merkwürdig!

Trotz Vera und trotz des grimmigen Gesichtsausdrucks meiner Tante war ich so glücklich, als ich das hübsche kleine Mädchen ansah, das meine Schwester war. Gleich darauf fand ich sie nicht nur hübsch, sondern wunderschön. Sie hatte leuchtende kastanienbraune Locken, rotblond, wo die Sonne darauf schien, und wie sie glänzten! Ich sah ihre kleinen, süßen Händchen mit den Grübchen darauf, die sie nun flehend nach Papa ausstreckte, damit er sie auf den Arm nahm. Er mußte sich bücken, um ihre Hand halten zu können; das tat er und führte sie zur Treppe. »Immer einen Schritt nach dem anderen, Sylvia«, ermutigte er sie. »So geht das, immer einen nach dem anderen.«

Wie hübsch die kleinen, weißen Schühchen waren, die sie anhatte. Was würde sie mir für Freude machen, eine lebende Puppe ganz für mich allein, die ich anziehen und mit der ich spielen konnte. Zu aufgeregt, um Worte zu finden, ging ich ihnen entgegen. Eine Stufe nur – dann blieb ich stehen. Irgend etwas ... irgend etwas an ihren Augen, der Art, wie sie ging, wie sie den Mund hielt. Oh, lieber Gott – was war mit ihr nicht in Ordnung?

»Komm, Sylvia«, drängte Papa und zerrte an ihrer winzigen Hand. »Komm du auch, Audrina. Komm zu uns und lern die kleine Schwester kennen, die du unbedingt haben wolltest. Komm näher, damit du Sylvias aquamarinblaue Augen bewundern kannst, die so eine hübsche Form haben. Sieh nur, wie weit sie auseinanderstehen. Schau dir Sylvias lange, geschwungene Wimpern an. Betrachte all die Schönheit, die sie besitzt – und vergiß alles andere.«

Er brach ab, sah mich an und wartete. Vera kicherte und begab sich zu einem Platz, von wo aus sie mich besser beobachten konnte.

Ich war wie erstarrt, hatte in diesem Augenblick das Gefühl, daß die gesamte Natur nur darauf wartete, welche Entscheidung ich treffen, wie ich Sylvia beurteilen würde. Jetzt mußte ich meinen Schritt machen, aber ich konnte mich nicht rühren, konnte nichts sagen.

Papa wurde ungeduldig. »Schön, wenn du nicht zu uns kommen kannst, dann kommen wir eben zu dir.« Unerschrocken wie immer schenkte er mir sein charmantes Lächeln, so daß seine Zähne im Sonnenlicht blitzten. »Über zwei Jahre lang hast du mich angefleht, ich sollte endlich deine kleine Schwester heimbringen. Nun, hier ist sie. Freust du dich denn nicht?«

Papa mußte Sylvia helfen, Schritt für Schritt kam sie gequält vorwärts. Sie konnte ihre Füße nicht richtig heben. Sie schlurften auf dem Boden entlang, und Sylvia stolperte über jedes noch so kleine Hindernis. Und dabei taumelte ihr Kopf von rechts nach links; dann fiel er nach vorn; dann ruckte er nach hinten, als wollte sie den Himmel anstarren – wieder vor, der Boden zog ihre Aufmerksamkeit an – wenn man diesen leeren Blick als Aufmerksamkeit bezeichnen konnte.

Sylvias Knochen schienen aus Gummi. Ehe sie noch fünf kleine Schritte gemacht hatte, waren ihre neuen, weißen Schuhe abgestoßen, war sie dreimal auf die Knie gefallen und von Papa aufgehoben worden. Papa zerrte sie die Treppe hinauf, indem er sie einfach an einem zarten Ärmchen packte und hochhob. So, wie sie näher kamen, wich ich zurück, ohne es zu merken. Noch immer kam Sylvia näher und näher, so daß ich Einzelheiten erkennen konnte. Ihre Lippen lagen nie aufeinander, sondern standen offen, und Speichel tropfte aus ihrem Mund; ihre Augen blickten leer, fixierten niemals irgend etwas.

Ich zitterte, mir war übel. Papa, es war alles nur seine Schuld! Er war verantwortlich für Sylvias Zustand! All diese Streitereien, die unzähligen Male, wo er seinen Gürtel als Peitsche benutzt hatte. Ich schluchzte um Mammi, die auch das Ihre dazu getan hatte, als sie heißen Tee mit Bourbon getrunken hatte, obwohl Papa es ihr verboten hatte.

Und mit jeder Sekunde kam das Ergebnis ihres Versagens näher, dieses reizende kleine Mädchen, das völlig schwachsinnig aussah.

Ich wich zurück, bis ich die Hauswand hinter mir spürte. Unaufhörlich, rücksichtslos folgte mir Papa, zerrte meine Schwester mit. Dann bückte er sich, um sie aufzuheben, und mit einem Arm hielt er sie so, daß sie auf Augenhöhe mit mir war.

»Schau her, Audrina, das ist Sylvia. Schau sie dir an. Dreh nicht den Kopf beiseite. Mach die Augen nicht zu. Sieh dir an, wie Sylvia sabbert, daß sie ihre Augen nicht auf einen Punkt richten kann, ja, nicht einmal ihre Füße kann sie anständig bewegen. Sie muß mehr als ein dutzendmal nach einem Gegenstand greifen, ehe sie ihn wirklich erwischt. Sie versucht, Essen in ihren Mund zu schieben, verfehlt ihn, aber schließlich findet sie doch noch eine Möglichkeit zu essen. Sie ist wie ein Tier, ein wildes Wesen – aber ist sie nicht schön, charmant und auch schrecklich? Jetzt, wo du sie siehst, verstehst du vielleicht, warum ich sie so lange nicht herbringen wollte. Ich habe dir die Freiheit gegeben, und du hast mir nicht ein einziges Mal dafür gedankt. Nicht ein einziges Mal.«

»Sylvia ist eine Irre ... eine Irre ... eine Irre ...«, sang Vera leise im Hintergrund. »Jetzt hat Audrina eine Blöde... eine Blöde... eine Blöde...«

»Vera, geh sofort ins Haus und bleib da!« brüllte Papa.

Aus irgendeinem Grund erbleichte Vera. Sie ging näher zu Papa, der Sylvia noch immer im Arm hielt. »Dir ist diese Idiotin immer noch lieber als ich, nicht wahr?« schrie Vera und funkelte ihn und auch Sylvia wütend an. Irgend etwas quälte sie, verzerrte ihren Mund und ließ sie alt und häßlich aussehen. »Es wird noch die Zeit kommen, da wünschst du dir mich mehr als alles andere auf der Welt – aber ich werde dir eher ins Gesicht spucken, als daß ich dir helfe, wenn du es brauchst!«

»Damit sagst du mir nichts, was ich nicht schon wüßte«, erklärte Papa kalt. »Du bist wie deine Mutter – großzügig mit deinem Haß und deiner Bitterkeit, aber geizig mit deiner Liebe. Ich brauche deine Hilfe nicht, Vera. Weder jetzt noch in Zukunft – ich habe Audrina.«

»Du hast nichts, wenn du Audrina hast!« kreischte Vera und schlug nach ihm. »Sie haßt dich auch, bloß weiß sie es noch nicht!«

Mit einer Hand hielt Papa immer noch Sylvia, während er mit der anderen Hand ausholte und Vera eine so kräftige Ohrfeige versetzte, daß sie zu Boden fiel. Zusammengekrümmt blieb sie dort liegen und schrie wie wild. Sylvia fing laut zu heulen an.

»Verdammt sollst du sein, weil du sie geschlagen hast!« rief meine Tante. »Damian, das Mädchen möchte doch nichts weiter als ein bißchen Zärtlichkeit von dir. Du hast ihr nie etwas anderes entgegengebracht als Gleichgültigkeit. Und du weißt, wer sie ist – *du weißt es!*«

»Ich weiß überhaupt nichts«, erklärte Papa, und sein Ton war so eiskalt, daß ich vor Angst schauderte. Seine dunklen, drohenden Augen starrten meine Tante an. Es war fast, als wollte er ihr auf diese Weise befehlen, den Mund zu halten, sonst würde er sie auch noch niederschlagen.

Panik überkam mich. Vera kroch zur Tür, um sich an ihr hochzuziehen. Noch immer weinend verschwand sie im Haus. Und ich blieb zurück, starrte Sylvia noch immer an, die nichts und niemanden ansehen konnte.

Was hatte sie eigentlich für Augen? Leere Augen. Ihre Farbe war schön, die langen Wimpern dunkel und geschwungen, aber was machte das schon aus, wenn hinter diesem leeren Blick kein Interesse lag?

Ich schluckte an dem dicken Klumpen, der mir in der Kehle saß und meine Stimme zu ersticken drohte. In meinen Augen brannten Tränen. Ich hatte die Hände zu Fäusten geballt und wischte mir die Tränen fort, versuchte, es Papa nicht sehen zu lassen.

Papa starrte mich an. »Sagst du nichts, Audrina? Nun komm schon, irgend etwas mußt du doch denken?«

Unsere Blicke trafen sich. Er lächelte, dünn und zynisch. »Warum kann Sylvia ihren Mund nicht zumachen und ihre Augen auf einen Punkt richten?« fragte ich mit schwacher Stimme. »Und warum kann sie nicht so gut laufen wie andere Kinder, die fast drei Jahre alt sind?«

»Laß uns allein«, befahl Papa meiner Tante, die wie angewurzelt bei uns stand. Noch immer konnte ich Veras Weinen hören, das zu uns schallte. Obwohl unser riesiges Haus mit dunklen, massiven Möbeln vollgestellt war, schien es doch wie hohl zu sein, wenn jemand so schrie, wie Vera jetzt schrie. Es war schrecklich, gespenstisch.

»Warum soll ich gehen, Damian? Sag es mir.«

»Zwischen Audrina und ihrer Schwester soll nicht der Einfluß eines anderen Menschen stehen. Elsbeth, sieh mich nicht so mißbilligend an. Es steht dir nicht.«

Ohne ein weiteres Wort des Protestes betrat meine Tante das Haus und warf die Tür hinter sich zu. Papa ging mit Sylvia auf die Veranda und ließ ihre Hand los. Sofort fing sie an, umherzustolpern, taumelte ziellos einmal hierhin, einmal dorthin, drehte sich unbeholfen um und stieß gegen einen Korbstuhl, warf dann einen Farn um, der in einem Topf auf dem weißen Korbregal gestanden hatte, das endlich auch noch umkippte.

Oh! »Sie ist blind, Papa, nicht wahr?« rief ich, als mir plötzlich klar wurde, warum ihre Augen so leer waren. »Warum hast du mir das nicht längst gesagt?«

»Es wäre besser, wenn sie nichts sehen könnte«, meinte Papa traurig. »Sylvia sieht vielleicht so aus, als sei sie blind, aber sie kann fast genauso gut sehen wie du und ich – nur kann sie die Muskeln ihrer Augen nicht beherrschen und auf einen Fleck schauen. Kurz nach der Geburt dachten die Ärzte, sie hätte eine Nervenkrankheit, und untersuchten sie daraufhin. Man hat jede Untersuchung vorgenommen, die die moderne Medizin kennt, um herauszufinden, was mit ihr nicht in Ordnung ist. Sie kann sehen, sie kann hören, aber trotzdem reagiert sie auf nichts so, wie sie sollte. So, und jetzt frag, woher die Ärzte das wissen, und ich werde dir all die langweiligen Details erzählen, werde dir all die Tests erklären, denen man sie unterworfen hat, sobald man vermutete, daß etwas nicht stimmte.«

»Erzähl es mir«, flüsterte ich.

»Wenn du genau aufpaßt, wirst du sehen, daß sie zwar gegen Stühle rennt und Dinge umwirft, aber nie die Treppe hinunterfällt.« Er sah mich an, nicht Sylvia, die eigentlich beaufsichtigt werden müßte. »Wenn du ihren Namen häufig rufst, wird sie irgendwann reagieren. Sie geht vielleicht direkt an dir vorbei, aber sie kommt. Ich wollte sie noch ein Jahr bei den Therapeuten lassen. Ich hoffte, in dieser Zeit hätten sie ihr wenigstens beigebracht, ihren Körper zu kontrollieren.« Er sah meinen Gesichtsausdruck und erklärte leise: »Audrina, Sylvia trägt Windeln wie viele andere Kinder in ihrem Alter, aber im Gegensatz zu anderen Kindern wird Sylvia wahrscheinlich ihr Leben lang Windeln tragen müssen.«

Ach, wie schrecklich! Ich starrte Sylvia ungläubig an.

Papa fuhr fort: »Wenn es stimmt, was die Spezialisten sagen, dann ist Sylvia schwer behindert – und wird es immer sein. Ich möchte nicht daran glauben, und doch muß ich die Tatsache akzeptieren. Trotzdem ist da ein kleiner Teil in mir, der mir sagt, daß Sylvia vielleicht eines Tages ein ganz normales Mädchen sein wird, wenn man sie nur richtig pflegt – das heißt, wenn überhaupt jemand von uns weiß, was normal ist.«

Ich war auf alles gefaßt gewesen, nur nicht auf das. Blind, taub, lahm, damit wäre ich fertig geworden, dachte ich. Aber nicht hiermit. Ich brauchte keine zurückgebliebene Schwester, um mein Leben noch komplizierter zu machen.

In diesem Augenblick drehte ich mich um und sah, daß Sylvia gefährlich nah an der Treppe war. Ich stürzte vorwärts und packte sie gerade noch rechtzeitig. »Papa, du hast doch gesagt, sie könnte sehen!«

»Kann sie auch. Außerdem ist sie sehr intuitiv. Sie wäre nicht gefallen. Sie ist wie ein wildes Tier, das mit Hilfe seines Instinkts überlebt. Hab sie ein bißchen lieb, Audrina, auch wenn du sie nicht sehr lieben kannst. Sie braucht jemanden, der gut zu ihr ist, und wenn du jede streunende Katze und jeden Hund ins Herz schließen, jeden verletzten Vogel pflegen kannst, dann kannst du auch deine Schwester lieben und für sie sorgen, solange sie dich braucht.«

Ich starrte in sein volles, hübsches Gesicht empor, in dem gerade die ersten Fältchen auftauchten. Ein bißchen Silber zeigte sich an seinen Schläfen. Ich war noch keine zwölf Jahre alt, und er übertrug mir die Verantwortung für ein Kind, das für immer ein Baby bleiben würde.

Papa hatte mir oft gesagt, daß ich schlau wäre, daß ich alles tun könnte, was ich mir in den Kopf gesetzt hätte. Jetzt sagte er, ich würde Sylvia schon bald sauber haben. Liebe konnte mehr ausrichten als Berufserfahrung. Mit aufgerissenen Augen konnte ich ihn nur weiter anstarren, als er nun erklärte, daß ich ihr auch beibringen würde, richtig zu sehen, die Lippen zu kontrollieren, anständig zu laufen, zu sprechen. Ich konnte nicht aufhören, Sylvia zu beobachten, die mühsam auf Händen und Knien die fünf Stufen hinabkroch. Unten stand sie auf und stolperte im Hof herum. Ein paarmal versuchte sie, eine Kamelie vom Busch zu pflücken. Die Farbe schien sie anzuziehen, und als sie sie schließlich in ihrer kleinen Hand hielt, versuchte sie, sie an die Nase zu halten und zu riechen. Sie wußte nicht genau, wo ihre Nase war, oder wenn sie es wußte, dann wußte sie nicht, wie sie sie erreichen konnte. Ich war gerührt, entsetzt und erfüllt mit Mitleid. In der kurzen Zeit, die sie jetzt hier war, hatte sie es geschafft, ihr Kleid schmutzig zu machen, ihre Schuhe so zuzurichten, daß sie nicht mehr zu reparieren waren, und ihr hübsches Haar hing ihr zottelig ins Gesicht.

Ich war hin- und hergerissen. Sylvia tat mir leid. Ich wollte sie und wollte sie auch wieder nicht. Ich liebte sie, aber vielleicht fing ich auch schon an, sie ein kleines bißchen zu verabscheuen. Wochen später vermutete ich, daß ich, hätte man mir in diesem Augenblick eine Wahl gelassen, sie wieder zurückgeschickt hätte, dorthin, woher sie gekommen war.

Aber Sylvia war hier, und ich war für sie verantwortlich. Vielleicht brauchte ich sie nicht, wollte ich sie nicht, aber um meiner geliebten Mutter willen würde ich mich um Sylvia kümmern, selbst wenn das bedeutete, daß ich auf die Freiheit verzichten mußte, die ich vielleicht gehabt hätte, wenn sie nicht geboren worden wäre.

Als ich sie jetzt beobachtete, faßte etwas Zartes, Liebendes nach mir und trieb mich voran auf dem Weg zur Reife. Ich eilte die

Treppe hinab und riß sie in meine Arme. Mehr als ein dutzendmal küßte ich sie auf ihre runden Bäckchen. Ich hielt den kleinen Kopf in meiner Hand und fühlte das seidige Babyhaar.

»Ich werde ich liebhaben, Sylvia! Ich werde deine Mutter sein. Von nun an sollst du nie wieder schlecht behandelt werden. Eines Tages wirst du von mir lernen, wie du deine Blase kontrollieren kannst und wie man eine Toilette benutzt. Ich werde dich retten, Sylvia. Ich glaube einfach nicht, daß du zurückgeblieben bist, du bist nur körperlich nicht trainiert. Jeden Morgen, wenn ich aufwache, werde ich mir neue Wege ausdenken, wie ich dir beibringen kann, was du wissen mußt. Es gibt eine Möglichkeit, dich zu einem normalen Menschen zu machen. Ich weiß, daß es sie gibt.«

Schwestern

An diesem Abend hob mich Papa zum letzten Mal auf seinen Schoß. »Du wirst erwachsen, Audrina. Mit jedem Tag bist du mehr eine Frau. Ich sehe die Veränderungen, die mit deinem Körper vorgehen, und ich hoffe, daß deine Tante dir erklärt hat, wie man mit gewissen Situationen fertig wird. Von nun an werde ich dich nicht mehr so knuddeln können wie heute. Die Menschen denken oft böse Sachen – aber selbst wenn ich dich nicht so halte, heißt das nicht, daß ich dich nicht mehr liebe.«

Seine Hände lagen auf meinem Haar, und ich preßte mein Gesicht an sein Hemd. In diesem Augenblick spürte ich nichts als seine Liebe.

»Ich bin stolz und sehr froh, daß du versprochen hast, auf Sylvia aufzupassen«, fuhr er fort, so gefühlvoll, als hätte ich jetzt endlich doch bewiesen, wie seine erste und geliebte Audrina zu sein. »Es ist deine Pflicht, dich um deine unglückliche Schwester zu kümmern. Du darfst sie nie in ein Heim einweisen lassen, wo sie von anderen Patienten mißbraucht werden würde und auch von den Pflegern, die nicht anständig bleiben, wenn es um ein hübsches, junges Mädchen geht. Und Sylvia wird sehr schön werden, das kann man schon jetzt sehen. Sie wird keine geistigen Fähigkeiten besitzen, aber das kümmert die Männer nicht. Sie werden sie benutzen, mißbrauchen. Wenn sie die Pubertät erreicht, wird irgendein Junge ihr die Jungfräulichkeit rauben, wird sie vielleicht zur Mutter machen. Und Gott helfe ihrem Kind, für das du dann auch verantwortlich sein wirst. Sieh mich nicht so an und denke nicht, ich würde dir meine Last auf die jungen Schultern laden. Sylvia wird mich überleben, genau wie du. Ich denke nur an die Zeit, wenn ich nicht mehr bin und auch Tante Elsbeth nicht.«

Ich schluchzte an seiner Schulter, dachte, welch schweres Kreuz Sylvia doch war.

Papa trug mich zum letzten Mal die Treppe hinauf und brachte mich zu Bett, und vielleicht küßte er mich auch zum letzten Mal, als er mir nun eine gute Nacht wünschte. Unklare Erinnerungen tauchten vor mir auf von all den Abenden, an denen er mich zu Bett gebracht hatte, mir meinen Gutenachtkuß gegeben hatte, sich meine Gebete angehört und mich ins Zimmer der ersten Audrina gebracht hatte, wo ich im Schaukelstuhl sitzen und träumen mußte. Als er jetzt in der Tür stand und mich traurig ansah, erklärte er mir, daß er erwarten würde, daß ich von nun an erwachsen sei.

»Schon gut, Papa«, antwortete ich mit kräftiger Stimme, »ich habe jetzt keine Angst mehr, nachts durch den Flur zu gehen. Wenn Sylvia im Schlaf weint, laufe ich zu ihr, und du brauchst dich nicht darum zu kümmern. Aber du mußt sie auch liebhaben und alles für sie tun, was du für mich getan hast. Ich habe nicht einmal mehr Angst, im Schaukelstuhl zu sitzen. Wenn du nicht vor der Tür stehst, werde ich tatsächlich zu dem leeren Krug, der sich bis zum Überlaufen mit allem füllt, was schön ist. Die Jungs im Wald quälen mich nicht mehr, denn ich habe gelernt, sie nicht mehr so zu fürchten, wie ich es früher getan habe. Danke, Papa, dafür, daß du mir geholfen hast, meine Angst vor den Jungs zu überwinden.«

Eine lange, lange Weile stand er schweigend da. »Ich bin froh, daß sich der leere Krug gefüllt hat.«

»Wenn ich jetzt in dem Stuhl sitze, kann ich Mammi finden und mit ihr reden ... ist das verrückt, Papa?«

Ein Schatten verdunkelte seine Augen. »Halte dich dem Schaukelstuhl fern, Audrina. Er hat alles für dich getan, was er konnte.«

Was? Wie merkwürdig, wie überraschend. Ich wußte jetzt, daß ich ihn nicht aufgeben würde. Papa schützte mich vor etwas, von dem er nicht wollte, daß ich es erfuhr. Und genau dieses Etwas mußte ich einfach kennen.

Er verließ mich, schloß die Tür hinter sich, und ich war allein. Ich lag so still im Dunkeln, daß ich das Haus atmen hören konnte, die Bretter des Bodens flüsterten, ersannen einen Weg, mich für alle Zeiten hier festzuhalten.

Im Dämmerlicht meines schattigen Zimmers, umgeben von all den Geistern früherer Whiteferns, hörte ich das leise Knarren meiner Tür, als sie geöffnet und dann wieder geschlossen wurde. Es schien, als schlüpfe ein Gespenst aus der Hölle herein. Das lange, weiße Gewand schleifte über den Boden. Ich hätte fast geschrien!

»Audrina... ich bin's bloß ... Vera.«

Mein Herz schlug so schnell nach dem Schrecken, den sie mir eingejagt hatte, daß meine Stimme bebte, als ich fragte, was sie wollte. Leise und stockend drangen ihre Worte an mein Ohr – und verblüfften mich. »Ich möchte deine Freundin sein... wenn du mich haben willst. Ich habe es satt, in einem Haus zu leben, wo mich jeder haßt, sogar meine eigene Mutter. Audrina, ich habe niemanden! Zeig mir, wie man die Leute dazu bringt, einen zu mögen.«

»Deine Mutter mag mich nicht«, erwiderte ich erstickt.

»Doch, das tut sie. Auf alle Fälle mehr als mich. Dir vertraut sie das gute Porzellan an, das Kristall – und das ist der wahre Grund, warum sie dich meine Pflichten übernehmen läßt. Ich bin nicht einmal gut genug für eine Küchensklavin. Audrina, ist dir aufgefallen, wie oft sie Papa das ins Gesicht schleudert? Es ist ihre Waffe, um ihn zu verletzen, weil sie weiß, daß es ihm weh tut, wenn sie das sagt. Denn das ist es, was er aus deiner Mutter gemacht hat – seine Küchen- und Bettsklavin.«

Mir gefiel dieses Gespräch nicht, es schien verräterisch. »Meine Mutter hat ihn geliebt«, erklärte ich trotzig. »Ich glaube, wenn man liebt, gibt man auf, was man sich für sich selbst wünscht.«

»Dann gib du auch etwas für mich auf, Audrina. Liebe mich so, wie du bereit bist, Sylvia zu lieben. Und das, obwohl sie dumm und zurückgeblieben ist, auch wenn sie noch klein und bemitleidenswert und irgendwie süß ist. Ich werde deine beste Schwester sein. Bestimmt. Von jetzt an. Ich schwöre dir, daß ich nie wieder gemein zu dir sein werde. Bitte, werde meine Freundin, Audrina. Bitte, hab Vertrauen zu mir.«

Noch nie zuvor war Vera in meine Nähe gekommen, ohne wenigstens zu versuchen, mich zu verletzen. Sie zitterte, als sie neben meinem Bett stand. In ihrem langen, weißen Nachthemd mit merkwürdigem, aufrecht stehendem Haar, das so gespenstisch aussah, schien sie verletzlich. Und ich konnte sie verstehen. Es war schrecklich, von der eigenen Mutter nicht geliebt zu werden... und wenn sie sich meine Liebe wünschte, dann wollte ich es wenigstens versuchen.

Ich erlaubte ihr, zu mir ins Bett zu kriechen, und einander umarmend schliefen wir bald darauf fest ein.

Ich habe mich niemals gefragt, warum Vera gerade an dem Tag, an dem Sylvia heimkam, beschloß, daß sie mich brauchte. Ich war nur dankbar.

Schon bald standen Vera und ich uns sehr nahe. Wir hatten so viel Spaß miteinander, daß es unglaublich schien, daß ich sie noch vor so kurzer Zeit für meine ärgste Feindin gehalten hatte. Obwohl sie nur einmal pro Woche Unterricht bei Mr. Rensdale hatte, begleitete sie mich von nun an täglich. Anständig und bescheiden saß sie auf dem Sofa und hörte mir beim Spielen zu. Arden flüsterte mir zu, daß er froh war, daß Vera und ich endlich Freundinnen geworden waren. »So sollte es mit Schwestern auch sein – oder mit Cousinen. Familien gehören zusammen.«

»Ist schon in Ordnung, wenn du sie meine Schwester nennst. Die anderen denken das sowieso alle.«

Jetzt, wo ich Vera und meinen Musiklehrer zusammen sah, dachte ich, ich könnte erkennen, ob Vera mir Lügen oder die Wahrheit erzählt hatte. Waren sie wirklich ein Liebespaar? An einem heißen Sommernachmittag trug Vera nichts weiter als einen kurzen weißen Baumwoll-BH und hellgrüne Shorts. Ich hatte eine weiße Bluse und einen Rock an, was Papa der Klavierstunde für angemessen hielt. Die Art, wie Vera an- (oder aus-)gezogen war, war seiner Meinung nach für mich zu unanständig.

Während ich ernsthaft versuchte, mit dem Eifer eines vielversprechenden Künstlers zu arbeiten, räkelte sich Vera in einem von Mr. Rensdales Sesseln, hatte ein Bein über die Armlehne geworfen. Ihre Finger vollführten Kreise um ihre Brustwarzen, die bereits hervorstanden. Mr. Rensdales Blicke wanderten unweigerlich immer wieder in ihre Richtung. Wie herrlich ich auch spielte, oder wie viele Fehler ich auch machte, er bemerkte nichts davon. Welchen Sinn hatten Stunden des Übens, wenn Vera ihn dann so ablenkte? Gedankenlos umarmte Vera sich selbst, streichelte ihre Schenkel, ihre Arme, schüttelte ihre Brüste, als wollte sie Krümel aus ihrem BH entfernen. Es war erstaunlich, wie sie sich immer mit ihrem Körper beschäftigen konnte.

»Vera, um Gottes willen, ist mit dir was nicht in Ordnung?« fuhr Lamar Rensdale sie an.

»Eine Biene hat mich gestochen, an einer unaussprechlichen Stelle, und das tut weh«, heulte sie und sah ihn flehentlich an. »Ich muß den Stachel herausziehen, aber ich kann ihn nicht sehen. Er ist an der Unterseite meines —«

»Ich weiß, wo er ist«, unterbrach er sie. »Schließlich versuchst du seit einer halben Stunde, ihn herauszuziehen. Audrina, geh in mein Badezimmer und hilf deiner Schwester, den Stachel herauszuziehen.«

Mr. Rensdale hatte ihr den Rücken zugekehrt und sah mich bittend an. Hinter ihm schüttelte Vera heftig den Kopf und machte mir klar, daß sie *meine* Hilfe nicht wollte. Trotzdem stand ich auf und ging ins Bad, wo ich auf Vera wartete. Minuten vergingen. »Beeil dich, Vera. Arden wird gleich hiersein, um uns heimzufahren.«

»Ist schon gut«, kam Veras fröhliche Antwort. »Ich hab's gerade geschafft, den Stachel selbst herauszuziehen.« Als ich ins Wohnzimmer zurückkam, lächelte sie und zog ihr knappes Oberteil nach unten. »Ich brauchte nichts weiter als einen guten Spiegel. Danke, daß ich Ihre Pinzette benutzen durfte, Mr. Rensdale.«

Warum war sein Gesicht so rot? Dann sah ich Veras zufriedene Miene und erriet, daß sie ihren BH vor ihm hochgeschoben und den Stachel entfernt hatte. Wenn da überhaupt einer gewesen war.

Von diesem Tag an bemerkte ich kleine Vertraulichkeiten zwischen den beiden. Er schien sich um meinetwillen zurückhalten zu wollen, aber ebenfalls meinetwegen wollte Vera unbedingt zeigen, welcher Art ihre Beziehung war. Wenn sie mit dem Klavierspiel an der Reihe war, bemühte sie sich, eine kindliche Weise zu klimpern ... die ihn zusammenzucken ließ ... und oft löste sich der Träger ihres Oberteils, oder ihr Tennisrock rutschte so hoch, daß man ihr Höschen sah. Sie flirtete mit Blicken, Gesten, mit der Art, wie sie sich sorglos hinsetzte, einladend, ihm auf alle nur mögliche Art klarmachte, daß sie freigebig war — wenn er sie wollte, und wann immer er sie wollte. Ich fing wieder an, sie zu verabscheuen. Sie erzählte Witze, die mich erröten ließen, und Mr. Rensdale saß mit niedergeschlagenen Augen da, scheinbar sehr müde. Er sah immer so müde aus. »Das ist die Hitze«, erklärte er, als ich ihn fragte. »Das Klima beraubt mich jeder Energie.«

»Ach, heben Sie sich bitte noch ein bißchen auf, Mr. Rensdale«, flötete Vera. »Bloß genug, damit das Vergnügen nicht zu kurz kommt.«

Er sagte nichts, stand lediglich auf und reichte mir die Unterlagen für die Hausaufgaben. »Ich hoffe, euer Haus ist nicht so feucht wie dieses hier.«

Vera gab er nichts, aber sie tauschten mit Blicken eine geheime Nachricht aus.

»Die Zimmer sind herrlich kühl«, zirpte Vera, »aber oben ist es genauso heiß und feucht wie hier. Ich würde die ganze Zeit nackt herumlaufen, wenn Papa und meine Tante dann nicht einen Anfall kriegen würden.«

Ich starrte Vera an. Einmal in all der Zeit, während einer langen Hitzeperiode, war unser Haus im Obergeschoß stickig gewesen, aber doch nicht so heiß, daß irgend jemand hätte nackt sein müssen.

Die Sommertage streckten sich dahin, heiß und feucht, und gelegentlich machte ich einen Ausflug an den Strand. Ich durfte mit Arden beisammensitzen, und Papa blieb in der Nähe und beobachtete, was wir miteinander trieben. Vera weigerte sich, irgendwohin zu fahren, wo Papa war, und meine Tante hatte zuviel zu tun, um Zeit für ein Vergnügen zu haben. Sylvia krabbelte durch den Sand. Sie sah gänzlich anders aus als die anderen Kinder in ihrem Alter und ihrer Größe. Sie konnte ihr Sandeimerchen nicht füllen, obwohl sie es geduldig immer wieder versuchte; sie hatte nicht genug Verstand, um vor den Wellen davonzulaufen, die sie hätten packen und ins Meer hinausziehen können. Arden und ich waren es, die wieder und wieder hinter ihr herliefen und sie retteten. Papa räkelte sich unter einem riesigen, bunten Sonnenschirm und beäugte all die hübschen Mädchen.

Bald lernte ich, daß Sylvia alles aß, sogar Gras. Sie kroch im Haus herum, auch draußen, stand auf und stolperte durch die Gegend, stieß immer wieder gegen irgend etwas. Wie durch ein Wunder zerbrach sie nach dem ersten Tag nichts mehr. Wenn man sie auch nur ein paar Sekunden lang im Garten allein ließ, wanderte sie davon und verlief sich. Einmal, nachdem ich sie eine Stunde lang verzweifelt gesucht und gerufen hatte, fand ich sie unter einem Baum sitzend und wilde Erdbeeren essend. Sie sah so unschuldig aus wie ein Engel – ohne Verstand. Des Nachts schrie sie und bewies damit, daß ihre Stimmbänder in Ordnung waren und sie eines Tages auch sprechen könnte, wenn es mir je gelingen sollte, ihr schlafendes Gehirn zu wecken. Sie aß, indem sie ihr Essen nach unzähligen Versuchen ungeschickt mit den Händen aufnahm und dann alles, was sie in der Hand hielt, in den Mund stopfte. Leider gelang es ihr nie beim ersten Versuch; sie verfehlte ihr Ziel mindestens zweimal, ehe sie ihre Hände zum Mund führen konnte.

Am Ende jeder Mahlzeit sah Sylvia furchtbar aus; die Speisen klebten ihr überall im Gesicht, im Haar, in den Nasenlöchern. Ein Lätzchen half überhaupt nichts. Sie ließ fallen, verschüttete, erbrach sich häufig, vor allem, wenn sie Gras gegessen hatte. Aber das Schlimmste – schlimmer als alles andere – war, daß sie ihren Körper immer noch nicht beherrschte.

»Sie ist noch keine drei Jahre alt«, ermutigte mich Papa, als ich unser altes Nachttöpfchen entrüstet fortschob. »Selbst du hast in diesem Alter noch Windeln getragen.«

»Hat sie nicht!« verbesserte meine Tante. »Audrina war immer peinlich sauber. Sie hat sich das Töpfchengehen selbst beigebracht, und Lucietta hat ihr Kinderlieder vorgesungen und ihr hübsche Bilder gezeigt und sie mit Keksen belohnt, wenn sie es gut gemacht hatte.«

Papa runzelte mißbilligend die Stirn, ehe er sich entschloß, die Bemerkung zu ignorieren. »Du mußt sie sauberer halten, Audrina, sonst hat sie am Ende einen roten, wunden Hintern, der nicht leicht zu heilen sein wird – deshalb schreit sie nachts. Die Windeln tun ihr weh.«

»Damian! Hör auf damit! Du kannst von einem jungen Mädchen wie Audrina nicht erwarten, daß sie die volle Verantwortung für ein zurückgebliebenes Kind übernimmt. Bring sie in das Heim zurück, oder engagiere eine Pflegerin.«

»Die kann ich mir nicht leisten«, entgegnete Papa schläfrig, gähnte und reckte seine langen Beine, schickte sich an, ein Nickerchen im Liegestuhl auf der Veranda zu machen. »Ich muß schließlich noch dich und deine Tochter unterhalten, Ellie. Dafür geht mein ganzes Geld drauf.«

Ich starrte Papa an. Ich verabscheute die Art, wie er die Wahrheit so verdrehen konnte, daß sie schmerzte.

Eine halbe Stunde später versuchte ich es noch einmal mit dem

Töpfchen, band Sylvia darauf fest, damit sie nicht fortkrabbeln konnte. Eine ganze Stunde lang las ich ihr vor, aber ohne Erfolg. Kaum hatte ich Sylvia wieder frisch gewickelt und ihr eine Gummihose angezogen, da war die Windel auch schon wieder schmutzig. Vera kam gerade noch rechtzeitig, um zu sehen, daß ich meine Schwester erneut umzog. Sie lachte boshaft. »Mensch, bin ich froh, daß ich nicht für sie verantwortlich bin. Sonst würde sie schmutzig bleiben.«

»Du würdest eine feine Krankenschwester abgeben«, erklärte ich wütend. Dann fuhr mein Kopf herum, und ich funkelte sie an. »Wo bist du gewesen?« Manchmal, wenn ich dachte, Vera säße in ihrem Zimmer und würde lesen, war sie überhaupt nicht da. Sie war nirgendwo, wo ich sie finden konnte. Für gewöhnlich tauchte sie kurz vor sechs auf, ehe Papa heimkam.

Gähnend ließ sie sich in einen meiner Sessel fallen. »Ich hasse die Schule im Sommer. Ich hasse sie im Winter. Ich weiß, daß die Schule um zwölf zu Ende ist, aber ich habe ein paar Freunde in der Stadt, wenn du auch keine hast, und...«

Sie lächelte mich geheimnisvoll an. Dann warf sie mir einen Riegel Schokolade zu. »Ein Geschenk. Ich weiß ja, daß du Schokolade magst.«

Irgend etwas ging in Veras Leben vor sich, aber ich bohrte nicht nach. Sie quälte mich zwar nicht mehr so oft, aber bei der Hausarbeit half sie immer noch nicht. Auch nicht, wenn es um Sylvia ging. »Ich bin erschöpft, Audrina, vollkommen ausgepumpt.« Sie gähnte und rollte sich wie eine Katze zusammen. Ich konnte sie förmlich schnurren hören.

Während meine Tante und ich die Mahlzeiten zusammen vorbereiteten, das Haus putzten und die Betten frisch bezogen, entwickelte sich zwischen uns eine Art Zusammengehörigkeit, die Vera nicht mit einbezog. Manchmal durfte ich sie sogar Tante Ellie nennen. Ach, und wie sehr bemühte sie sich, so gut zu kochen, wie Mammi es getan hatte. Ihr größter Wunsch war es (wenn sie mir das auch nie sagte, so spürte ich es doch), sogar noch besser zu kochen als meine Mutter. Sie wollte, daß Papa alle seine Lieblingsgerichte bekam. Manchmal war es zwei Uhr morgens, ehe sie endlich zu Bett ging.

Es waren vielleicht sechs Monate seit dem Tag vergangen, als Sylvia zu uns kam, als Papa eines Tages bei Tisch, nachdem er sich den Mund abgewischt hatte und seine Serviette niederlegte, lächelnd sagte: »Nun, Ellie, diesmal hast du dich wirklich selbst übertroffen. Das hätte niemand besser machen können. Es war ein köstliches Mahl, wirklich köstlich.«

Wer hätte je gedacht, daß ich glücklich sein würde, wenn er das zu meiner Tante sagte? Ich freute mich so sehr über sein Kompliment, daß mir Tränen in die Augen traten – vielleicht, weil sie auch welche in den Augen hatte.

Für mich begann ein anderes Leben. Ein wildes Leben, das mir meinen Sommer stahl; ich konnte nur noch zweimal die Woche Klavierunterricht nehmen und hatte kaum noch Zeit, Billie und Arden zu sehen. Im Herbst war ich gezwungen, von der Stelle, wo der Schulbus mich absetzte, nach Hause zu rennen. Dort angekommen, suchte ich atemlos nach Sylvia, die die schlimme Angewohnheit hatte, sich immer irgendwo verstecken zu wollen.

Es war eine undankbare, nahezu unmögliche Aufgabe, die ich mir selbst gestellt hatte, zu versuchen, Sylvia so zu erziehen, wie man ein normales Kind erzogen hätte. Sie konnte sich nur für äußerst kurze Zeit konzentrieren und niemals still sitzen. Das Schlimmste war, daß Papa Sylvia vollkommen vergaß, sobald er sie mir in den Schoß gelegt hatte. Verzweifelt wandte ich mich an meine Tante und flehte um Hilfe. »Also gut«, willigte sie zögernd ein, »ich verspreche zu tun, was ich kann, solange du in der Schule bist. Aber in dem Augenblick, wo du heimkommst, am Wochenende und in den Ferien ist Sylvia allein deine Aufgabe.«

Oft bewahrte ich Sylvia in letzter Minute vor einer empfindlichen Bestrafung durch meine Tante, die das für völlig gerechtfertigt hielt. »Nein!« brüllte ich, raste in die Küche und warf meine Bücher nieder, »benutze diese Rute nicht bei Sylvia! Sie weiß nicht, daß sie nicht einfach alle Chrysanthemen aus der Erde ziehen darf. Sie findet sie hübsch, und sie liebt hübsche, bunte Sachen.«

»Tun wir das nicht alle?« meinte meine Tante ärgerlich. »Ich wollte sie für deinen Vater auf den Tisch stellen. Außerdem hat Sylvia meine Gemüsebeete zertrampelt! Alles, was ich schon fast hätte ernten können, ist ruiniert! Manchmal glaube ich, sie versucht absichtlich, mich so verrückt zu machen, wie sie es schon ist.« Tränen des Selbstmitleids glänzten in Tante Elsbeths Augen.

Sylvias Zimmer war wie eine Gummizelle. In dem kleinen, jämmerlichen Raum befand sich ein niedriges Bettchen und ein dicker Teppich, auf dem sie sich nicht verletzte, wenn sie fiel.

Manchmal schien es wirklich, als hätte meine Tante recht: Sylvia hätte nie geboren werden dürfen. Aber sie war nun einmal da, und es gab zu meinem Leidwesen nicht viel, was ich für sie tun konnte.

Sylvia war jetzt drei Jahre alt, aber im Gegensatz zu anderen Kindern, die gern mit Bauklötzen und Bällen und Spielzeugautos hantierten, war Sylvia nicht daran interessiert. Sie wußte nichts mit sich anzufangen, konnte nur endlos umherstreifen. Sie kletterte gern, liebte es, zu essen, zu trinken, sich zu verstecken, und das war alles. Ich wußte nicht, wie ich sie erziehen sollte, wenn hübsche Bilderbücher ihre Aufmerksamkeit nicht fesseln konnten und Spielzeug für sie bedeutungslos und sinnlos war. Selbst wenn ich sie in einem Sessel festband, wackelte sie immer noch mit dem Kopf und vermied es, irgend etwas anzuschauen, was ich ihr zu zeigen versuchte.

Dann, eines wunderschönen Tages, als ich im Schaukelstuhl der ersten unvergessenen Audrina saß, hatte ich plötzlich eine Vision. Ich sah ein kleines Mädchen, das irgendwie aussah wie ich oder die andere Audrina, und es spielte mit Kristallprismen. Das Mädchen saß in der Sonne und fing das Sonnenlicht mit den Kristallen ein. Die Farben, die ein Spiegel reflektierte, verwandelten das ganze Zimmer in ein Kaleidoskop. Auf dem Spielzeugregal der anderen Audrina bemerkte ich tatsächlich ein halbes Dutzend schön geformter Kristallprismen, zwei wie lange Tränen, einen wie einen Stern, einer glich einer Schneeflocke und ein weiterer einem riesigen Diamanten. Ich legte sie zusammen, zog dann die Vorhänge auf und setzte mich auf den Boden, um selbst mit den Prismen zu spielen. Sylvia hatte es sich angewöhnt, mir überallhin zu folgen, wenn ich zu Hause war. Sie war wie ein Schatten, oft so dicht hinter mir, daß ich mit ihr zusammenstieß und sie umwarf, wenn ich mich plötzlich umdrehte.

Die Sonnenstrahlen, die in die Prismen fielen, warfen Regenbogen durchs Zimmer. Aus dem Augenwinkel sah ich, daß Sylvia die Farben interessierten. Sie starrte die Regenbogen an, die durchs Zimmer tanzten. Ich ließ sie über ihr Gesicht tanzen, malte eine Wange rot, eine andere grün, ließ ihr das Licht dann kurz ins Auge blitzen. Es verwirrte sie, blendete sie, und aus irgendeinem Grund schrie sie auf. Sie stolperte vorwärts, stöhnte und grapschte nach den Prismen, wollte sie selber haben.

Ich bin sicher, daß die Dinger in meiner Hand für Sylvia harte, bunte Blumen waren. Sie nahm sie und verkroch sich in einer Ecke, als wollte sie sich vor mir verstecken, und dort versuchte sie, die Farben selbst zum Tanzen zu bringen. Es ging nicht. Ich beobachtete sie, rief ihr im Geiste zu, ins Sonnenlicht zu rücken. Nur in der Sonne würden die Farben lebendig.

Sylvia drehte die Prismen hin und her, grunzte verzweifelt; ein jammervolles Heulen kam tief aus ihrem Innern, und dann kroch sie los, ein Kristallstück mit einer Hand umklammernd, bis sie im größten Sonnenfleck angelangt war. Augenblicklich erwachte der Kristall zum Leben, erfüllte den Raum mit farbenprächtigen Strahlen. Zum ersten Mal sah ich, wie sich ihre Augen vor Überraschung weiteten. Sylvia ließ etwas geschehen! Sie wußte es. Ich konnte ihre Freude sehen, als sie die Farben durchs Zimmer blitzen ließ.

Ich setzte mich neben sie und umarmte sie. »Hübsche Farben, Sylvia. Sie gehören dir. Ich schenke dir, was *ihr* gehört hat.« Ein schwaches Lächeln zeigte sich auf ihren klaffenden Lippen. Es schien so, als würde sie diese Kristalle niemals mehr loslassen, jetzt, wo sie endlich etwas gefunden hatte, was sie tun konnte.

»O Gott, nimm ihr diese Dinger ab!« beschwerte sich meine Tante am nächsten Morgen, als Sylvia in ihrem Hochstuhl saß und einen Kristallzapfen in ihre Haferflocken fallen ließ, während sie mit einem anderen Lichtstrahlen durch die Küche sandte und jeden einzelnen der Anwesenden blendete. »Hast du ihr die gegeben?«

»Laß sie in Ruhe, Ellie«, befahl Papa. »Wenigstens hat sie endlich etwas zum Spielen gefunden. Sie ist von den Farben fasziniert; und wer weiß, vielleicht lernt sie noch etwas davon.«

»Was denn?« meinte meine Tante zynisch. »Wie sie uns blenden kann?«

»Nun«, meinte Papa nachdenklich und schmierte Butter auf seine dritte Scheibe Toast, »zumindest, wie man schmutzige Finger von den Wänden und den Möbeln fernhält. Sie hält diese Dinger so fest, als würden sie davonlaufen, wenn sie sie losläßt... also laß sie nur.«

Während ich für Sylvia sorgte und Vera weiterhin honigsüß zu mir war, versuchte ich wie verrückt, Zeit zu finden, um wenigstens einmal am Tag an Mammis Flügel zu üben. Sylvia gefiel es nicht, wenn ich übte. Sie saß im Sonnenlicht und warf bunte Strahlen auf meine Notenblätter, und wenn ich sie irgendwie abdeckte, warf sie die Strahlen in meine Augen, so daß ich die Noten nicht lesen konnte.

Ich nahm auch weiterhin Unterricht bei Lamar Rensdale, obwohl ich nicht viel Zeit zum Üben hatte. Ich wußte, daß er sich darauf vorbereitete, nach New York zu gehen. Diesmal wollte er bleiben und in Juilliard Musikunterricht geben. »Besser, als sich mühsam in einem Ort durchzuschlagen, in dem jeder Künstler mißtrauisch angesehen wird«, hatte er erklärt. Er hatte mich am Abend zuvor angerufen, um mir die Neuigkeit mitzuteilen, und er hatte sich schrecklich aufgeregt angehört. »Es wäre mir lieb, wenn du niemandem davon erzählen würdest, Audrina. Und du mußt mir schwören, mit dem Musikstudium weiterzumachen. Eines Tages, das weiß ich, werde ich im Publikum sitzen und mir sagen, daß ich es war, der Audrina Adare auf die Straße zum Ruhm geführt hat.«

Ich hatte niemandem außer Arden etwas erzählt und beschlossen, bei Mr. Rensdale vorbeizuschauen und mich zu verabschieden. In meiner Tasche hatte ich ein kleines Abschiedsgeschenk, ein paar goldene Manschettenknöpfe, die meinem Großvater mütterlicherseits gehört hatten.

Früher war Lamar Rensdale mir wie der ordentlichste aller Männer erschienen. Jedes Ding stand an seinem Platz. Jetzt war sein einst makelloser Garten verwildert und mit Unrat übersät. Der Rasen müßte gemäht, das Unkraut gejätet werden, und Bierdosen rollten im Wind hin und her. Er hatte nicht einmal die Blätter zusammengeharkt oder die alten Vogelnester über der Tür entfernt. Ich wollte an der Hintertür klopfen, aber bei der leichten Berührung meiner Knöchel schwang sie auf.

Immer, wenn ich sein Haus betreten hatte, hatte ich ihn am Klavier gehört, und wenn er nicht dort war, war er in der Küche gewesen. Da das Haus sehr still war, nahm ich an, er wäre in die Stadt gefahren. Ich beschloß, mein Geschenk mit einer kurzen Notiz zurückzulassen und mich dann auf die Veranda zu setzen, um dort auf Arden zu warten. Ich fing an, eine Nachricht auf den Notizblock in der Küche zu kritzeln.

»Lieber Mr. Rensdale«, hatte ich gerade geschrieben, als ich ein Geräusch aus dem Wohnzimmer hörte. Ich öffnete den Mund, um zu rufen, als ich ein vertrautes Mädchenkichern hörte. Ich erstarrte, schauderte bei dem Gedanken, daß all die schrecklichen Geschichten, die Vera erzählt hatte, wahr sein konnten. Auf

Zehenspitzen schlich ich zur Küchentür und öffnete sie einen Spalt. Mr. Rensdale und Vera saßen im Wohnzimmer. Ein Feuer prasselte im Kamin, Funken sprühten. Es war November und gerade kalt genug, um ein Feuer anzumachen. Dieser Nachmittag war feucht und düster, aber das Feuer verbreitete Gemütlichkeit in diesem kleinen Raum, als Lamar Rensdale jetzt aufstand, um eine Platte aufzulegen. Schuberts »Serenade« erfüllte das Zimmer mit süßer Musik, und jetzt wußte ich, daß ich heimlich einer Verführungsszene zuschaute.

Da stand ich, unfähig zu entscheiden, was ich tun sollte. Eine Stunde mußte noch vergehen, ehe Arden mich abholen würde. Der Weg nach Hause war lang und auf der Schnellstraße zu Fuß nicht ungefährlich. Andererseits würde ich nicht so dumm sein, per Anhalter heimzukommen. Nein, ich wollte mich wieder auf die Veranda setzen, trotz der Kälte. Doch statt mich zu bewegen, überlegte ich hin und her, um mit ansehen zu können, was im Wohnzimmer vor sich ging.

»Du tanzt einfach prachtvoll«, sagte Lamar Rensdale. »Ich habe dir doch gesagt, daß man kaum merkt, daß du hinkst. Du machst aus einer Mücke einen Elefanten, Vera. Wenn ein Mädchen so hübsch ist wie du und deine Figur hat, dann wird kein Mann einen so kleinen Fehler bemerken...«

»Dann ist mein Hinken ein Fehler? Lamar, ich hatte gehofft, du würdest mich perfekt finden.« Ihre Stimme klang klagend und süß, vorwurfsvoll und doch rührend. Liebte sie ihn wirklich? Konnte sie das? Sie war letzte Woche doch erst sechzehn geworden.

»Wirklich, Vera, du bist sehr hübsch und reizvoll und sehr verführerisch. Aber du bist zu jung für einen Mann meines Alters. Zwei Jahre lang haben wir wundervolle Stunden miteinander verbracht, und ich hoffe, du wirst niemals auch nur eine Sekunde davon bereuen. Aber jetzt reise ich ab. Du solltest dir einen Jungen in deinem Alter suchen, einen Jungen, der dich heiratet und dich von dem Haus fortholt, das du so sehr zu hassen scheinst.«

»Du hast gesagt, du liebst mich, und jetzt redest du so, als wäre das nicht der Fall«, heulte Vera, und Tränen liefen über ihr Gesicht. »Du hast mich nie geliebt, oder? Du hast das nur gesagt, damit ich mit dir ins Bett gehe... Und jetzt, wo du meiner müde bist, willst du eine andere, eine neue. Und dabei liebe ich dich so sehr!«

»Aber natürlich liebe ich dich, Vera. Nur bin ich nicht bereit zum Heiraten. Du weißt, daß mir diese Professur sehr wichtig ist. Ich habe in New York gesagt, daß ich nicht verheiratet bin, und das hat ihnen gefallen. Sie dachten, daß ich deshalb mehr Energie für den Unterricht haben würde. Bitte, Vera, vergiß nicht, daß ich nicht der einzige Mann auf der Welt bin.«

»Für mich bist du das aber!« Ihr Heulen wurde lauter. »Ich würde für dich sterben! Ich habe mich dir geschenkt. Du hast mich verführt und mir geschworen, daß du mich immer lieben würdest, und jetzt, wo ich schwanger bin, willst du mich nicht!«

Zutiefst entsetzt fuhr ich zurück.

Mr. Rensdale zwang sich zu einem beherrschten Lachen. »Mein liebes Mädchen, du kannst unmöglich schwanger sein. Versuche nicht diesen alten Trick mit mir.«

»Aber ich bin es«, jammerte sie. Als das keine Wirkung zu haben schien, bewegte sie sich, schmollte, vergrub sich dann noch tiefer in seine Arme. Sie preßte sich so eng an ihn, daß die beiden zu einer Person zu verschmelzen schienen. »Lamar, du liebst mich, ich weiß, daß du mich liebst. Liebe mich noch einmal, jetzt, auf der Stelle. Laß mich noch einmal beweisen, wie sehr ich dich erregen kann...« Ich stöhnte auf, als ich sah, wie ihre Hände über seinen Rücken glitten, dann hinab zu seinem Gesäß, während sich ihre Lippen öffneten und sie ihn mit wilder Leidenschaft küßte. Mir wurde allein vom Zuschauen schon fast schwindlig. Dann tat sie etwas, was ich nicht sehen konnte. Noch immer spielte die Musik, brannte das Feuer.

»Nicht...«, bat er, als sie aggressiver wurde und an dem Reißverschluß seiner Hose zerrte. »Audrina hat gestern irgendwas davon erwähnt, sie würde vielleicht vorbeischauen, um sich zu verabschieden...«

»Bringst du ihr auch bei, was du mir beigebracht hast?« fragte Vera leise. »Ich wette, ich bin zehnmal besser als sie —«

Er packte sie und schüttelte sie an den Schultern, und dabei rief er: »Hör auf, so etwas zu sagen! Audrina ist ein reizendes, unschuldiges Mädchen! Gott allein weiß, wie es kommt, daß ihr beiden euch so verschieden entwickelt habt.«

Als er sie weiterhin beschimpfte, hob Vera ihren grünen Sweater hoch und zeigte ihre nackten Brüste. Sie hüpften auf und nieder, als er sie schüttelte, und sie lachte. Während er sie noch an den Schultern hielt, öffnete sie ihren Rock und ließ ihn zu Boden gleiten. Eine Sekunde später hakte sie die Daumen in ihren Schlüpfer und zog ihn hinunter. Lamar Rensdale konnte nicht anders, er mußte sie in ihrer Nacktheit einfach anstarren. Es schien albern, daß sie ihren Sweater noch immer bis unter die Achseln hochgezogen hielt, während sie ihn neckte: »Du willst mich, du willst mich, willst mich... also warum nimmst du mich nicht – oder muß ich tun, was ich das letzte Mal getan habe... Mr. *Rensdale*?«

Oh! Sie imitierte meine Art zu sprechen. Plötzlich riß er sie in seine Arme und küßte sie hart und rücksichtslos, beugte sie so weit nach hinten, daß ich fürchtete, sie würde zerbrechen. Sie fielen beide zu Boden, und dort wanden und küßten sie sich, atmeten schwer vor Leidenschaft, und das, obwohl sie sich häßliche Dinge an den Kopf warfen. Hin und her rollten sie...

Verängstigt, als wäre ich sieben Jahre alt und säße wieder im Schaukelstuhl, beobachtete ich sie, bis der leidenschaftliche Akt vorüber war und Vera nackt auf seinem großen, stark behaarten Körper lag. Zärtlich streichelte sie seine Wangen, liebkoste sein Haar, küßte seine Lider und knabberte an seinen Ohren, während sie mit irgendwie boshaftem Unterton murmelte: »Wenn du mich nicht mit nach New York nimmst, erzähle ich allen, daß du mich vergewaltigt hast – und Audrina auch. Die Polizei wird dich ins Gefängnis werfen, weil ich erst sechzehn bin und Audrina zwölf. Ich bin sicher, daß sie mir glauben und nicht dir, und du wirst nie wieder eine anständige Arbeit finden. Bitte, zwing mich nicht, das zu tun, Lamar, denn ich liebe dich. Ich liebe dich so sehr, daß es sogar weh tut, so gemeine Sachen zu dir zu sagen.« Mit diesen Worten setzte sie sich auf, drehte sich um und fing an, mit den intimsten Teilen seines Körpers zu spielen. Sein genüßliches Stöhnen verfolgte mich, als ich durch die Hintertür das Haus verließ und sie leise hinter mir schloß.

Draußen atmete ich tief die kalte Novemberluft ein, versuchte, meine Lungen vom Geruch der Leidenschaft zu befreien, der in den kleinen Zimmern hing, überall. Ich wollte nie wieder zurückgehen. Was immer auch geschah, ich würde nie wieder dorthin zurückgehen.

Schweigend saß ich neben der ganzen Rückfahrt neben Arden. »Ist alles in Ordnung? Warum sagst du nichts?« fragte er.

»Es ist alles prima, Arden.«

»Natürlich nicht. Wenn es prima wäre, dann würdest du drauflosplappern und mir von Lamar Rensdale erzählen und davon, wie wunderbar er ist. Aber du sagst nichts davon – warum nicht?«

Wie konnte ich ihm erzählen, was ich dachte? Vera hatte erst neulich damit geprahlt, auch mit Arden zu schlafen.

An diesem Abend stürzte sich Vera auf mich. »Du warst da, Audrina! Du hast uns beobachtet. Wenn du Papa etwas davon erzählst, wirst du dafür büßen – ich werde dafür sorgen, daß du büßen wirst. Ich werde ihm erzählen, daß du es mit Arden genauso machst, und mit Lamar noch außerdem!« Sie schleuderte mir die goldenen Manschettenknöpfe entgegen, die ich für Mr. Rendsdale zurückgelassen hatte. »Ich ging in die Küche und fand sie dort auf dem Tisch.« Drohend hinkte sie näher. »Ich warne dich, wenn du es wagst, Papa etwas zu erzählen, dann werde ich etwas so Schreckliches tun, daß du nie mehr in den Spiegel zu schauen wagst!«

Ich haßte Vera in diesem Augenblick, ich verabscheute und verachtete sie so sehr, daß ich sie ebenso sehr verletzen wollte, wie sie mich zu verletzen drohte. »Du wolltest meine Freundin sein, was für eine wundervolle Freundin du doch bist, Vera. Mit dir als Freundin brauche ich keine Feinde mehr, nicht wahr?«

»Nein«, antwortete sie und lächelte, und ihre dunklen Augen funkelten düster. »Mir mir als Freundin hast du die beste aller möglichen Feindinnen. Ich wollte, daß du mich liebst, Audrina, damit es dich noch mehr verletzt, zu erkennen, wie sehr ich dich hasse! Wie sehr ich dich immer gehaßt habe!«

So heftig kamen ihre schrillen Worte, daß ich zu zittern anfing. »Warum haßt du mich so? Was habe ich dir getan?«

Sie breitete die Hände aus, umfaßte mit dieser Geste das Haus und alles, was darin war. Sie erklärte mir, daß ich alles gestohlen hätte, was rechtmäßig ihr gehören würde. »Du Verrückte! Wie kannst du bloß so blind sein? Sieh mich doch an, sieh in meine Augen – weißt du dann immer noch nicht, wer mein Vater ist? *Ich* bin die erste Audrina, nicht *du*! Dein Papa ist auch mein Vater! Ich bin die Älteste und sollte an erster Stelle stehen, nicht du! Papa hat sich mit meiner Mutter getroffen, ehe er deine Mutter überhaupt kennengelernt hat, und er hat meine Mutter geschwängert. Dann hat er deine Mutter gesehen, sie war jünger und hübscher. Aber er sagte kein Wort zu meiner Mutter, bis sie ihm erzählte, daß sie mit mir schwanger sei. Er weigerte sich zu glauben, daß er der Vater war, und zwang meine Mutter, die Stadt zu verlassen. Und diese dumme Frau, meine Mutter, tat genau das, was er wollte. Und die ganze Zeit über hat sie gedacht, daß er sie heiraten würde, wenn sie zurückkommen und er mich sehen würde, sehen würde, wie hübsch ich war. Ich war erst ein Jahr alt, und sie hatte mich so hübsch zurechtgemacht, daß er beeindruckt sein mußte – aber er war nicht beeindruckt, denn er hatte in der Zwischenzeit deine Mutter geheiratet. Ach, Audrina, du hast keine Ahnung, wie sehr ich ihn für das, was er mir und meiner Mutter angetan hat, hasse und verachte. Ich war erst ein Baby und wurde von meinem eigenen Vater zurückgestoßen. Er hat mir nie auch nur irgend etwas von den Dingen gegeben, dir mir rechtlich zustanden. Er will dir dieses Haus hinterlassen und all sein Geld außerdem. Das hat er meiner Mutter erzählt – aber es gehört mir! Alles hier sollte mir gehören!« Sie schluchzte und schlug nach mir. Geschickt wich ich ihrem Schlag aus und sprang beiseite. Vera wirbelte herum, hieb in ihrer irren Wut nach Sylvia. Diese fiel flach aufs Gesicht und schrie aus vollem Hals.

In diesem Augenblick ging ich auf Vera los und brüllte: »Schlag Sylvia nie wieder, Vera!«

Ich stieß Vera zu Boden, hockte mich auf ihren Brustkorb und hielt sie nieder. Sie wand sich und versuchte, mir die Augen auszukratzen. Sie wehrte sich heftig, ihre langen, scharfen Nägel drohten mein Gesicht zu zerkratzen. Sylvia kreischte immer noch. Ich sprang auf die Füße und lief zu ihr, um sie auf den Arm zu nehmen. Vera gelang es schließlich, sich an einem Stuhl hochzuziehen. Sie taumelte auf die Tür zu, in den Korridor hinaus. Aber sie bemerkte das kleine Kristall nicht, mit dem Sylvia gespielt hatte. Sie trat drauf, verlor das Gleichgewicht und stürzte erneut zu Boden.

Sylvia heulte kummervoll auf, aber es war Vera, die am lautesten schrie. Als ich hinschaute, sah ich überrascht große Blutlachen am Boden.

Mit Sylvia auf dem Arm lief ich zu meiner Tante. »Tante Elsbeth, komm schnell! Vera blutet mein ganzes Schlafzimmer voll!«

Gleichgültig sah meine Tante mich an; ihr Kinn war weiß von Mehl.

»Sie blutet wirklich, und das Blut läuft ihr an den Beinen entlang...«

Erst jetzt ging meine Tante zum Spülbecken, um sich das Mehl von den Händen zu waschen. Sie trocknete sie an ihrer fleckenlosen, weißen Schürze ab. »Na, dann komm. Vielleicht brauche ich deine Hilfe. Dieses Mädchen hat eine wilde, selbstzerstörerische Ader in sich, und es kann gut sein, daß sie es geschafft hat, sich gewaltigen Ärger aufzuhalsen.«

Wir kamen noch rechtzeitig, um Vera auf dem Boden herumkriechen zu sehen, die Kleider blutdurchtränkt. Weinend und jammernd kroch sie durch die Blutlachen: »Das Baby ... ich habe mein Baby verloren ...« Als wir eintraten, hob sie ihr wildes, verzweifeltes Gesicht. Ich drückte Sylvia an mich.

»Warst du schwanger?« fragte meine Tante kalt, tat nichts, um ihrer Tochter zu helfen.

»Ja!« schrie Vera und tastete noch immer im Blut herum. »Ich muß dieses Baby haben! Ich muß es haben! Ich brauche dieses Baby! Es ist meine Fahrkarte heraus aus dieser Hölle, und jetzt ist es fort. Hilf mir, Mammi, hilf mir, mein Baby zu retten!«

Meine Tante warf einen Blick auf all das Blut. »Wenn du es verloren hast, um so besser.«

Vera sah aus wie eine Wahnsinnige. Ihr Blick wurde wild, ihre Finger krampften sich um einen riesigen Blutklumpen, den sie nach ihrer Mutter schleuderte. Er traf die Schürze meiner Tante und fiel mit einem dumpfen Ton auf den Boden. »Jetzt wird er mich bestimmt nicht mitnehmen«, heulte Vera.

»Putz den Dreck fort, den du hier gemacht hast, Vera«, befahl meine Tante, packte mich an der Hand und versuchte, mich fortzuziehen. »Wenn ich zurückkomme, wünsche ich, daß dieses Zimmer so sauber ist, wie es heute morgen war. Nimm für den Teppich kaltes Wasser.«

»Mutter«, weinte Vera und sah jetzt sehr schwach aus, einer Ohnmacht nahe, »ich hatte gerade eine Fehlgeburt, und du machst dir Sorgen wegen eines Teppichs?«

»Der Orientteppich ist wertvoll.«

Meine Tante schloß die Tür hinter uns und schob mich vor sich her. Sylvia wimmerte noch immer. »Ich hätte wissen müssen, daß es so kommt. Sie ist nicht gut, genau wie ihr Vater.« Sie machte eine Pause, schien nachzudenken, ehe sie hinzufügte: »Und doch hat er auch andere Kinder gezeugt, ohne diese Makel ...«

Mir war übel, aber ich fand dennoch den Mut zu fragen: »Ist Vera wirklich Papas Tochter?«

Ohne eine Antwort eilte meine Tante in die Küche zurück, wo sie sich unverzüglich die Hände wusch und sie mit einer Bürste schrubbte. Sie schleuderte ihre schmutzige Schürze ins Waschbekken, füllte es mit kaltem Wasser und nahm dann eine frische aus dem Wäscheschrank. Die Schürze war strahlend weiß und hatte scharfe Bügelfalten. Sobald Tante Ellie die Bänder gebunden hatte, rollte sie weiter den Teig aus, den sie liegengelassen hatte.

»Du siehst blasser aus als sonst«, bemerkte Papa zu Vera gewandt. »Bist du krank? Eine Grippe oder so etwas? Wenn ja, dann solltest du in der Küche essen, anstatt deine Viren zu verbreiten.«

Der Blick, den Vera ihm zuwarf, war so haßerfüllt, daß er hätte töten können. Sie stand auf und ließ ihr Abendessen zurück. Sie tat mir leid, als ich zusah, wie sie schwach aus dem Zimmer taumelte. Sie hinkte immer besonders stark, wenn sie müde war.

»Vera, kann ich dir irgendwie helfen?« rief ich.

»Geh zum Teufel!«

Vera versuchte nicht einmal, meinen Teppich von all dem Blut zu säubern. Sie überließ das einfach mir. Stunden kniete ich an jenem Abend vor dem Teppich, ehe ich zu Bett ging, und versuchte, das Blut zu entfernen. Meine Tante kam herein, sah, was ich tat, ging und kehrte kurz darauf mit einem zweiten Eimer und einer harten Bürste zurück. Seite an Seite bearbeiteten wir den Teppich. »Dein Vater ist zu Bett gegangen«, sagte sie leise. »Er darf niemals davon erfahren. Sonst zieht er Vera die Haut bei lebendigem Leib über die Ohren. Audrina, erzähl mir, wie er ist, euer Musiklehrer. Vera sagt, er sei der Vater!«

Wie konnte ich ihr etwas erzählen, wo ich absolut nichts von Männern verstand? Für mich war er einmal ein feiner, netter und anständiger Mann gewesen, der niemals ein junges Mädchen verführen würde – jedoch was wußte ich schon davon?

Aber der Schaukelstuhl wußte Bescheid. Wußte alles, was Papa wußte, darüber, wie gemein Männer waren und auch über die schrecklichen, entsetzlichen Dinge, die sie mit Mädchen machten.

»Wo ist Vera?« fragte Papa, als ich am nächsten Morgen eine saubere, süß duftende Sylvia in die Küche trug. Ich band sie in ihrem Hochstuhl fest, sie bekam ein riesiges Lätzchen um den Hals, und ich gab ihr ihre Prismen, damit sie damit spielen konnte, bis ich ihr Frühstück fertig hatte. Schließlich schaute Papa von seiner Morgenzeitung auf und sah mich. »Was ist denn mit deinem Gesicht los? Hast du dich geprügelt? Audrina... wer hat dir aufs Auge geschlagen und dir die Wange zerkratzt?«

»Papa, du weißt doch, daß ich manchmal schlafwandle. Letzte Nacht habe ich das auch getan und bin gefallen.«

»Ich glaube, du lügst. Mir ist gestern abend schon aufgefallen, daß dein Gesicht rot war, aber Vera hat mich so verdammt wütend gemacht, daß ich mich kaum um dich gekümmert habe. Jetzt sag die Wahrheit.«

Ich weigerte mich, mehr zu sagen, und schickte mich an, den Speck zu braten, den Papa wünschte. Er nahm wieder seine Zeitung auf und fing an zu lesen. Bis vor kurzer Zeit waren die Zeitungen nie zum Haus gebracht worden, sondern kamen mit der Post. Ich runzelte die Stirn, als ich jetzt darüber nachdachte. »Papa«, sagte ich und steckte Brot in den Toaster, »warum liest du jetzt die Morgenzeitung, wenn du das nicht getan hast, als Mammi noch lebte?«

»Damit ich etwas zu tun habe, Liebling, und nicht immer nur mit deiner Tante streite.«

Bei seinen Worten marschierte Tante Ellie in die Küche. Kaum sah sie, was ich tat, schob sie mich beiseite und übernahm das Umwenden des Specks.

Wir waren mit dem Frühstück fertig, ehe meine Tante ein Sterbenswörtchen sagte. Dann kamen leise ihre Worte: »Sie ist fort, Damian.«

»Wer ist fort?« fragte er gleichgültig und faltete die Zeitung sauber zusammen, so daß er die nächste Seite lesen konnte.

»Vera ist fort.«

»Ein Glück.«

Tante Ellie wurde bleich. Für einen Moment ließ sie den Kopf hängen. Dann zog sie eine zusammengefaltete Nachricht aus der Schürzentasche. »Hier«, sagte sie und reichte sie ihm. »Die hat sie für dich auf dem Kopfkissen gelassen. Ich habe sie schon gelesen. Ich hätte gern, daß du sie laut liest, damit auch Audrina es hört.«

»Ich hab' keine Lust, sie zu lesen, Elsbeth. Sie ist deine Tochter, und ich bin sicher, sie schreibt nichts, was meinen Tag fröhlicher machen würde.«

So reichte Elsbeth die Nachricht mir. Tränen traten mir in die Augen, als ich las, was sie geschrieben hatte.

»Warte, Papa«, rief ich, als er aufstand und sein Jackett anzog. »Du mußt das hören, zum Wohl deiner eigenen Seele.«

Aus irgendeinem Grund blieb er stehen, schien sich nicht wohl zu fühlen, als er das Gewicht von einem Fuß auf den anderen verlagerte. Es sah mich nicht an, als ich las:

»Lieber Papa,
Du hast mir nie erlaubt, Dich so zu nennen, auch nicht Vater. Aber diesmal werde ich nicht gehorchen und werde Dich Papa nennen, wie Audrina es tut. Du bist mein Vater, und Du weißt es, meine Mutter weiß es, Audrina weiß es, und ich weiß es.

Als ich noch sehr jung war, wünschte ich mir nichts weiter, als daß Du mich liebst. Nachts lag ich wach und schmiedete Pläne für all die guten Sachen, die ich tun wollte, damit Du mich wenigstens bemerkst, sagst: ›Danke, Vera.‹ Aber es ist mir nie gelungen, Deine Zuneigung zu erringen, wie sehr ich mich auch bemüht habe, und deshalb habe ich es bald aufgegeben.

Ich habe Deine Frau beobachtet, um zu lernen, so zu sein, wie sie war – sanfte Stimme, immer gut gekleidet und nach Parfüm duftend, und du hast mich geschlagen, weil ich ihr Parfüm benutzt habe, hast mich verprügelt, weil ich meine guten Kleider anhatte, wenn ich spielte. Du hast mir aus allen möglichen Gründen den Hintern versohlt. Also habe ich aufgehört zu versuchen, Dir zu gefallen, vor allem, nachdem Du ›Deine süße Audrina‹ bekommen hast, die keinen Fehler machen konnte. Sie hat Dir in jeder Beziehung und immer gefallen.

Wenn Du dies liest, bist Du zweifellos froh darüber, mich losgeworden zu sein, denn Du hast mich ja nie haben wollen. Ich bin sicher, Du würdest Dich freuen, mich tot zu sehen. Aber so leicht verschwinde ich nicht. Ich komme wieder, Damian Adare, und jeder, der mich zum Weinen gebracht hat, wird zehnmal mehr weinen, als ich es je tat.

Ich will in diesem Brief keine Geheimnisse ausplaudern, aber der Tag wird kommen, an dem all die Deinen ans Licht der Öffentlichkeit gezerrt werden. Verlaß Dich darauf, lieber Papa. Träum davon. Denk an meine dunklen Augen, die genauso aussehen wie Deine, und frage Dich, was auf Dich und die Deinen wartet. Und vor allen Dingen vergiß nicht, daß Du allein es herausgefordert hast, weil Du herzlos und grausam warst Deinem eigenen Fleisch und Blut gegenüber.

Jetzt ohne Liebe werde ich dennoch die Tochter sein, die Dir am besten dient ... und am längsten.

Vera«

Langsam, ganz langsam drehte Papa sich um und starrte mich an. »Warum wolltest du, daß ich das höre? Audrina. Liebst du mich auch nicht?«

»Ich weiß nicht«, antwortete ich leise und unsicher. »Ich finde nur, du schuldest ihr eine Menge, was sie nie bekommen hat. Vera ist fort, Papa, – und sie hat dir die Wahrheit gesagt. Du hast nie zugehört, wenn sie gesprochen hat. Du hast versucht, sie nicht zu sehen. Du hast nie mit ihr geredet, außer um ihr zu befehlen, dies oder jenes zu tun. Papa, wenn sie deine Tochter ist, bist du ihr dann nicht etwas schuldig? Wären ein bißchen Freundlichkeit und ein bißchen Liebe zu viel gewesen?«

Papa reckte seine breiten Schultern. »Du hast Veras Ansicht gehört, Audrina, nicht meine. Ich denke nicht daran, mein Handeln zu verteidigen. Ich werde nur das eine sagen: Hüte dich vor dem Tag, an dem Vera in unser aller Leben zurückkehrt. Knie heute abend nieder und bete, daß sie fernbleibt. Wäre nicht deine Tante gewesen, hätte ich sie schon lange in ein Internat gegeben, schon vor langer, langer Zeit. Es gibt Menschen, die sollten besser nie geboren werden.«

Ohne mit der Wimper zu zucken, sah er meiner Tante in die Augen. Ich bildete mir ein, ihre dunklen Blicke wie Schwerter aneinanderprallen zu hören. Sie war es, die die Augen als erste niederschlug. Dann ließ sie den Kopf hängen, so tief, daß ihr langer, gerader Scheitel zu sehen war. Ihre Stimme war leise und dünn, als sie sprach. »Du hast genug gesagt, Damian. Du hattest recht, und ich habe mich geirrt. Aber sie ist meine Tochter, und ich habe gehofft, sie würde sich anders entwickeln.«

»Wir hatten alle unsere Hoffnungen, nicht wahr?« Mit diesen Worten verließ er die Küche.

Probleme werden gelöst

Ich wußte nicht, was ich sagen sollte, als ich allein mit Tante Elsbeth zurückblieb. Sie saß am Küchentisch und starrte ins Leere. Ruhig räumte ich ab und füllte die Spülmaschine. Dann hob ich Sylvia aus ihrem Hochstuhl, wusch noch einmal ihr Gesicht und nahm sie mit mir nach oben, wo ich mich für die Schule umzog.

Ich riß meinen Morgenmantel herunter, als mir klar wurde, daß es vielleicht schon zu spät für den Schulbus war. Dann wühlte ich in meinen Schubladen, suchte nach den Pullovern, die ich jeden Samstag wusch. Nur meine alten und zu kleinen Sweater lagen noch in den Schubladen. Alle guten Kaschmirpullover waren fort. Auch die hübschen Blusen, die Papa von Zeit zu Zeit mit heimbrachte, alles war fort. Vera mußte meine besten Kleider mitgenommen haben, die ihr paßten. Ich rannte zur Kommode, um zu sehen, was sonst noch fehlte. Meine Unterwäsche hatte sie nicht gewollt, die war noch vollständig da, aber als ich die Schmuckschatulle öffnete, die einmal Mammi gehört hatte, sah ich, daß alles verschwunden war, was wirklich Wert hatte. Sogar die Manschettenknöpfe und Krawattennadel, die für meinen künftigen Mann bestimmt waren – fort! Ich weinte, als ich entdeckte, daß auch der Verlobungs- und der Ehering meiner Mutter gestohlen worden waren.

Wie häßlich und gemein, mir die Dinge zu rauben, die ich so hochschätzte. All der feine Schmuck, den Mammi von ihren Vorfahren geerbt hatte, war zweifellos in einer Pfandleihe versetzt worden. Das einzige, was Vera zurückgelassen hatte, war der winzige Geburtsstein, den ich immer an einer Kette um den Hals trug, und der Quarz, den Arden mir geschenkt hatte. Es war ein Wunder, daß sie nicht versucht hatte, mir die abzunehmen, während ich schlief.

Als ich, Sylvia im Arm, in die Küche zurückkehrte, fand ich meine Tante dort noch immer am Tisch sitzend. »Vera hat all meine guten Pullover und Blusen mitgenommen und den Schmuck, den Mammi mir hinterlassen hat.«

»Sie hat auch alles genommen, was ich an Schmuck besaß«, antwortete meine Tante leise und tonlos, »und auch meinen besten Mantel. Ich habe ihn erst im letzten Winter gekauft. Der erste neue Mantel seit fünf Jahren, und Gott weiß, wann ich einen anderen bekommen werde.«

»Papa wird dir einen kaufen«, aber ich war mir nicht so sicher, daß er das wirklich tun würde.

Den ganzen Tag über, während ich versuchte, mich auf den Unterricht zu konzentrieren, dachte ich an Vera und daran, wie sie sich in der Nacht wie ein Dieb davongeschlichen hatte, ohne sich darum zu kümmern, wem sie weh tat. Kaum läutete die Schulglocke am Ende der letzten Stunde, da schoß ich auch schon durch die Tür und bat ein freundliches Mädchen, das ich kannte, mich mitzunehmen.

Das kleine Häuschen, in dem ich drei Jahre lang Musikunterricht gehabt hatte, wirkte verlassen. Ich stand auf der Veranda und hämmerte gegen die Tür. Der Wind pfiff hinter mir, zerzauste mein Haar. »He, du, Kind«, rief die Dame aus dem Nachbarhaus, »hat keinen Sinn, die Tür so zu bearbeiten. Er ist fort. Hab' ihn mitten in der Nacht abfahren hören. Hat irgendeine Frau mitgenommen.«

»Danke«, sagte ich, wandte mich ab und wußte nicht, was ich jetzt tun sollte. Arden müßte um diese Zeit von der Schule heimkommen und würde alles vorbereiten, um die Zeitungen austragen zu können. Aber ich hatte kein Geld dabei, um ihn anzurufen und zu sagen, wo ich war. Ich wollte meine Tante nicht um Kleingeld bitten, als ich von daheim fortging, denn Vera hatte auch ihre Börse mitgenommen.

Mit knurrendem Magen machte ich mich auf den fünfzehn Meilen langen Weg nach Hause. Es fing an zu regnen, lange bevor ich dort ankam. Der Wind peitschte die Bäume am Straßenrand und zerrte an meinem nassen Haar, und bald war mir trotz meines dicken Mantels kalt, und ich fing an zu niesen. Männer hielten und boten mir an, mich mitzunehmen. Ich fühlte wilde Panik in mir aufsteigen, als ich vorgab, sie nicht zu hören. Ich beschleunigte meine Schritte. Dann hielt ein Wagen, und ein Mann stieg aus, als wollte er mich packen und in sein Auto ziehen. Wild vor Entsetzen schrie ich auf und raste los. Es war wie der Alptraum aus dem Schaukelstuhl.

Eine Hand packte meinen Arm, wirbelte mich herum. Noch immer schreiend holte ich aus, schlug nach ihm. Dann hatte er auch meinen anderen Arm, und ich war gefangen, obwohl ich mich weiterhin wehrte und um mich trat. »Was, zum Teufel, ist mit dir los, Audrina?«

Es war Arden, der mich festhielt. Seine bernsteinfarbenen Augen kamen näher, als er mich in seine Arme zog. Sein Haar klebte an der Stirn. »Ist ja alles gut. Ich bin es doch bloß. Warum zitterst du so? Du solltest nicht hier draußen auf der Schnellstraße entlanggehen, das weißt du doch. Warum hast du nicht angerufen?«

Meine Zähne klapperten so sehr, daß ich nicht sprechen konnte. Was war los mit mir? Es war doch Arden. Warum verspürte ich den Wunsch, ihn zu schlagen? Er schüttelte verständnislos den

Kopf, als er mich zu seinem Wagen führte. Ich kauerte mich auf dem Beifahrersitz zusammen, rückte ins äußerste Eck, weil ich nicht in seiner Nähe sein wollte. Er machte die Heizung an, so hoch, daß es ihm bald zu heiß wurde – aber ich fror immer noch.

»Du wirst krank«, sagte er, als er mich ansah. »Du siehst schon ganz fiebrig aus. Audrina, warum bist du ins Dorf gegangen? Ich habe gehört, daß Mr. Rensdale letzte Nacht nach New York abgereist sei.«

»Er... ja... ist er.« Ich nieste, dann erzählte ich ihm von Vera. »Ich glaube, sie ist die Frau, die er mitgenommen hat. Papa kriegt einen Anfall. Er weiß, daß sie fortgelaufen ist, aber er hat keine Ahnung, daß sie mit meinem Musiklehrer durchgebrannt ist.« Ich schauderte und fühlte die Gänsehaut auf meinen Armen unter dem dicken Mantel.

»Sei vorsichtig«, meinte Arden, als er mich aussteigen ließ. Er beugte sich vor und küßte mich leicht auf die Wange. Da hätte ich am liebsten wieder geschrien. »Mach dir um Vera keine Sorgen. Sie weiß schon, wie sie zurechtkommt.«

Ich lag vier Tage lang mit einer schweren Grippe im Bett; Zeit genug, um über Vera und Lamar Rensdale nachzudenken. »Glaubst du, er heiratet sie?« flüsterte ich meiner Tante eines Abends nach dem Essen zu.

»Nein«, erklärte sie mit Bestimmtheit, »niemand heiratet ein Mädchen wie Vera.«

Das neue Jahr fing an, und obwohl Vera aus unserem Leben verschwunden war, war sie doch alles andere als vergessen. »Damian«, fing meine Tante eines Morgens an, »warum fragst du nie nach Vera? Vermißt du sie? Machst du dir Gedanken darüber, wo sie ist und was ihr zustoßen könnte? Sie ist doch erst sechzehn. Macht es dir überhaupt nichts aus?«

»Also schön«, sagte Papa, faltete säuberlich die Morgenzeitung zusammen und legte sie neben seinen Teller. »Ich will nicht nach Vera fragen, weil ich nicht will, daß du mir irgend etwas erzählst, was ich nicht hören will. Ich vermisse sie nicht. Das Haus hier ist jetzt ein viel hübscherer Ort. Ich mache mir auch keine Sorgen um sie. Sie hat mir Grund genug gegeben, sie zu verabscheuen. Wenn sie getan hat, was ich glaube, und ich habe guten Grund, dies anzunehmen, dann könnte ich ihr den Hals umdrehen. Aber du hast sie sogar dann noch beschützt, hast versucht mich zu überzeugen, daß sie nicht so verdorben sein kann. Ich war ein Narr, zuzulassen, daß du sie beschützt. Jetzt gib mir die Butter. Ich glaube, ich werde noch ein Brötchen essen und eine Tasse Kaffee trinken.«

Ich wollte fragen, was Vera getan hat, daß er ihr den Hals umdrehen wollte. Aber ich hatte schon gelernt, daß weder er noch meine Tante jemals Fragen beantworteten, außer um mit Gegenfragen herauszufinden, an was ich mich noch erinnerte. Ich konnte mich nicht an Vera erinnern, als sie jünger als zehn gewesen war oder zwölf, oder welches Alter sie auch immer gehabt hatte, als mein Gedächtnis wieder zu arbeiten begann.

»Zweifellos ist sie mit diesem Taugenichts von Klavierspieler fortgelaufen«, sagte Papa mit vollem Mund. »Im ganzen Dorf geht das Gerücht; alle rätseln, wer die Frau gewesen ist, mit der er mitten in der Nacht fortgefahren ist.« Er warf mir einen kurzen Blick zu, dann lächelte er lobend. »Audrina, ich weiß, daß dir klar ist, was passieren kann, wenn man mit Jungs herumspielt. Und wenn du mir sonst kein Wort mehr glauben solltest, so glaube mir wenigstens das – versuche besser nicht dasselbe Spiel. *Dir* würde ich bis ans Ende der Welt folgen, um dich dorthin zurückzuholen, wohin du gehörst.«

In mancher Hinsicht war das Leben ohne Vera im Haus sehr viel angenehmer. Trotzdem fragte ich mich, wie sie mit einem Mann zurechtkam, der sie nicht gewollt hatte.

Jeden Tag fragte ich meine Tante: »Hast du von Vera gehört?« Und jeden Tag antwortete sie dasselbe: »Nein. Ich erwarte auch nicht, von ihr zu hören. An dem Tag, als ich hierher zurückkam, habe ich den schlimmsten Fehler meines Lebens gemacht. Aber jetzt, wo ich mir mein Nest gebaut habe, habe ich die Absicht, das Beste daraus zu machen. Das ist die Einstellung eines Siegers, Audrina, merk dir das. Wenn du erst einmal entschieden hast, was du willst, halte daran fest, bis du es bekommen hast.«

»Was willst du denn?«

Sie antwortete nicht, tappte nur in ihren Hausschuhen durch die Küche – Schuhen, die sie auszog, ehe Papa heimkam. Eine Stunde vor seiner Rückkehr raste sie nach oben, badete, zog sich um, richtete ihr Haar, das sie geschnitten hatte. Sie sah Jahre jünger aus, hauptsächlich, weil sie manchmal sogar lächelte.

Ohne Vera nahm unser Leben einen gewissen Rhythmus an, eine Tatsache, die tröstlich war. Ich wurde dreizehn, dann vierzehn. Sylvia wuchs, machte aber keine Fortschritte. Sie nahm meine ganze Freizeit in Anspruch, aber noch immer sah ich Arden jeden Tag. Papa hatte sich mit Arden abgefunden und war zuversichtlich, daß ich ihn bald langweilig finden würde, da ich ihn so oft sah. Traurigkeit erfüllte mich, als Arden mir erzählte, daß er im kommenden Herbst fortgehen würde – aufs College. Ich wollte nicht an ein Leben ohne Arden denken.

»Ach, Audrina«, weinte Arden plötzlich auf, packte mich um die Taille und wirbelte mich herum, daß mein weißer Rock flog. Seine bernsteinfarbenen Augen waren jetzt mit meinen auf einer Höhe. »Manchmal, wenn ich dich ansehe und sehe, wie hübsch du geworden bist, dann tut es mir im Herzen weh. Ich habe solche Angst, daß du einen anderen finden wirst, während ich fort bin. Audrina, bitte, verlieb dich nicht in einen anderen. Heb dich für mich auf.« Irgendwie lagen meine Arme plötzlich um seinen Hals, und ich klammerte mich an ihn. »Ich wache nachts auf und überlege, wie du aussehen wirst, wenn du richtig erwachsen bist«, fuhr er fort, »und dann denke ich wie dein Vater, daß du für mich dann wie für einen Bruder empfinden wirst. Aber das will ich nicht. Ich habe gehört, daß meine Mutter in deinem Alter ihre Freunde dreimal die Woche gewechselt hat.«

Plötzlich wurde mir bewußt, daß ich in seinen Armen lag, und ich wand mich, bis meine Zehenspitzen den Boden berührten, aber er hielt mich immer noch fest. »Ich bin nicht deine Mutter.« Wie ernst kam ich mir vor, wie erwachsen und weise und klug, obwohl ich weder erwachsen noch klug war.

Etwas Sanftes, Wunderbares ging in Ardens Augen vor, ließ seine Pupillen größer und dunkler werden. Das Licht, das in ihnen leuchtete, verriet mir, noch ehe er den Kopf neigte, daß ich im zarten Alter von vierzehn Jahren von dem einzigen Jungen geküßt werden würde, dem ich einen Platz in meinem Leben eingeräumt hatte. Wie zart seine Lippen auf meinen waren, so leicht, und ich fühlte heiße und kalte Schauer durch meinen Körper laufen. Freude und Angst mischten sich, als ich versuchte zu entscheiden, ob mir dieser Kuß gefiel oder nicht. Warum sollte ich Angst haben? Dann küßte er mich noch einmal, ein bißchen leidenschaftlicher, und Furcht erfüllte mich, als der regnerische Tag im Wald wieder vor meinem geistigen Auge entstand. Er gehörte der ersten Audrina, dieser schreckliche Tag – warum quälte er mich, strafte Arden?

»Warum zitterst du?« fragte Arden und schien verletzt.

»Tut mir leid. Ich hatte einfach ein bißchen Angst. Ich bin noch nie so geküßt worden.«

»Entschuldige, wenn ich dich erschreckt habe – aber ich konnte einfach nicht anders. Eine Million Male habe ich mich zurückgehalten ... aber diesmal habe ich es einfach nicht geschafft.«

Dann tat es mir leid. »Ach, Arden, ist es nicht albern, daß ich jetzt Angst hab', wo ich mich schon gefragt habe, warum du so lange zögerst?« Warum hatte ich das gesagt? Es hörte sich an wie etwas, was Vera sagen würde, und die ganze Zeit über war ich zu Tode erschrocken gewesen.

»Wirst du es den Jungs jetzt nicht leichtmachen? Meine Mutter war so. Ich hatte gehofft, du wärst anders; das würde mir beweisen, daß das, was wir jetzt empfinden, für immer halten wird. Vielleicht hat Mam es dir nicht erzählt, aber sie war nicht nur einmal verheiratet. Beim ersten Mal war sie erst siebzehn, und es hat nur ein paar Monate gedauert. Mein Vater war ihr dritter Mann, und – so behauptet sie – ihr bester. Manchmal glaube ich allerdings, sie sagt das nur, damit ich mich besser fühle, was ihn angeht.«

Dreimal? »Ich bin ganz anders«, sagte ich schnell, »ich liebe nur dich. Kinderliebe nennt Tante Elsbeth das. Aber ich erzähle ihr nie irgend etwas. Sie sieht mich an und sagt, es sei nicht nur die viele frische Luft, die meine Augen so leuchten und meine Haut glühen läßt. Sogar Papa sagt, ich hätte noch nie gesünder und glücklicher ausgesehen. Aber ich glaube, das machst du, und ich glaube, es ist auch, weil ich gelernt habe, Sylvia so sehr zu lieben. Und sie liebt mich auch, Arden. Wenn ich nicht in der Nähe bin, verkriecht sie sich in eine dunkle Ecke, als wollte sie nicht, daß irgend jemand sie bemerkt. Ich glaube, sie hat Angst vor Tante Elsbeth. Und wenn ich dann ins Zimmer komme, kriecht sie zu mir und zupft an meiner Hand oder am Saum meines Rockes, und ihr kleines Gesicht kippt nach hinten ... sie macht mich zum Mittelpunkt ihres Lebens.«

Er schien sich nicht wohl zu fühlen, weigerte sich, sich nach Sylvia umzudrehen, die immer bei mir war – wenn nicht in Reichweite, dann doch zumindest in der Nähe. Sie verursachte in ihm ein ungutes Gefühl, aber er gab es niemals zu. Ich glaube, sie brachte ihn mit ihrem Gestank, ihren schrecklichen Gewohnheiten, ihrer Unfähigkeit zu sprechen und ihren leeren Augen in Verlegenheit.

Nicht sehr weit entfernt kroch Sylvia auf dem Boden herum, folgte einer langen Reihe Ameisen, die zu ihrem Loch im Boden krabbelten.

»Hör auf, Sylvia anzuschauen, die die Ameisen beobachtet«, spottete er, »und sieh statt dessen mich an.« Spielerisch schlug er nach mir, als ich mich weigerte, ihn anzusehen. Ich schubste ihn zurück, dann er mich, und schließlich stürzten wir beide zu Boden und rangen miteinander, ehe sich seine Arme um mich schlossen und wir einander in die Augen sahen. »Ich liebe dich«, flüsterte er heiser, »ich weiß, daß ich zu jung bin, um so etwas zu fühlen, aber ich habe mein Leben lang gehofft, daß es so sein würde, wenn ich noch jung bin, mit einem Mädchen wie dir – einem besonderen, hübschen, anständigen Mädchen.«

Mein Herz fing an heftig zu schlagen, als seine Bernsteinaugen langsam von meinem Gesicht zum Nacken und weiter hinab zum Busen und zur Taille wanderten. Dann betrachtete er eine tiefere Stelle, was mich erröten ließ. Als er in meine Augen sah, ja, sogar als er meine Brust betrachtete, war ich mir geliebt vorgekommen, und schön. Aber als er jetzt dorthin sah, schossen schemenhaft gräßliche Erinnerungen durch meinen Kopf, wühlten die Alpträume aus dem Schaukelstuhl wieder auf, all das, was der ersten Audrina angetan worden war, die gestorben war, weil alle drei Jungen dorthin geschaut hatten, trotz ihrer verzweifelten Versuche, sie fortzustoßen. Scham erfüllte mich. Hastig bewegte ich meine Beine, bis sie alles verdeckten. Was ich tat, ließ Arden erröten.

»Schäm dich doch nicht, daß du ein Mädchen bist, Audrina«, flüsterte er mit abgewandtem Gesicht. Ganz plötzlich fing ich an zu weinen. *Sie* hatte sich geschämt. Mein Leben lang war ich ihretwegen gequält worden. *Ich haßte sie!* Ich wünschte, sie wäre niemals geboren worden. Vielleicht würde ich mich dann wirklich und natürlich fühlen, anstatt falsch und unnatürlich.

Ich zitterte trotzdem noch immer, sogar noch heftiger. Wessen Füße gingen da über mein Grab? Ihre?

»Ich werde jetzt heimgehen«, erklärte ich steif, stand auf und klopfte den Schmutz von meinen Kleidern.

»Du bist böse mit mir.«

»Nein, bin ich nicht.«

»Es ist noch eine halbe Stunde bis zur Dämmerung. Und bis es dunkel wird, dauert es noch lange.«

»Wir sehen uns morgen wieder.« Ich lief zu Sylvia und ergriff ihre kleine Hand, zog sie auf die Füße, ehe ich mich umdrehte und Arden kurz zulächelte. »Bleib einfach stehen, wo du bist, und bring uns nicht bis an den Rand des Waldes. Wenn irgend etwas passiert, rufe ich laut. Versteh mich bitte, Arden.«

Die Sonne schien auf sein Gesicht, so daß ich den Ausdruck seiner Augen nicht entziffern konnte. »Ruf mich, wenn du an eurem Rasen bist, damit ich weiß, daß alles in Ordnung ist.«

»Arden, wenn ich mich manchmal sonderbar verhalte, wenn ich zittere und zurückschrecke, dann verlaß mich deswegen nicht. Ohne dich wüßte ich nicht, wie ich den Wald oder die Tage überstehen sollte.« Verlegen wirbelte ich herum und versuchte zu laufen. Aber Sylvia konnte nicht rennen. Sie stolperte über Baumwurzeln, über Stöcke, über ihre eigenen Füße, und bald nahm ich sie auf die Arme. Sie war jetzt sechs Jahre alt und wurde allmählich schwer. Die Kristalle, die sie überallhin mitschleppte, machten sie noch schwerer. Bald setzte ich sie wieder ab und ging langsamer. Ich muß vor Einbruch der Dunkelheit daheim sein, sagte ich mir immer wieder, ehe es anfängt zu regnen!

»Ich bin da, Arden!« rief ich. »Sicher in unserem Hof!«

»Dann geh hinein... und gute Nacht. Wenn du träumst, träum von mir.«

Seine Stimme aus dem Wald klang ganz nah, und ich lächelte traurig. Er war uns gefolgt, als wüßte er, was der ersten Audrina zugestoßen war, und wollte mich vor ihrem Schicksal bewahren.

Arden war seit einem Jahr im College, und ich feierte meinen sechzehnten Geburtstag. Arden hatte hervorragende Zensuren, aber für mich war es ein langweiliges Jahr, einsam in dem Haus und noch einsamer, wenn ich durch den Wald lief und Sylvia hinter mir herzog, um Billie zu besuchen. Ohne Arden schien das Häuschen halb leer, ohne Herz. Ich staunte über Billie, die allein hier lebte und trotzdem noch lächeln konnte. Wieder und wieder las sie mir die Briefe vor, die Arden ihr schrieb, und ich las aus seinen Briefen an mich vor. Sie lächelte, wenn ich eine zärtliche Wendung überschlug, denn in seinen Briefen war er mutiger als sonst.

Die Highschool gefiel mir besser als die Mittelschule, aber die Jungs hier waren zudringlicher. Manchmal fiel es mir schwer, mich nur auf Arden zu konzentrieren, den ich so selten sah. Ich war sicher, daß er sich mit anderen Mädchen traf, von denen er nie schrieb, aber ich war treu, traf mich mit niemandem außer ihm, wenn er in den Ferien heimkam. Alle Mädchen waren neidisch, weil ich einen Freund hatte, der schon so alt war, daß er aufs College ging.

Die Pflege Sylvias füllte mein Leben aus, stahl mir jeden freien Augenblick, in dem ich mich mit Mädchen meines Alters hätte treffen können. Ich hatte keine Zeit für all die Vergnügungen, die sie genossen. Jeden Tag mußte ich so schnell wie möglich heim, für den Fall, daß ich Sylvia vor dem Stock meiner Tante bewahren mußte – und aus purer Gleichgültigkeit ließ meine Tante Sylvia unnötig leiden, wartete darauf, daß ich mich um ihre körperlichen Bedürfnisse kümmerte.

Meine Nachmittage verbrachte ich bei Billie, und in den Jahren, wo Arden fort war, brachte sie mir Kochen, Nähen, Einkochen bei. Manchmal versuchte sie vorsichtig, mir etwas über Männer zu erzählen und darüber, was sie von ihren Frauen erwarteten. »Eine körperliche Beziehung ist nicht alles, aber was die Männer angeht, ist sie sehr wichtig. Ein gutes, erfülltes Sexualleben ist ein guter Grundstein für eine lange, glückliche Ehe.«

Am Weihnachtsfest nach meinem siebzehnten Geburtstag bekamen wir eine Karte aus New York. Sie zeigte die Stadt vom Hudson River aus gesehen, alles in Pastell und Blautönen, mit Schnee und Glitzer. Meine Tante knurrte, als sie die Nachricht las: »Ihr werdet mich wiedersehen, keine Sorge.« Unterschrieben war sie von Vera. Es war das erste, was wir seit drei Jahren von ihr hörten.

»Wenigstens lebt sie noch, und dafür sollte ich dankbar sein. Aber warum hat sie die Karte an Damian und nicht an mich adressiert?«

Eine Woche später wachte ich plötzlich mitten in der Nacht auf. Seit Sylvia in mein Leben getreten war, hatte ich einen sechsten Sinn entwickelt. Selbst wenn ich schlief, wußte ich, wie die Zeit verging, wußte, wenn etwas geschah und wann ich gebraucht wurde. Als ich die lauten Stimmen wieder hörte, dachte ich zuerst an Sylvia. Blitzschnell sprang ich aus dem Bett und raste in ihr Zimmer. Aber sie schlief noch fest.

Unter der Schlafzimmertür meines Vaters schimmerte ein schmaler Lichtstreifen. Zu meinem Erstaunen hörte ich aus dem Zimmer die Stimme meiner Tante. »Damian, ich will nach New

York fahren. Vera hat gestern angerufen. Sie braucht mich. Ich werde zu ihr fahren. Ich habe alles für dich getan, was ich konnte, und auch für deine Töchter. Du kannst dir jederzeit ein Mädchen einstellen, das kocht und putzt, und außerdem hast du ja noch Audrina, nicht wahr? Es ist dir gelungen, sie an Sylvia zu fesseln. Es ist nicht fair, was du da tust. Ich weiß, daß du sie liebst. Also laß sie aufs College gehen. Gib sie frei, Damian, ehe es zu spät ist.«

»Ellie, was würde mit Audrina geschehen, wenn sie von hier fortginge? Sie ist zu sensibel für die Welt da draußen. Ich bin sicher, daß sie diesen Jungen niemals heiraten wird, und er wird das herausfinden, sobald er sich ihr ein bißchen nähert. Kein Mann will eine Frau, die Zärtlichkeiten nicht erwidern kann, und ich bezweifle, daß sie das jemals lernen wird.«

»Natürlich nicht!« schrie sie. »Das hast du ihr angetan. Als sie dir erzählt hat, daß der Schaukelstuhl diese Visionen in ihr weckte, hast du sie immer wieder hineingesetzt.«

»Um ihr Frieden zu schenken«, sagte er müde, während ich vor Schreck erstarrte. Warum stritten sie meinetwegen? Was machte meine Tante um drei Uhr morgens in seinem Schlafzimmer?

»Jetzt hör mir mal zu, Damian«, fuhr meine Tante fort, »und benutze zur Abwechslung mal den gesunden Menschenverstand. Du tust gern so, als würde es Vera gar nicht geben. Aber es gibt sie. Und solange sie lebt, sind weder du noch Audrina, noch Sylvia sicher. Wenn du mir erlaubst, zu ihr zu fahren, kann ich vielleicht mit ihr sprechen und sie zur Vernunft bringen. Sie richtet ihr ganzes Leben auf dich und ihre Rache an dir aus. Wenn sie zurückkommt, könnte sie Audrina zerstören – bitte, laß mich gehen. Gib mir genug Geld für die Reise und zur Überbrückung, bis ich eine Stelle gefunden habe. Ich muß bei Vera sein, und du schuldest mir noch etwas, oder nicht? Das Mädchen da in New York ist genauso dein Fleisch und Blut wie Audrina und Sylvia, und du weißt es. Du hast gesagt, du liebst mich.«

»Das ist vorbei, Ellie, erklärte er müde. »Das Leben besteht nicht nur aus der Vergangenheit. Laß uns mit dem Heute weitermachen, mit dem Hier und Jetzt.«

»Warum hast du gesagt, daß du mich liebst, wenn du es doch nicht getan hast!« kreischte sie.

»Damals hattest du deine Reize, Ellie. Du warst süßer.«

»Damals hatte ich noch Hoffnungen, Damian«, sagte sie verbittert.

»Ellie, sag mir, was Vera tun will, wenn sie zurückkommt. Ich bringe das Mädchen um, wenn sie noch einmal irgend etwas tut, um Audrina zu verletzen.«

»O Gott! Du hast aus ihr gemacht, was sie jetzt ist! Hinter allem, was Vera getan hat, steckte Enttäuschung und Schmerz, weil sie fühlte, daß ihr eigener Vater sie nicht haben wollte. Du kennst Veras Drohung. Als du und Lucietta mir damals erzählt habt, was ihr wegen Audrina vorhabt, hielt ich euch zuerst für Narren. Trotzdem habe ich nichts gesagt, habe gehofft, es würde gut ausgehen. Ich habe schon vor langer Zeit den Versuch aufgegeben, dir zu gefallen, denn ich wußte nicht, wie ich mich deinen Launen unterwerfen sollte. Aber es ist Audrina, die ich retten möchte. Es gab eine Zeit, da hielt ich das Mädchen für einen Schwächling, aber sie hat bewiesen, daß sie das nicht ist. Ich dachte, sie hätte keinen Kampfgeist, kein Feuer, aber ich freue mich jedesmal, wenn sie dir einen Hieb zurückgibt. Sitz nur da und funkle mich mit deinen verdammten schwarzen Augen an. Das ist mir egal! Aber erzähl Audrina die Wahrheit – ehe Vera es tut.«

»In diesem Haus steckt ein Vermögen, und ein Teil davon könnte dir gehören«, sagte er schmeichelnd. »Aber nichts davon wird euch gehören, solltest du oder deine Tochter Audrina jemals ein Sterbenswörtchen verraten.« Seine Stimme wurde mit einem Mal eiskalt. »Wie willst du ohne Geld irgendwohin fahren? Ellie, wer würde dich denn schon nehmen außer mir?«

»Du willst mich ja gar nicht!« schrie sie sehr wütend. Ich ließ mich auf die Knie fallen und blinzelte durchs Schlüsselloch, so wie Vera es vor vielen Jahren getan hatte, wenn Mammi mit Papa gestritten hatte. »Du nutzt mich doch nur aus, Damian, wie du alle Frauen ausnutzt.«

Ohhh ... da war meine spröde, gezierte Tante, ging im Zimmer meines Vaters auf und ab und trug dabei nichts weiter als einen durchsichtigen Frisiermantel, der einmal meiner Mutter gehört hatte. Darunter war sie nackt. Zu meiner Überraschung sah sie ohne Kleider besser aus als mit. Ihre Brüste waren nicht groß und voll wie Mammis, sondern kleiner, fester und sehr hoch. Die Brustwarzen waren weinrot und sehr groß. Wie alt war sie eigentlich? Beim besten Willen konnte ich mich nicht erinnern, daß meine Mutter mir jemals ihr Alter verraten hätte, und weil sie so eitel war, hatte man ihr Geburtsdatum nicht auf dem Grabstein eingravieren lassen.

Es war nicht das erste Mal, daß ich erkannte, daß kein anderer Geburtstag so wichtig war wie meiner.

Das lange, dunkle Haar meiner Tante fiel locker herab, flog hoch, als sie jetzt herumwirbelte. Ich starrte sie an und fragte mich, warum sie keinen anderen Mann gefunden hatte, nachdem sie Papa an meine Mutter verloren hatte. So, wie sie jetzt aussah, wirkte sie sehr aufregend, herausfordernd, vor allem, wenn ich danach urteilte, wie Papas Augen aufleuchteten, während er sie noch anbrüllte und ihr auszureden versuchte, nach New York zu fahren.

Plötzlich machte er einen Satz, packte sie bei der Taille und zerrte sie, die um sich trat und sich wehrte, auf seinen Schoß. Sie schlug nach ihm, dann noch einmal, als er lachte und dem Schlag auswich, und irgendwie gelang es ihm dann, seine Lippen auf die ihren zu pressen. Jeglicher Kampfgeist verließ sie, als ihre Arme ihn leidenschaftlich umschlangen, sie seinen Kopf an ihren zog und stöhnte, als seine Lippen alle Vertiefungen und Hügel ihres Körpers erforschten. Ich sah wie erstarrt zu, wie er ihre Brüste küßte und gleichzeitig mit der Hand unter dem Frisiermantel herumfummelte.

»Du irrst dich, Ellie«, murmelte er, und sein Gesicht war vor Leidenschaft gerötet, als er aufstand und sie zu seinem Bett trug, »ich liebe dich auf meine eigene Art. So, wie ich auch Lucky auf ganz besondere Art geliebt habe. Es ist nicht meine Schuld, daß ich nicht mehr lieben kann, wenn das Objekt meiner Liebe tot ist. Ich muß schließlich weiterleben, oder nicht? Und auch wenn du glaubst, daß ich mich selbst mehr liebe als alle anderen, dann habe ich doch niemals versucht, dich zu täuschen, oder? Du könntest mich also wenigstens dafür respektieren, daß ich ehrlich gewesen bin, wenn schon aus sonst keinem Grund.«

Jetzt wurde mir erst richtig bewußt, wer der Mann war, den meine Mutter ihrer Halbschwester gestohlen hatte. Und genauso klar war mir nun, daß mein Vater auch Veras Vater war. Je mehr ich darüber nachdachte, desto weniger gefiel mir meine Mutter. Hatte sie ihrer älteren Schwester absichtlich den Liebhaber gestohlen?

Ich stand auf. Jetzt waren meine Tante und mein Vater erneut ein Paar. Merkwürdigerweise war ich nicht so entsetzt oder bekümmert, wie ich es früher gewesen wäre. Vielleicht hatte das Schicksal geheimnisvolle Wege, um alles zu einem gerechten Ende zu bringen. Mir schoß sogar der Gedanke durch den Kopf, daß die beiden vielleicht sogar schon zusammengewesen waren, als meine Mutter noch lebte – in diesem Haus, unter ihrem eigenen Dach. Gewiß gab es genug leerstehende Räume, die ihnen Platz und Gelegenheit geboten hätten. Meine Erinnerungen kehrten zu der Teestunde zurück, zu den Tagen, an denen Tante Mercy Maries Foto auf dem Klavier gestanden hatte. In meinem Kopf hörte ich all die harten Worte widerhallen, die meine Mutter und ihre Schwester gewechselt hatten. Nicht ein einziges Mal hatte meine Tante gezeigt, daß sie etwas anderes als eifersüchtig auf meine Mutter war. Nein, entschied ich, Tante Elsbeth hatte zuviel Respekt vor sich selbst, war außerdem zu wütend auf Papa, um eine heimliche Affäre mit dem Mann zu haben, der sie einmal zurückgewiesen hatte, als Lucietta Whitefern noch am Leben war.

Ich machte mir Gedanken über diese Beziehungen und kam zu dem Schluß, daß Papa meine Tante brauchte und sie selbst seine Liebe als Belohnung empfand. Ich beschloß, sie niemals wissen zu lassen, daß ich über ihr Geheimnis Bescheid wußte. Lange Zeit verging, ehe meine Tante Vera noch einmal erwähnte.

Am Weihnachtsfest – ich war siebzehn – schob mir Arden einen Verlobungsring über den Finger und zog mich in die Arme. »Jetzt brauchst du kein Jahr mit einer Neun mehr zu fürchten. Wenn du neunzehn bist, wirst du meine Frau sein, und ich sorge dafür, daß dir niemals wieder etwas Böses zustößt.«

Im folgenden Juni machte ich meine Abschlußprüfung. Noch immer trug ich den Verlobungsring an einer Kette um den Hals. Mir fiel eine allmähliche Veränderung meiner Tante auf. Sie schien nicht mehr so zufrieden wie zuvor. Ich hatte sie nie für glücklich gehalten, bis ich sie jetzt richtig unglücklich erlebte. Sie ging selten irgendwohin. Andere Frauen ihres Alters gehörten Bridge-Clubs an, hatten ihren Kaffeeklatsch, aber meine Tante besaß keine einzige Freundin. Die Kleider, die sie daheim trug, waren alt, und die neuen, die sie trug, wenn sie ausging, suchte mein Vater aus, genauso, wie er auch meine Kleider auswählte. Sie hatte kein anderes Hobby als das Stricken, während sie sich die endlosen Fernsehspiele anschaute. Sie hatte mich, sie hatte Sylvia und Papa und ihr ewiges Kochen und Putzen – und als Belohnung ein paar Stunden vor ihrem neuen, selbstausgesuchten Farbfernseher. Und mir war niemals klargeworden, daß sie mehr brauchte oder verdiente.

Sie beklagte sich nicht. Es gab keine offensichtlichen Symptome, die mich erkennen ließen, daß sie krank wäre, aber irgend etwas hatte sich verändert. Oft brach sie mit einer Arbeit ab und starrte ins Leere. Sie fing an, die Bibel zu lesen, als suchte sie Trost. Sie machte lange, einsame Spaziergänge, wobei sie den Wald mied und sich dicht am Fluß hielt. Manchmal ging ich mit ihr, aber keiner von uns sagte viel. Dann blieb sie stehen und starrte mit übertriebenem Interesse auf den Boden. Sie blickte in die Bäume hinauf und zum Himmel, mit derselben Neugier, als hätte sie die Natur nie zuvor wahrgenommen und als wäre alles neu für sie. Sie starrte die Eichhörnchen an, die auf unseren alten Bäumen hockten. Ich erzählte ihr, daß ich sicher war, daß sie schon hiergewesen waren, als Kolumbus von Spanien hergesegelt war. Aber meine Tante runzelte nur die Stirn und erklärte, ich wäre über Gebühr romantisch, genau wie meine Mutter. Meine Tante dagegen war praktisch. Bloß – nachdem sie Papa nicht für sich hatte gewinnen können, warum hatte sie da nicht nach einem anderen Mann Ausschau gehalten? Meine ›unrealistische und romantische‹ Mutter wäre auf keinen Fall ihr Leben lang unverheiratet geblieben.

Aber wie konnte ich das sagen, wo ich gerade anfing, meine Tante zu verstehen? Und mit dem Verständnis kam die Liebe, die in unserer Beziehung bisher gefehlt hatte. Ich wollte mit ihr reden, aber es war schwer, mit einer Frau zu sprechen, die die Kunst der Unterhaltung nie gelernt hatte. Eines Tages überraschte sie mich. »Liebst du diesen jungen Mann?«

»Arden? O ja, natürlich. Bei ihm fühle ich mich so sicher und so wohl. Er sagt mir immer wieder, wie wunderbar ich bin und wie sehr er mich liebt.« Meine eigenen Worte ließen mich nachdenken – es war fast, als würde ich mich von Arden überzeugen lassen, daß ich ihn lieben müßte, weil er mich liebte.

Mit gerunzelter Stirn sah meine Tante kurz zu mir herüber. Dann wandte sie sich ab. »Ich hoffe, du wirst ihm gegenüber immer so empfinden. Die Menschen ändern sich, Audrina. Er wird sich verändern. Du wirst dich verändern. Ihr werdet einander mit anderen Augen sehen. Mit zwanzig liebst du ihn vielleicht nicht mehr so, wie du ihn mit achtzehn liebst. Du bist eine schöne junge Frau und kannst deine Wahl unter dem Besten treffen, das die Welt zu bieten hat. Aber du hast sogar noch mehr, etwas viel Wertvolleres als Schönheit, denn die ist nicht von Dauer. Du glaubst, daß sie es ist, du betest darum, aber sie vergeht früher oder später. Je schöner du bist, desto mehr schmerzt es, wenn die Schönheit schwindet. Aber in einer Beziehung hat dein Vater recht – du bist wirklich etwas Besonderes.«

»Nein, bin ich nicht.« Verlegen neigte ich den Kopf. »Ich habe keine besonderen Gaben. Meine Träume sind ganz gewöhnlich.«

»Ach, das«, sagte sie, als hätte sie das die ganze Zeit gewußt. »Was macht es schon für einen Unterschied, wie du deine Ziele erlangst? Wenigstens läßt dein Vater dich nachts in Ruhe, und du schreist nicht mehr. Ich habe ihn immer für ein Ungeheuer gehalten, weil er dich in dieses Zimmer gezwungen hat, wenn du nicht dorthin gehen wolltest – aber das tut nichts zur Sache. Ohne dich wäre es Damian nicht so gut ergangen, also laß es nicht zu, daß er sich sein ganzes Glück selbst zuschreibt. Du hast ihn motiviert, hast ihm einen Grund gegeben, Reichtümer anzuhäufen. Es ist nicht leicht, die Straße des Lebens allein zu bereisen, und niemand weiß das besser als ich. Ohne dich hätte Damian nach dem Tod deiner Mutter nicht überleben können. Männer sind merkwürdige Wesen, Audrina, vergiß das nicht. Bestehe also auf deinen Rechten, verlange eine Collegeausbildung. Laß dir von ihm nicht ausreden, was du möchtest. Er wird versuchen, dich davon abzuhalten, zu heiraten, ihn jemals zu verlassen – aber laß ihn Arden nicht fortjagen.«

»Das könnte er nicht, sonst wäre Arden schon vor langer Zeit verschwunden. Ich weiß, daß Papa es versucht hat. Arden hat mir erzählt, daß er versucht hat, ihn dazu zu bringen, sich von mir fernzuhalten.«

»Also schön. Aber wenn du deine Chance zur Flucht siehst, dann ergreife die Gelegenheit und flieh. Du brauchst nicht in der Nähe dieses Waldes zu leben und in diesem Haus mit all den unschönen Erinnerungen. Es wäre sogar noch besser, wenn du zu seiner armen, verkrüppelten Mutter in das Häuschen ziehen würdest, als hierzubleiben...«

Mir verschlug es den Atem. »Du weißt über Billie Bescheid? Ich dachte, niemand wüßte davon.«

»Ach, um Himmels willen, Audrina. Jedermann weiß über Billie Lowe Bescheid. Es gab eine Zeit, da prangte ihr Gesicht auf jedem Zeitschriften-Titelbild, und als sie erst ein und dann das zweite Bein verlor, sorgte das für Schlagzeilen. Du warst zu der Zeit noch zu jung, um etwas mitzubekommen. Außerdem hat dein Vater dir immer nur erlaubt, den Wirtschaftsteil der Zeitung zu lesen.« Sie brach ab, als wollte sie noch mehr sagen, hätte sich dann aber eines Besseren besonnen. »Ist dir eigentlich nicht klar, daß dein Vater vom Tage deiner Geburt an versucht hat, dich für den Börsenmarkt zu interessieren? Audrina, jetzt benutze diese Kenntnisse und wende sie zu deinen eigenen Gunsten an, nicht zu seinen.«

Was meinte sie damit? Ich fragte, aber sie weigerte sich, es zu erklären. Trotzdem liebte ich sie, weil sie versuchte, mir zu helfen, und ich vermutete auch nicht im geringsten, daß sie darauf wartete, daß ich ihr helfen würde.

In jener Nacht glaubte ich, erkannt zu haben, daß sie so deprimiert war, weil Papa sie nicht heiratete, deprimiert auch, weil sie nur eine einzige Weihnachtskarte und einen Telefonanruf von Vera bekommen hatte – in fünf Jahren! Wie haßerfüllt mußte Vera sein, daß sie ihre Mutter behandelte, als existiere sie überhaupt nicht. Ich würde bald mit Papa reden müssen, sehr bald.

Aber Papa war selten daheim, und wenn, dann war meine Tante da, und ich wollte nicht, daß sie erfuhr, daß ich ihn bedrängte, sie zu heiraten.

Wie kompliziert alles war! Das waren fast die ersten Worte, die ich zu Arden sagte, als er übers Wochenende heimkam: »Meine Tante weiß genau über deine Mutter Bescheid.«

Er lächelte, küßte mich vier-, fünfmal und hielt mich lange Zeit in den Armen, hielt mich so fest, daß ich jeden einzelnen Muskel seines kräftigen, jungen Körpers spürte. Ich spürte auch noch etwas anderes, und das ließ mich zurückschrecken. Ich mußte nach unten blicken. Diese pralle Härte erfüllte mich mit Panik, bis ich mich schwach fühlte und bereit war, davonzulaufen, es war, als ob das Mobile aus der Kuppel in meinem Kopf dröhnte. Er bemerkte es, schien verletzt, dann verlegen – so sehr, daß er seinen Mantel zusammenhielt, um seine Erregung zu verbergen. »Nun, ich hab' getan, was ich konnte, und sie hat getan, was sie konnte, und ich bin sicher, du hast getan, was du konntest, aber Geheimnisse drängen nun mal ans Licht, und vielleicht ist es so das Beste.«

Er sprach von unserer Hochzeit, die kurz nach Beendigung seiner Collegezeit stattfinden sollte. Nur noch Wochen würden bis dahin vergehen. Wieder fühlte ich Angst in mir aufsteigen. Ich brauchte mehr Zeit. Wir waren wieder im Wald, auf dem Weg nach Hause, als er mich umarmte, leidenschaftlicher als jemals zuvor. Bis er mich packte, hatte ich die kleinen Vögel über uns zwitschern hören, aber in dem Augenblick, wo er mich berührte, verstummten die Vögel. Ich erstarrte unter seiner Liebkosung. Ich riß mich aus seinen Armen, wandte ihm den Rücken zu, hielt mir die Ohren zu, um den Lärm der Mobiles nicht zu hören, den ich hier draußen nicht hören durfte.

Sanft legte Arden seine Arme um meine Taille und zog mich wieder an sich. »Schon gut, Liebling. Ich verstehe dich ja. Du bist noch sehr jung, und ich darf das eben nicht vergessen. Ich möchte, daß du den Rest deines Lebens glücklich bist, als Entschädigung für... für...« Er stotterte, und ich riß mich noch einmal los und wirbelte herum, um ihn anzusehen. »Um mich für was zu entschädigen?«

»Für all das, was deine Augen überschattet. Ich möchte, daß meine Liebe deine Ängste auslöscht. Ich möchte, daß unser Kind auf deine liebevolle Pflege reagiert, wie Sylvia es nie getan hat.«

Kind, Kind, Kind. Ich brauchte nicht noch ein Kind. Arden sprach Sylvias Namen nur selten aus, als wenn auch er so tun wollte, als gäbe es sie nicht. Er tat nichts, um sie zu verletzen, aber er half ihr auch nicht.

»Arden, wenn du Sylvia nicht lieben kannst, kannst du auch mich nicht lieben. Sie ist ein Teil meines Lebens. Bitte, werde dir jetzt darüber klar, ob du sie akzeptieren kannst oder nicht. Wenn nicht, dann laß uns jetzt auf Wiedersehen sagen, ehe es zu spät ist.«

Er warf einen Blick zu Sylvia hinüber, die immer wieder um einen dicken Baumstamm lief. Ihr dünner Arm war ausgestreckt, so daß ihre Finger ganz leicht die Rinde berühren konnten, als sie immer wieder im Kreis lief. Ich redete mir ein, sie versuchte mit dem Baum zu ›kommunizieren‹, indem sie seine ›Haut‹ ertastete, und daß ein Sinn in ihrem Tun lag. So war sie nun einmal, immer aktiv, niemals still, solange sie wach war; die ganze Zeit tat sie nie etwas, das im Grunde nichts war.

Arden begleitete Sylvia und mich bis an den Waldrand. Ich fühlte mich wieder so wohl, daß ich mit ihm glückliche Pläne für den Abend und den nächsten Tag schmieden konnte.

Mein Vater und meine Tante waren in der Küche und stritten.

Kaum hörten sie mich das Haus betreten, da verstummten sie, und ich hörte diese unnatürliche Stille, die verrät, daß man ein privates Gespräch unterbrochen hat.
Ich eilte mit Sylvia die Treppe hinauf.

Arden kehrte ins College zurück. Das letzte Semester hatte angefangen, und ich schickte mich an, zusammen mit Papa das Haus herzurichten, bis es schöner war als neu. Jetzt, da Papa dafür bekannt war, daß sich alles, was er anfaßte, in Gold verwandelte, sagte Tante Elsbeth oft, daß sein Kopf bald so groß sein würde, daß er nicht mehr durch die Doppeltür des Eingangs passen würde.

Papa zeigte ihr eine lange Nase und befahl den Arbeitern, Wände einzureißen, einige Zimmer zu vergrößern, andere zu verkleinern. Er ließ seinen Zimmern und auch meinem ein eigenes Bad hinzufügen, desgleichen bei zwei weiteren Zimmern. Er beschloß, daß er zwei große, begehbare Kleiderschränke für seine vielen Anzüge und unzähligen Schuhe benötigte. Mein Zimmer wurde vergrößert, ein Ankleideraum angebaut, und in meinem Bad fühlte ich mich herrlich mondän, mit all dem Kristall und den goldenen Armaturen und dem elektrischen Licht um meinen Spiegel. Schließlich schien es mir, als würde unser Haus noch übertreffen, was es einst gewesen war. Papa suchte so lange, bis er all die Antiquitäten fand, die die Whiteferns vor Jahren verkauft hatten, und bewies so, daß alles, was meine Tante meiner Mutter über ›Fälschungen‹ ins Gesicht geschleudert hatte, stimmte. Selbst das große Bett, das meine Mammi für echt gehalten hatte, erwies sich als Reproduktion.

Ungläubig lauschte ich all seinen Plänen. Er war so geizig, wenn es um alltägliche Dinge ging, und so verschwenderisch, wenn es sein Haus und seine Kleider betraf.

Für jedermann in der Finanzwelt war er der »Messias« des Börsenmarktes. Dadurch erhielt er so viel Zuversicht und Selbstvertrauen, daß er anfing, einen Börsenratgeber zu verfassen. Er führte die Aktien auf, die man kaufen oder verkaufen sollte. Und dann kaufte er, was er seinen Kunden zu verkaufen riet. Innerhalb weniger Stunden machte er auf diese Weise Tausende von Dollars Profit. Es schien unfair, und das sagte ich ihm auch. Aber er erwiderte, daß das ganze Leben unfair sei. »Ein ständiger Kampf der Geister ums Überleben, Audrina. Die Siege im Leben gehören jenen, die sich am schnellsten und am klügsten bewegen – und das ist kein Betrug. Schließlich sollten die anderen mehr Vernunft besitzen, nicht wahr?«

Papa schickte seine Veröffentlichungen an einen Freund in San Francisco, und dieser Freund hatte einen Verlag, und alle »Freunde« dieser Art waren nur zu gern bereit, bei dem Betrug mitzuarbeiten.

Dann kam der wundervolle Tag, an dem Arden aus dem College zurückerwartet wurde. Er hatte sein Diplom erhalten. Papa war so herzlos gewesen, mir zu verbieten, an der Abschlußfeier teilzunehmen.

Ohne daß Papa es wußte – denn er wollte, daß ich immer von ihm abhängig blieb –, hatte Arden mir schon vor Jahren das Autofahren beigebracht. So war es ein leichtes, mir einen von Papas alten Wagen zu ›leihen‹, die in der Garage standen, Sylvia schön anzuziehen und mich auf den Weg zum Flughafen zu machen, um dort auf das Flugzeug zu warten. Der Augenblick war gekommen. Ich war dumm genug, zu glauben, ich wäre zu allem bereit.

Eines langen Tages Reise

Arden lief im Flughafen auf mich zu. Gleich darauf wurde ich so fest umarmt und leidenschaftlich geküßt, daß ich zurückwich, überwältigt von seinen Gefühlen. Verzweifelt suchte ich nach Sylvia, die im selben Augenblick verschwunden war, als Arden mich in die Arme nahm. Nach einer Stunde fanden wir meine kleine Schwester. Sie starrte die bunten Zeitschriften an. Sie war bereits wieder vollkommen zerzaust, und dabei hatte ich Arden doch zeigen wollen, wie hübsch sie war, wenn sie frisch und sauber war. Alles wurde noch schlimmer dadurch, daß irgend jemand, der freundlich sein wollte, ihr ein Schokoladeneis gekauft hatte. Die Hälfte der Eiscreme befand sich in ihrem Gesicht, ein Teil in ihren Haaren und ihren Nasenlöchern, und nur sehr wenig von der schmelzenden Masse fand den Weg in ihren Mund. Ich nahm ihr das Eis aus der Hand und hielt es so, daß sie daran lecken konnte. Schlimmer als alles andere war der Gestank aus ihrer Windel. Es war mir gelungen, Sylvia halbwegs an die Toilette zu gewöhnen, aber sie hatte doch immer noch so viele ›Unfälle‹, daß sie auch weiterhin Windeln tragen mußte.

Es gab nur wenig, worüber Arden und ich auf dem Heimweg sprechen konnten, denn jede Bewegung, die Sylvia machte, brachte uns beide in Verlegenheit. »Bis später«, sagte er, als ich ihn an der Ecke aussteigen ließ. Er versuchte, nicht die Nase zu rümpfen, als Sylvia sich Zärtlichkeit suchend an ihn klammerte.

Kaum waren Sylvia und ich im Haus, da hörte ich auch schon die laute Stimme meines Vaters. Ein schrecklicher Streit war in der Küche im Gange. Ich blieb in der Tür stehen, den Arm schützend um Sylvias schmale Schultern gelegt. Tante Elsbeth schoß herum und bemühte sich verzweifelt, eines der Feinschmekkermenüs zusammenzustellen, die Papa so liebte. Sie trug ein neues Kleid, ein sehr hübsches, elegantes Kleid, das sehr gut aus dem Schrank meiner Mutter hätte stammen können, wo noch immer all ihre Sachen hingen, alt wurden und verstaubten. Tante Elsbeth schwenkte ein riesiges Hackebeil, so wild, daß ich staunte, daß Papa nicht um sein Leben fürchtete, als er sie mit dem Ding in der Hand anfunkelte. Aber er schien überhaupt keine Angst zu haben und brüllte: »Ellie, was zum Teufel ist mit dir los?«

»Mußt du das noch fragen?« schrie sie zurück, knallte das Messer hin und wirbelte herum, um ihn anzusehen. »Du bist erst um halb sechs heute früh heimgekommen. Du schläfst mit einer anderen. Mit wem?«

»Das geht dich wirklich nichts an«, antwortete er kalt. Ich schauderte. Sah er denn nicht, daß sie ihn liebte und alles tat, um ihm zu gefallen?

»Was geht mich nichts an?« wütete sie. Ihr langes, aber hübsches Gesicht wurde flammendrot. »Das werden wir ja sehen, Damian Adare!« Ihr dunklen Augen funkelten wütend, als sie die große Schüssel mit dem vorbereiteten Gemüse nahm und schnell in den Abfalleimer warf. Anschließend leerte sie alle dampfenden Töpfe und Pfannen in den Ausguß.

»Hör auf damit!« brüllte Papa außer sich. »Das Essen hat mein gutes Geld gekostet! Elsbeth, benimm dich!«

»Zur Hölle mit dir!« schrie sie zurück. Sie riß sich die Schürze herunter und schleuderte sie ihm ins Gesicht, dann rief sie: »Ich brauche mein eigenes Leben, Damian! Ein Leben weit fort von hier. Ich habe es satt, deine Haushälterin zu sein, deine Köchin, deine Wäscherin, und vor allen Dingen habe ich es satt, hin und wieder deine Gespielin im Bett zu sein! Außerdem habe ich es satt, für deine gestörte Tochter zu sorgen – und was deine Audrina angeht –«

»Jjaa?« Papas Stimme kam schleppend, er kniff die Augen zusammen, und seine Stimme hatte den seidenweichen Klang, der mir die Haar zu Berge stehen ließ. »Was wolltest du über *meine* Audrina sagen?«

Ich zitterte, als ich Sylvia an mich zog, versuchte, ihre Ohren zuzuhalten, ihre Augen zu bedecken und sie soweit wie möglich vor alldem hier zu bewahren. Ich mußte hören, was sie sagten. Sie schienen uns nicht bemerkt zu haben. Ich sah, wie die Farbe aus dem Gesicht meiner Tante wich, wie sie bleich wurde.

Nervös streckte sie die Hände nach ihm aus, eine flehende, hilflose, rührende Geste. »Ich werde es ihr nicht erzählen, Damian, wirklich, das würde ich nie. Ich würde Audrina niemals irgend etwas erzählen, das sie unglücklich machen würde. Aber laß mich gehen. Gib mir, was mein ist, und laß mich gehen.«

»Und was ist dein, Ellie?« fragte Papa mit derselben öligen Stimme. Er saß am Küchentisch, die Ellbogen aufgestützt, das Kinn in den Händen vergraben. Ich traute ihm nicht, wenn er so aussah.

»Du weißt, was mir gehört«, sagte sie mit harter, entschlossener Stimme. »Nachdem du Luciettas Erbe durchgebracht hattest, warst du hinter dem bißchen her, was mir gehörte. Du hast versprochen, es mir zurückzuzahlen, innerhalb von drei Monaten und die doppelte Summe. Was war ich für ein Dummkopf, daß ich dir geglaubt habe. Aber war das nicht schon immer meine Schwäche, daß ich an dich geglaubt habe? Nun gib mir meine zweitausend Dollar zurück, Damian – verdoppelt!«

»Wohin würdest du gehen, wenn ich dich von hier fortgehen ließe, Ellie? Was würdest du tun?« Er hob das kleine Messer auf, mit dem sie Kartoffeln geschält hatte, und fing an, sich damit die Nägel zu säubern, die immer sauber waren.

»Ich gehe zu meiner Tochter, die auch deine Tochter ist, auch wenn du es nicht zugeben willst. Sie ist ganz allein in dieser riesigen Stadt, verstoßen von dem Mann, mit dem sie fortgelaufen ist.«

Papa brachte sie mit erhobener Hand zum Schweigen wie ein König, der den Kopf von einem abscheuerregenden Untertanen abwenden muß. »Ich will nichts mehr hören. Du bist eine Närrin, wenn du zu ihr gehst. Sie liebt dich nicht, Ellie, sie will nur haben, was du bringst. Ich habe hier im Dorf gehört, daß Lamar Rensdale Selbstmord begangen hat. Zweifellos hatte deine Tochter eine Menge damit zu tun.«

»Damian, bitte!« heulte sie. All ihr Feuer war jetzt dahin. »Gib mir nur, was mir gehört, mehr will ich ja gar nicht. Ich werde gehen und dich nie wieder belästigen. Ich schwöre dir, daß du weder von mir noch von Vera hören wirst – gib mir nur genug, damit ich nicht verhungern muß.«

»Ich gebe dir keinen roten Heller«, erklärte Papa kalt. »Solange du in meinem Haus bleibst, hast du genug zu essen und Kleider zum Anziehen, einen Platz zum Schlafen und Geld, das du für Kleinigkeiten ausgeben kannst, die du so brauchst. Aber eher wird die Hölle gefrieren, als daß ich dir Geld gebe, damit du losziehen und mit der Teufelsbrut leben kannst, die du geboren hast. Und vergiß eines nicht, Ellie: Wenn du erst einmal gegangen bist, gibt es kein Zurück mehr für dich! Nicht noch einmal. Das Leben draußen ist hart, Ellie, sehr hart. Du bist keine junge Frau mehr. Und selbst wenn hier nicht das Paradies ist, so ist es doch auch nicht die Hölle. Denk lieber zweimal nach, ehe du mich verläßt.«

»Nicht die Hölle?« Ihre Stimme hob sich zu einem schrillen Kreischen. »Und ob es die Hölle ist, Damian, die reinste Hölle! Was bin ich hier denn anderes als eine unbezahlte Haushälterin? Nachdem Lucietta gestorben war und du anfingst, mich mit freundlicheren Augen zu betrachten, dachte ich, du würdest mich wieder lieben. Du kamst in mein Schlafzimmer, wenn du Entspannung brauchtest, und ich habe sie dir verschafft. Ich hätte dich zurückweisen sollen, aber ich wollte dich haben, wie ich dich immer haben wollte. Als meine Schwester noch gelebt hat, habe ich des Nachts wach gelegen und mir vorgestellt, was ihr beiden in euerm Schlafzimmer macht – und wie habe ich sie beneidet und gehaßt! Ich habe angefangen, auch dich zu hassen, mehr noch als sie. Jetzt wünschte ich bei Gott, daß ich niemals mit Vera zurückgekommen wäre. In dem Krankenhaus, wo ich Vera zur Welt brachte, war ein junger Arzt, der mich heiraten wollte. Aber dein Bild stand immer vor meinen Augen. Du warst es, den ich wollte. Gott allein weiß, warum, denn ich habe schon damals gewußt, wer du warst – und immer noch bist. Gib mir mein Geld, Damian«, sagte sie, ging in sein Büro, während ich zurückwich und Sylvia mit mir zog. Elsbeth sah uns nicht, denn wir duckten uns in eine dunkle Ecke des großen, mit Möbeln vollgestellten Flures.

Ein paar Sekunden später – mein Vater war am Tisch sitzen geblieben – kam sie zurück und brachte ihm sein Scheckheft. »Schreib«, befahl sie. »Stell ihn über fünfundzwanzigtausend aus. Schließlich war das hier auch mein Haus, und ich sollte schon etwas dafür bekommen, daß ich es verlasse. War es nicht nett von meiner Schwester, mich in ihrem Testament zu bedenken? Es war fast so, als hätte sie beabsichtigt, daß ihr Ehemann auch ein Teil des Vermächtnisses wäre. Aber ich brauche dich nicht annähernd so sehr wie dieses Geld.«

Er sah das Scheckbuch mit einem merkwürdigen Ausdruck an, nahm es dann und schrieb einen Scheck aus, den er ihr mit verkniffenem, ironischem Lächeln reichte. Sie warf einen Blick auf die Zahl, sah dann genauer hin. »Damian, ich habe dich nicht um fünfzigtausend gebeten.«

»Verlaß mich nicht, Ellie. Sag, daß dir all diese häßlichen Worte leid tun. Zerreiß den Scheck, oder heb ihn auf, aber geh nicht fort.«

Er stand auf und versuchte, sie in seine Arme zu ziehen. Sie starrte noch immer den Scheck an. Ich sah, wie sich ihr Gesicht vor Erregung rötete.

Dann packte Papa sie von hinten und drehte sie um, preßte seine Lippen auf ihren Mund. Als sie versuchte sich zu wehren, glitt der Scheck aus ihrer Hand und flatterte zu Boden. Zu meiner großen Überraschung schlang sie jetzt – nach allem, was sie ihm an den Kopf geworfen, wie sie ihn angeschrien hatte – die Arme um seinen Hals und erwiderte seine Küsse mit einer Leidenschaft, die der seinen nicht nachstand. Hilflos, als könnte sie ihm nicht widerstehen, ließ sie sich von ihm hochheben. Mit meiner Tante in den Armen eilte Papa zur Hintertreppe.

Ich war verwirrt und wie benommen, als ich meine zitternde Schwester in die Küche schleifte. Ich hob den Scheck auf und starrte die Summe an: Fünfzigtausend Dollar für Elsbeth Whitefern. Ich befestigte den Scheck an der Pinnwand. Dort würde meine Tante ihn am nächsten Morgen auf jeden Fall sehen, und damit könnte sie fortgehen – wenn sie das noch wollte.

Alles, was ich in der Küche gehört und gesehen hatte, brodelte in jener Nacht in meinem Kopf. Lamar Rensdale hatte sich umgebracht – warum? Woher wußten es die Dorfbewohner? War in der Zeitung darüber geschrieben worden? Und wenn ja, warum hatte ich das nicht gelesen? Wahrscheinlich hatte Vera angerufen und es meiner Tante erzählt. Sie war jetzt so von Kummer erfüllt, daß sie sich jemandem anvertrauen mußte, und sie hatte ja niemanden außer ihrer Mutter. Hatte Vera meinen gutaussehenden Musiklehrer wirklich geliebt? Wenn ja, warum hatte er sich dann das Leben genommen? Ich seufzte und hörte den Wind antworten..., und das würde wahrscheinlich die einzige Antwort bleiben, die ich bekommen würde.

Doch ganz hinten in meinem Kopf tauchte immer wieder eine Frage auf, die größte Frage überhaupt. Was war es, das meine Tante mir nicht verraten durfte? Was war das für ein Geheimnis, das mich so unglücklich machen würde, wenn ich davon hörte?

Alpträume ließen mich am nächsten Morgen früh aufwachen. Am Rand der Vordertreppe, im Licht der Morgensonne, das durch die Bleiglasfenster hereinfiel, blieb ich abrupt stehen und erstarrte.

Unten in der Halle lag meine Tante mit dem Gesicht auf dem Boden, reglos. Langsam, ganz langsam, ging ich die Treppe hinunter wie ein Schlafwandler, fürchtete jede Sekunde einem großen Schrecken gegenüberzustehen. Sie ist nicht tot, sagte ich mir immer wieder, nicht tot, nicht tot, nur verletzt. Ich mußte einen Krankenwagen rufen, ehe es zu spät war. Sie benutzte die Vordertreppe nur sehr selten, weil die Hintertreppe der Küche, wo sie sich fast den ganzen Tag über aufhielt, so bequem nah war. Ich dachte, ich hätte ein leises Geräusch aus der Küche gehört, als hätte jemand vorsichtig eine Tür geschlossen.

Zögernd näherte ich mich meiner Tante. »Tante Ellie«, flüsterte ich ängstlich. Ich kniete nieder, drehte den Körper meiner Tante herum und starrte dann in ihr Gesicht. »Bitte, du darfst nicht tot sein«, flehte ich wieder und wieder. Es war schwer, sie zu bewegen. Sie war wie Blei. Ihr Kopf rollte unnatürlich lose herum, als ich sie schubste und stieß, bis ich sie endlich auf den Rücken gedreht hatte. Ihre dunklen Augen starrten mich glasig an. Ihre Haut wies eine unnatürliche, grünlich-graue Farbe auf.

Tot, sie war tot. Sie war reisefertig, trug ein Kostüm, das ich noch nie an ihr gesehen hatte, aber sie war tot und hatte bereits die Reise zum Himmel oder in die Hölle angetreten.

Ein Schrei blieb mir in der Kehle stecken. Ich schluchzte nur. Ich wollte nicht, daß sie tot war. Ich wollte, daß sie den Scheck bekam und eine Chance, das Leben noch zu genießen, und gleichzeitig wollte ich, daß sie bei uns blieb. Jetzt ließ ich meinen Tränen freien Lauf und fing an, den Kragen an ihrer neuen, weißen Bluse glattzustreichen. Ich zog ihren Rock herunter, damit man ihren Slip nicht sehen konnte, und richtete ihre gebrochenen Beine so, daß sie nicht mehr gebrochen aussahen. Ihr Kopf stand in einem merkwürdigen Winkel ab. Ich weinte noch heftiger, als ich ihren Dutt öffnete und ihr Haar locker herabfallen ließ. Das sah hübscher aus. Und ihr Kopf blieb liegen.

Ich hörte Schreie. Wieder und wieder schrie jemand. Das war ja ich! Schwere Füße kamen aus der Küche herbeigelaufen, eine Stimme rief meinen Namen. Ich wirbelte herum, sah Sylvia ungeschickt die Treppe hinabkommen. Sie brabbelte vor sich hin, während sie versuchte, gleichzeitig das Geländer und ihre Kristalle festzuhalten. Sie kam so schnell wie möglich zu mir, lächelte über das ganze hübsche Gesicht. Und ihre Augen sahen mich an! Ich dachte, sie würde gleich etwas sagen, als plötzlich hinter mir eine Stimme ertönte...

»Wer hat da geschrien?« fragte Papa, als er in die Halle stürzte. Er blieb abrupt stehen und starrte Tante Ellie an. »Ellie... ist das Ellie?« fragte er, bleich und anscheinend entsetzt. Schatten verdunkelten sein Gesicht. Er eilte zu ihr, kniete nieder, wo wenige Augenblicke zuvor noch ich gekniet hatte. »O Ellie, mußtest du das tun?« fragte er und schluchzte, hob sie auf, so daß sie in seinen Armen lag und ihr Hals immer länger wurde. »Ich habe dir doch einen Scheck gegeben, Ellie, mehr, als du haben wolltest. Du hättest fortgehen können. Du brauchtest wirklich nicht die Treppe hinabzustürzen, bloß, um mir weh zu tun...«

Dann schien ich ihm wieder einzufallen, er brach ab und fragte: »Wie ist das passiert?« Seine Augen verengten sich, als ich Sylvia in meine Arme zog. Ich wollte sie vor seinem harten Blick schützen, mit dem er die Prismen in ihrer Hand anstarrte. Ich drückte ihren Kopf gegen meine Brust und sah ihn an. »Ich kam die Treppe hinab, als ich sie sah... Mit dem Gesicht nach unten lag sie auf dem Boden, als wenn sie gefallen wäre.«

Wieder starrte er in das fahle Gesicht meiner Tante. »Sie hat die Vordertreppe nur sehr selten benutzt... Hast du sie umgedreht?« Wie leer waren seine Augen, wie tonlos seine Stimme. Tat es ihm so weh, wie es mir weh tat?

»Ja, ich habe sie umgedreht.«

»Du hast uns gestern abend gehört, nicht wahr?« fragte er. Ehe ich noch antworten konnte, hob er schon die Tasche auf und wühlte darin. »Kein Scheck«, sagte er, als wäre er überrascht. »Wir haben gestern gestritten, Audrina, aber später haben wir uns wieder vertragen. Ich habe sie gebeten, mich zu heiraten. Sie schien sehr glücklich, als sie in ihr Zimmer zurückging...«

Er ließ meine Tante wieder zu Boden gleiten und stand auf. »Sie hätte mich nicht verlassen... Ich weiß, daß sie das nicht getan hätte, nicht, nachdem ich sie gefragt hatte, und das wollte sie, ich weiß, daß sie sich das gewünscht hat...« Dann rannte er die Treppe hinauf, nahm immer drei Stufen auf einmal.

Ich packte Sylvia und zwang sie, mit mir zur Hintertreppe zu laufen, hoffte, wir würden das Zimmer meiner Tante als erste erreichen. Ich wollte dort sein und sehen, was er mit dem Scheck machte, wenn er ihn fand.

Aber wenngleich sein Weg der längere war, war er doch in dem Zimmer, ehe ich Sylvia hineinzerren konnte. Tante Elsbeths Koffer lagen offen auf dem Bett. Verzweifelt wühlte er in ihren Sachen, öffnete und schloß jede einzelne Tasche, die sie besaß. »Ich kann ihn nicht finden! Audrina, ich muß diesen Scheck finden! Hast du ihn gesehen?«

Ich erzählte ihm, daß ich ihn an die Korktafel gesteckt hatte, damit sie ihn gleich am Morgen finden würde.

Er stöhnte und wischte sich mit der Hand über die Lippen. »Audrina, lauf zu und sieh nach, ob er noch da ist.«

Mit Sylvia an der Hand stolperte ich in die Küche und fand die Korkwand leer. Ich berichtete es Papa. Er seufzte, warf noch einen Blick auf die reglose Gestalt in ihrem dunklen Kostüm und rief dann die Polizei an.

Ehe er nach oben ging, um sich anzukleiden, wies er mich an: »Du erzählst ihnen genau, wie du sie vorgefunden hast – aber erzähl ihnen nicht, daß sie uns verlassen wollte. Ich werde all ihre Sachen aufräumen. Ich kann sowieso nicht glauben, daß sie wirklich fortwollte. Sie hatte so dumme Sachen in ihren Koffern, Kleider, die ihr jetzt nicht einmal mehr gepaßt hätten. Audrina, ich glaube, es wäre gut, wenn du deiner Tante das Reisekostüm ausziehen und sie in eins ihrer Hauskleider stecken könntest.«

Ich wollte das nicht tun, wenngleich ich seine Gründe verstand, und nur mit seiner Hilfe gelang es mir, ihr Jacke, Bluse und Rock auszuziehen. Wir zogen ihr ein einfaches Baumwollkleid an. Ich bebte am ganzen Körper, lange ehe wir fertig waren. Hastig steckte ich ihr Haar auf, während Papa den Kopf hielt. Meine

Finger zitterten so sehr – ihr Knoten hatte noch nie so unordentlich ausgesehen. Kaum war ich selbst angezogen, als auch schon die Polizei klingelte.

Ich kauerte mit Sylvia auf der purpurfarbenen Couch und sah zu, wie mein Vater den beiden Polizisten den Sturz meiner Tante erklärte. Er wirkte ruhig, nur ein wenig traurig, und seine Sorge ließ ihn eher bekümmert aussehen. Die Polizisten schienen ihn für charmant und liebenswert zu halten, und ich dachte, was er doch für ein gnadenloser Schauspieler war. Er hätte sie niemals geheiratet. Mir eine solche Lüge zu erzählen – als wäre er der Ansicht, ich würde alles glauben.

»Miß Adare«, wandte sich der ältere Beamte an mich. Sein Gesicht war freundlich wie das eines Großvaters. »Sie haben sie also gefunden? Lag sie auf dem Rücken?«

»Nein, Sir, mit dem Gesicht nach unten. Ich wollte nicht glauben, daß sie tot ist, deshalb habe ich sie umgedreht.« Ich ließ den Kopf hängen und fing wieder an zu weinen.

Mit mitleidiger Stimme fragte er: »Hatte Ihre Tante manchmal Schwindelanfälle?« Frage folgte auf Frage, bis Papa sich in einen Sessel fallen ließ und den Kopf in den Händen vergrub. Irgendwie vergaß ich ganz zu erwähnen, daß ich gehört hatte, wie die Hintertür ins Schloß gefallen war. Aber vielleicht hatte ich mir das auch nur eingebildet.

»Wo waren Sie, als Ihre Schwägerin gestürzt ist?« fragte der ältere Polizist und sah Papa offen an.

»Ich habe geschlafen«, antwortete Papa, hob den Kopf und erwiderte den Blick des anderen Mannes, ohne mit der Wimper zu zucken.

Sogar als der Leichnam meiner Tante auf eine Bahre gelegt, zugedeckt und zum Polizeiwagen getragen wurde, gingen die Fragen noch weiter. Ich war benommen, mir war schwindlig, und ich hatte Sylvia ganz vergessen, die noch nicht gefrühstückt hatte. Ich machte etwas zu essen, nachdem die Beamten fort waren. Papa setzte sich und aß, was ich zubereitet hatte, sagte kein Wort zu mir, kaute und schluckte automatisch.

Aber später, als ich allein in meinem Zimmer saß und Sylvia in ihrem Zimmerchen schlief, dachte ich an meine Tante und den Streit, den sie mit Papa gehabt hatte. Sie hatte zu Vera fahren wollen, und jetzt war sie tot. Je mehr ich darüber nachdachte, desto mehr beunruhigte es mich, wenn ich an meine eigene Situation dachte. Wie oft hatte meine Tante mir eingeschärft, zu fliehen, wenn ich die Gelegenheit dazu hätte? Hunderte von Malen. Jetzt, während Papa unterwegs war, um die Beerdigung vorzubereiten, war meine Chance gekommen.

Wohin geht man, wenn das Schicksal einem das Herz bricht, wieder und wieder? Eine leise Stimme in meinem Innern sagte mir, daß Papa dachte, Mädchen würden nur geboren, um ihm zu dienen, wenn sie älter waren. Und wenn er alt und häßlich war, dann, dachte er, könnte er sie immer noch mit Geld kaufen – und wenn auch das Geld ihm nicht mehr helfen würde, dann hätte er immer noch mich, die für ihn sorgen und ihn vor den Heimen bewahren mußte, die er zu hassen schien. Noch während ich das dachte, tauchte eine andere, geflüsterte Drohung auf... diese schreckliche Sache, die meine Tante zu ihm gesagt hatte: daß er alles tun würde, um seinen Willen zu bekommen. Ich schoß wie wahnsinnig herum, warf meine Sachen in Koffer. Rannte dann in Sylvias Zimmer und raffte auch zusammen, was sie brauchen würde. Wir würden gehen. Gehen, ehe auch uns etwas Entsetzliches zustoßen konnte. Jetzt gleich, während Papa fort war und uns nicht aufhalten konnte.

Als ich Sylvia mit mir fortzog, mußten wir am Salon vorbei. An der Tür blieb ich kurz stehen, um mich von Mutters großem schwarzen Flügel zu verabschieden. Ich bildete mir ein, sie dort sitzen zu sehen, hörte sie ihre Lieblingsmelodien von Rachmaninoff spielen.

Und während ich dort stand, war alles Böse, Haßerfüllte und Gemeine, was meine Tante jemals zu mir oder Sylvia gesagt oder uns angetan hatte, wie weggeblasen. All das schob ich in die hintersten, dunkelsten Ecken meines Gedächtnisses, und ich erinnerte mich nur noch an die guten Dinge, die rücksichtsvollen Taten. Ich vergab ihr alles.

Ich nahm die beiden schweren Koffer auf, zog Sylvia mit mir und schickte mich an, den Weg durch den Wald anzutreten. Billie sah mich ernst an, als ich ihr von meinen Plänen erzählte. Arden war entzückt. »Natürlich. Eine wundervolle Idee. Aber warum kann deine Tante nicht auf Sylvia aufpassen? Das werden nicht gerade tolle Flitterwochen, wenn wir sie die ganze Zeit über im Schlepptau haben.«

Ganz leise und traurig erzählte ich ihnen, was geschehen war und daß es für mich bedeutete, jetzt oder nie zu fliehen. Aber ich hatte alles so erzählt, daß Papa keine Schuld traf. Warum hatte ich ihn geschont?

Billie umarmte mich. »Wir müssen einfach daran glauben, daß manche Dinge so am besten sind, wenn wir sie doch nicht ändern können. Du hast mir erzählt, daß sich deine Tante den ganzen Winter über benommen hat, als wäre sie nicht glücklich oder als wäre sie krank. Vielleicht ist ihr wirklich schwindlig geworden. Aber es gibt keinen Grund, warum du Sylvia nicht hier bei mir lassen könntest, wenn du wirklich glaubst, du müßtest davonlaufen. Ich möchte nur, daß du dir sicher bist, meinen Sohn genug zu lieben, Audrina. Ich möchte nicht, daß du Arden heute heiratest und es morgen bereust.«

»Ich werde Arden ewig lieben!« beteuerte ich und glaubte daran. Arden lächelte mir liebevoll zu. »Ich liebe dich auch«, erklärte er leise. »Ich werde mein ganzes Leben der Aufgabe widmen, dich glücklich zu machen.«

Nervös blickte ich zu Sylvia, die anfing zu schreien, als Billie sie zu berühren versuchte, zu Billie, dann zu Arden. Ich konnte meine Schwester nicht bei Billie zurücklassen, die sie zu fürchten und zu verabscheuen schien. Ich hatte Papa schon vor langer Zeit versprochen, mich um meine Schwester zu kümmern; ich war verantwortlich für sie, und ich konnte sie nicht verlassen.

Mein Herz schien aufzuhören zu schlagen, während ich auf Ardens Antwort wartete, nachdem ich ihm gesagt hatte, daß Sylvia uns begleiten mußte. Er wurde blaß, willigte dann aber ein.

Vielleicht hatte Billie recht, uns besorgt nachzuschauen, als wir ihr zum Abschied zuwinkten.

Ja, ich will

In einer kleinen Stadt in North Carolina, wo es möglich war, daß ein Paar noch am selben Tag heiratete, an dem es den Antrag stellte, wurden Arden und ich von einem fetten, kahlköpfigen Friedensrichter getraut, während seine langweilig aussehende, dürre Frau auf einer abgenutzten alten Orgel die Hochzeitsmusik spielte. Nachdem die kurze Zeremonie beendet war, sang sie (ohne von uns gebeten worden zu sein): »I Love You Truly.«

Sylvia rutschte unruhig auf einem Stuhl herum, baumelte mit den Beinen und spielte mit den Kristallen, wobei sie unaufhörlich vor sich hin plapperte, als hätte sie plötzlich ihre Stimme gefunden und müßte sie nun auch benutzen, selbst wenn sie keine sinnvollen Worte sprechen konnte – oder versuchte sie zu singen? Es war schwer, sich auf die Zeremonie zu konzentrieren.

»Irgendwann machen wir das alles noch einmal, so, wie es sich gehört«, versprach Arden, als wir nach Süden weiterfuhren, einem berühmten Strand und einem guten Hotel entgegen. »In dem violetten Kleid siehst du hinreißend aus. Es paßt genau zu deinen Augen. Du hast wundervolle Augen, so tief. Ich frage mich, ob ich in einer Million Jahren Zeit genug habe, all deine Geheimnisse herauszufinden.«

Mir war nicht wohl zumute. »Ich habe keine Geheimnisse.«

Am Abend brachten wir unser Gepäck ins Hotelzimmer, und bald darauf saßen wir im Speisesaal, wo alle Gäste Sylvia anstarrten, die ihr Essen in den Mund schaufelte, ohne Besteck zu Hilfe zu nehmen. »Ich habe auch daran gearbeitet«, entschuldigte ich mich bei Arden. »Früher oder später wird sie das schon begreifen.« Er lächelte und erklärte, daß wir beide aus Sylvia schon noch eine perfekte Dame machen würden.

Ich war froh, daß das Abendessen so lange dauerte. Nur zu bald würde der Augenblick kommen, vor dem ich mich am meisten fürchtete.

So sehr ich mich auch bemühte, die dunkle, unklare Erinnerung an den feuchten Tag im Wald blitzte immer wieder vor meinem geistigen Auge auf. Sex hatte die erste Audrina getötet, und heute war meine Hochzeitsnacht. Arden würde mir nicht weh tun, sagte ich mir erneut, um mich selbst zu beruhigen. Mit ihm würde es nicht schrecklich sein. Der Schmerz, das Entsetzen, all das Häßliche gehörten zu dem Schaukelstuhltraum der ersten Audrina; nichts davon gehörte in mein Leben, ich hatte ja die Hochzeitsurkunde in der Tasche.

Arden war wunderbar, rücksichtsvoll, tolerant, was Sylvia anging, während er gleichzeitig versuchte, romantisch mit mir zu sein – eine nahezu unmögliche Aufgabe. Er tat mir leid, weil er sich so sehr bemühte.

Er hatte eine Suite bestellt – zwei Zimmer mit Verbindungstür. So hatte Sylvia ihr eigenes Bad, und in ihrem Bad tat ich langsam, was ich zu tun hatte. Nachdem ich sie in das große Bett gesteckt hatte, gab ich ihr strikte Anweisungen, im Bett zu bleiben – sonst... Ich stellte ihr noch ein halbvolles Glas mit Wasser auf den Nachttisch. »Trink so wenig wie möglich, damit dir heute nacht kein Mißgeschick passiert.« Ich küßte sie und zog mich zögernd zurück, als sie einschlief, die Kristalle noch immer fest umklammernd.

In dem Schlafzimmer, das Arden und ich teilen würden, ging er ungeduldig auf und ab, während ich stundenlang badete und meine Haare wusch. Dann rollte ich sie auf Wickler, benutzte meinen Fön, cremte mir das Gesicht ein, und während mein Haar trocknete, entfernte ich meinen Nagellack und lackierte alle meine Nägel, einschließlich der Zehennägel, neu. Jetzt, wo mein Haar vollkommen trocken war, mußte ich warten, daß auch meine Nägel trockneten. Als der Lack fest genug zu sein schien, nahm ich vorsichtig die Lockenwickler aus den Haaren und bürstete es zu losen, weichen Wellen aus. Ich besprühte mich mit Eau-de-Cologne, bestäubte mich mit Talkumpuder, und schließlich zog ich ein hübsches Nachthemd über. Dummkopf, Dummkopf, schimpfte ich mich selbst, weil ich solche Angst davor hatte, zu meinem Ehemann zu gehen.

Ich zupfte an dem verführerischen Nachthemd, das Billie mir zu meinem letzten Geburtstag geschenkt hatte, und wünschte, es wäre weniger durchsichtig – wenngleich ich vermutete, daß sie es mir gerade deswegen geschenkt hatte. Dazu gehörte ein passender Frisiermantel in Violett, mit cremefarbener Spitze besetzt, der nichts, aber auch gar nichts, verbarg. Nachdem ich alles getan hatte, was mir überhaupt eingefallen war, setzte ich mich auf den Rand der Badewanne und starrte die geschlossene Tür an. Ich hatte Angst davor, sie zu öffnen und hindurchzugehen.

Immer wieder sah ich jetzt Mammi vor mir, die so ähnlich ausgesehen hatte wie ich, nur älter. Ich dachte an Papa und den Gürtel, den er als Peitsche benutzt hatte. Wieder sah ich alles vor mir, was der ersten Audrina zugestoßen war, an jenem schrecklichen Tag im Regen, als sie tot unter dem Goldregen gefunden worden war. Ein Kind zu vergewaltigen – das war nicht richtig, nicht fair. Ich fing an zu zittern, und Schweiß näßte meine Achseln trotz des Deodorants. Ich sah Vera mit Lamar Rensdale über den Boden rollen, sah die gewaltsam-heftige Art, wie er sie genommen hatte, wie ein brünstiges Tier. Ich konnte das nicht. Ich wollte das nicht!

Ich stand auf und öffnete meinen Mantel – ich konnte mich ihm nicht in diesem Aufzug zeigen.

»Audrina«, rief Arden aus dem Zimmer, und seine Stimme hörte sich verärgert an, »warum brauchst du denn so lange? Du bist jetzt schon seit Stunden da drin.«

»Nur noch fünf Minuten«, antwortete ich nervös. Das hatte ich schon zweimal gesagt. Ich fummelte an meinem Haar herum, dann am Frisiermantel, nahm ihn ab, überlegte, ob ich mich wieder vollständig ankleiden sollte. Ich kaute an meinen Fingernägeln, eine Gewohnheit, die ich schon vor langer Zeit abgelegt hatte. Wieder sagte ich mir, daß Arden mich kannte, seit ich sieben Jahre alt war, daß er mich im Spiel- und im Badeanzug gesehen hatte, bei allen möglichen Gelegenheiten... aber noch nie hatte er mich in einem durchsichtigen Nachthemd gesehen... Aber er war jetzt schließlich mein Mann! Warum sollte ich mir da Sorgen machen? Ich würde nicht tot unter einem Goldregen enden oder auf dem Boden, und er würde auch nicht seinen Gürtel benutzen... oder?

»Noch eine Minute«, erinnerte mich Arden. »Diesmal nagle ich dich auf deinem Versprechen fest. Keine Entschuldigung mehr!« Sein Ton war so grimmig, daß er mir angst machte. Nie zuvor hatte seine Simme so hart geklungen. Es war fast, als hörte ich Tante Mercy Mary, Tante Elsbeth und Mammi sagen: Einen Mann kennt man erst, wenn man mit ihm verheiratet ist.

»Ich beobachte den Sekundenzeiger«, informierte er mich. »Du hast jetzt noch dreißig Sekunden. Wenn du nicht kommst, wie du es versprochen hast, komme ich rein. Und wenn ich die Tür eintreten muß, *ich komme!*«

Ich wich an die Wand zurück. Mein Herz hämmerte wild. Dann trat ich einen Schritt näher zur Tür, schickte ein Stoßgebet für die Seele meiner Tante zum Himmel und bat um Vergebung dafür, daß ich nicht an ihrer Beerdigung teilgenommen hatte.

»Deine Zeit ist um!« brüllte er. »Mach Platz – ich komme!«

Er würde sich verletzen, wenn er Anlauf nahm und sich dann gegen die Tür warf. Zweimal hatte er schon gegen die Tür getreten, aber sie hatte nicht nachgegeben. Ich hörte ihn fluchen und vermutete, daß er sich gegen die Tür werfen würde. Hastig drehte ich den Knauf um und riß die Tür auf.

Es war wirklich Pech, daß er sich gerade in dieser Sekunde vorwärts warf. Er donnerte gegen die Kachelwand gegenüber der Tür, glitt daran zu Boden und blieb dort liegen. Er sah aus, als

wäre er völlig verblüfft und als hätte er entsetzliche Schmerzen.
 Ich eilte zu ihm, kniete neben ihm nieder. »O Arden, es tut mir so leid, so schrecklich leid. Ich wußte doch nicht, daß du wirklich versuchen würdest, die Tür einzurennen.«
 Zu meiner Überraschung lachte er und griff nach mir. Dann überhäufte er mich mit Küssen. Dazwischen kamen seine Worte: »Ich habe ja schon gehört, daß Bräute Lampenfieber bekommen, aber ich dachte, du liebst mich, Audrina.« Noch mehr Küsse auf mein Gesicht, meinen Hals, meine Brüste. »Wir haben uns doch nicht erst jetzt kennengelernt.«
 Ich sprang auf die Füße. Auch er erhob sich, tastete nach seinen Knochen. »Scheine keinen bleibenden Schaden davongetragen zu haben«, meinte er und grinste gutmütig. Zärtlich nahm er mich in die Arme und sah mir tief in die Augen. »Du mußt mich nicht so ängstlich ansehen. Irgendwie ist das alles ja lustig, eine Farce. Aber ich möchte nicht, daß unsere Hochzeitsnacht eine Farce wird. Ich liebe dich, Audrina. Wir lassen uns Zeit, gehen die Sache ganz ruhig an, und du wirst überrascht sein, wie natürlich das alles ist.« Er küßte mich leicht mit geöffneten Lippen. »Dein Haar sah schon vorher herrlich aus, du hättest es nicht noch einmal zu waschen brauchen. Trotzdem, ich habe dich noch niemals so schön gesehen... und selbst wenn du so verängstigt aussiehst, für mich bist du atemberaubend.« Wieder küßte er mich, als wollte er gar nicht mehr damit aufhören. »Ich bin blitzschnell fertig«, sagte er, gab mich zögernd frei und betrat das Badezimmer.
 Das hätte er mir nicht zu sagen brauchen. Ich wußte die ganze Zeit über, daß er blitzschnell fertig sein würde.
 Ich würde diese Nacht ertragen müssen und alle kommenden Nächte, wenn ich Papa entkommen wollte; wenn ich eine körperliche Beziehung finden wollte, die jede Frau mit dem Mann, den sie wahrhaft liebte, eigentlich genießen sollte.
 Ich zog den Frisiermantel aus, den Arden nicht einmal bemerkt hatte, und schlüpfte unter die Decke des riesigen Bettes. Ich lag kaum bequem, als Arden auch schon die Badezimmertür öffnete. Er hatte geduscht und all das wenige getan, was ein Mann tun muß, ehe er schlafen gehen kann.
 Schnell kam er zum Bett herüber. Seine Silhouette zeigte sich kurz vor dem goldenen Licht hinter ihm. Zu meinem Entsetzen trug er nichts als ein feuchtes Badetuch, das er sich um die Hüften geschlungen hatte. Das ganze spärliche Licht im Hotelzimmer

schien sich auf seine feuchte, glänzende Haut zu konzentrieren, zwang mich, mir seiner Männlichkeit bewußt zu werden, an die ich doch überhaupt nicht denken wollte. Ich wollte diese Nacht so schnell wie möglich hinter mich bringen. Ich hätte schreien können, als er dieses Handtuch lässig abnahm und zu Boden fallen ließ.

Oh, es fing schon an, all die schlampigen Sachen, die Männer taten, wenn sie erst eine Frau hatten, die ihnen alles hinterherräumte. »Du hast vergessen, das Licht im Badezimmer auszumachen.«

»Weil du hier drin alles Licht ausgemacht hast«, sagte er, »und ich mag gern ein bißchen Licht. Ich kann aber statt dessen auch die Vorhänge öffnen und den Mondschein hereinlassen.« Sein Atem roch nach Zahnpasta. Er stand neben dem Bett, als wollte er, daß ich ihn in dem blassen, rosigen Nachtlicht betrachtete, das er angeschaltet hatte.

»Liebling, sieh mich an. Dreh den Kopf nicht weg. Ich habe jahrelang auf diese Nacht gewartet. Ich habe mir solche Mühe gegeben, meinen Körper muskulös und fit zu halten, und nie, nicht ein einziges Mal, hast du irgend etwas gesagt, um mir zu zeigen, daß du es bemerkt hast. Siehst du eigentlich überhaupt einmal etwas anderes als mein Gesicht?«

Ich schluckte. »Ja, natürlich habe ich es bemerkt.«

Lächelnd setzte er ein Knie aufs Bett. Verängstigt von dem, was ich sah, ehe ich meinen Blick wieder abwendete, verkrampfte ich mich innerlich noch mehr und wich bis an den äußersten Rand des Bettes zurück. »Audrina, du zitterst ja. Es ist doch nicht kalt hier drin. Hab keine Angst. Wir lieben uns doch. Ich habe dich geküßt, umarmt, und ein paarmal habe ich etwas mehr gewagt und bin sofort zurechtgewiesen worden. Aber sich lieben – dazu gehört mehr als das alles zusammen.« Seine leise Stimme klang besorgt. »Du weißt doch, um was es geht, hoffe ich...?«

Ja, ich wußte es. Vielleicht wußte ich sogar zuviel. Ich starrte zum Fenster; mir war übel vor Angst. Das ferne Grollen von Donner drang ins Zimmer. Mit dem näherkommenden Sturm und Gewitter kam eine neue Flut des Entsetzens, brachte Visionen des dunklen Waldes unter bleigrauem Himmel. Wie im Zimmer der ersten Audrina fühlte ich die ominöse Drohung dessen, was vor mir lag.

Regen! Oh, bitte, lieber Gott, laß es heute nacht nicht regnen!

Zentimeter für Zentimeter rückte Arden näher. Ich konnte ihn mit jeder Faser spüren. Ich atmete seinen männlichen Geruch, fühlte seine Nacktheit, spürte meine eigene Verwundbarkeit unter dem Nichts von einem Nachthemd. Meine Haut schien zu erwachen und sich in eine Million Antennen zu verwandeln; jedes nahezu unsichtbare Härchen bebte, befahl mir, etwas zu tun, und zwar schnell. Zurück, zurück, ich kehrte zu dem Schaukelstuhl zurück, in jene Zeit, als er mich noch geängstigt hatte, ehe ich gelernt hatte, den Schrecken des Waldes zu entfliehen. Ich fühlte mich schaukeln, hörte eine kindliche Stimme singen, sah die Spinnen ihre Netze weben, sah die Augen der Stofftiere funkeln, hörte die Bodenbretter knarren. Der Wind blies, und gleich würden Blitze zucken und Donner grollen.

Arden sagte etwas Liebes. Warum konnte ich ihn nicht richtig verstehen? »Ich liebe dich«, vernahm ich, seine Stimme drang durch einen Nebel zu mir. Mein Herz klopfte so laut, daß ich ihn über den Lärm in meinem Innern kaum hören konnte.

Jetzt war Arden ganz nah, drehte sich auf die Seite und streckte vorsichtig die Hand aus, um mich ganz leicht am Oberarm zu berühren. Seine Fingerspitzen streiften die linke Seite meiner Brust. Nicht, nicht, tu's nicht! wollte ich schreien. Aber ich lag da, sprachlos vor Angst, die Augen so weit aufgerissen, daß sie zu schmerzen anfingen. Mein Mund wurde trocken.

Er räusperte sich und bewegte sich, bis sein Fleisch an meinem lag, heißes Fleisch, behaartes Fleisch. Seine Lippen, noch heißer und feucht, suchten meine. Ich wich zurück, versuchte, einen Schrei zu unterdrücken. »Was ist denn los?« fragte er. »Liebst du mich schon jetzt nicht mehr, Audrina?«

Aus irgendeinem Loch in meinem Gedächtnis kam eine Entschuldigung. Mammi sagte zu Papa, daß sie zu müde wäre. »Ich bin bloß so müde, Arden. Es war ein langer Tag. Meine Tante ist heute morgen gestorben. Warum kannst du mich heute nacht nicht einfach in den Armen halten und mir wieder und wieder sagen, daß du mich liebst. Dann würde ich mich vielleicht nicht so schämen.«

»Aber du hast überhaupt keinen Grund, dich zu schämen«, sagte er. »Du fühlst wie viele Bräute – hat man mir erzählt. Da du meine erste bist, und hoffentlich auch meine letzte, kann ich nicht aus Erfahrung sprechen.«

Ich wollte ihn fragen, ob ich das erste Mädchen war, mit dem er schlafen würde, aber ich fürchtete, er könnte nein sagen. Ich wollte, daß er genauso unerfahren wäre wie ich; und dann wieder wollte ich, daß er genau wüßte, was zu tun wäre, damit mir gefiele, was ich so unaussprechlich fürchtete. Wenn ich wirklich wüßte, daß er auf mich gewartet hatte, dann würde das beweisen, daß er mich genug liebte.

Seine Finger streichelten meinen Arm, als er sich über mich beugte und mich zwang, die Augen zu schließen. Hatte ich nicht meine eigene Mutter sagen hören, daß Jungs immer eher zum Sex bereit waren als Mädchen? Damals hatte sie mit meiner Tante gescherzt und mit Tante Mercy Marie, die lächelnd auf dem Flügel stand.

Jetzt wagten seine Hände sich weiter, liebkosten meine Brüste, ehe seine Finger anfingen, meine Brustwarzen zu umkreisen, die von dem dünnen Stoff kaum bedeckt waren. Ich schauderte, wand mich und fragte: »Hast du schon mal mit jemandem geschlafen?«

»Mußt du das ausgerechnet jetzt fragen?«

»Ist es falsch, so etwas zu fragen?«

Sein Seufzen klang verzweifelt. »Es heißt, daß es Unterschiede in der Gefühlswelt von Männern und Frauen gibt. Vielleicht stimmt das, vielleicht auch nicht. Ich habe gehört, daß eine Frau ein recht glückliches Leben führen kann, auch ohne Sex, aber ein Mann hat eine bestimmte Menge Sperma, die auf die eine oder andere Weise verkleinert werden muß, um ihm Erleichterung zu verschaffen. Am schönsten ist das mit der Frau, die er liebt. Lieben heißt auch teilen, Audrina. Sich gegenseitig Vergnügen und Freude schenken, ohne Schmerz, ohne Scham.«

»Hat Billie dir gesagt, du solltest mir das erzählen?« fragte ich heiser.

Seine übereifrigen Lippen brannten in meiner Kehle, ehe er murmelte: »Ja. Ehe wir das Häuschen verlassen haben, hat sie mich beiseite genommen und mich gebeten, heute nacht ganz sanft und liebevoll mit dir umzugehen. Aber das hätte sie mir nicht zu sagen brauchen. Ich hätte es sowieso getan. Ich möchte alles richtig machen. Gib mir eine Chance, Audrina. Vielleicht ist es gar nicht so schrecklich, wie du glaubst.«

»Warum sagst du das? Warum glaubst du, daß ich denke, es wäre schrecklich?«

Sein kleines Lachen klang angespannt. »Das ist ja wohl offensichtlich. Du bist wie eine Geige, deren Saiten man zu fest angezogen hat... ich kann an deinen Nervenenden zupfen und sie förmlich surren und reißen hören. Aber du warst es doch, die heute zu mir gelaufen kam, oder nicht? Du hast dich mir in die Arme geworfen und gesagt: ›Laß uns heiraten‹, oder? Du wolltest heute fliehen – nicht morgen oder nächste Woche. Ist es da nicht natürlich, daß ich dachte, daß du nun endlich bereit wärest, mich auch als Liebhaber zu akzeptieren?«

Ich hatte nicht nachgedacht. Hatte bloß gehandelt. Flucht vor Papa war alles, was gezählt hatte. »Arden, du hast meine Frage nicht beantwortet.«

»Welche Frage?«

»Bin ich die erste?«

»Also schön, wenn du es wissen mußt. Es hat andere Mädchen gegeben, aber keines, das ich so geliebt hätte, wie ich dich liebe. Seit ich beschlossen habe, dich zu heiraten, habe ich kein anderes Mädchen mehr angerührt.«

»Wer war die erste?«

»Das ist doch egal«, antwortete er, das Gesicht zwischen meine Brüste gepreßt, während seine Hand unter meinem Hemd forschte. Ich hinderte ihn nicht, zu tun, was er tun wollte. Ich klammerte mich an meinen Schmerz. Er liebte mich nicht genug. Er hatte andere gehabt, hundert vielleicht. Und immer hatte er so getan, als wäre ich die einzige für ihn gewesen. Gemein und falsch, wie Papa.

»Du bist so schön, so weich und süß. Deine Haut ist so zart«, murmelte er, sein Atem ging schneller, als wäre alles wichtig, was er tat und was er brauchte, und nichts, was ich tat oder nicht tat, war von Bedeutung. Jetzt umspannte seine Hand meine Brust, knetet sie, während seine Lippen sich hart auf meinen Mund senkten. Ich war schon oft von ihm geküßt worden, aber noch niemals so.

Panik schickte mich in den Schaukelstuhl zurück, machte wieder ein Kind aus mir, das Angst vor dem Spielzimmer hatte, in das schreckliche Dinge eindrangen und mich mit Scham erfüllten. Blitze zuckten, und in meiner Angst bäumte ich mich auf. Arden hielt das für beginnende Leidenschaft, denn seine Lust riß ihn mit. Die dünnen Träger meines Nachthemds rissen, als er es mir auszog, damit seine Lippen und seine Zunge mit meinen nackten Brüsten spielen konnten. Ich bog den Nacken zurück und drückte den Kopf in die Kissen und biß mir auf die Unterlippe, um nicht laut zu schreien. Ich preßte die Augen zu und versuchte, die Schande all dessen hinzunehmen, was er tat. Innerlich schluchzte ich, genauso wie damals, als sie der ersten Audrina ihr hübsches, neues Kleid ausgezogen und ihre seidene Unterwäsche heruntergerissen hatten.

Ich weinte, weinte, und er sah und hörte meine Tränen nicht. Meine Augen öffneten sich, als der Donner krachte. Der Blitz erhellte das Zimmer gerade genug für mich, daß ich sein hübsches Gesicht über meinem sehen konnte, verzückt, außer sich vor Leidenschaft.

All seine Zärtlichkeiten, Berührungen, Liebkosungen und Küsse machten ihm Vergnügen, während sie mir nur angst machten. Ich fühlte mich hintergangen, betrogen, war wütend und bereit, ihm weh zu tun mit meinen Schreien, als er mein Nachthemd fortriß und beiseite warf wie einen Lumpen. Die im Wald hatten das auch getan!

Dann waren seine Hände überall, fanden alles, nur nicht, was sie zu suchen schienen. Ich haßte es, wo er seine Hand hatte, und war froh, als er fluchte, während seine Finger wie verrückt arbeiteten. Dann seufzte er und rollte sich auf mich, und ich spürte seine Härte.

Oh! Der Schaukelstuhl, ich saß wieder in ihm, schaukelte hin und her. Ich sah den Wald, hörte die obszönen Worte, hörte das Lachen.

Aber es war zu spät. Ich fühlte ihn tief in mir, dick und heiß und feucht. Ich kämpfte, wollte mich befreien, bäumte mich auf, trat und kratzte. Ich hieb meine Nägel in die Haut seines Rückens, kratzte ihn, aber er hörte nicht auf. Er stieß immer weiter zu, rief in mir dieselbe Art von Scham, dieselbe Art von Schmerz wach, die *sie* in *ihr* wachgerufen hatten. Sein Gesicht... war das Ardens Gesicht, das jungenhafte Gesicht, dem das Haar in der Stirn klebte, ehe er sich umdrehte umd fortlief? Nein, nein, Arden war damals überhaupt noch nicht geboren. Er war einfach genau wie die andern, das war alles. Alle Männer waren gleich... alle gleich... alle...

Ich verlor den Sinn für die Realität. Tante Elsbeth hatte recht gehabt, als sie erklärte, ich wäre zu sensibel. Ich hätte Arden niemals glauben machen dürfen, ich könnte eine perfekte Ehefrau sein.

Ich konnte überhaupt keine Ehefrau sein.

Dann ergoß er sich in mir. Schrei, schrei, aber der Donner übertönte meine Schreie. Niemand hörte sie, nicht einmal er. Ich schmeckte mein eigenes Blut, so fest hatte ich mir auf die Lippen gebissen, um nicht zu schreien. Es war doch nur Arden, der mich liebte. So war körperliche Liebe nun einmal ... ein weiterer, letzter Stoß riß mich fast entzwei ... dann ein Wirbel, Scham und Entsetzen vergingen. Finsternis nahm mich gnädig auf, und ich fühlte nichts mehr, überhaupt nichts.

Das Licht der Morgensonne weckte mich. Sylvia kauerte in der Ecke unseres Schlafzimmers und spielte mit ihren Kristallen. Ihr Nachthemd war bis zu den Hüften hinaufgerutscht. Mit den leeren Augen, den geöffneten Lippen sah sie aus wie eine Puppe.

Mein Mann drehte sich um, wachte auf und griff nach meiner Brust, als würde sie ihm gehören. Er küßte erst sie, dann meine Lippen. »Liebling, ich liebe dich so sehr.« Noch mehr Küsse regneten auf mein Gesicht, meinen Nacken, über meinen ganzen nackten Körper, und Sylvia war da – obwohl ich sicher war, daß er sie nicht gesehen hatte. »Zuerst schienst du so verängstigt und verkrampft. Und dann, ganz plötzlich, hast du mich gehalten und warst so leidenschaftlich. Ach, Audrina, ich hatte gehofft, daß du so sein würdest.«

Was sagte er da? Wie konnte ich seinen Worten glauben, wenn seine Augen so flehten, wie sie es taten? Und doch gestattete ich ihm, seine Befriedigung zu genießen, denn er hatte Befriedigung gefunden, während ich nichts als Schmerz, Scham und Schande verspürt hatte. Und weit, weit hinten in meinem perforierten Gedächtnis war der Geruch von Blut, von feuchter Erde und nassen Blättern ... und Audrina taumelte heim, versuchte, die Fetzen eines teuren Kleides zusammenzuhalten, um ihre Nacktheit zu verdecken.

TEIL DREI

Wieder daheim

Als wir unsere lange, gewundene Auffahrt hinauffuhren, sah ich Papa schon auf der Veranda stehen, als hätte er im voraus gewußt, daß wir an diesem Tag heimkehren würden.

Da stand er, ein ehrfurchtgebietender Riese, in einem makellosen neuen, weißen Anzug, mit weißen Schuhen, einem leuchtendblauen Hemd und weißer Krawatte mit silbernen und blauen Schrägstreifen.

Ich schauderte und schaute zu Arden hinüber, der meinen Blick ebenso gespannt wie ängstlich erwiderte. Was würde Papa tun?

Mit einer Hand stützte ich mich auf Ardens Arm, mit der anderen führte ich Sylvia, als wir drei ganz langsam die Stufen zur Veranda hinaufstiegen. Die ganze Zeit über warf mir Papas Miene vor, ihn verraten und hintergangen zu haben, versagt zu haben. Dann, nachdem er mit mir fertig war, wandte er die dunklen, durchdringenden Augen Arden zu, als wollte er ihn als Gegner abschätzen. Papa lächelte herzlich und streckte meinem neuen Ehemann die riesige Hand entgegen. »Wie schön, euch alle wiederzusehen«, erklärte er leutselig. Er schüttelte Ardens Hand, endlos, so schien es mir.

Ich war stolz zu sehen, daß Arden keine Miene verzog. Die Hand eines anderen bei einem freundschaftlichen Händeschütteln fest zu drücken war Papas Art, die körperliche Kraft und die Charakterstärke eines Mannes einzuschätzen. Er wußte, daß sein mächtiger Griff schmerzte, und jemand, der das Gesicht verzog, wurde als »Schwächling« abgetan.

Jetzt wandte er sich mir zu und sagte: »Du hast mich zutiefst enttäuscht.« Nachlässig tätschelte er Sylvias Kopf, als wäre sie ein Hündchen. Zweimal küßte er mich auf die Wange, erst auf die eine, dann auf die andere, aber gleichzeitig brachte er es fertig, mich so fest ins Gesäß zu kneifen, daß ich am liebsten geschrien hätte. Diese Art des Kneifens war dazu gedacht, eine Frau zu testen, und ihre Reaktionen wurden notiert, katalogisiert und abgelegt.

Sollte er von mir halten, was er wollte. »Kneif mich nie wieder so«, erklärte ich wütend. »Das tut weh, und ich mag es nicht. Ich habe es noch nie gemocht – genausowenig wie meine Mutter oder meine Tante.«

»Oh, was bist du in den vier Tagen für ein widerspenstiges Ding geworden«, erklärte er und grinste ironisch übers ganze Gesicht. Dann tätschelte er spielerisch meine Wange, aber es fühlte sich an wie ein Schlag. »Du hättest nicht davonzulaufen brauchen, mein Herzblatt«, sagte er sanft. »Es wäre mir ein Vergnügen gewesen, dich den Mittelgang in der Kirche entlang zu geleiten und dich in dem herrlichen Brautkleid deiner Mutter zu sehen.«

Gerade, als ich dachte, nichts, was er tat, könnte mich jemals wieder überraschen, verblüffte er mich doch. »Arden, ich habe mit deiner Mutter über dich gesprochen, und sie hat mir erzählt, daß du Schwierigkeiten hast, eine Stellung bei einer guten Baufirma zu finden. Ich bewundere dich dafür, daß du keinen drittklassigen Job in einem kleinen Betrieb angenommen hast. Wie wäre es, wenn du eine Stellung in meiner Firma annehmen würdest, bis du das Richtige findest? Audrina kann dir das Wichtigste beibringen, damit du die Prüfung bestehst, und ich werde natürlich auch tun, was ich kann, um zu helfen. Aber sie weiß fast genausoviel wie ich.«

Das war nun wirklich nicht das, was ich wollte. Aber als ich Arden ansah, mußte ich feststellen, daß er sehr erleichtert schien. Dieses Angebot würde eine Menge Probleme lösen. Wir hätten ein Einkommen und könnten eine kleine Wohnung in der Stadt mieten, weit fort von Whitefern. Arden machte einen dankbaren Eindruck und sah mich an, als hätte ich Papas Wunsch, mich ganz für sich zu behalten, übertrieben.

Es war typisch für Papa, eine Situation, die ihm nicht behagte, einfach zu seinem Vorteil zu wenden. Gutaussehende junge Angestellte waren sehr gefragt, und Arden war darüber hinaus noch klug und konnte rechnen.

»Ja, Arden«, fuhr Papa dröhnend fort und legte mit einer freundlich-väterlichen Geste den Arm um die Schultern meines Mannes, »meine Tochter kann dir die Grundbegriffe und auch das Technische beibringen.« Seine Stimme klang weich, entspannt.

»Sie weiß fast soviel wie ich, und vielleicht ist sie sogar noch besser, denn der Markt ist keine Wissenschaft, sondern eine Kunst. Audrina ist sehr intuitiv und sensibel – richtig, Audrina?« Wieder lächelte er mir äußerst charmant zu. Doch während Arden nicht hinsah, streckte er den Arm aus und kniff mich, diesmal noch fester. Er lächelte, und als Arden zu uns herübersah, umarmte mich Vater liebevoll.

»So, und jetzt«, fuhr er fort, »habe ich noch eine wundervolle Überraschung für euch.« Er strahlte uns beide an. »Ich habe mir die Freiheit genommen, deine Mutter aus diesem jämmerlichen kleinen Häuschen zu holen. Sie wohnt jetzt oben in den besten Zimmern, die wir haben.« Wieder glänzte sein aufgesetztes Lächeln. »Das heißt, den besten nach meinen eigenen.«

Es tat weh, Arden so dankbar zu sehen, wo er es hätte besser wissen sollen. Vielleicht waren tatsächlich alle Männer mehr oder weniger gleich und verstanden sich deshalb gut. Ich tobte innerlich, weil Papa mein Leben immer noch beherrschte, obwohl ich jetzt verheiratet war.

Gemütlich eingerichtet in den Zimmern, die einmal meiner Tante gehört hatten, fanden wir Billie. Sie trug ein Spitzenkleid, das einem Bühnenstar angemessen gewesen wäre und eigentlich mehr auf eine Gartenparty gepaßt hätte.

Ihre Augen strahlten, als sie erzählte: »Er stürmte in mein Haus, kaum eine Stunde nachdem ihr abgefahren wart, beschimpfte mich, weil ich euch ermutigt hätte, durchzubrennen. Ich habe kein Wort gesagt, bis er sich beruhigt hatte. Ich glaube, da hat er mich zum erstenmal richtig angesehen. Er hat mir gesagt, daß ich schön wäre. Und dabei trug ich meine Shorts, und diese verdammten Stümpfe ragten heraus, aber er schien sich nicht darum zu kümmern. Liebling, du kannst dir gar nicht vorstellen, wie gut das für mein Ego war.«

Papa war schlau, oh, so schlau! Ich hätte mir denken können, daß er einen Weg finden würde, um mich zu bestrafen. Jetzt hatte er meine Schwiegermutter auf seiner Seite.

»Dann sagte er, wir sollten das Beste aus der Situation machen, die sich nun ja doch nicht mehr ändern ließe, und dieser wundervolle Mann hat mich eingeladen, hier bei ihm und euch zu wohnen. War das nicht großzügig von ihm?«

Natürlich war es das. Ich sah mich in dem Zimmer um, in dem das Andenken an meine Tante hätte wachgehalten werden sollen, und es tat mir weh. Aber was hatte es für einen Sinn, das Andenken an eine Tote wachzuhalten, wenn Billie so dankbar war? Und Tante Elsbeth hatte niemals irgend etwas anerkannt, das getan worden war, um ihre Zimmer hübscher zu machen. Wenn irgend jemand Zimmer wie diese verdiente, dann war das Billie.

»Audrina, du hast mir nie erzählt, daß dein Vater so nett ist, so verständnisvoll und charmant. Irgendwie hast du ihn immer als rücksichtslos, hinterhältig und gemein dargestellt.«

Wie konnte ich ihr sagen, daß Papas gutes Aussehen, sein aufgesetzter Charme seine Waffen waren? Er benutzte sie bei allen Frauen, gleichgültig, ob jung oder alt. Neunzig Prozent seiner Kunden waren alte, reiche Frauen, die vollkommen von seinem Rat abhingen, und die anderen zehn Prozent waren reiche Männer, zu alt, um sich auf ihr eigenes Urteil verlassen zu können.

»Audrina, Liebes«, fuhr Billie fort und zog mich an ihre volle, feste Brust, »dein Vater ist ein solcher Schatz. So lieb und um jedermanns Wohlergehen besorgt. Ein Mann wie Damian Adare könnte niemals grausam sein. Ich bin überzeugt, du hast ihn falsch verstanden, wenn du glaubst, daß er dich schlecht behandelt hat.«

Papa war uns nach oben gefolgt, und bis sie das sagte, hatte ich ihn nicht gesehen. Er lehnte graziös im Türrahmen und saugte alles in sich auf. In der plötzlichen Stille wandte er sich an Arden. »Meine Tochter hat von dir geschwärmt, seit sie sieben Jahre alt war. Ich hätte wirklich nie gedacht, daß diese Liebe halten könnte. Mensch, ich habe mindestens ein Dutzend Mädchen geliebt, ehe ich zehn war, und zweihundert, ehe ich Audrinas Mutter geheiratet habe.«

Arden lächelte, scheinbar verlegen, und hastig bedankte er sich bei Papa dafür, ihm eine Stelle angeboten zu haben, was sonst niemand getan hatte – und dazu mit einem anständigen Gehalt!

Papa hatte erneut gewonnen. Tante Elsbeth war tot. Sie hatte mich genausowenig gerettet wie sich selbst. Aber Papa – er war bereit, diejenigen, die er – wie er behauptete – am meisten liebte, wieder und wieder zu verletzen.

Bald schon sprach Papa ernsthaft mit Arden und mir darüber, ihm einen Enkel zu schenken. »Ich habe mir immer einen Sohn gewünscht«, sagte er und sah mir direkt in die Augen. Es tat wirklich weh, ihn das sagen zu hören, wo er doch immer behauptet hatte, ich würde ihm solche Freude machen. Er mußte meinen Schmerz gesehen haben, denn er lächelte, als hätte er mich getestet und immer noch für treu befunden. »Das heißt, nach einer Tochter wollte ich einen Sohn. Aber ein Enkelsohn wäre prächtig, da ich schon zwei Töchter habe.«

Ich wollte noch kein Baby, nicht, wo es schon schockierend genug war, Ardens Frau zu sein. Stück für Stück lernte ich unter Schmerzen, mit diesen nächtlichen Liebesakten fertig zu werden, die für mich scheußlich und für ihn wundervoll waren. Ich lernte sogar, ihm Vergnügen vorzuheucheln, so daß er endlich nicht mehr so besorgt aussah und glaubte, daß ich den Sex inzwischen genauso genoß wie er selbst.

Noch ehe Arden und ich von unserer kurzen Hochzeitsreise zurückgekehrt waren, hatte Billie schon die Küche übernommen, die Tante Elsbeth erst vor so kurzer Zeit verlassen hatte. Billie hatte ihren Hochstuhl dort, den mein Vater höchstpersönlich zusammen mit dem größten Teil ihrer Habe in unser Haus gebracht hatte – mein Vater, der körperliche Arbeit verabscheute! Ich beobachtete ihn, wie er sie bewundernd ansah, als sie geschickt eine Mahlzeit vorbereitete, ohne viel Murren und ohne viel Aufhebens. Sie lächelte, lachte auch als Antwort auf einen seiner zahlreichen Witze. Sie sorgte für seine Kleider und führte das riesige Haus mit so wenig Anstrengung, daß Papa nicht aufhören konnte, ihr Tun zu bewundern.

»Wie schaffst du das nur, Billie? Warum möchtest du das überhaupt alles tun? Warum bittest du mich nicht, Diener anzustellen, die für dich sorgen?«

»O nein, Damian. Das ist doch das mindeste, was ich tun kann, um mich für all deine Wohltaten zu bedanken.« Ihre Stimme war weich, ihre Augen leuchteten warm, als sie ihn ansah. »Ich bin so dankbar, daß du mich hierhergeholt und meinen Sohn als deinen eigenen willkommen geheißen hast, daß ich nie auch nur annähernd meine Dankbarkeit beweisen kann. Außerdem, wenn man Diener im Haus hat, hat man kein Privatleben mehr.«

Ich starrte Billie an, staunte darüber, daß eine Frau mit ihrer Erfahrung so leicht getäuscht werden konnte. Papa nutzte die Menschen aus. Sah sie denn nicht, daß sie ihm Unmengen Geld sparte, indem sie seine Haushälterin und Köchin spielte? – und dieses großzügige Angebot, Diener einzustellen, das war doch falsch, nur darauf abgezielt, ihr das Gefühl zu geben, nicht ausgenutzt zu werden.

»Audrina«, sagte Billie eines Tages, als ich etwa zwei Monate verheiratet war und Arden noch immer die Bücher für seine Börsenprüfung studierte, »ich habe Sylvia beobachtet. Aus irgendeinem Grund haßt sie mich und würde mich gern tot sehen. Ich versuche so zu denken, wie sie vielleicht denkt. Es könnte sein, daß sie eifersüchtig ist, weil sie sieht, daß du mich auch gern hast, und sie mußte deine Liebe noch niemals mit irgend jemandem teilen. Als ich noch in unserem Häuschen lebte, war das etwas anderes, aber jetzt lebe ich in ihrem Heim und stehle ihr deine Aufmerksamkeit und deine Zeit. Auch Arden ist ein Konkurrent für sie, aber sie ist nicht eifersüchtig auf ihn – vielleicht, weil er sie in Ruhe läßt. Ich bin es, die sie beneidet. Mehr noch, ich glaube, sie ist nicht annähernd so zurückgeblieben, wie du glaubst, Audrina. Sie ahmt dich nach. Sobald du ihr den Rücken zudrehst, folgt sie dir. Und sie kann genauso normal gehen wie du – wenn sie weiß, daß du sie nicht sehen kannst.«

Ich wirbelte herum und ertappte Sylvia direkt hinter mir. Sie schien überrascht, und hastig öffneten sich ihre geschlossenen Lippen, ihre Augen wurden leer, wie blind. »Billie, du solltest solche Dinge nicht sagen. Sie kann hören. Und wenn es stimmt, was du sagst – obwohl ich es nicht glaube –, dann könnte sie es verstehen und verletzt sein.«

»Natürlich versteht sie es. Sie ist nicht besonders intelligent, aber auch nicht vollkommen dumm.«

»Aber ich verstehe nicht... warum sollte sie so tun...«

»Wer hat dir gesagt, daß sie hoffnungslos zurückgeblieben ist?« Sylvia war in den Korridor hinausgewackelt, hatte Billies kleinen roten Karren mitgenommen. Während ich sie beobachtete, setzte sie sich darauf und fing an, sich herumzuschieben, wie Billie es machte.

»Papa hat sie erst heimgebracht, als sie zweieinhalb Jahre alt war. Er hat mir erzählt, was die Ärzte ihm gesagt haben.«

»Ich bewundere Damian, auch wenn ich es nicht gutheiße, wie er dein Leben mit der Fürsorge deiner kleinen Schwester belastet hat. Vor allem, da er es sich leisten könnte, eine Pflegerin oder besser noch einen Therapeuten für sie zu engagieren. Tu, was du kannst, um ihr etwas beizubringen, und mach vor allem mit deinem Sprachtraining weiter. Gib Sylvia nicht auf. Auch wenn diese Ärzte ihre ehrliche Meinung gesagt haben: Es werden oft Fehler gemacht. Es gibt immer Hoffnung für eine Besserung.«

In den nun folgenden Monaten überzeugte Billie mich davon, daß ich meinen Vater vielleicht doch falsch eingeschätzt hatte. Sie betete ihn offensichtlich an. Er ignorierte die Tatsache, daß sie keine Beine hatte, und behandelte sie mit so viel Galanterie, daß ich überrascht und erfreut war. Papa ließ sogar einen besonderen Rollstuhl für Billie anfertigen. Er haßte ihren kleinen roten Karren von ganzem Herzen, aber der schmucke Sessel mit versteckten Rädern rollte ihr nicht schnell genug herum. Sie benutzte ihn nur, wenn Papa in der Nähe war.

Arden schuftete wie ein Sklave, studierte dann die halbe Nacht und versuchte, sich an alles zu erinnern, was er für die Prüfung wissen mußte. Er sagte, daß er es so haben wollte, aber ich wußte, daß er nicht mit dem Herzen bei der Sache war.

»Arden, wenn du kein Börsenmakler werden willst, dann gib auf und mach etwas anderes.«

»Ich will aber – mach weiter, bring's mir bei.«

»Nun«, fing ich an, als er mir am Tisch in unserem Schlafzimmer gegenübersaß, »sie werden dir verschiedene Tests geben, um deine Aufnahmefähigkeit zu prüfen. Danach kommt deine Wortgewandtheit, und du mußt verstehen, was du sagst, was ja eigentlich selbstverständlich ist.« Ich lächelte ihm zu und schob seinen Fuß von meinem Bein. »Bitte beantworte mir jetzt folgende Fragen: Würdest du ein Bild lieber malen, ansehen oder verkaufen?«

»Malen«, antwortete Arden schnell.

Stirnrunzelnd schüttelte ich den Kopf. »Zweite Frage. Würdest du ein Buch am liebsten lesen, schreiben oder verkaufen?«

»Schreiben... aber das ist wahrscheinlich falsch. Die richtige Antwort ist: ein Buch verkaufen, ein Bild verkaufen, stimmt's?«

Nachdem er dreimal durchgefallen war, bestand mein Mann endlich die Prüfung und wurde ein ›Wall-Street-Cowboy‹.

Eines Tages, als ich mit meiner Hausarbeit fertig war, schlenderte ich in das Zimmer, in dem der Flügel meiner Mutter stand. Ich lächelte ironisch, als ich Tante Mercy Maries Foto hervorholte und auf den Flügel stellte. Wer hätte je gedacht, daß ich einmal freiwillig etwas so Verrücktes tun würde? Vielleicht kam es, weil ich an meine Tante denken mußte und traurig war, daß ich nicht bei ihrer Beerdigung war. Um das wiedergutzumachen, ging ich oft an ihr Grab und legte frische Blumen hin – natürlich auch auf das Grab meiner Mutter. Nie, niemals brachte ich Blumen für die erste Audrina.

Zur Erinnerung an Tante Ellie fing ich mit meiner eigenen ›Teestunde‹ an. Während ich mit dieser Routine begann, die einst von zwei anderen Schwestern ins Leben gerufen worden war, kroch Sylvia ins Zimmer, setzte sich mir zu Füßen auf den Boden und starrte mit verwirrtem Ausdruck in mein Gesicht empor. Ich hatte das Gefühl, die Zeit wäre zurückgestellt worden, alles würde sich wiederholen. »Lucietta«, sagte die dicke Frau, für die ich jetzt sprach, »was für ein hübsches Mädchen deine dritte Tochter doch ist. Sylvia, ein schöner Name. Wer ist Sylvia? Es gab da einmal ein Lied über ein Mädchen namens Sylvia. Lucietta, bitte, spiel dieses Lied noch einmal für mich.«

»Aber natürlich, Mercy Marie«, antwortete ich und imitierte die Stimme meiner Mutter. »Ist sie nicht hübsch, meine süße Sylvia? Ich finde, sie ist die schönste von meinen Töchtern.«

Ich spielte eine kleine Melodie auf dem Klavier, die recht tölpelhaft klang. Aber wie eine Marionette, die vom Schicksal geführt wird, konnte ich nicht aufhören, nachdem ich erst einmal angefangen hatte. Lächelnd reichte ich Sylvia einen Keks. »Und jetzt sprichst *du* für die Dame auf dem Foto.«

Mit überraschender Gelenkigkeit sprang Sylvia auf die Füße, rannte zum Klavier, packte das Foto von Tante Mercy Marie und schleuderte es in den Kamin. Der Silberrahmen zerbrach, das Glas splitterte, Sylvia zerfetzte das Foto. Als es zerrissen war, sah sie mich erschrocken an und wich zurück.

»Wie konntest du es wagen?« brüllte ich. »Das war das einzige Foto, das wir von Mutters bester Freundin hatten! So etwas hast du doch noch nie getan!«

Sie fiel auf die Knie, kroch wimmernd zu mir wie ein kleiner Hund. Zu meinen Füßen kauernd, grapschte Sylvia nach meinem Rock, öffnete die Lippen, und bald netzte Speichel ihr Kinn und tropfte auf ihr weites Kleid. Ein kleines Kind hätte mich nicht unschuldiger ansehen können. Billie mußte sich irren. Sylvia konnte ihre Augen nicht länger als ein, zwei Sekunden auf einen Punkt heften.

In dieser Nacht, während Arden friedlich neben mir schlief, träumte ich. Ich hörte Trommeln und Eingeborenenlieder. Tiere heulten. Ich schoß hoch, wollte gerade Arden wecken, entschied dann aber, daß das Heulen der Tiere nur Sylvias Geschrei war. Ich rannte in ihr Zimmer, nahm sie in die Arme. »Was ist los, Liebes?«

Ich schwöre, daß ich dachte, sie würde zu sagen versuchen »Schlecht... schlecht...«. Aber ich war mir wirklich nicht sicher. »Hast du ›schlecht‹ gesagt?«

Ihre blauen Augen waren vor Angst weit aufgerissen – aber sie nickte. Ich fing an zu lachen und zog sie noch fester an mich. »Aber nein, es ist nicht schlecht, daß du reden kannst. O Sylvia, ich habe es so sehr versucht, habe mich so bemüht, es dir beizubringen, und endlich versuchst du es. Du hattest einen schlimmen Traum, das ist alles. Schlaf jetzt weiter und denke daran, wie wundervoll das Leben werden wird, jetzt, wo du dich verständlich machen kannst.«

Ja, sagte ich mir selbst, als ich mich an Arden kuschelte – ich liebte das Gefühl seiner Arme um mich, wenn er nicht leidenschaftlich war –, das war alles, ein böser Traum von Sylvia.

Bis Thanksgiving Day dauerte es noch eine Woche. Ich war mehr oder weniger glücklich, als ich mit Billie in der Küche saß und das Menü zusammenstellte. Doch noch immer ging ich wie ein Kind durch die langen Flure, achtete darauf, nicht auf eines der bunten, geometrischen Muster zu treten, die die Bleiglasfenster auf den Boden warfen. Ich blieb lange stehen und starrte die Regenbogenfarben an der Wand an, genauso wie als Kind. Meine Erinnerungen an meine Kindheit waren noch immer so verschwommen.

Als ich die Küche verließ und zur Treppe gehen wollte in der Absicht, das Spielzimmer aufzusuchen und die Vergangenheit herauszufordern, die Wahrheit zu enthüllen, drehte ich mich plötzlich um und ertappte Sylvia, die mir wie ein Schatten folgte. Natürlich hatte ich mich an sie als meine ständige Begleiterin gewöhnt. Aber was mich erstaunte, war die Art, wie sie einen verirrten Sonnenstrahl mit ihrem Kristall auffing und mir die Farben direkt in die Augen scheinen ließ.

Geblendet stolperte ich rückwärts, bekam es aus irgendeinem Grund mit der Angst zu tun. Im Schatten an der Wand zog ich die Hand fort, mit der ich meine Augen bedeckt hatte, und starrte zu dem riesigen Leuchter hinüber, der alle Farben auffing. Die Spiegel an den Wänden brachen sie und schickten sie zu Sylvia, die sie ihrerseits wieder in meine Richtung dirigierte, als wollte sie mich vom Spielzimmer fernhalten. Ich war wie benommen, aber Visionen zuckten vor meinem geistigen Auge vorbei. Ich sah meine Tante auf dem harten Boden liegen. Wenn nun Sylvia unten in der Halle gewesen war und ihre Kristalle dazu benutzt hatte, meine Tante mit den Sonnenlichtfarben zu blenden? Könnte das meine Tante so sehr verwirrt haben, daß sie gefallen war? Und versuchte Sylvia jetzt, auch mich zu Fall zu bringen?

»Leg das Ding weg, Sylvia!« schrie ich. »Leg es sofort weg. Und blitze mir nie wieder damit in die Augen! Hörst du?«

Wie das wilde Tier, mit dem Papa sie immer verglich, lief sie davon. Einen Moment war ich so verblüfft, daß ich nur hinter ihr herstarren konnte. Ich war erschrocken über meine eigene heftige Reaktion, setzte mich auf die unterste Stufe und versuchte, mich zusammenzureißen – und in diesem Augenblick öffnete sich die Haustür.

Eine Frau stand da, groß und schlank, mit einem hübschen Hütchen aus grünen Federn aller Schattierungen. Ein Nerzcape hing lässig über einer Schulter, und ihre grünen Schuhe paßten haargenau zu dem ausgesprochen teuer aussehenden grünen Kostüm.

»Hallo«, sagte sie mit ihrer heiseren Stimme. »Da bin ich wieder. Erkennst du mich nicht, süße Audrina?«

Ein zweites Leben

»Audrina, was hast du denn?« rief Vera mir zu, als ich wie ein kleines Kind vor ihr die Treppe hinauf zurückwich, ohne aufzustehen. »Bist du nicht ein bißchen alt für dieses kindische Benehmen? Also wirklich, Audrina, du veränderst dich wohl überhaupt nie, was?«

Als sie jetzt in die Halle marschierte, schien Vera kaum zu hinken. Aber als ich genauer hinsah, entdeckte ich, daß die linke Sohle ihrer hochhackigen Schuhe zwei Zentimeter dicker war als die rechte Sohle. Graziös näherte sie sich der Treppe. »Ich habe im Dorf gehalten, und man hat mir erzählt, daß du tatsächlich Arden Lowe geheiratet hast. Ich hätte nie gedacht, daß du jemals erwachsen genug sein würdest, um überhaupt irgend jemanden zu heiraten. Meine Glückwünsche ihm, diesem Narren, und meine besten Wünsche für dich, der Braut, die es eigentlich besser wissen sollte.«

Das Schlimme war, daß es sehr wohl stimmen konnte, was sie da sagte.

»Freust du dich nicht, mich zu sehen?«

»Deine Mutter ist tot.« Wie grausam ich das sagte. Als wollte ich mich rächen, eine alte Rechnung begleichen.

»Also wirklich, Audrina, das weiß ich doch.« Ihre dunklen Augen waren kalt, als sie mich von oben bis unten musterte. In ihrer eigenen, schweigsamen Art machte sie mir so deutlich klar, daß ich keine Konkurrenz für sie war. »Im Gegensatz zu dir, liebe Audrina, habe ich Freunde im Dorf, die mich auf dem laufenden halten über das, was hier vorgeht. Ich wünschte, ich könnte sagen, daß es mir leid tut, aber das kann ich nicht. Elsbeth Whitefern war niemals eine richtige Mutter für mich, nicht wahr? Deine Mutter war netter.«

Sie drehte sich langsam um und atmete genüßlich aus. »Oh! Nun sehe sich einer das Haus an! Wie ein Palast. Wer hätte je gedacht, daß der liebe Papa ein solcher Idiot sein könnte, ein altes Haus wie dieses wieder herrichten zu lassen. Für den Preis hätte er zwei neue kaufen können.«

Ich stand jetzt mitten auf der Treppe und versuchte, ein bißchen von meiner verlorenen Fassung zurückzugewinnen. »Bist du aus einem bestimmten Grund hierhergekommen?«

»Freust du dich nicht, mich zu sehen?« Lächelnd legte sie den Kopf auf eine Seite und musterte mich erneut. Dann lachte sie. »Nein, man sieht es dir an. Hast du immer noch Angst vor mir, Audrina? Angst, daß dein junger Mann eine richtige Frau doppelt so reizvoll finden könnte wie eine bescheidene, scheue Frau, die ihm kein wirkliches Vergnügen schenken kann? Wenn ich dich bloß anschaue in diesem weißen Kleid, weiß ich schon, daß du dich nicht verändert hast. Wir haben November, kleines Mädchen. Winterzeit. Die Saison für leuchtende Farben, Partys, Ferien und Fröhlichkeit, und du trägst ein weißes Kleid.« Sie lachte noch einmal, ironisch, spöttisch. »Erzähl mir bloß nicht, dein Ehemann wäre kein Liebhaber und du bist immer noch Papas unberührter Liebling.«

»Es ist ein Wollkleid, Vera. Die Farbe nennt man Winterweiß. Es ist ein teures Kleid, das Arden selbst für mich ausgesucht hat. Er hat es gern, wenn ich Weiß trage.«

»Natürlich«, sagte sie noch spöttischer. »Er kommt deinem Bedürfnis entgegen, ein süßes, kleines Mädchen zu bleiben. Arme

Audrina, die Süße. Die Reine und Jungfräuliche. Liebe Audrina, der gehorsame kleine Liebling, der nie etwas Falsches macht.«

»Was willst du, Vera?« fragte ich. Mir war plötzlich sehr kalt. Ich spürte Gefahr, spürte Veras Drohung. Ich wollte ihr befehlen, dieses Haus zu verlassen. *Geh, laß mich in Ruhe! Gib mir Zeit, erwachsen zu werden, die Frau zu finden, die irgendwo in mir ruht.*

»Ich bin zu Thanksgiving heimgekommen«, antwortete Vera aalglatt, mit der verführerischen Stimme, mit der sie jemanden imitierte, den sie bewunderte. Früher hatte sie einmal versucht, zu sprechen wie eine Fernsehschauspielerin. »Und wenn ihr nett zu mir seid, wirklich nett, wie eine Familie sein sollte, dann bleibe ich auch noch über Weihnachten. Es ist wirklich nicht sehr gastfreundlich von dir, mich die ganze Zeit in der Halle stehenzulassen, während sich meine Koffer noch auf der Veranda befinden. Wo ist Arden? Er kann mein Gepäck hereinholen.«

»Mein Mann arbeitet, Vera, und du kannst dein Gepäck selbst hereinholen. Papa wird nicht sehr erfreut sein, dich zu sehen. Ich nehme an, das weißt du.«

»Ja, Audrina«, sagte sie mit dieser glatten, abscheulichen Stimme. »Ich weiß das. Aber ich möchte Papa sehen. Er schuldet mir eine Menge – und ich beabsichtige zu bekommen, was meiner Mutter gehört hat – und nun mir gehört.«

Ein leises, schlurfendes Geräusch machte mich auf Billie aufmerksam, die mit ihrem kleinen roten Karren den Korridor entlangkam. Als hätte sie gerade eine Maus gesehen, machte Vera einen Satz und wäre fast hingefallen – wegen der dickeren Sohle. Ihre behandschuhte Hand fuhr zum Mund, um einen Schrei zu ersticken, die andere schoß vorwärts, wie um eine Ansteckung abzuwehren. Ich beobachtete, wie sie sich bemühte, die Fassung wiederzugewinnen, während die kleine, halbe Frau, zweimal so alt und dreimal so schön wie Vera, sie abschätzend musterte und eine Menge Haltung und Beherrschung verriet. Ich bewunderte Billie dafür.

Doch zu meiner Überraschung lächelte Vera meine Schwiegermutter dann strahlend an. »Ach, natürlich. Wie konnte ich Billie Lowe vergessen. Wie geht es Ihnen, Mrs. Lowe?«

Fröhlich begrüßte Billie Vera. »Oh, hallo. Sie sind Vera, nicht wahr? Wie gut Sie aussehen. Nett von Ihnen, über die Feiertage heimzukommen. Sie kommen gerade rechtzeitig zum Essen. Ihr altes Zimmer ist sauber, ich muß nur noch das Bett frisch beziehen, dann können Sie sich ganz zu Hause fühlen.« Sie sah auf und schenkte mir ein besonders herzliches Lächeln. »Nun, Audrina, dann hat deine juckende Nase tatsächlich einen Besucher verkündet.«

»Wohnen Sie auch hier?« fragte Vera ziemlich verblüfft. Dieser Jemand im Dorf wußte anscheinend nicht alles, was in Whitefern vor sich ging.

»Aber ja.« Billie gluckste förmlich vor Glück. »Das ist das wunderbarste Haus, das ich jemals mein Heim nennen durfte. Damian war einfach wundervoll zu mir. Er hat mir die Zimmer gegeben, die vorher –« sie zögerte, sah ein bißchen verlegen aus – »Ihrer Mutter gehörten.« Der flehentliche Blick, den sie Vera zuwarf, rührte mich. »Zuerst dachte ich, es wäre falsch, eine so große Suite anzunehmen, die Audrina vielleicht gern für sich gehabt hätte. Aber Audrina hat kein einziges Wort gesagt, das mir das Gefühl gegeben hätte, jemand anderem den Platz wegzunehmen. Und was noch viel wichtiger ist, Damian hat all die Dinge, die ich aus unserem Häuschen haben wollte, eigenhändig herübergebracht. Das alles noch am selben Tag, an dem Arden und Audrina durchgebrannt sind.«

Wieder schenkte Billie mir ein liebevolles Lächeln. »Komm, Schatz, Zeit zum Essen. Sylvia sitzt schon am Tisch. Es ist genug für uns alle da.«

»Hilf mir, mein Gepäck ins Haus zu bringen, Audrina«, sagte Vera und wandte sich abrupt ab, um auf die Veranda zu eilen, als wäre sie es leid, auf all die Herzlichkeit und Freundlichkeit zu reagieren, die Billie ihr entgegenbrachte. »Ich reise in ein paar Wochen wieder ab. Du brauchst also gar nicht so besorgt dreinzuschauen. Ich will deinen Mann nicht.«

»Weil du einen eigenen hast?« fragte ich hoffnungsvoll.

Lachend drehte sie sich halb um und grinste mich an. »Das würde dir so gefallen, was? Aber nein, ich habe keinen eigenen. Lamar Rensdale war ein unglücklicher Fehlschlag. Er hat den leichten Weg gewählt, als das Leben für ihn ein wenig härter wurde. Was das doch für ein Feigling war! Überhaupt kein Talent, wenn man ihn erst einmal aus der Provinz fortgeholt hatte. Spielst du noch immer Klavier?«

Nein, ich übte nicht mehr. Es gab zuviel zu tun. Aber als ich Vera mit ihren drei Taschen half – ich trug zwei, sie eine –, schwor ich mir, daß ich einen neuen Klavierlehrer finden würde, sobald ich Zeit hatte. »Vera, ich würde gern mehr von Lamar Rendsdale hören. Er war sehr nett zu mir, und es tut mir leid, daß er tot ist.«

»Später«, sagte Vera und folgte mir die Treppe hinauf. »Wenn wir gegessen haben, können wir uns ausführlich unterhalten, während wir auf Papa warten. Der wird es genießen, mich wiederzusehen.«

Auf dem Weg zu ihrem Zimmer sahen wir Sylvia, die in Billies Karren fuhr und sich geschickt vorwärts stieß.

»Sylvia, bring Billies Karren in die Küche zurück. Du hast kein Recht, ihn zu benutzen, selbst wenn sie ihn gerade nicht braucht. Jeden Augenblick kann sie vielleicht damit fahren wollen, und dann ist er nicht da.« Ich streckte den Arm aus, um Sylvia aus dem Karren zu ziehen. Wenn es irgend etwas gab, was Sylvia stur werden ließ und sie mit Haß erfüllte, dann war es, daß man ihr den Karren fortnahm, den sie für sich haben wollte.

»Großer Gott!« rief Vera aus und starrte Sylvia an wie ein seltenes Geschöpf im Zoo, »warum vergeudest du deinen Atem auf diese Idiotin? Warum stößt du sie nicht einfach beiseite, und basta?«

»Sylvia ist nicht so zurückgeblieben, wie Papa uns glauben gemacht hat«, erklärte ich unschuldig. »Stück für Stück lernt sie sogar zu reden.«

Aus irgendeinem Grund starrte Vera Sylvia mit zusammengekniffenen, mißtrauischen Augen an. Abscheu stand ihr deutlich im Gesicht geschrieben. »Herrje, dieses Haus ist voll von Krüppeln. Eine beinlose Frau und ein stammelndes Monstrum.«

»Solange du dich in diesem Haus aufhältst, wirst du Sylvia weder als Idiotin noch als Krüppel oder Monstrum bezeichnen. Und du wirst Billie mit dem Respekt behandeln, den sie verdient, oder ich bin sicher, daß Papa dich rauswirft. Und wenn er es nicht tut, tue ich es.«

Scheinbar überrascht lächelte Vera schwach, drehte mir dann den Rücken zu und marschierte in ihr altes Zimmer, um die Koffer auszupacken.

Während des Essens, als Billie ihr möglichstes tat, um Vera daheim willkommen zu heißen, blieb ich schweigsam. Vera sah in dem reizenden beigen Strickkleid, das sie jetzt trug, sehr elegant aus. Die weiche Farbe schmeichelte ihrem Teint. Sie schien nicht so blaß zu sein wie früher. Ihr Make-up war gekonnt aufgetragen, ihr Haar perfekt frisiert, während meines vom Wind zerzaust und wild war. Meine Nägel waren kurz und nicht lackiert, seit ich

Billie im Haushalt half. Jede einzelne meiner Unzulänglichkeiten erhob sich wie ein Berg, als ich Vera anstarrte.

»Das mit deiner Mutter tut mir leid, Vera«, sagte Billie. »Ich hoffe, du bist nicht böse, daß Audrina mir erzählt hat, daß sie deine Mutter war. Audrina ist für mich wie eine Tochter, die Tochter, die ich immer haben wollte.«

Ich lächelte dankbar, glücklich, weil sie mich nicht Veras wegen verstieß. Ich wußte, daß Billie alles bewunderte, was Vera jetzt repräsentierte. Hübsche Kleider, lange, lackierte Nägel und die Art von Schmuck, die Vera trug – in diesem Augenblick erkannte ich, daß es Mutters Schmuck war und der Schmuck meiner Tante. Der gestohlene Schmuck!

Schmuck, den sie abnahm und versteckte, ehe Papa und mein Mann heimkamen.

Wir saßen im neurömischen Salon. Die Sonne war gerade am Horizont untergegangen und ließ flammenfarbene Wolken zurück, als Papa die Tür aufriß und ins Zimmer marschierte; Arden folgte ihm auf dem Fuße.

Papa redete. »Verdammt, Arden, wie kannst du das vergessen, wenn du dir Notizen machst? Ist dir eigentlich klar, daß deine Fehler uns ein paar gute Klienten kosten können? Du mußt alle Aktien aufführen, die ein Kunde besitzt, und ihn anrufen, sobald sich an der Börse ein dramatischer Kurswechsel vollzieht, besser noch, ehe er sich vollzieht. Vorahnung, Junge, Vorahnung!«

In diesem Augenblick entdeckte Papa Vera. Er brach mitten in einer weiteren, boshaften Bemerkung ab und starrte Vera voll Ekel an. »Was, zum Teufel, suchst du hier?«

Billie zuckte zusammen. Papa hatte sie enttäuscht. Arden warf Vera einen Blick zu, der verriet, daß er sich alles andere als wohl in seiner Haut fühlte. Dann kam er zu mir, um mich auf die Wange zu küssen, ehe er sich neben mich aufs Sofa setzte und den Arm um meine Schultern legte. »Alles in Ordnung mit dir?« flüsterte er. »Du siehst so blaß aus.«

Ich antwortete nicht, kuschelte mich aber an ihn, fühlte mich sicherer mit seinem Arm um mich. Vera stand auf. Trotz ihrer hohen Absätze war sie noch immer einen Kopf kleiner als Papa, sah aber dennoch ehrfurchtgebietend aus. In der Ecke des großen Zimmers hockte Sylvia auf den Fersen und ließ ihren Kopf herumrollen, als wollte sie absichtlich all die Erfolge zunichte machen, die wir beide so mühsam erkämpft hatten.

»Ich mußte heimkommen, Papa, um das Grab meiner Mutter zu besuchen«, sagte Vera leise, in entschuldigendem Ton. »Eine Freundin hat mich angerufen und mir gesagt, daß sie tot ist. Ich habe die ganze Nacht über geweint und wäre wirklich gern zur Beerdigung gekommen. Aber ich hatte Dienst und habe erst jetzt frei bekommen. Ich bin inzwischen Krankenschwester. Außerdem hatte ich nicht genug Geld, um hierherzukommen, und ich wußte, daß du es mir nicht schicken würdest. Es ist immer ein solcher Schock, wenn ein gesunder Mensch durch einen Unfall stirbt. Dieselbe Freundin hat mir auch die Zeitung mit der Todesanzeige geschickt. Sie kam am Tag der Beerdigung an.«

Sie lächelte, legte den Kopf auf charmante Art schief, stand mit gespreizten Beinen da, die Arme in die Seiten gestemmt. Plötzlich wirkte sie nicht mehr süß, sondern trotzig, maskulin, beanspruchte fast ebensoviel Raum wie Papa, wenn er die Beine spreizte und sich auf einen Angriff vorbereitete.

Papa grunzte und funkelte sie an. Er schien ihre Herausforderung anzunehmen. »Wann reist du wieder ab?«

»Bald«, sagte Vera, schlug die Augen nieder, friedlich und bescheiden, während sie versuchte, sich nichts anmerken zu lassen. Aber ihre Füße blieben breit stehen, und das verriet, daß ihre Schwäche aufgesetzt war. »Ich fand, ich schuldete es meiner Mutter, so bald wie möglich zu kommen.«

Arden beugte sich vor, um ihr Gesicht besser sehen zu können, zog mich mit sich, da er vergaß, seinen Arm fortzuziehen.

»Ich will dich in meinem Haus nicht sehen!« fuhr Papa sie an. »Ich weiß, was hier vorgegangen ist, ehe du es verlassen hast.«

Lieber Gott! Vera warf Arden einen nervösen Blick zu.

Augenblicklich löste ich mich aus seinem Arm und rutschte ans äußerste Ende des Sofas. Nein, versuchte ich mir einzureden, Vera versuchte absichtlich, Arden in die Geschichte hineinzuziehen, um meine Ehe zu zerstören. Aber Arden sah so schuldbewußt aus. Mein Herz bekam einen Knacks. Die ganze Zeit hatte er behauptet, ich wäre die einzige gewesen, die er je geliebt hatte. Und doch mußte Vera die Wahrheit erzählt haben, als sie vor langer Zeit behauptete, mit Arden zu schlafen.

»Papa«, flehte Vera mit ihrer verführerischen, kehligen Stimme, »ich habe Fehler gemacht. Vergib mir, daß ich nicht gewesen bin, was ich hätte sein sollen. Ich habe mir immer gewünscht, dein Wohlgefallen zu finden, zu sein, was du dir gewünscht hast, aber niemand hat mir dabei geholfen. Ich wußte nicht, was Mr. Rensdale wollte, als er mich küßte und anfing, mich anzufassen. Er hat mich verführt, Papa!« Sie schluchzte, als würde sie sich schämen, neigte den Kopf mit dem glänzenden Aprikosenhaar. »Ich bin zurückgekommen, um meiner Mutter die letzte Ehre zu erweisen, um den Thanksgiving Day mit der einzigen Familie zu verbringen, die ich besitze, und um unsere Familienbande zu erneuern. Und ich bin auch gekommen, um die Wertgegenstände zu holen, die meine Mutter mir hinterlassen hat.«

Wieder grunzte Papa. »Deine Mutter hatte nichts von Wert, das sie dir hinterlassen konnte, nachdem du fortgelaufen warst und alles an Schmuck gestohlen hattest, was sie besaß, und auch alles, was meine Frau Audrina hinterlassen hat. Bis zum Thanksgiving Day ist noch eine Woche. Erweise deiner Mutter heute an ihrem Grab die letzte Ehre, und morgen früh reist du ab.«

»Damian!« meldete sich Billie vorwurfsvoll. »Ist das die Art, mit seiner Nichte zu sprechen?«

»Genau die richtige für diese Nichte!« wütete Papa und marschierte zur Treppe hinüber. »Und nenn mich nie wieder Papa, Vera!« Er sah noch einmal zu Billie hinüber. »Hast du vergessen, daß heute unser Abend in der Stadt ist? Ein Abendessen in einem guten Restaurant, und dann ins Kino. Warum bist du noch nicht umgezogen und bereit zum Gehen?«

»Wir können doch das Haus nicht an dem Tag verlassen, an dem deine Nichte heimkehrt«, meinte Billie in ihrer ruhigen Art. »Sie liebt dich wie einen Vater, Damian, ganz gleich, was du von eurer Beziehung hältst. Wir können immer draußen essen und ins Kino gehen. Aber bitte, Damian, bring mich nicht wieder in Verlegenheit. Du warst so nett, so großzügig – ich wäre so enttäuscht, wenn du –« Sie brach ab und sah ihn mit Tränen in den Augen an.

Ihre Kummertränen schienen eine große Wirkung auf ihn auszuüben. »Also schön«, sagte er und wandte sich Vera zu. »Ich möchte so wenig wie möglich von dir sehen, und am Tag nach Thanksgiving reist du ab. Ist das klar?«

Vera nickte schwach. Sie ließ den Kopf hängen, setzte sich, schlug die Beine übereinander und faltete züchtig die Hände in ihrem Schoß – eine gutgezogene, bescheidene junge Frau. Und Bescheidenheit war etwas, was Vera noch niemals besessen hatte. »Alles, was du willst, Pa – Onkel Damian.«

Ich wandte gerade noch rechtzeitig den Kopf, um zu sehen, wie Arden sie mitleidig anschaute. Ich starrte von einem zum andern und spürte, daß es schon begonnen hatte – die Verführung meines Mannes.

In kürzester Zeit waren Vera und Billie dicke Freunde. »Du liebe, wundervolle Frau, all diese Hausarbeit zu übernehmen und ganz allein zu machen, wo Damian sich doch leicht eine Haushälterin und ein Mädchen halten könnte. Ich wundere mich wirklich, Billie Lowe.«

»Audrina ist eine große Hilfe«, sagte Billie. »Auch sie mußt du loben.«

Ich war im Bad am anderen Ende des Küchenflurs damit bemüht, Sylvias kastanienbraune Locken zu entwirren. Ich unterbrach meine Arbeit, um zu hören, was Vera sonst noch zu Billie zu sagen hatte. Aber es war Billie, die wieder sprach.

»Wenn du jetzt auch dein Teil übernehmen und in den beiden Salons staubsaugen würdest, dann wäre ich dir wirklich sehr dankbar. Das würde Audrina entlasten. Sie hat wirklich alle Hände voll damit zu tun, Sylvia beizubringen, wie man spricht und sich anständig bewegt – und sie hat sogar Erfolg.«

»Du machst Witze.« Vera hörte sich überrascht an, als hoffte sie, daß Sylvia niemals sprechen lernen würde. »Das Gör kann richtig sprechen?«

»Ja, ein paar einfache Worte. Nichts ist deutlich, aber man kann es verstehen, wenn man genau hinhört.«

Mit Sylvia an der Hand folgte ich Vera und sah zu, wie sie den neurömischen Salon betrat und den Staubsauger nicht gerade begeistert vor sich herschob. Ich fand es toll, wie Billie sie zum Arbeiten brachte, als würde sie annehmen, daß Vera gern dazu bereit war. Wenn Vera gemurrt hätte, hätte es das Spielchen verdorben, das sie trieb – zumindest hielt ich ihr Auftreten für ein Spielchen. Vera schob und zog den Staubsauger, aber die ganze Zeit über ruhten ihre Blicke auf all den Kostbarkeiten. Während die Maschine brummte, zog sie einen Notizblock hervor und fing zu schreiben an. Ganz leise schlich ich mich hinter sie, nachdem ich Sylvia in der Halle zurückgelassen hatte, und las über ihre Schulter hinweg:

1. Staubsaugen, staubwischen, Möbelpolitur benutzen. (Spiegel, riesig, Goldauflage, ein Vermögen wert.)
2. Zeitungen aufheben, Zeitschriften sauber stapeln. (Lampen, Tiffany, venezianisch, solides Messing, unbezahlbar.)
3. Sollte die Betten machen, ehe ich nach unten komme. (Jetzt überall echte Antiquitäten, Ölgemälde, Originale.)
4. Bei der Wäsche helfen. Kein Bleichmittel für Handtücher verwenden. (Orient- und Chinateppiche, Schnickschnack aus Porzellan und geblasenem Glas, vor allem Vögel.)
5. Schon früh die Post holen. *Nie* vergessen! (Schecks in seinem Safe im Büro. Habe noch nie so viele Schecks mit der Post kommen sehen.)

»Welch interessante Art, deine Pflichten aufzuführen«, sagte ich, als sie meine Gegenwart spürte und herumwirbelte und mich überrascht ansah. »Hast du vor, uns auszurauben, Vera?«

»Du Schlange«, fauchte sie. »Wie kannst du es wagen, dich anzuschleichen und mir über die Schulter zu schauen!«

»Man muß eine Katze immer beobachten, wenn sie plötzlich so still wird. Ist es denn wirklich nötig, alltägliche Pflichten aufzuschreiben? Fallen sie dir nicht ganz von selbst ein? Was den Rest angeht, das meiste war schon vorher hier. Bloß ist alles neu gepolstert und restauriert worden. Dann hat Papa noch ein paar der älteren Whitefern-Antiquitäten ausfindig gemacht, die mal verkauft worden sind. Aber du warst früher doch nicht so beeindruckt davon – warum jetzt auf einmal?«

Einen Augenblick sah es so aus, als wollte sie mich schlagen. Dann sackte sie auf einem Sessel zusammen. »Ach, Audrina, streite doch nicht mit mir. Wenn du nur wüßtest, wie entsetzlich es ist, mit einem Mann zu leben, der dich nicht will. Lamar hat mich gehaßt, weil ich ihn gezwungen habe, mich mit nach New York zu nehmen. Ich habe immer wieder erklärt, ich wäre schwanger, und er war davon überzeugt, daß ich es nicht sein könnte. Als wir nach New York kamen, zogen wir in eine billige Pension, und er unterrichtete in Juilliard. Immer wieder redete er von dir, sagte, er wünschte, ich wäre mehr wie du, dann hätte er mich vielleicht lieben können. Der Dummkopf! Welcher Mann könnte eine Frau wie dich schon genießen?« Sie warf mir einen sonderbaren, blitzschnellen Blick zu und ließ Tränen aus ihren Augen quellen. »Es tut mir leid. Auf deine eigene Art bist du sehr schön.«

Sie schniefte und fuhr fort: »Während Lamar unterrichtete, begann ich mit meiner Ausbildung als Krankenschwester. Die Bezahlung hätte nicht einmal ausgereicht, um einen Vogel zu ernähren. In meiner spärlichen Freizeit habe ich dann als Modell für eine Kunstschule gejobbt. Ich habe Lamar gebeten, dasselbe zu tun, aber er war zu schüchtern, um sich auszuziehen. Modelle haben keinen Fetzen am Leib, weißt du. Ich bin immer schon stolz auf meinen Körper gewesen. Aber der dumme Lamar war zu bescheiden dafür und zu stolz. Er haßte mich noch mehr, weil ich mich all den Männern in den Klassen zeigte. Jedesmal wenn ich gejobbt hatte, fand ich ihn betrunken vor, wenn ich heimkam. Bald trank er so viel, daß er entlassen wurde. Er konnte nicht mehr Klavier spielen, wir waren gezwungen, in ein heruntergekommenes Viertel zu ziehen, wo er armen Kindern Klavierunterricht gab – Kindern, die nie genug Geld hatten, um ihn zu bezahlen – da bin ich fort.

Ich hatte die Nase voll. An dem Tag, als ich meine Prüfung als Krankenschwester abgelegt hatte, las ich in der Zeitung, daß Lamar sich im Hudson ertränkt hatte.« Sie seufzte und starrte ins Leere. »Noch eine Beerdigung, an der ich nicht teilnehmen konnte. Ich habe an dem Tag, als sie ihn beerdigt haben, gearbeitet. Ich war froh, daß seine Eltern gekommen sind, um sich um seinen Leichnam zu kümmern.« Sie verzog das Gesicht und ließ den Kopf hängen. Schweigen lastete auf dem Zimmer.

Ich trauerte um einen Mann, der mir hatte helfen wollen und dann unschuldig in die Falle getappt war, die Vera ihm gestellt hatte. Ich wußte, wer hier wen verführt hatte.

»Ich nehme an, du denkst, ich hätte die Schuld daran, daß er sich umgebracht hat, nicht wahr?«

»Ich weiß nicht, was ich denken soll.«

»Nein, natürlich nicht!« schrie sie zornig, sprang auf und lief im Zimmer auf und ab. »Du hattest es ja leicht, du bist hier geblieben, wo man sich um dich gekümmert hat. Du brauchtest dich niemals der Welt zu stellen, all der Häßlichkeit, all den Dingen, die man machen muß, wenn man am Leben bleiben will. Ich habe viel durchgemacht, Audrina, sehr viel! Ich bin hergekommen, um zu helfen – und ihr wollt mich nicht.« Schluchzend ließ sie sich aufs Sofa fallen, Tränen liefen über ihre Wangen.

Ungläubig sah ich sie weinen. Billie, die zugehört haben mußte, kam ins Zimmer gerollt. Wie der Blitz saß sie neben Vera auf dem Sofa und versuchte sie zu trösten.

Augenblicklich schreckte Vera zurück. Ein abgehackter, hysterischer Schrei kam über ihre Lippen. Dann wurde sie bleich. »Oh... es tut mir leid. Es ist bloß... ich mag nicht angefaßt werden.«

»Ich verstehe schon.« Billie ließ sich auf ihren Karren hinab und verschwand.

»Du hast ihre Gefühle verletzt, Vera. Und du hast versprochen, daß du, solange du in diesem Haus bist, nichts tun oder sagen würdest, was Billie verletzt oder ihr das Gefühl geben könnte, nicht erwünscht zu sein.«

Vera erklärte, sie hätte verstanden. Es täte ihr leid, und sie würde nie wieder zurückschrecken. Es war nur, weil sie nicht daran gewöhnt war, von einer Frau ohne Beine berührt zu werden, von einem Krüppel. Ich starrte auf ihren Schuh, auf den mit der dickeren Sohle, und es bereitete mir eine eigentümliche Schadenfreude zu sehen, wie sie blaß wurde.

»Mein Hinken bemerkt man jetzt doch gar nicht mehr, oder?« fragte sie. »Wir haben alle unsere kleinen Fehler – du zum Beispiel vergißt alles.«

Bald erzählte mir Arden, wann immer wir allein waren – was gewöhnlich erst abends der Fall war –, welch wundervolle Hilfe Vera wäre, die seiner Mutter – und auch mir natürlich – so viel Arbeit abnahm. »Wir sollten alle froh darüber sein, daß sie wieder hier ist, um zu helfen.«

Ich drehte mich auf die Seite und schloß die Augen. Ihm den Rücken zuzudrehen war meine Art, ihm zu verstehen zu geben, er solle mich in Ruhe lassen. Schnell zog er mich an sich, so daß sich mein Körper eng an den seinen schmiegte. Unser Atem kam im Gleichklang, sogar, als seine unbeherrschten Hände anfingen, die Kurven abzutasten, die er wieder und wieder fühlen wollte.

»Sei nicht eifersüchtig auf Vera, Liebling«, flüsterte er und bewegte sich so, daß er seine Wange an meiner reiben konnte. »Du bist es, die ich liebe, nur du.«

Und noch einmal mußte ich es dulden, daß er es mir bewies.

Thanksgiving Day kam und ging, und Vera blieb. Aus irgendeinem unerfindlichen Grunde forderte Papa sie nicht mehr auf, das Haus zu verlassen. Ich vermutete, daß er sah, welch große Hilfe sie für Billie war, während ich Sylvia beibrachte zu reden, zu laufen, sich allein anzuziehen, zu kämmen, sich allein Gesicht und Hände zu waschen. Langsam, ganz langsam, kam Sylvia aus ihrem Kokon. Mit jeder neuen Aufgabe, die sie meisterte, blickten ihre Augen klarer. Sie gab sich wirklich Mühe, ihre Lippen zusammenzuhalten, nicht zu sabbern. In gewisser Weise war es, als würde ich mich selbst finden, als ich ihr alles beibrachte, was sie wissen mußte.

Im Spielzimmer der ersten und unvergessenen Audrina schien sie am besten zu lernen. Sie saß auf meinem Schoß, während wir zusammen schaukelten und ich ihr aus einfachen Büchern für ganz kleine, zwei- und dreijährige Kinder vorlas. Mit den Puppen und Stofftieren als Kameraden saßen wir manchmal an dem kleinen Kindertisch und aßen, und dort nahm Sylvia zum erstenmal einen winzigen Löffel in die Hand und rührte Tee in einer kleinen Tasse um.

»Und eines Tages, sehr bald schon, wird Sylvia ihr eigenes Messer und ihre eigene Gabel nehmen und sich selbst ihr Fleisch schneiden.«

»Fleisch schneiden...«, wiederholte sie nachdenklich und versuchte, Messer und Gabel zu nehmen und so zu halten, wie ich es ihr vormachte.

»Wer ist Sylvia?«

»Wer... wer iss...«

»Sag mir deinen Namen. Das möchte ich hören.«

»Sag mir... dein Namen...«

»Nein. Wie ist *dein* Name?«

»Nein... wie iss dein Name...«

»Sylvia, du machst das heute wirklich wundervoll. Aber versuch doch einmal über das nachzudenken, was ich sage. Alles hat einen Namen, sonst wüßten wir doch nicht, wie wir einander rufen sollen oder wie wir einen Stuhl von einer Lampe unterscheiden können. Nimm mich, zum Beispiel. Mein Name ist Audrina.«

»Meei... Name... isss... Aud... driiin... naa.«

»Ja, *mein* Name ist Audrina. Aber *dein* Name ist Sylvia.«

»Jaaa... meei... Name...«

Ich nahm den Handspiegel der ersten Audrina, der auf der kleinen Fensterkommode lag, hielt ihn vor Sylvias Gesicht und deutete darauf. »Sieh mal da, in dem Spiegel, das ist Sylvia.« Dann hielt ich den Spiegel so, daß mein Gesicht reflektiert wurde, und wieder ließ ich sie hineinschauen, damit sie sehen konnte, was ich ihr begreiflich zu machen versuchte. »Das ist Audrina da im Spiegel.« Gleichzeitig deutete ich auf mich. »Audrina.« Ich wies auf mich, hielt den Spiegel dann so, daß sie ihr eigenes Gesicht sehen konnte. »Das ist Sylvia. *Du* bist Sylvia.«

Ein Flackern leuchtete in ihren wasserblauen, hübschen Augen. Sie riß sie auf, starrte den Spiegel an. Dann grapschte sie danach, bewunderte ihr Spiegelbild, hielt den Spiegel so dicht vors Gesicht, daß ihre Nase platt gedrückt wurde. »Syl... viii... ahh. Syl... viii... aahh.« Wieder und wieder sagte sie das, lachte, sprang auf und tanzte ungeschickt herum. Sie preßte den Spiegel an ihre schmale Brust und strahlte vor Glück. Schließlich, nach vielen Wiederholungen, sagte sie es richtig. »Mein Name ist Sylvia.« Ich lief zu ihr, um sie zu umarmen, zu küssen, sie mit den Keksen zu belohnen, die ich in einer Schublade versteckt hatte.

Ich drehte mich mit den Keksen um und stellte fest, daß alles Glück aus Sylvias Augen verschwunden war. Sie war erstarrt. Ihre Augen waren leer, ihre Lippen klafften, Speichel lief aus ihrem Mund. Sie war wieder stumm.

Vera stand in der Tür.

Sie hatte den Ausdruck eines Engels, als sie uns beide ansah. Lämmer zum Schlachten, schoß es mir durch den Kopf.

»Geh, Vera«, befahl ich kalt, eilte zu Sylvia, um sie zu schützen. »Ich habe dir schon oft gesagt, du sollst nicht hierherkommen, wenn ich Sylvia unterrichte.«

»Dummkopf!« fuhr sie mich an, marschierte ins Spielzimmer und setzte sich in den Schaukelstuhl. »Du kannst einem Idioten nichts beibringen. Sie wiederholt bloß, was sie dich sagen hört, wie ein Papagei. Geh und hilf Billie in der Küche. Ich habe es so verdammt satt, ewig diese Mahlzeiten zuzubereiten und das Haus zu putzen. Mein Gott, es scheint fast so, als würde niemand hier in diesem Haus was anderes tun als essen, schlafen und arbeiten. Wann habt ihr eigentlich Spaß?«

»Wenn wir mit der Arbeit fertig sind, Vera«, antwortete ich wütend. Ich nahm Sylvias Hand und ging zur Tür. »Schaukle du nur in dem Stuhl, Vera. Ich bin sicher, nichts, was ich dort gesehen habe, würde dich ängstigen. Denn du hast das alles mitgemacht.«

Schreiend wie ein Dämon aus der Hölle stürzte sich meine kleine Schwester auf Vera. Sie kratzte, trat und schlug nach ihr, und als Vera versuchte, sie abzuwehren, verbiß sich Sylvia in ihrem Arm.

Heftig schleuderte Vera Sylvia zu Boden. »Du blöder Idiot!

Raus hier! Ich habe ein ebensolches Recht, in diesem Zimmer zu sein wie du!«

Ich lief zu den beiden, um Sylvia vor mehr Übel zu schützen, als Vera ihren Fuß hob, um nach ihr zu treten. Sie zielte auf Sylvias hübsches Gesicht. Aber ehe ich noch bei ihnen war, rollte sich Sylvia bereits aus dem Gefahrenbereich. Dabei zog sie Vera ein Bein weg. Vera verlor das Gleichgewicht und stürzte zu Boden wie ein gefällter Baum. Dann kamen die Schmerzensschreie.

Noch bevor ich neben ihr kniete, um nachzusehen, wußte ich, sah ich anhand der grotesken Haltung, daß Veras linkes Bein wieder einmal gebrochen war. Verdammt! Das letzte, was wir brauchten, war ein Kranker, der gepflegt werden mußte.

Wütend ging ich im neurömischen Salon auf und ab, als Arden und Papa Vera heimbrachten. Sie hatte wieder ein Bein in Gips. Ihre schwarzen Augen sahen mich höhnisch an, die Arme um Ardens Nacken geschlungen. Papa stützte sie von der anderen Seite.

»Audrina«, sagte Arden, »hol schnell Kissen, die wir Vera ins Kreuz legen können. Sie braucht außerdem noch welche, damit das Bein hochgelegt werden kann. Sie muß den Gips über acht Wochen tragen.«

Langsam suchte ich verschiedene Kissen von den anderen Sofas zusammen und stopfte sie hinter Veras Rücken. Liebevoll und vorsichtig hob Arden ihr schweres Gipsbein und schob vier weitere Kissen darunter. Ihre roten Zehennägel wackelten wie kleine, rote Fähnchen, als er sich um sie kümmerte.

»Wie ist Vera überhaupt gestürzt?« fragte Billie an jenem Abend, als ich ihr half, das Abendessen vorzubereiten.

»Ein Unfall. Ich habe gehört, wie Vera dir erzählt hat, daß Sylvia ihr absichtlich ein Bein gestellt hätte. Aber ich war dabei. Es war wirklich ein Unfall.«

»War es nicht!« schrie Vera aus dem Nebenzimmer. »Das Gör hat das absichtlich gemacht!«

»Audrina, ich hoffe, das ist nicht wahr!« Billie warf Sylvia einen unguten Blick zu. Wieder einmal saß die Kleine auf Billies rotem Karren und raste den glatten, gewachsten Boden des hinteren Korridors entlang.

»Weißt du, Billie, ihr beide, du und Arden, könnt kaum glauben, was ich über Vera erzähle. Ich will nicht übermäßig kritisch sein, aber heute hatte Sylvia den ersten, wirklichen Durchbruch. Ich sah, wie ihre Augen aufleuchteten, als sie begriff... und dann tauchte Vera in der Tür auf.«

Ich hörte Sylvia singen, als sie auf dem roten Karren den Flur hinauf- und hinunterraste. »Bloß ein Spielzimmer... im sichern Zuhaus... bloß ein Spielzimmer...«

Fast hätte ich den Löffel fallen gelassen. Wer hatte Sylvia dieses Lied beigebracht?

»Alles in Ordnung mit dir, Liebes?« fragte Billie und zog sich zu mir heran.

»Ja, prima«, antwortete ich aus reiner Gewohnheit. »Aber ich kann mich nicht erinnern, Sylvia dieses Lied beigebracht zu haben. Hast du sie singen hören, Billie?«

»Nein, Liebes, hab' ich nicht. Ich dachte, das wäre Veras Stimme. Sie singt dieses Lied oft. Hört sich an wie ein Kinderlied – ziemlich jämmerlich, mitleiderregend. Es tut mir weh, wenn ich denke, daß Damian Vera gegenüber nicht freundlicher gewesen ist... Und sie bemüht sich so um seine Anerkennung.«

Schweigend goß ich die Soße in die Schüssel und trug sie ins Eßzimmer. Auf dem Rückweg zog ich Sylvia von dem Karren und schimpfte tüchtig mit ihr. »Wie oft muß ich dir eigentlich noch sagen, daß du den Karren in Ruhe lassen sollst? Er gehört dir nicht. Geh und fahr mit dem Dreirad, das Papa dir geschenkt hat. Es ist rot und hübsch.«

Sylvia schob die Unterlippe vor und wich vor mir zurück. Mit dem Fuß stieß ich den Karren in Richtung Küche.

An diesem Abend hoben Papa und Arden das purpurrote Sofa hoch, auf dem Vera noch immer lag wie eine Kleopatra, und trugen sie ins Eßzimmer, wo sie mit uns aß.

Ich haßte es, sie auf Mammis Sofa zu sehen, aber da lag Vera nun Tag für Tag, las dieselben Taschenbücher, die Mammi Jahre zuvor verschlungen hatte.

Sylvia zog sich in sich selbst zurück, weigerte sich, das Spielzimmer zu betreten und sich unterrichten zu lassen. Weil Papa seine Feinschmeckermahlzeiten haben mußte und Billie nicht mehr dadurch erleichtert werden konnte, daß sie mit ihm in Restaurants essen ging, tat sie nichts anderes als kochen. Ich erledigte die übrige Hausarbeit, auch die Wäsche, während Arden tat, was er konnte, sobald er abends heimkam. Papa war immer zu beschäftigt oder zu müde, um irgend etwas anderes zu tun, als zu reden oder fernzusehen.

Einen Monat nach Neujahr führte ich Sylvia erneut ins Spielzimmer, um ihren Unterricht fortzusetzen. »Tut mir leid, daß ich dich vernachlässigt habe, Sylvia. Wenn Vera sich nicht das Bein gebrochen hätte, würdest du inzwischen bestimmt schon lesen können, darum möchte ich wetten. Also fangen wir noch einmal da an, wo wir aufgehört haben. Wie ist dein Name?«

Wir hatten die Tür zum Spielzimmer erreicht, und zu meiner wie auch Sylvias Überraschung saß Billie im Schaukelstuhl. Sie wurde rot, als wir sie ertappten. »Es ist albern, ich weiß, aber wenn in diesem Stuhl wirklich Magie steckt, dann möchte ich ein klein bißchen davon für mich.« Sie sah sehr hübsch und mädchenhaft aus, und dann kicherte sie. »Lacht nicht. Aber ich habe einen Traum, einen wundervollen Traum, der mich fast ständig beschäftigt. Ich hoffe, daß dieser Stuhl dazu beitragen wird, den Traum zu verwirklichen.« Sie lächelte mich unsicher an. »Ich habe deinen Vater gefragt, und er hat gesagt, alles wäre möglich, wenn man nur fest genug daran glaubte. Und da bin ich nun... und glaube daran.« Sie lächelte und streckte die Arme aus. »Komm, Sylvia, ich nehme dich auf den Schoß. Sei heute mein kleines Mädchen und sag mir deinen Namen.«

»Neeiin!« heulte Sylvia laut genug, um Vera auf den Krücken herbeihumpeln zu lassen, die der Arzt ihr jetzt gegeben hatte.

»Bööös!« kreischte Sylvia und zeigte auf Vera. »Bööös!«

Sylvia wollte nicht auf Billies Schoß sitzen, aber an einem anderen Tag fand Papa uns beide zusammen schaukeln und singen. »Nur du, mein Liebling«, sagte er, sah mich dabei an und niemals Sylvia. »Schaukle du allein, werde zu dem leeren Kelch, der alles aufnimmt, was wundervoll ist.«

Ich ignorierte ihn, hielt ihn für einen Narren, was dieses spezielle Thema anging. Ich wandte mich Sylvia zu, wollte vor Papa mit ihr angeben. »Liebling, sag Papa deinen Namen.« Erst einen Moment zuvor hatte sie ihn gesagt, ehe wir mit dem Singen begannen. »Und sag ihm auch, wie ich heiße.«

Meine kleine Schwester auf meinem Schoß ließ ihre schönen, manchmal schrecklichen Augen leer werden, sah einfach durch ihn hindurch, und irgendein unverständliches Brabbeln kam über ihre Lippen. Ich hätte weinen können. Ich hatte so hart gearbeitet, hatte auf so viele Ausflüge mit Arden verzichtet, um Sylvia zu unterrichten. Und jetzt weigerte sie sich, mir den Lohn zu geben, den ich meiner Meinung nach verdient hatte.

»Ach, du vergeudest deine Zeit«, meinte Papa angeekelt, »gib es auf.«

Mein Mann kam selten vor neun, zehn Uhr abends heim. Oft verpaßte er das Abendessen und erklärte das damit, daß er so viel Papierkram zu erledigen hätte und so viel lesen müßte, um auf dem laufenden zu bleiben. »Und daheim werde ich immer so abgelenkt«, meinte er ausweichend. »Aber mach jetzt Damian keine Vorwürfe. Es ist nicht seine Schuld, sondern meine eigene. Ich begreife das alles einfach nicht schnell genug.«

Schon am nächsten Abend brachte Arden viele Zeitungen mit. Finanzberichte, Finanzratgeber, Börsenberichte – mehr Arbeit, als Papa ihm je zuvor übertragen hatte. Um zwei Uhr früh wachte ich auf und sah Arden noch immer an dem kleinen Tisch in unserem Schlafzimmer sitzen, lesen, Notizen machen. Seine Augen waren müde und blutunterlaufen.

»Komm ins Bett, Arden.«

»Geht nicht, Süßes.« Er gähnte und lächelte zu mir herüber. So erschöpft er auch war, er verlor doch nie die Geduld mit mir oder Papa. »Heute ist dein Vater irgendwohin gereist. Er hat die Firma in meiner Obhut zurückgelassen. Ich konnte mich nicht um meine Sachen kümmern, weil seine wichtiger waren – und jetzt muß ich das nachholen.« Er stand auf und streckte sich, ging dann unter die Dusche. »Kaltes Wasser macht mich schon wieder wach.«

Einen Augenblick später stand er schon wieder an der Badezimmertür, fing an, sich auszuziehen, und erzählte besorgt: »Weißt du, da saß ich nun in Damians Büro, verantwortlich, und ich wußte verdammt gut, er erwartete, daß ich jeden nur möglichen Fehler machen würde, damit er mich wieder vor allen anbrüllen und beschämen konnte. Es war ein ruhiger Tag, und als ich hinter seinem Schreibtisch saß und darauf wartete, daß das Telefon klingelte, fing ich an, etwas zu suchen. Dabei entdeckte ich, daß die Schubladen sehr kurz waren. Ich konnte nicht verstehen, warum ein so großer Schreibtisch so kleine Schubladen hatte. Also fummelte ich herum, und bald fand ich ein paar kleine Geheimfächer hinten in den Schubladen.«

Arden war jetzt ganz ausgezogen und stand nackt in der Tür, als wollte er, daß ich ihn ansah, etwas, das ich nie tun konnte, ohne zu erröten und zu zittern. Obwohl er nichts Anzügliches sagte oder auch nur andeutete, daß er mehr von mir wollte, als daß ich zuhörte, spürte ich doch eine gewisse Erwartung.

»Audrina, ich bin kein perfekter Buchhalter, aber als ich in einem dieser Geheimfächer einen Ordner fand, konnte ich nicht widerstehen. Ich habe ihn durchgeblättert und dabei gerechnet. Dein Vater ›leiht‹ Geld von seinen ruhenden Konten, investiert es für sich persönlich, und wenn er damit Gewinn gemacht hat, zahlt er das Geld Monate später wieder zurück. Seine Kunden merken nie etwas davon. Und das treibt er jetzt seit Jahren!«

Ich starrte ihn verständnislos an.

»Aber das ist noch nicht alles«, fuhr Arden fort. »Erst neulich hörte ich, daß er einer seiner reichsten Klientinnen erzählte, die Aktien, die sie auf ihrem Speicher gefunden hätte, wären wertlos. Sie könnte sie höchstens einrahmen lassen. Sie hat sie ihm geschickt, damit er sie in seinem Büro aufhängen kann – ein kleines Geschenk, so hat sie es ausgedrückt. Audrina, das waren Aktien der Union Pacific. Mit ihrem ›kleinen‹ Geschenk hat sie ihm Hunderttausende Dollars geschenkt – die Frau ist zweiundachtzig Jahre alt. Reich, aber alt. Er denkt wahrscheinlich, sie hätte genug und würde es nicht annähernd so gut gebrauchen können wie er, und wahrscheinlich hat er sich überlegt, daß sie so alt ist, daß sie nicht mehr merkt, daß er sie betrügt.«

Wieder gähnte er und rieb sich die Augen, und wieder schien er jungenhaft und sehr verletzlich. Aus irgendeinem Grund war ich gerührt. »Weißt du, ich habe mich schon lange gefragt, warum er alte Aktien sammelt. Jetzt weiß ich es. Er verkauft sie an der Westküste. Kein Wunder, daß er jetzt so reich ist, überhaupt kein Wunder.«

»Ich hätte wissen müssen, daß er etwas Unehrliches tut, weil er so viel Geld ausgeben kann, wo wir uns noch vor wenigen Jahren nicht einmal täglich Fleisch leisten konnten. Oh, wie dumm von mir, es nicht schon vor Jahren erraten zu haben!« Besorgt sah ich Arden an.

Etwas Liebes, Junges, Trauriges und Sehnsüchtiges stand in seinen Augen, die mich anflehten, zu ihm zu kommen. Und diesmal spürte ich in meinem eigenen Körper, daß sich eine Sehnsucht regte und auf sein Flehen reagierte. Beunruhigt von dieser überraschenden Entdeckung drehte ich mich um und wollte gehen. Ich konnte mich von Arden nicht ablenken lassen. Ich mußte Papa zur Rede stellen.

»Arden, du hast doch nicht mit Papa darüber gesprochen, oder?«

Ich hörte ihn seufzen. »Nein. Außerdem waren die Geheimfächer in seinem Schreibtisch leer, als ich sie später noch einmal überprüft habe.« Er schaute zum Fenster, seine Lippen waren zusammengepreßt. Es war, als würde er resignieren und mich nicht mehr verführen wollen. Er unternahm nichts mehr und sagte auch nichts, was mich bei ihm zurückgehalten hätte. »Ich vermute, Damian denkt an alles und merkte irgendwie, daß jemand an den Papieren gewesen ist.«

»Geh ins Bett. Ich spreche mit Papa.«

»Ich wünschte, das würdest du nicht tun. Er wird sich fragen, woher du es weißt.«

»Ich werde nichts sagen, was ihm verraten könnte, von wem ich es weiß.« Ich wartete darauf, daß er noch einmal protestierte, aber er drehte sich um und ging zum Bett. Ich beugte mich über ihn und küßte ihn.

»Audrina...?« murmelte er. »Liebst du mich wirklich? Manchmal wache ich in der Nacht auf und frage mich, warum du mich geheiratet hast. Ich hoffe, nicht nur um deinem Vater zu entfliehen.«

»Ja, ich liebe dich«, erklärte ich ohne Zögern. »Vielleicht ist es nicht die Art Liebe, die du dir wünschst... aber eines Tages, vielleicht schon bald, wirst du möglicherweise überrascht sein.«

»Hoffen wir's«, murmelte er, ehe er erschöpft einschlief.

Wenn ich doch in jener Nacht bloß im Bett geblieben wäre und Arden gegeben hätte, was er brauchte! Wenn ich nur nicht gedacht hätte, ich könnte immer alles in Ordnung bringen.

Ich erwartete, daß Papa um fast drei Uhr früh schlafen würde. Ganz bestimmt erwartete ich nicht, Licht unter seiner Tür hindurchschimmern zu sehen, genausowenig, wie ich erwartete, sein Lachen und das wohlige, erstickte Kichern einer Frau zu hören. Ich blieb auf der Stelle stehen, wußte nicht, was ich denken oder tun sollte. War er so rücksichtslos, eine seiner »Gespielinnen«, wie Mammi sie ironisch genannt hatte, mit nach Hause gebracht zu haben?

»Jetzt hör damit auf, Damian«, sagte eine Stimme, die ich einfach erkennen mußte. »Ich muß jetzt gehen. Wir können nicht riskieren, daß die Kinder etwas merken.«

Nicht eine Sekunde lang überlegte ich, was ich zu tun hatte, sobald ich erst einmal wußte, wer bei ihm war. Ich dachte auch nicht über die Konsequenzen meines impulsiven Handelns nach.

Ich riß die Tür auf und trat in das schwach erleuchtete Zimmer, das Papa neu eingerichtet hatte, nachdem Mammi gestorben war. Rote Tapeten und goldgerahmte Spiegel ließen das Zimmer wie ein Bordell aus dem achtzehnten Jahrhundert aussehen.

Sie lagen zusammen im Bett, Ardens beinlose Mutter und mein Vater, und trieben intime Spielchen miteinander. Als sie mich sahen, stöhnte Billie auf und zog ihre Hand zurück. Papa zog hastig die Decken hinauf, um sie beide zu bedecken. Aber ich hatte genug gesehen.

In mir loderte helle Wut. Alles, was ich Billie jetzt entgegenschleuderte, war: »Du Hure!« Dann wandte ich mich an ihn. »Du dreckiger Hundesohn! Verlaß mein Haus, Billie! Ich will dich nie wiedersehen! Arden und ich werden dich verlassen, Papa, und Sylvia mitnehmen.«

Billie fing an zu weinen. Papa schlüpfte unter der Decke hervor und in einen roten Brokatmantel. »Du dummes, kleines Mädchen«, sagte er und schien überhaupt nicht verlegen. »Solange Billie bleiben möchte, darf sie das auch.«

Beleidigt, in dem Gefühl, daß Billie mich und auch Arden verraten hatte, wirbelte ich herum und raste in mein Zimmer zurück, wo Arden bereits wieder über der Arbeit saß. Aber er war so müde und erschöpft, daß sein Kopf vornübergesunken war und er tief schlief. Mitleid verdrängte meinen Zorn, und sanft weckte ich ihn, zog ihm seinen Morgenmantel aus. Dann legte ich einen Arm um seine Taille, half ihm ins Bett und lag dann in seinen Armen, als er einschlief.

Die ganze Nacht überlegte ich hin und her, bis ich einen Entschluß gefaßt hatte. Es war nicht Billies Schuld – es war Papas. Er hatte sie mit seinen Gaben verführt, mit seinem Charme und dem guten Aussehen, damit er das perverse Vergnügen haben konnte, mit einer beinlosen Frau zu schlafen. Ich konnte Billie nicht hinausjagen. Es war Papa, der gehen mußte, damit wir alle ein anständiges Leben führen konnten.

Und jetzt hatte ich die perfekte Waffe, um ihn zum Gehen zu zwingen. Ich würde damit drohen, ihn anzuzeigen. Selbst wenn er die belastenden Unterlagen versteckt hatte, ich hatte alle nötigen Informationen über seine illegale Beraterfirma in San Francisco – und das allein wäre schon belastend genug.

Aber es sollte nicht so kommen.

Schon früh am nächsten Tag kam Billie zu mir, gleich nachdem

Arden und Papa zur Arbeit gefahren waren. Ihre Augen waren rotgerändert und geschwollen, ihr Gesicht sehr blaß. Ich drehte ihr den Rücken zu und bürstete weiter mein Haar.

»Audrina... bitte. Ich wäre gestern nacht am liebsten im Erdboden versunken, als du ins Zimmer gestürmt bist. Ich weiß, was du denkst, aber so war es nicht, wirklich nicht.«

Wütend riß ich die Bürste aus meinem Haar.

»Hör mit bitte zu!« jammerte sie. »Ich liebe Damian, Audrina. Er ist der Mann, den ich mir immer gewünscht, aber nie bekommen habe.«

Ich wirbelte herum. Meine Augen blitzten, als ich ihr all meinen Zorn entgegenschreien wollte – und es dann doch nicht konnte, weil sie weinte. Die Farben in ihren Augen riefen ein sonderbares Gefühl in mir wach, wie es zu viele Farben immer taten. Sie hatte die Angewohnheit, immer leuchtende Kleider zu tragen: karmesinrot, scharlachrot, blau, smaragdgrün, purpur und strahlendes Gelb. Blitzende Farben... Farben und das Klimpern der Mobiles, wenn sich Ärger ankündigte. Ich legte die Hände über meine Ohren, kniff die Augen zu, wandte ihr den Rücken zu und weigerte mich, den Blick aufzufangen, der um mein Verständnis flehte.

»Dreh dich nur um, halt dir auch die Ohren zu, verschließe deinen Geist, aber ich glaube, er liebt mich auch, Schatz«, fuhr sie fort. »Vielleicht glaubst du, er kann mich nicht lieben, weil ich ein Krüppel bin. Trotzdem meine ich, daß er es tut, und selbst wenn nicht, bin ich einfach dankbar, weil er mir gegeben hat, was ich immer haben wollte – einen richtigen Mann. Verglichen mit ihm waren meine drei Ehemänner kleine Jungs, die bloß Erwachsene gespielt haben. Damian hätte mich niemals verlassen, das weiß ich.«

Da mußte ich sie ansehen, mußte sehen, ob sie wirklich glaubte, was sie sagte. Ihre schönen Augen flehten mich an, als sie die Hände nach mir ausstreckte. Ich ging noch weiter weg.

Sie rollte näher zu mir. »Hör mir jetzt zu. Versetz dich einmal in meine Lage, vielleicht verstehst du dann, warum ich ihn liebe. Ardens Vater hat uns gerade an dem Tag verlassen, an dem ich mein zweites Bein verloren habe. Er war ein schwacher Mann, der von mir erwartet hat, daß ich ihn mit meiner Eislauferei ernährte. Als ich das nicht mehr konnte, hat er sich eine andere Frau gesucht, die Geld zur Verfügung stellte. Er schreibt nie. Er hat, lange ehe Arden volljährig wurde, aufgehört, Unterhalt für ihn zu bezahlen. Ich mußte Geld verdienen, was ich konnte, und du weißt selbst, daß Arden wie ein Mann gearbeitet hat, seit er zwölf Jahre alt war, und sogar noch vorher...«

Hör auf! wollte ich schreien. Was du mit meinem Vater machst, ist häßlich, unverzeihlich, und du hättest es besser wissen sollen. Wir mußten es doch herausfinden, mußten es...

»Dein Vater ist ein Mann, der eine Frau in seinem Leben braucht, genau wie mein Sohn. Damian haßt das Alleinsein, haßt es, irgend etwas allein zu tun. Er möchte heimkommen und gutes Essen riechen. Er liebt es, wenn jemand sein Haus in Ordnung hält, sich um seine Kleider kümmert, und ich tue das alles gern für ihn, selbst wenn er mich niemals heiratet. Audrina, macht denn die Liebe die Dinge nicht weniger häßlich? Macht Liebe nicht alles... alles anders?«

Ich glaubte nicht, daß Papa sie liebte. Mit dem Rücken zu ihr stand ich da und wollte schreien.

»Also schön, Liebes«, flüsterte sie heiser. »Haß mich, wenn du das tun mußt, aber zwing mich nicht, das einzige wirkliche Heim zu verlassen, das ich je gehabt habe, und den einzigen wirklichen Mann, der mich je geliebt hat.«

Ich drehte mich zu ihr um und meinte ironisch: »Vielleicht interessiert es dich zu hören, daß meine Tante Elsbeth ihn genauso sehr geliebt hat, wie du es zu tun behauptest, und er hat behauptet, sie wiederzulieben. Trotzdem war er ihrer bald überdrüssig, und Nacht für Nacht, nachdem sie den ganzen Tag geschuftet hatte, um seine Mahlzeiten zuzubereiten, sein Haus sauberzuhalten, für seine Kinder zu sorgen, hatte er immer noch andere Frauen. Am Ende war sie nichts weiter als seine Sklavin. So hat sie sich selbst genannt. Seine Küchen- und Bettsklavin. Ist es das, was du dir wünschst?«

Ich machte eine Pause, schnappte nach Luft und hörte den Fernseher in Veras Zimmer mit den Morgennachrichten. Die faule Vera, die selten vor Mittag aufstand.

»Es wird der Tag kommen, an dem er aufhören wird, dich zu lieben, Billie, ein Tag, an dem er dich anschauen und dir so häßliche Worte sagen wird, daß du keinerlei Selbstbewußtsein mehr behältst. Er wird eine andere Frau haben und sagen, daß er sie liebt, wie er noch nie eine Frau geliebt hat, und du bist nur eine weitere Öse an seinem Gürtel, mit vielen Ösen neben dir.«

Sie zuckte zusammen, als hätte ich sie geschlagen. Wieder traten Tränen in ihre blauen Augen.

»Wenn ich Damian auch nicht mehr bedeute als eine Küchensklavin, oder eine weitere Öse... selbst dann werde ich noch dankbar sein, Audrina, selbst dann.« Ihre Stimme wurde leiser. »Als ich meine Beine verloren habe, habe ich gedacht, daß mich niemals mehr ein Mann in die Arme nehmen und mir sagen würde, daß er mich liebt. Damian hat mir das Gefühl gegeben, wieder eine ganze Frau zu sein. Du kannst mir sagen, daß ich lächle und fröhlich wirke, Audrina, aber das ist nur eine Fassade. Ich trage eine Maske wie ein hübsches Kleid. Dahinter verbirgt sich die Tatsache, daß ich mein jetziges Aussehen verabscheue. Kein Tag vergeht, an dem ich nicht daran denke, wie graziös und kräftig ich war, lebhaft und bereit, alles zu tun, und wenn ich eine Straße entlangging, zog ich alle bewundernden Blicke auf mich. Damian hat mir den Stolz zurückgegeben, den ich früher gehabt habe. Du weißt nicht, was es heißt, sich wie eine halbe Frau zu fühlen. Wieder vollwertig zu sein, auch wenn es nur vorübergehend ist, ist besser als die Leere, der ich vorher gegenüberstand.«

Weit öffnete sie die Arme und flehte mich mit ihren Blicken an. »Du bist für mich wie eine eigene Tochter. Es tut so weh, deinen Respekt zu verlieren, Audrina. Vergib mir, daß ich dich enttäuscht und dir weh getan habe. Ich liebe dich, Audrina, so wie ich dich immer geliebt habe, seit du noch ein Kind gewesen bist und durch den Wald zu mir gelaufen kamst, als hättest du eine zweite Mutter gefunden. Bitte, verstoße mich jetzt nicht, nicht gerade, wo ich solches Glück gefunden habe...«

Ich konnte ihr nicht widerstehen, fiel in ihre Arme, vergab ihr alles, weinte, wie sie weinte. Und ich betete, daß Papa, wenn ihre Zeit kam, netter zu ihr sein würde, als er es zu Tante Elsbeth gewesen war – und zu Mammi.

»Er wird dich heiraten, Billie!« weinte ich, als ich sie umarmte. »Ich werde dafür sorgen!«

»Nein, Liebes... bitte nicht. Ich möchte nur dann seine Frau sein, wenn er das möchte. Ohne Zwang, ohne Erpressung. Er allein soll entscheiden, was das richtige ist. Kein Mann wird durch eine Heirat glücklich, die er nicht gewollt hat.«

Ein verächtliches Schnauben in der Tür ließ mich hinsehen. Da stand Vera mit der Krücke, die sie brauchte, bis das lahme Bein kräftiger wurde. Wie lange hatte sie uns schon belauscht?

»Welch wundervolle Neuigkeiten«, bemerkte Vera trocken, und ihre dunklen Augen blickten hart und kalt. »Noch ein Krüppel, den wir der Whitefern-Sammlung hinzufügen.«

»Ich habe meine Mutter noch nie glücklicher gesehen«, bemerkte Arden ein paar Wochen später, als wir zusammen in dem neumöblierten Wintergarten frühstückten. Hunderte von schönen Pflanzen umgaben uns. Es war April, und die Bäume schlugen aus. Der Hartriegel blühte, und die Azaleen leuchteten in allen Farben. Dies war eine der seltenen Gelegenheiten, wo wir allein waren. Vera saß in einem winzigen Bikini auf der Veranda und tat so, als sonnte sie sich. Arden gab sich große Mühe, sie nicht zu bemerken.

Sylvia hockte mit einer Stoffkatze aus dem Spielzimmer auf dem Boden. »Kitty«, sagte sie wieder und wieder. »Hübsche Kitty«, dann ließ sie die Katze fallen – sie konnte sich noch immer nur sehr kurz auf etwas konzentrieren –, nahm einen Kristall und hielt ihn so, daß sie überallhin Regenbogen werfen konnte. Sie hatte beachtliches Geschick darin erlangt, die Strahlen zu lenken, und es schien so, als wollte sie Veras Augen blenden. Vera jedoch trug eine Sonnenbrille.

Ich hatte ein ungutes Gefühl und sah fort. Sylvia trat auf all die gebrochenen Farben, die ich mied – was hatte Arden da gesagt?

»Mammi meinte gestern abend, daß sie schon immer so hätte leben wollen, in einem wundervollen Haus mit Menschen, die sie liebt. Audrina, ist dir eigentlich einmal der Gedanke gekommen, daß meine Mutter sich in deinen Vater verlieben könnte? Wir können seine Betrügereien nicht aufdecken. Es würde ihn ruinieren und sie zerstören. Ich werde unter vier Augen mit ihm sprechen und ihm sagen, daß er damit aufhören muß.«

Arden sammelte seine Papiere ein, stieß sie ein paarmal auf, bis sie gerade waren, und schob sie dann in seinen Aktenkoffer. Dann beugte er sich vor und gab mir einen Abschiedskuß. »Ich komme gegen sechs zurück. Viel Spaß mit Sylvia unten am Fluß. Sei vorsichtig, und vergiß nicht, daß ich dich liebe...«

Ehe er ging, mußte er noch einen verstohlenen Blick auf Vera werfen, die das Oberteil ihres Bikinis abgenommen hatte. Ich funkelte ihn wütend an, aber er drehte sich nicht um und bemerkte es nicht. Ihre Brüste waren mittelgroß und fest – sehr hübsche Brüste, und ich wünschte, sie hätte sie bedeckt gelassen.

»Komm mit, Sylvia«, sagte ich und stand auf. »Hilf mir, das Geschirr in die Spülmaschine zu tun.«

Papa kam in die Küche, als ich gerade damit fertig war, alles fortzuräumen. »Audrina, ich wollte mit dir über Billie sprechen. Du gehst mir seit jener Nacht, in der du uns überrascht hast, aus dem Weg. Billie sagt, sie hätte mit dir geredet und du hättest sie verstanden. Verstehst du wirklich?«

Ich begegnete seinem Blick und hielt ihm stand. »Ich verstehe sie, ja, aber dich nicht. Du wirst sie doch niemals heiraten.«

Er schien wie vom Donner gerührt. »Sie möchte, daß ich sie heirate? Also wirklich, verdammt will ich sein ... aber so schlecht ist die Idee gar nicht.« Er grinste und stupste mich ans Kinn, als wäre ich zwei Jahre alt. »Wenn ich wieder eine Frau hätte, die mich bewundern würde, dann brauchte ich überhaupt keine Töchter, nicht wahr?«

Wieder grinste er, als ich ihn anstarrte und versuchte herauszufinden, ob er es ernst meinte oder mich nur neckte. Er verabschiedete sich und eilte hinaus, um mit Arden zur Arbeit zu fahren.

»Komm mit, Sylvia«, sagte ich, nahm ihre Hand und führte sie durch die Seitentür hinaus. »Wir betrachten heute einmal die Natur. Die Blumen blühen alle, und es wird Zeit, daß du weißt, wie sie heißen.«

»Wohin geht ihr?« wollte Vera wissen, als wir an ihr vorüberkamen. Sie hatte jetzt, wo Arden fort war, ihr Oberteil wieder angezogen. »Warum fragt ihr nicht, ob ich Lust habe mitzukommen? Ich kann jetzt wieder laufen ... wenn ihr nicht zu schnell geht.«

Ich weigerte mich, ihr zu antworten. Je früher sie abreiste, desto besser.

Sylvia trottete hinter mir her und versuchte, mit mir Schritt zu halten. »Wir gehen und sehen den Fischen beim Springen zu«, rief ich ihr zu. »Dann schauen wir uns Enten, Gänse, Eichhörnchen, Kaninchen, Vögel, Frösche und Blumen an. Es ist Frühling, Sylvia, Frühling! Die Dichter schreiben mehr über den Frühling als über jede andere Jahreszeit, denn es ist die Zeit der Wiedergeburt, man feiert das Ende des Winters ... und wir hoffentlich die Abreise von Vera. Dann kommt der Sommer. Wir werden dir das Schwimmen beibringen. Sylvia wird bald eine junge Frau sein, kein Kind mehr. Und wenn sie es ist, dann wollen wir, daß Sylvia alles tun kann, was andere junge Frauen in ihrem Alter tun.«

Ich kam ans Ufer und drehte mich nach meiner Schwester um. Sie war nicht hinter mir. Ich sah zum Haus zurück und bemerkte, daß Vera die Decke jetzt zum Rasen hinuntergetragen hatte und sich dort sonnte und ein Buch las.

Ein leises Geräusch vom Waldrand ließ mich vermuten, daß Sylvia mit mir Verstecken spielen wollte, etwas, was ich ihr seit Monaten beizubringen versucht hatte. »Okay, Sylvia«, rief ich. »Fertig oder nicht... ich komme!«

Nichts als Schweigen antwortete mir aus dem Wald. Ich stand da und sah mich um. Sylvia war nirgendwo in Sicht. Ich fing an zu rennen. Die Wege hier waren kaum zu erkennen. Es waren unbekannte Wege, und bald war ich verwirrt und ängstlich. Plötzlich tauchte vor mir ein Goldregenbaum auf, und darunter war ein niedriger, moosbewachsener Hügel. Ich erstarrte, konnte ihn nur ansehen. Sie fanden die erste und unvergessene Audrina tot auf einem Hügel unter einem Goldregen, umgebracht von diesen schrecklichen Jungen. Ich wich zurück. Der Wald war für gewöhnlich voller Leben, Vögel kreischten und behaupteten ihr Territorium, Insekten summten und brummten. Warum war es jetzt so still? Totenstill? Nicht einmal die Blätter an den Bäumen regten sich. Unwirkliche Stille trat ein, als meine Blicke an dem Hügel klebten, der jener Hügel gewesen sein mußte.

Eine Trommel fing an zu schlagen.

Tod.

Ich konnte den Tod riechen. Ich wirbelte herum, schrie wieder Sylvias Namen. »Wo bist du? Versteck dich jetzt nicht, Sylvia... hörst du mich? Ich kann dich nicht finden. Ich gehe jetzt zum Haus zurück, Sylvia. Versuch mal, ob du mich fangen kannst!«

In der Nähe des Hauses fand ich einen Strauß Moosröschen, der zu Boden gefallen war. Das war ein Zeichen für mich. Es gab nur eine Stelle, wo sie wuchsen – in der Nähe des Häuschens, in dem Arden und Billie gewohnt hatten. War sie in der kurzen Zeit dorthin und zurück gelaufen? Es war vom ersten Tag ihres Hierseins Sylvias Angewohnheit gewesen, immer die hübschesten Blumen zu pflücken und daran zu riechen. Wieder sah ich mich um, fragte mich, was ich tun sollte. Die Rose, die ich jetzt in der Hand hielt, war warm, die winzige Blüte zermalmt, als wäre sie zu fest in einer kleinen Hand gehalten worden. Ich starrte zum Himmel empor. Er war bewölkt und sah nach Regen aus. Ich konnte Whitefern sehen, obwohl es noch ein gutes Stück entfernt war...

aber wo, zum Teufel, steckte Sylvia? Daheim, natürlich. Das mußte die Antwort sein. Die ganze Zeit, in der ich den Weg zum Fluß hinuntergelaufen war, in der Annahme, Sylvia befände sich direkt hinter mir, mußte sie den Weg zum Häuschen eingeschlagen haben, weil sie dachte, das wäre unser Ziel. Sie hatte die Rosen gepflückt und war dann heimgelaufen. Sie hatte den Instinkt eines Tieres, was Unheil betraf.

Aber ich wollte sie nicht verlassen, wenn sie doch noch im Wald sein sollte. Die ganzen Jahre hatte ich darauf gewartet, daß Sylvia einmal selbständig etwas tun würde, ohne mich, abgesehen davon, Billies roten Karren zu stehlen... und sie hatte sich gerade diesen Tag ausgesucht, um allein davonzulaufen. Vielleicht war Sylvia zum Fluß hinuntergelaufen, um mich zu suchen, und als sie dort angekommen war, stand ich im Wald und starrte den Goldregen an.

Ein eisiger Wind kam auf, peitschte die Zweige der Bäume, bis sie mir ins Gesicht schlugen. Die Sonne tauchte nur noch manchmal auf, schien am Himmel dahinzurasen, um dem Wind zu entgehen, versteckte sich hinter dunklen Wolken, die wie schwarze Piratenschiffe über den Baumwipfeln auftauchten. Ich hielt nach Vera auf dem Rasen Ausschau, hoffte, sie könnte mir sagen, wohin Sylvia gelaufen war. Aber Vera war nicht da. Ich lief heim. Sylvia mußte dort sein.

Kaum war ich in der Tür, da hörte ich den ersten lauten, krachenden Donnerschlag direkt über mir. Blitze zuckten, schlugen unten am Fluß irgendwo ein. Der Regen peitschte so heftig an die Scheiben, daß man befürchten mußte, sie würden springen. Es war immer dämmrig in unserem Haus, außer in den kurzen Augenblicken, in denen die Sonne durch die bleiverglasten Fenster scheinen konnte. Ohne Sonne war es fast finster. Ich wollte Streichhölzer suchen und eine Öllampe anzünden. Dann hörte ich den Schrei. Schrill! Laut! Entsetzlich!

Etwas polterte die Treppe hinunter. Ich schrie auf und rannte vorwärts, wollte auffangen, was immer es war. Ich stieß mit einem Stuhl zusammen, der nicht an seinem Platz stand – und dabei waren Billie und ich immer so darauf bedacht, jeden Stuhl genau in dieselben Vertiefungen zu stellen, die er in den weichen Teppich gedrückt hatte.

»Sylvia... bist du das?« rief ich verzweifelt. »Bist du gefallen?« Oder war es wieder Vera, und wir mußten warten, bis noch ein weiterer gebrochener Knochen geheilt war?

In der Nähe des Treppenpfostens stolperte ich über etwas Weiches. Ich fiel auf die Knie und tastete im Dunkeln herum, wollte wissen, was mich zu Fall gebracht hatte. Meine rechte Hand berührte etwas Feuchtes, Warmes, Klebriges. Zuerst dachte ich, es wäre Wasser aus einem der Farnkübel, aber der Geruch... so dick... Blut! Es mußte Blut sein. Vorsichtiger langte ich jetzt auch mit der linken Hand danach. Haar. Langes, dichtes, lockiges Haar. Festes Haar. Vom Gefühl her wußte ich, daß es blauschwarz sein mußte.

»Billie... oh, Billie. Bitte, Billie...«

Hoch droben in der Kuppel klimperten die Mobiles. Reine kristallklare Töne sandten Schauer über meinen Rücken.

Ich nahm Billies kleinen Körper in meine Arme, weinte und wiegte sie hin und her, hin und her, tröstete sie, wie ich Sylvia getröstet hätte. Noch während ich das tat, jagten sonderbare Gedanken durch meinen Kopf. Wie kam der Wind ins Haus? Wer hatte eines der hohen Fenster oben in der Kuppel geöffnet, die doch niemand außer mir jemals aufsuchte?

Wieder und wieder dieselben klaren Töne. Ich ließ Billies Leib zu Boden gleiten, kroch zu der Stelle, wo eine Öllampe stehen mußte, und tastete in einer Schublade des Tisches nach Streichhölzern. Bald beleuchtete der sanfte Schein unsere Eingangshalle.

Ich wollte mich nicht umdrehen und sie tot dort liegen sehen. Ich sollte einen Arzt rufen, einen Krankenwagen, irgend etwas tun, falls sie doch noch lebte. Ich wollte nicht einfach glauben, daß sie bereits tot war.

Tante Elsbeth, Tante Elsbeth, Billie, Billie... verwirrt, Ereignisse, Zeit wiederholte sich...

Nur mit großen Schwierigkeiten kam ich auf die Beine. Mit bleischweren Füßen näherte ich mich Billies regloser Gestalt. Ihre Augen starrten zur Decke empor, genau wie die Augen meiner Tante dorthin gestarrt hatten.

Ich kauerte über Billie. Es war zu spät für einen Arzt, um sie noch zu retten. Das verrieten mir ihre gebrochenen Augen. Panik erfaßte mich, ich fühlte mich schwach, mir war übel, und doch hätte ich am liebsten geschrien. Im flackernden Licht der Gaslampe starrte ich auf die hübsche Puppe ohne Beine nieder, die am Fuß der Treppe lag. Sechs Schritte entfernt sah ich den kleinen roten Karren, in dem sie gerollt sein mußte, ehe sie einen Fehler gemacht hatte, ihre Position falsch eingeschätzt hatte; aber vielleicht war

sie auch die Treppe hinuntergekommen, den Karren hinter sich...
um die Lampen anzumachen?

Tante Elsbeth... Billie... wieder und wieder wechselten die Bilder der beiden Frauen sich ab. Meine Hände fuhren zu meinem Gesicht empor. Es fühlte sich taub an. Tränen drangen durch meine Finger hindurch. Das war keine Puppe da am Boden, in einem leuchtendblauen Gewand, ohne Beine, ohne Füße und Schuhe. Das war ein menschliches Wesen. Schwarze Wimperntusche hatte das Gesicht verschmiert; sie mußte erst kurz vorher geweint haben. Wer hatte Billie zum Weinen gebracht, wenn Papa fort war? Was war schuld, daß Billies dunkelroter Lippenstift verschmiert war, wenn Papa nicht da war?

Erstarrt vor Entsetzen stand ich noch da, als mich ein vertrautes Geräusch in die Gegenwart zurückrief: das metallene Rollen kleiner Räder auf dem harten Marmorboden. Ich wollte schreien, wirbelte herum und sah Sylvia, die sich in Billies Karren fortbewegte. Er war gesplittert, aber immer noch zu gebrauchen. »Sylvia... was hast du getan? Hast du Billie die Treppe hinuntergestoßen? Mußtest du diesen Karren so sehr haben, daß du Billie deshalb sogar weh getan hast? Sylvia, was hast du getan?«

Genau wie früher, als hätte ich nicht einen Großteil meines Lebens damit verbracht, ihr beizubringen, den Kopf hochzuhalten, rollte Sylvias Kopf auf ihrem Gumminacken von einer Seite zur anderen, ihre Augen waren leer, ihr Mund stand auf. Sie grunzte, quietschte, versuchte zu sprechen, aber es kam nichts heraus, was zu verstehen gewesen wäre. Sie schien genauso dumm und unbeholfen wie an dem Tag, an dem sie zu uns gekommen war.

Sofort schämte ich mich und hatte ein schlechtes Gewissen. Ich eilte zu ihr, wollte sie in die Arme nehmen, aber sie schrak zurück. Die leeren Augen erschienen riesig in dem bleichen, verschreckten Gesicht.

»Sylvia, verzeih mir... es tut mir leid, so leid... auch wenn du Billie nicht leiden konntest, du hättest ihr nie weh getan, nicht wahr? Du hast sie nicht die Treppe hinuntergestoßen... ich weiß, daß du das nie tun würdest.«

»Was ist hier eigentlich los?« rief Vera von oben. Sie hatte ein Badetuch um ihren nackten Körper geschlungen, ein anderes um ihr nasses Haar. Sie hielt die Hände vor sich, als wäre sie gerade erst mit ihrer Maniküre fertig geworden und wollte den feuchten

Lack nicht verschmieren. »Ich dachte, ich hätte jemanden schreien gehört. Wer war das?«

Mit Tränen in den Augen starrte ich zu ihr hinauf und zeigte dann zu Boden. »Billie ist gefallen«, sagte ich leise.

»Gefallen...?« fragte Vera und kam langsam die Treppe hinab, hielt sich am Geländer fest. Als sie unten angekommen war, bückte sie sich und spähte in Billies Gesicht. Ich wollte Billie vor Veras grausamer Neugier schützen. »Oh...« seufzte Vera. »Sie ist tot. Den Blick kenne ich, hab' ihn hundertmal gesehen. Als ich ihn zum ersten Mal sah, hätte ich auch schreien können. Aber jetzt denke ich manchmal, tot sind sie eigentlich besser dran. Als ich in der Badewanne saß, hätte ich schwören können, ich hätte Sylvia auch schreien gehört.«

Mir stockte der Atem. Ich sah Sylvia an, die wieder in Billies rotem Karren fuhr. Hingerissen und entzückt sah sie aus, als wüßte sie, daß der Karren jetzt für alle Zeiten ihr gehören würde. Glücklich rollte sie herum und sang leise das Spielzimmerlied vor sich hin. Ich fühlte mich fast krank. »Was hast du sonst noch gehört, Vera?«

»Billie, die Sylvia etwas zugerufen hat. Ich dachte, sie hätte Sylvia aufgefordert, ihren Karren in Ruhe zu lassen, aber du weißt ja selbst, daß das für Sylvia anscheinend unmöglich ist. Sie hat ihn sich immer gewünscht – jetzt hat sie ihn.«

Als ich noch einmal hinsah, war Sylvia verschwunden. Ich rannte los, um sie zu suchen, während Vera in Papas Büro anrief.

Was hatte Sylvia getan?

Durchbruch

Sylvia war nirgends zu sehen. Hysterisch lief ich in den Regen hinaus, suchte sie. »Komm sofort heraus! Versuch nicht, dich zu verstecken! Sylvia, warum hast du das getan? Hast du Tante Elsbeth auch geschubst? Ach, Sylvia... ich will nicht, daß man dich einsperrt, ich...«

Ich stolperte und fiel zu Boden. Ich blieb einfach weinend liegen, mir war alles egal. Was ich auch tat, wie sehr ich mich auch bemühte, alles lief falsch. Was war nur mit mir, mit den Whiteferns, mit Papa, mit uns allen nicht in Ordnung? Es war sinnlos, zu versuchen, Glück zu finden. Immer, wenn ich es gerade gefaßt hatte, entglitt es meiner Hand und zersplitterte.

Es war einfach nicht fair, was meiner Mutter, meiner Tante und nun Billie zugestoßen war. Ich hieb mit der Faust auf den Boden und schrie zu Gott, schimpfte ihn gnadenlos. »Hör auf, mir Schlimmes anzutun!« brüllte ich. »Du hast die erste Audrina getötet – versuchst du nun auch, mich zu töten, indem du alle sterben läßt, die ich liebe?«

Eine leise Berührung meines Armes rief mich in die Wirklichkeit zurück. Ich drehte mich um und sah durch meine Tränen hindurch Sylvia über mir. Sie flehte mich mit Augen an, die wieder wahrnehmen konnten. »Aud...driiinaaa...«, sagte sie in ihrer langsamen Art.

Ich setzte mich auf und zog sie erleichtert in meine Arme. Auf dem feuchten Gras fiel sie gegen mich, sackte zusammen. »Ist schon gut«, tröstete ich, »ich weiß ja, daß du Billie nicht weh tun wolltest.«

Sanft wiegte ich sie hin und her, mußte aber gegen meinen Willen immer wieder daran denken, wie sehr sie Billie verabscheut und den roten Karren geliebt hatte. Mehrere Male hatte sie die Strahlen der Kristalle in meine Augen fallen lassen. Ein Unfall? Zufall? Absicht? Natürlich, was immer Sylvia getan hatte, war ohne die Absicht geschehen, jemanden zu töten. Sie hatte Billie wahrscheinlich von dem Karren geschubst, und dabei waren sowohl Billie als auch der Karren die Treppe heruntergestürzt.

Aber es war nicht geplant – denn Sylvia konnte nicht vorausdenken.

Sylvia setzte zu sprechen an, aber die Worte kamen nicht leicht über ihre Lippen. Während sie noch nach den richtigen Worten suchte und der Regen uns beide bis auf die Haut durchnäßte, kam Arden zu mir gerannt.

»Audrina, Vera hat angerufen. Was ist passiert? Was macht ihr beiden hier draußen im Regen?«

Wie konnte ich es ihm sagen? Gott sei Dank hatte Vera nichts erzählt. Tod schien ihr nichts zu bedeuten, es war für sie eine alltägliche Erscheinung, die sie nur neugierig, aber nicht traurig stimmte.

»Laß uns hineingehen, Liebling«, sagte ich, als er mich auf die Füße zog. Ich hielt Sylvias Hand ganz fest und führte ihn zur

Seitentür und in den Flur, der ins Eßzimmer führte. Dort blieb ich stehen und erlaubte ihm, mein Haar mit einem Handtuch zu trocknen, das er aus dem hinteren Badezimmer geholt hatte. Im Spiegel konnte ich mein blasses Gesicht sehen.

»Es ist wegen deiner Mutter, Arden«, fing ich stockend an.

»Was ist mit meiner Mutter?« Augenblicklich war er auf der Hut. Nervös fuhr er sich mit der Hand durchs Haar. »Audrina, was ist los?«

»Sylvia und ich sind zum Fluß hinuntergegangen ... zumindest habe ich geglaubt, Sylvia wäre hinter mir ...« Ich brach ab, aber dann platzte es doch aus mir heraus. »Als ich zurückging, hatte der Sturm schon angefangen. Die Eingangshalle war dunkel. Irgend etwas kam polternd die Treppe herunter. Ich stolperte darüber. Es war ... Arden, es war ... Billie. Sie ist die Treppe heruntergefallen. Der Karren holperte hinterher. Arden ... genau das ist Tante Elsbeth passiert ...«

»Aber, aber –« Er ließ das Handtuch fallen, suchte meine Augen. »Deine Tante ist gestorben ... Audrina ... Mammi ... sie ist doch nicht ... nicht tot?«

Ich legte die Arme um ihn und preßte meine Wange an seine. »Es tut mir so leid, Arden, so leid, daß ich dir das sagen muß. Sie lebt nicht mehr, Arden. Sie ist die Treppe heruntergefallen. Ich glaube, sie hat sich den Hals gebrochen, genau wie meine Tante ...«

Sein Gesicht fiel zusammen. Schmerz trat in seine Augen, den er mich nicht sehen lassen wollte. Dann verbarg er sein Gesicht in meinem Haar und weinte.

Ein lautes Brüllen ließ uns beide zusammenfahren. Papa schrie Vera an. »Was sagst du da? Billie kann nicht tot sein!« Seine schweren Schritte kamen den Gang entlang geeilt. »Billie kann nicht die Treppe heruntergefallen sein! Solche Sachen passieren nicht zweimal!«

»Doch, wenn Sylvia frei herumläuft!« kreischte Vera und hinkte zu uns. »Sie wollte Billies roten Karren haben – und hat sie geschubst. Ich war in der Badewanne. Ich habe die Schreie gehört.«

»Woher weißt du dann, daß es Sylvia war?« brüllte ich. »Kannst du durch die Wände sehen, Vera?«

In der Eingangshalle kniete Papa neben Billies regloser Gestalt, zog sie zärtlich in die Arme. Ihr dunkler Kopf fiel nach hinten, genau wie Sylvias. »Ich habe künstliche Beine anfertigen lassen«, sagte er tonlos. »Sie hat mir gesagt, sie würde niemals damit laufen können, aber ich dachte, sie könnte wenigstens hübsche Beine zum Vorzeigen haben, wenn ich mit ihr in die Stadt fuhr. Sie hätten über die Stümpfe gepaßt und gut ausgesehen. Dann hätte sie nicht immer diese langen, weiten Kleider tragen müssen... oh, oh, oh...« Er schluchzte. Vorsichtig legte er Billie wieder auf den Boden. Dann sprang er auf die Füße und versuchte, Sylvia zu packen. »Verdammt!« brüllte er, als ich dazwischentrat.

Ich schob Sylvia hinter mich und hörte, wie sie vor Angst wimmerte. »Warte eine Minute, Papa. Sylvia war die ganze Zeit über bei mir. Wir sind zum Fluß hinuntergegangen, und als wir wiederkamen, lag Billie tot am Boden.«

»Aber Vera hat doch gerade gesagt —« schrie er. Dann brach er ab, schaute von mir zu Vera.

»Du kennst Vera ja, Papa. Sie lügt.«

»Ich habe nicht gelogen!« kreischte Vera. Ihr blasses Gesicht war jetzt sehr weiß, ihr Aprikosenhaar wie flüssiges Feuer. »Ich habe gehört, wie Billie Sylvia angeschrien hat, und dann hörte ich Billie aufschreien. Audrina ist die Lügnerin!«

Papa kniff die Augen zusammen und versuchte zu erraten, wer von uns die Wahrheit sagte. »Also schön, ihr erzählt beide eine andere Geschichte.« Er schniefte und wischte sich die Tränen fort. Achselzuckend wandte er sich dann um, damit er Billie nicht sehen mußte. »Ich weiß, daß Vera eine Lügnerin ist, und ich weiß auch, daß Audrina alles tun würde, um Sylvia zu schützen. Wie auch immer Billie gestorben ist... ich kann Sylvias Anblick jetzt nicht ertragen. Ich werde sie in eine Anstalt bringen müssen, damit sie nie wieder jemandem etwas antun kann.«

»Nein!« schrie ich, zog Sylvia an mich und hielt sie beschützend in meinen Armen. »Wenn du Sylvia fortbringen willst, dann schick mich mit ihr! Was auch immer geschehen ist, es war ein Unfall.«

Seine harten Augen wurden zu Schlitzen. »Dann war Sylvia also nicht die ganze Zeit über bei dir?«

Da fiel mir etwas ein, nahm mir eine schwere Last vom Herzen. »Papa, Sylvia wollte nie auch nur in Billies Nähe gehen. Sie weigerte sich, sich von Billie anfassen zu lassen, und sie hätte Billie niemals freiwillig berührt, auch nicht, um den Karren zu bekommen. Ihre Art war es, Billie den Karren zu stehlen, wenn sie einmal nicht hinsah.«

»Ich glaube dir nicht«, sagte Papa und schaute Sylvia angewidert an. »Ich hoffe nur, daß die Polizei dir glauben wird – um deinetwillen. Zwei Tote, die dieselbe Treppe hinabgestürzt sind – das wird schwierig zu erklären sein.«

Papa war es, der die Polizei rief. Als die Beamten eintrafen, hatten wir uns alle wieder in der Gewalt. Nachdem Billie ein dutzendmal fotografiert worden war, wurde sie fortgebracht.

Papa, der vor dem verschnörkelten Kamin auf und ab schritt, gab eine imposante Gestalt für den Inspektor ab, der mit den beiden selben Polizisten erschienen war, die auch schon den Tod meiner Tante untersucht hatten. Papa erzählte seine Geschichte ohne Umschweife.

Dann war Vera an der Reihe. Ich staunte darüber, wie sehr sie Sylvia schonte. Mit keiner Silbe erwähnte sie die Rufe oder Schreie, die sie gehört hatte. »Ich habe gebadet, die Haare gewaschen, meine Nägel lackiert, und als ich aus dem Bad kam, hörte ich meine Cousine unten in der Halle weinen. Als ich nach unten kam, sah ich Mrs. Lowe am Fuß der Treppe.«

»Eine Minute, Miß. Sie sind nicht Mrs. Audrina Lowes Schwester?«

»Wir sind wie Schwestern in diesem Haus aufgezogen worden, aber in Wirklichkeit sind wir Cousinen ersten Grades.«

Papa sah sie wütend an, schien aber gleichzeitig erleichtert aufzuatmen.

Dann war es an mir, zu wiederholen, was ich wußte. Ich dachte über jedes Wort sorgfältig nach, tat mein möglichstes, um Sylvia zu schützen, die in einer fernen Ecke kauerte. Sie ließ den Kopf so tief hängen, daß ihr langes Haar ihr Gesicht völlig verdeckte. Sie erinnerte mich an einen jungen Hund, der sich schlecht benommen hat und sich danach in eine dunkle Ecke verkrochen hat.

»Meine Schwiegermutter hat sich immer von einer Stufe zur anderen hinabgelassen. Dabei hat sie ihren Karren immer zuerst auf die nächst tiefere Stufe gestellt. Genauso ging sie die Treppen auch hinauf. Ihre Arme waren sehr kräftig. Sie hatte einen Splitter in einem Finger. Sie muß zuviel Gewicht auf die andere Hand verlegt haben, dann hat sie das Gleichgewicht verloren und ist gefallen. Ich bin mir natürlich nicht sicher, weil ich nicht hier war. Ich war mit meiner Schwester Sylvia unten am Fluß.«

»Sie beide waren die ganze Zeit über zusammen?«

»Ja, Sir, die ganze Zeit.«

»Und als Sie zurückkamen, fanden Sie Ihre Schwiegermutter tot am Boden?«

»Nein, Sir. Kurz nachdem wir eingetreten waren, noch ehe ich Gelegenheit hatte, eine Lampe anzumachen, hörte ich sie herunterfallen und den Karren auch.«

Vera beobachtete den jüngeren Polizisten. Er war etwa dreißig und starrte sie die ganze Zeit an. Oh, mein Gott! Sie flirtete mit ihm, schlug die Beine übereinander, nahm sie wieder auseinander, spielte mit dem Ausschnitt ihres halb offenstehenden Bademantels. Der ältere Polizist schien nicht annähernd so interessiert, sondern vielmehr empört. »Das heißt also, Miß Whitefern, daß Sie die einzige waren, die sich hier im Haus aufhielt, als Mrs. Lowe senior gestürzt ist?« meinte er ruhig.

»Ich habe gebadet«, wiederholte Vera und warf mir einen wütenden Blick zu. »Ich habe mich heute morgen gesonnt, und danach fühlte ich mich verschwitzt. Ich bin ins Haus gegangen, um mir die Haare zu waschen, und wie ich es immer mache, habe ich gebadet und mir die Nägel lackiert. Auch die Zehennägel«, sagte sie. Sie streckte die perfekt manikürten Nägel vor. Die leuchtenden Zehennägel blitzten durch die Sandalen. »Wenn ich mit Mrs. Lowe gekämpft hätte, hätte ich mir den Lack verschmiert.«

»Wie lange dauert es, bis Nagellack trocknet?«

Das fragte er mich, nicht Vera.

»Das kommt darauf an.« Ich versuchte mich zu erinnern. »Eine Schicht trocknet schnell, aber je mehr Schichten man nimmt, desto länger dauert es, bis sie trocken sind. Ich gehe mindestens dreißig Minuten lang sehr vorsichtig mit frisch lackierten Nägeln um.«

»Genau!« sagte Vera und sah mich dankbar an. »Und wenn Sie etwas von Nägeln verstehen, dann können Sie sehen, daß ich fünf Schichten aufgetragen habe, Unterlack und Oberlack mitgerechnet.«

Die Polizisten schienen verloren, angesichts solch komplexer Schönheitskunde.

Es wurde festgestellt, daß unsere Treppe höchst gefährlich ist, vor allem, nachdem sie inspiziert worden war und die Beamten ein loses Stück im Teppich entdeckt hatten. »Da kann sie leicht drüber gestolpert sein«, erklärte der jüngere Beamte.

Ich starrte auf den roten Teppich und versuchte mir zu erklären, wie das möglich sein konnte, wo doch das Haus gerade erst von oben bis unten renoviert worden war. Und ein neuer Teppich war dabei auf die Treppe gekommen. Außerdem – wie konnte eine Frau ohne Beine überhaupt stolpern? Wenn sie sich nicht mit der Hand verfangen hatte oder ihre Kleider waren irgendwo hängengeblieben... oder ein Lichtstrahl war in ihre Augen gelenkt worden, um sie zu blenden. Aber die Halle war ganz dunkel gewesen, nachdem die Sonne hinter den Wolken verschwunden war.

Vielleicht sahen wir alle zu bekümmert aus, um als Mörder zu gelten; oder Papa hatte Verbindungen; auf jeden Fall wurde wieder ein Tod auf Whitefern zu einem Unfall erklärt.

Von nun an fühlte ich mich in Sylvias Gegenwart unwohl. Auch Tante Elsbeth hatte sie nicht gemocht. Ich fing an, sie heimlich zu beobachten, und wieder wurde mir bewußt, daß Sylvia jeden verabscheute, der ihr ihren Platz in meinem Herzen streitig zu machen drohte. Es stand in ihren Augen, in ihren Reaktionen, daß ich die einzige in ihrem Leben war, die zählte, und daß sie sich immer an mich klammern würde. Ich selbst hatte sie dazu gebracht – mit ein bißchen Nachhilfe von Papa.

Am Tage von Billies Beerdigung war ich sterbenskrank. Ich hatte die schlimmste Erkältung meines Lebens. Fiebrig und deprimiert lag ich auf dem Bett, und Vera pflegte mich, froh darüber, ihre beruflichen Fähigkeiten zur Schau stellen zu können, so schien es. Glühend vor Fieber warf ich mich hin und her und hörte sie kaum, als sie davon sprach, wie hübsch Arden geworden war. »Er hat natürlich schon immer gut ausgesehen, aber als er ein Junge war, hielt ich ihn für schwach. Er scheint ein bißchen von Papas Kraft und Persönlichkeit angenommen zu haben... ist dir das auch aufgefallen?«

Was sie sagte, war wahr. Ardens Einstellung meinem Vater gegenüber war ebenso wankelmütig wie meine. Er verachtete und bewunderte ihn. Und Stück für Stück übernahm er Papas Eigenheiten, seinen Gang, seine resolute Art zu sprechen.

Im Traum sah ich Billie am Fenster ihres Häuschens sitzen und Arden und mir Kekse reichen. Wir waren noch Kinder. Ich sah sie, wie sie in der letzten Woche ihres Lebens ausgesehen hatte, strahlend vor Glück, weil sie liebte. Aber warum hatte Billie versucht, die Vordertreppe zu benutzen, wenn die hintere Treppe doch so viel näher an der Küche lag? Genauso wie Tante Elsbeth, die auch die meiste Zeit des Tages in der Küche verbracht hatte.

Konnte es möglich sein, daß die Vordertreppe die einzige ›tödliche‹ Treppe war, weil sie direkt zum Marmorfußboden hinabführte, ohne Kurven und teppichbedeckte Treppenabsätze? Dann würde das bedeuten, daß jemand meine Tante und Billie absichtlich hinabgestoßen hatte.

Wieder und wieder durchlebte ich den Tag von Billies Tod, hörte ihren Schrei, das Poltern von Billie und ihrem Karren, als sie die Treppe hinabstürzten.

»Hör auf zu weinen!« befahl Vera rauh, als sie mir das Thermometer in den Mund schob. »Denk dran, daß meine Mutter dir schon immer gesagt hat, Tränen hätten keinen Sinn. Haben sie nie gehabt und werden sie auch nie haben. Nimm dir im Leben, was du willst, ohne um Erlaubnis zu fragen, sonst bekommst du nichts.«

So krank ich auch war, schreckte ich doch vor ihrer harten Stimme zurück, die sie immer bekam, wenn kein Mann in der Nähe war, der sie hören konnte. Sie warf Sylvia, die in einer Ecke kauerte, einen bösen Blick zu.

»Ich verabscheue dieses kleine Ungeheuer. Warum hast du den Polizisten nicht die Wahrheit gesagt und dich von ihr befreit? Sie ist es, die meine Mutter umgebracht hat – und Billie.« Sie marschierte hinüber und baute sich vor Sylvia auf. Ich stützte mich auf die Ellbogen hoch, um zu verhindern, was kommen mochte. »Sylvia«, brüllte Vera und stieß Sylvia mit dem Fuß. »Du wirst dich nicht von hinten an mich anschleichen und mich die Treppe hinunterstoßen, weil ich auf der Hut sein werde – das wird nicht geschehen, ist das klar?«

»Laß sie in Ruh', Vera.« Meine Stimme war schwach, ich konnte nicht klar sehen, aber es schien mir so, als hätte Sylvia mehr Angst vor Vera als Vera vor ihr ... so große Angst, daß sie unter mein Bett kroch und sich dort versteckte, bis Papa und Arden heimkamen.

Nach Billies Tod wurde das Leben hart. Vielleicht, weil wir alle (außer Vera und Sylvia) sie so sehr vermißten, vielleicht auch, weil ich einen doppelten Verlust erlitten hatte, denn jetzt mißtraute ich Sylvia. Ich gab mir keine Mühe mehr, ihr etwas beizubringen. Oft, wenn ich mich plötzlich umdrehte, ertappte ich Sylvia dabei, daß sie mich traurig anstarrte, mit sehnsüchtigem Ausdruck. Es lag nicht so sehr in ihren Augen als vielmehr in ihrer Haltung, wenn sie versuchte, meine Hand zu nehmen oder mir mit Wildblumen eine Freude zu machen, die sie aus dem Wald mitbrachte.

Meine Erkältung schleppte sich dahin, ich hustete den ganzen Sommer über. Ich war noch immer neunzehn und freute mich auf den Geburtstag, an dem ich endlich zwanzig werden würde. Dann würde ich mich sicherer fühlen, wenn es keine Neun mehr geben würde, die mich verfluchte. Das Leben erschien mir zu grausam, hatte es mir doch in nur einem Jahr sowohl meine Tante als auch Billie genommen. Und Vera war noch immer bei uns, übernahm ihre Pflichten im Haushalt mit einer Bereitwilligkeit, die Papa überraschte und erfreute.

Ich verlor Gewicht und fing an, mein Äußeres zu vernachlässigen. Mein zwanzigster Geburtstag kam und ging, und obwohl ich erleichtert war, daß dieses unheilvolle Jahr vergangen war, brachte mir das folgende nicht das ersehnte Glück. Ich hielt mich noch immer in den Schatten an den Wänden und beäugte alle Farben voll Angst. Jetzt wünschte ich, mein Gedächtnis hätte immer noch Lücken, in denen ich meine Angst vergraben könnte, meinen Verdacht in bezug auf Sylvia. Aber das Siebgedächtnis gehörte zu meiner Kindheit, und jetzt wußte ich nur zu gut, wie ich mich an das erinnern konnte, was mich bekümmerte.

Noch ein Herbst verging, noch ein Winter. Es gab Nächte, in denen Arden überhaupt nicht heimkam, und es kümmerte mich nicht.

»Hier«, sagte Vera an einem Tag im Frühling, kurz bevor sich Billies Todestag jährte, »trink den heißen Tee, und sieh zu, daß du ein bißchen Farbe auf die Wangen kriegst. Du siehst ja aus wie ein wandelnder Leichnam.«

»Eistee würde mir besser schmecken«, sagte ich und schob Tasse und Untertasse zurück. Wütend stellte sie sie mir wieder hin. »Trink den Tee, Audrina. Hör auf, dich wie ein Kind zu benehmen. Hast du nicht vor ein paar Minuten erst gesagt, daß dir kalt wäre?«

Gehorsam nahm ich die Tasse und setzte sie an die Lippen, als Sylvia vorwärts schoß. Mit aller Gewalt warf sie sich gegen Vera, die fiel und nach mir griff. Dabei schlug sie mir die Tasse aus der Hand. Sie fiel zu Boden und zerbrach, und Vera und ich stürzten mit dem Stuhl um.

Vor Wut kreischend und mit schmerzverzerrtem Gesicht wollte Vera Sylvia bestrafen... aber sie hatte sich den Knöchel verrenkt.

»Oh, verdammte Idiotin! Ich werde heute abend noch mit Papa darüber sprechen, daß er sie endlich fortbringt!«

Ich blinzelte und versuchte, wieder richtig zu sehen. Dann raffte ich mich auf und zog aus alter Gewohnheit Sylvia in meine Arme. »Nein, Vera, solange ich lebe, wird Sylvia nirgendwo hingebracht. Warum gehst du nicht? Ich übernehme die Hausarbeit und das Kochen. Wir brauchen dich nicht mehr.«

Sie fing an zu weinen. »Nach allem, was ich für dich getan habe, um dir zu helfen, willst du mich jetzt nicht mehr.« Sie schluchzte, als würde ihr das Herz brechen. »Du bist verwöhnt, Audrina, so schrecklich verwöhnt. Wenn du ein Rückgrat hättest, dann hättest du dieses Haus schon vor langer Zeit verlassen.«

»Vielen Dank, daß du für mich gesorgt hast, Vera, aber von heute an komme ich allein zurecht.«

Eines Tages im Sommer kam Arden schon sehr früh aus dem Büro heim. Er stürzte ins Schlafzimmer.

»Genug ist genug!« brüllte er. »Ich hätte das schon vor Monaten tun sollen! Du kannst nicht dein und mein Leben wegwerfen, nur weil du nicht reif genug bist, den Tatsachen ins Auge zu sehen. Vom Augenblick unserer Geburt an umgibt uns der Tod auf allen Seiten. Denk auch einmal darüber nach, Audrina.« Seine Stimme wurde weicher, und er zog mich an sich. »Niemand stirbt wirklich. Wir sind die Blätter eines Baumes; im Frühling unseres Lebens knospen wir, und im Herbst unseres Lebens fallen wir ab. Aber wir kommen wieder. Genauso wie die Blätter des Frühlings kommen wir, leben wir wieder.«

Zum ersten Mal seit jenem schrecklichen Tag, an dem Billie gestürzt war, bemerkte ich die Müdigkeit meines Mannes, sah die kleinen Falten um seine müden, rotgeränderten Augen. Augen, die tiefer in den Schädel gesunken waren, genau wie meine. Er hatte sich nicht rasiert und sah aus wie ein Fremder, den ich nicht kannte und nicht liebte. Ich sah Makel in seinem Gesicht, die ich nie zuvor bemerkt hatte.

Ich wich zurück, fiel aufs Bett und blieb dort einfach liegen. Er kniete neben mir, legte den Kopf auf meine Brust und flehte mich an, zu ihm zurückzukommen. »Ich liebe dich, und Tag für Tag tötest du mich. Ich habe meine Mutter und meine Frau am selben Tag verloren – und ich esse immer noch, gehe immer noch zur Arbeit, mache immer noch weiter. Aber ich kann nicht so weiterleben – wenn man das überhaupt als Leben bezeichnen kann.«

Irgend etwas in mir bekam einen Knacks. Meine Arme schlangen sich um ihn, meine Finger vergruben sich in sein dichtes Haar. »Ich liebe dich, Arden. Verlier nicht die Geduld. Bleib bei mir, und ich werde zu dir kommen, deinen Weg mit dir gehen... ich weiß, daß ich das tun werde, denn ich will es.«

Fast weinend küßte er mich mit beinahe wahnsinniger Leidenschaft, ehe er sich schließlich von mir löste und lächelte. »Also gut. Ich bin bereit zu warten – aber nicht für ewig. Vergiß das nicht.«

Kurz darauf ging er ins Bad und duschte, Sylvia war in ihrer Ecke aufgestanden und stand jetzt am Fuß meines Bettes. Verzweifelt versuchte sie, ihre Augen auf mich zu richten. Flehend streckte sie die kleinen Hände nach mir aus, bat mich, auch zu ihr zurückzukommen. Sie hatte sich verändert. Ich kannte sie kaum noch.

Mit zwölf Jahren hatte sich Sylvias Körper fast über Nacht (oder habe ich es nur nicht gemerkt?) zu dem einer Frau entwickelt. Jemand hatte ihr Haar gebürstet und mit einem wasserblauen Satinband zu einem Pferdeschwanz gebunden; das Band paßte genau zu einem Kleid, das ich nie zuvor an ihr gesehen hatte. Völlig überrascht starrte ich in das hübsche, junge Gesicht, starrte den wohlgeformten jungen Körper an, dessen Kurven von dem enganliegenden Kleid betont wurden. Wie dumm war ich gewesen zu glauben, daß Sylvia irgend jemandem irgend etwas antun konnte. Sie brauchte mich. Wie hatte ich in meiner Apathie Sylvia vergessen können?

Ich starrte sie an, sie war wieder in die dunkelste Ecke gekrochen und hockte dort, die Knie angezogen, so daß ihr Höschen zu sehen war. Zieh dein Kleid herunter, dachte ich, und sah ohne Überraschung, wie sie gehorchte. Vor langer Zeit hatten Sylvia und ich eine enge Beziehung zueinander entwickelt.

Mütter und Tanten konnten sterben, Töchter und Söhne auch, und doch ging das Leben weiter; die Sonne schien immer weiter, auch der Regen fiel immer wieder, die Monate kamen und gingen. Papa merkte man immer deutlicher an, daß er älter wurde – und damit auch weicher.

Ich wußte, daß Arden und Vera sich häufig außerhalb von Whitefern trafen. Selbst unter meinem eigenen Dach bemerkte ich die beiden in einem Zimmer, das nur selten benutzt wurde. Ich verschloß Gedanken und Augen und tat so, als bemerkte ich Ardens gerötetes Gesicht nicht, und auch nicht die Art, wie Vera ihr enges Kleid glattstrich. Sie lächelte mich ironisch an, als wollte sie mir sagen, daß sie gewonnen hatte. Warum war es mir nicht mehr wichtig?

Eines Abends, als ich nicht mehr damit rechnete, daß Arden noch in mein Zimmer kommen würde, öffnete er die Tür und setzte sich auf die Kante meines Bettes. Zu meiner Verblüffung fing er an, sich Schuhe, dann auch die Strümpfe auszuziehen. Ich wollte etwas Sarkastisches über Vera sagen, die den ganzen Tag Gemeinheiten verteilt hatte, aber ich verkniff es mir.

»Falls es dich interessiert«, meinte er steif, »ich habe nicht die Absicht, dich anzurühren. Ich möchte bloß wieder einmal in diesem Zimmer schlafen und dich in meiner Nähe spüren, ehe ich beschließe, was ich mit meinem Leben tun will. Ich bin nicht glücklich, Audrina. Ich glaube, du bist es auch nicht. Ich möchte, daß du weißt, daß ich mit Damian gesprochen habe. Dein Vater arbeitet jetzt nicht mehr mit Geld, das er von seinen ruhenden Konten ›borgt‹. Er betrügt die Leute nicht mehr, indem er ihnen alte Aktien, die von großem Wert sind, abschwätzt. Er war überrascht, daß ich ihm auf die Schliche gekommen bin, und hat nichts abgestritten. Alles, was er sagte, war: ›Ich hab's für einen guten Zweck getan.‹«

Er sagte all dies vollkommen gleichgültig, als würden die Worte nur gesprochen, um die Kluft zwischen uns zu überbrücken. Jetzt, wo Arden Vizepräsident in der Firma meines Vaters war, sprach er nicht mehr davon, eines Tages wieder zu seiner ersten Liebe, der Architektur, zurückzukehren. Er räumte sein Handwerkszeug fort, seine Stifte, den Zeichentisch, den Billie ihm gekauft hatte, als er sechzehn war, genauso, wie er die Träume seiner Jugend fortschob. Ich glaube, wir haben alle dasselbe getan. Das Schicksal hat uns den Weg vorgeschrieben, den wir gegangen sind. Aber es tat weh, zu sehen, wie diese Sachen auf den Speicher geschleppt wurden, denn nur allzu selten fand irgend etwas von dort oben wieder seinen Weg zurück.

Ich sah zu, wie er seine Kreativität ablegte wie etwas Nutzloses, und ich war enttäuscht zu sehen, daß er die Sehnsucht nach Geld hatte wie Papa – nach Macht und noch mehr Geld.

Obwohl ich wieder und wieder versuchte, endgültige Beweise dafür zu finden, daß er wirklich Veras Liebhaber war, wollte ich es wahrscheinlich wohl doch nicht wissen, sonst hätte ich sie ja leicht erwischen können.

Und wieder verging die Zeit, mal langsam, mal schnell, in der Monotonie des Alltags, und schon war ich zweiundzwanzig. Noch ein Frühling und noch ein Sommer würden bald in die Leere entschwinden, die ich für mich selbst geschaffen hatte.

Nur um etwas zu haben, mit dem ich mich beschäftigen konnte, wandte ich mich ernsthaft Mammis Rosengarten zu. Ich kaufte Bücher zum Thema der Rosenzucht, nahm an den Versammlungen des Rosenclubs teil, und immer nahm ich Sylvia mit, stellte sie das erste Mal der Außenwelt vor. Sie sagte zwar nur wenig, aber die meisten hielten sie bloß für schüchtern. (Oder wenigstens gaben sie vor, das zu denken.) Ich zog Sylvia hübsche Kleider an und frisierte ihr Haar schön. Sie hatte immer Angst und schien erleichtert, wenn wir wieder daheim waren und sie ihre alten Kleider anziehen konnte.

An einem heißen Samstag Ende Mai lag ich auf den Knien in Mammis Rosengarten und kratzte mit einer Handharke den Boden auf, ehe ich Düngemittel goß. In der Nähe lagen Blumenzwiebeln, die ich bald einpflanzen würde. Sylvia war im Haus, um ein Nickerchen zu machen, und Vera war mit Papa in die Stadt gefahren, weil sie sich neue Kleider kaufen wollte.

Plötzlich fiel ein langer Schatten kühl auf mich. Ich schlug die Krempe meines Strohhutes zurück und starrte zu Arden empor. Ich hatte angenommen, er wäre mit seinen Freunden beim Golfspielen. Eine leise Stimme in meinem Hinterkopf hatte auch geflüstert, daß er und Vera es leicht so hätten einrichten können, daß sie sich in der Stadt trafen.

»Warum verschwendest du deine Zeit hier draußen und vergißt darüber deine Musik?« fragte er rauh und trat nach dem Beutel mit Düngemittel. »Jeder kann Blumen züchten, Audrina. Aber nicht jeder hat das Talent zu einem großen Musiker.«

»Was ist denn aus dem Traum geworden, alle amerikanischen Städte schön zu machen?« fragte ich sarkastisch. Dabei dachte ich, daß ich mich der Zucht von Orchideen in einem Gewächshaus widmen wollte, sobald ich mit meinen Rosen und Tulpen die ersten Preise gewonnen hatte. Und wenn die Orchideen mich dann auch langweilten, würde ich ein anderes Hobby finden, um weitermachen zu können, bis ich eines Tages auch auf dem Whitefern-Friedhof enden würde.

»Du klingst verbittert, genau wie deine Tante«, sagte Arden und hockte sich neben mich ins Gras. »Haben wir nicht alle Träume, wenn wir noch sehr jung sind?« Sein Gesicht und seine Stimme wirkten traurig. »Ich habe immer geglaubt, daß du niemals etwas finden würdest, was dich so fasziniert wie ich. Wie ich mich doch geirrt habe. Kaum waren wir verheiratet, da hast du angefangen, Türen zu versperren, mich auszusperren. Du brauchst mich nicht so, wie ich es dachte. Da kniest du nun, mit Handschuhen, und behältst diesen verdammten Hut auf, damit ich nicht einmal dein Gesicht sehen kann. Du siehst mich nicht an, und du lächelst nicht mehr, wenn ich heimkomme. Du behandelst mich, als wäre ich ein Möbelstück geworden. Liebst du mich nicht mehr, Audrina?«

Ich goß weiterhin die Rosen, bearbeitete das Tulpenbeet, dachte an die Orchideen und fragte mich, wann Sylvia aufwachen würde. Arden streckte die Arme aus, legte sie um mich. »Ich liebe dich«, sagte er so ernst, daß ich aufgeschreckt genug war, um meine Arbeit zu unterbrechen. Seine Arme stießen meinen breitkrempigen Hut von meinem Kopf. »Wenn du mich nicht lieben kannst, Audrina, dann laß mich gehen. Gib mich frei, damit ich jemanden finden kann, der mich so liebt, wie ich es mir wünsche und wie ich geliebt werden muß.«

Ich zwang mich dazu, gleichgültig zu sagen: »Vera...?«

»Ja«, fuhr er mich scharf an, »Vera. Sie ist wenigstens nicht kalt. Sie behandelt mich wie einen Mann. Ich bin weder ein Heiliger noch ein Teufel, Audrina, nur ein Mann, der Bedürfnisse hat, die du nicht befriedigen willst. Ich habe es jetzt fast drei Jahre lang versucht – oh, und wie sehr habe ich es versucht. Aber du willst nicht nachgeben, und jetzt bin ich es leid, es immer wieder zu versuchen. Ich will raus. Ich werde mich von dir scheiden lassen und Vera heiraten... außer du kannst mich auch körperlich so lieben, wie du mich auf andere Art liebst.«

Ich drehte mich um und starrte in sein Gesicht. Er liebte mich wirklich, das stand in seinen Augen geschrieben. Aber nicht nur Liebe sah ich dort leuchten, sondern auch eine schreckliche Traurigkeit. Sich von mir scheiden zu lassen und Vera zu heiraten würde ihn nicht wirklich glücklich machen... nicht annähernd so glücklich, wie meine körperliche Liebe ihn machen konnte.

Wirre Gedanken rasten mir durch den Kopf. Kinderliebe hatten meine Tante und Papa genannt, was ich für Arden empfand...

und sie hatten recht gehabt. Kindliche Liebe, die nichts weiter wollte als Umarmungen, Küßchen und Händchenhalten.

Jetzt verließ er mich um Veras willen... und am Ende würde er nur ein weiterer Lamar Rensdale sein. Vera liebte ihn nicht. Sie würde niemals irgendeinen Mann mehr lieben als sich selbst, oder vielleicht konnte sie auch überhaupt niemanden lieben, weil sie sich selbst nicht lieben konnte.

Ich schüttelte den Kopf, fragte mich, ob ich endlich erwachsen wurde. Brach die Reife in diesem Augenblick durch? Ich spürte steigende Erregung und nichts von der Angst, die ich in unserer Hochzeitsnacht empfunden hatte. Arden hätte gehen können, hätte mich mit keinem Wort zu warnen brauchen. Er hätte Vera nehmen können, und ich hätte unserer Scheidung nicht im Weg gestanden, und das wußte er. Und doch... er gab mir noch eine Chance... er liebte mich... es war kein Mitleid... er liebte mich wirklich.

Seine Blicke versenkten sich in meine Augen, seine Hände griffen hart nach meinen Schultern, und seine Stimme klang eindringlich, als spürte er, was in mir vorging. »Wir können noch einmal ganz von vorn anfangen«, sagte er aufgeregt. »Diesmal können wir es richtig machen. Nur du und ich, ohne Sylvia im Nebenzimmer, um die wir uns sorgen müssen. Ich bin nur körperlich an Vera interessiert, aber dich liebe ich auf die süße, romantische Art, die bei einem nüchternen Menschen wie Vera fehl am Platze ist. Du rührst mein Herz, wenn ich heimkomme und dich am Fenster sitzen sehe. Ich stehe da und sehe, wie das Licht durch dein Haar scheint, wie es dir einen Heiligenschein verleiht und deine Haut durchsichtig wirken läßt, und jedesmal aufs neue staune ich darüber, daß du meine Frau bist. Vera gibt mir nie das Gefühl, ich hätte jemand Besonderen, nur jemanden, eine Frau, die jeder Mann haben kann. Als ich jünger war, habe ich immer gedacht, wenn ich dich gewinnen würde, würde ich eine Prinzessin gewinnen, die mich mein Leben lang lieben würde, und daß wir glücklich zusammen alt werden würden. Hand in Hand könnten wir uns dem Alter ohne Furcht stellen. Aber so ist es nicht gekommen. Ich kann so nicht weitermachen, indem ich dich liebe, aber statt mir dir mit Vera zusammen bin. Du bringst mich um, Audrina. Du nimmst mein Herz und wringst es aus, zwingst mich, Linderung suchend zu Vera zu laufen. Wenn es vorbei ist, habe ich nur körperliche Befriedigung gefunden, aber keine seelische

Erfüllung. Nur du kannst mir die geben. Wie kannst du erwarten, daß ich dich immer weiter begehre, wenn du mich nicht ebenso haben willst? Liebe ist wie ein Feuer, das häufig geschürt werden muß, nicht nur mit zärtlichem Lächeln und leichten Berührungen, sondern auch mit Leidenschaft. Laß es uns noch einmal versuchen, laß uns unsere Hochzeitsnacht wiederholen, ohne Türen zwischen uns, hinter denen wir uns verstecken. Liebe mich jetzt, ohne Scham. Hier auf der Stelle, hier draußen, wo wir jetzt sind. Damian ist in der Stadt. Vera ist fort. Sylvia saß in diesem verdammten Schaukelstuhl und sang vor sich hin, ehe ich hier herauskam, und da wird sie wohl auch bleiben, bis sie einschläft...«

Er rührte mein Herz, liebkoste mich mit seinen Blicken und ließ mein Blut aufwallen wie nie zuvor. Seine Bernsteinaugen brannten, selbst seine Hand schien heiß, als er leicht mein Gesicht berührte. Hastig zog er die Hand zurück, als wäre mein Fleisch ebenso heiß wie das seine.

»Liebling, eine Ehe muß wachsen, muß ein Abenteuer sein... tu etwas, was du nie zuvor getan hast. Mir ist es egal, was. Liebe du mich diesmal. Warte nicht darauf, daß ich den Anfang mache.«

Nein, dachte ich, das konnte ich nicht tun. Es war die Pflicht eines Mannes, den ersten Schritt zu tun. Es wäre billig und nicht damenhaft, wenn ich ihn zuerst berührte. Aber seine Augen bettelten, glänzten vor Begierde. Ich verdiente ihn nicht – er sollte mich in Ruhe lassen, denn am Ende würde ich nur versagen. Trotzdem, ich wollte ihn. Irgend etwas sagte mir zu tun, was er sagte, ungeachtet dessen, was Papa über Männer und ihre teuflischen Wünsche gesagt hatte, die die Frauen beschämten, die taten, was sie sich wünschten. Papa hatte mich vor langer Zeit einer Hirnwäsche unterzogen, sagte ich mir selbst... und diesmal wollte ich all die Signale übertreten, die schrien: »böse, schmutzig, ungezogen...«

Es war nicht leicht, all die Schamgefühle zu unterdrücken. Ich glaubte nicht einmal, daß ich irgend etwas tun könnte, wenn er mich nicht weiterhin so ansah wie in diesem Augenblick. Er machte sich selbst so verletzlich, hielt die Hände auf dem Rücken und widerstand dem Drang, mich zu berühren. Ich kämpfte gegen die leisen Stimmen, Papas Lehre... er war mein Mann, und ich liebte ihn, und er liebte mich wirklich.

»Ich habe Angst, Arden... solche Angst, dich an Vera zu verlieren.«

Seine Augen waren warm, sanft, ermutigten mich. Tiefe und leidenschaftliche Augen, die mich drängten. Wenn ich etwas unternahm, wäre es nicht seine Lust, sondern mein eigenes Verlangen, und aus irgendeinem Grund schien das ganz besonders wichtig zu sein. Was ich tat, würde sein, was ich tun wollte – und wenn es böse war, dann sollte es doch böse sein!

Arden brauchte mich. Er liebte mich und nicht Vera. Vorsichtig, zögernd umschloß ich sein Gesicht mit meinen Händen. Er rührte sich nicht. Seine Hände blieben auf dem Rücken. Ich küßte ihn zart auf die Wangen, die Stirn, das Kinn und schließlich die Lippen. Sie blieben weich, aber nicht zu weich, öffneten sich nur ein klein wenig. Wieder küßte ich ihn, leidenschaftlicher, und noch immer reagierte er nicht. Es war, als könnte ich alles mit ihm machen und er würde mich nie verletzen. Ich wagte einen weiteren Kuß, lang und leidenschaftlich, und meine Hände tasteten ihn ab, strichen seinen Rücken hinab. Irgend etwas erwachte in mir zum Leben, als er mich tun ließ, was ich wollte, ohne selbst irgend etwas zu unternehmen oder etwas von mir zu verlangen.

Leidenschaft, wie ich sie nie zuvor gekannt hatte, schwoll tief und heiß in mir an. Meine Brüste wurden größer, ich sehnte mich danach, seine Hände auf meiner Haut zu spüren, brauchte seinen Körper, wollte ihn in mir spüren. Mein Atem ging schneller, seiner auch, aber noch immer streckte er nicht die Arme aus, um mich niederzuziehen oder mich von meinen Kleidern zu befreien. Ich war es, die an seinem Hemd und an seinem Gürtel zerrte, dann öffnete ich seine Hose und schleuderte sie beiseite. Ohne Scham zog ich seinen Slip herunter – und selbst jetzt rührte er mich noch nicht an, erhob sich nur auf die Knie, damit ich ihn von allem befreien konnte, was er anhatte. Dann fiel er auf den Rücken zurück, so daß ich ihm Schuhe und Strümpfe ausziehen konnte.

Er sagte kein Wort, als ich über ihn fiel und ihn überall küßte und streichelte, bis ich endlich nicht länger warten konnte.

Unter einem klaren, blauen Himmel, von dem die heiße Sonne auf uns herabschien, liebte ich ihn. Dieses Mal, bei diesem wunderbaren ersten Mal, erlaubte ich mir, zu genießen, ihn in mir zu spüren, ich ließ mich mitreißen zu einem Paradies, über das ich gelesen, aber das ich niemals kennengelernt hatte.

Und als seine Arme sich endlich um mich schlossen, stöhnte ich aus schierer Lust und Freude, endlich eins mit ihm zu sein.

»Du weinst ja«, sagte er, als es vorbei war. »Es war so wundervoll. Endlich bin ich zu dir vorgedrungen, Audrina. Nachdem ich es so lange versucht habe, habe ich endlich die Barrieren durchbrochen, die du vor so langer Zeit aufgebaut hast.«

Ja, er hatte recht. Eine Barriere, die Papa errichtet hatte, um mich für alle Zeiten an sich zu fesseln.

»Manchmal dachte ich, es wäre, weil du mich als Mann einfach nicht geliebt hast, Audrina, sondern nur als Kameraden.«

»Und trotzdem hast du mich weiterhin geliebt?« staunte ich.

»Ich konnte nie aufhören, dich zu lieben, was immer auch geschehen ist.« Seine Stimme war heiser. »Du bist ein Teil meiner Seele, steckst mir im Blut. Auch wenn du nie wieder zulassen würdest, daß ich dich berühre, würde ich doch immer noch aufwachen und dich neben mir schlafend liegen sehen wollen. Ich habe das, was ich gesagt habe, nur gesagt, um dich aufzurütteln. Ich wollte dir angst machen, daß du mich an Vera verlieren könntest. Audrina, es gibt Zeiten, da erscheinst du mir so fern. Es ist fast, als wärest du in Trance oder verzaubert.«

Schnell beugte ich mich vor und küßte ihn, streichelte ihn, wo ich ihn nie zuvor hatte berühren wollen. Er stöhnte vor Entzücken und zog mich fester an sich. »Wenn ich jemals das Unglück haben sollte, dich zu verlieren, würde ich auf der ganzen Welt suchen, bis ich eine andere Audrina finden würde – und das heißt, daß ich immer noch suchen würde, wenn ich mich in mein Grab legen müßte. Denn es wird niemals eine andere Audrina geben.«

»Eine andere Audrina? Hast du denn eine andere Audrina gekannt?« fragte ich, und kalte Schauer rasten meinen Rücken hinauf und hinab. Warum hatte er das gesagt.

Seine Hände auf meiner Haut waren warm, seine Blicke noch wärmer. »Das ist nur meine Art, dir zu sagen, daß ich dich haben muß und niemanden sonst.«

Es war schön, das von ihm zu hören, und ich schüttelte die plötzliche Kälte ab, verdrängte das bleischwere Gewicht von meiner Seele, aus meinem Herzen und meinem Bewußtsein. Jung und fröhlich, wie ich es nie gewesen war, lachte ich und wandte mich ihm wieder zu. Ich neckte ihn mit Küssen und leichten Berührungen, erforschte willig seinen Körper, wie er so oft den meinen erforscht hatte. Denn in diesem Augenblick liebte ich ihn so sehr, daß ich für ihn hätte sterben können. Und dabei hatte ich das alles früher für sündig und schlecht gehalten! Papa sollte verdammt sein, daß er mir diese Gedanken eingeimpft hatte, daß er verdorben hatte, was immer so wie heute hätte sein können.

Zwielicht überflutete den Himmel, der Tag verabschiedete sich, die untergehende Sonne ließ die Wolken karmesinrot aufflammen und schoß violette Strahlen durch Safrangelb. In Ardens Arme geschmiegt, beobachtete ich, wie sie jenseits des Flusses versank. Ich sah zu, wie Arden schnell einschlief. Zum erstenmal fühlte ich mich rein, nachdem wir uns geliebt hatten, und zum erstenmal fand ich das Leben lebenswert.

Im Gegensatz zu Papa, der die erste Audrina am liebsten hatte, liebte mich Arden für das, was ich war, nicht für das, was er aus mir machen wollte. Ich zog ihn in meine Arme und beobachtete, wie das Wasser die Farben widerspiegelte. Es waren andere Farben als im Haus. Ich lag da und fing an zu denken, daß ich all das bunte Glas haßte, all die Tiffany-Lampen und Art-Deco-Stücke und all die anderen von Menschen gemachten Farben, die mir falsche Ängste einjagten. Was hatte ich jetzt schon noch zu fürchten?

Mitten in der Nacht wachte ich auf. Ich dachte, ich hätte Sylvia meinen Namen rufen gehört. »Au...drii...naa.« Leise wurde wiederholt mein Name so ausgesprochen.

Ich komme schon, Sylvia, sandte ich ihr meine gedachte Antwort, wie ich es oft getan hatte, und immer schienen meine Botschaften sie zu erreichen. Zuerst mußte ich Ardens Arm von meiner Taille schieben, dann glitt ich vorsichtig unter dem schweren Gewicht seines Beines heraus, das er über die meinen gelegt hatte. Als ich frei war, beugte ich mich über ihn und streichelte seine Wange, küßte seinen Mund.

»Geh nicht fort... wohin gehst du?« fragte er verschlafen.

»Ich bin gleich wieder da«, flüsterte ich.

»Das ist gut«, murmelte er schläfrig, erschöpft nach vielen Liebesstunden. »Ich brauche dich... bald... wieder...« Und schon schlief er.

Sylvia schlief fest, zusammengerollt auf einer Seite. Im Schlaf sah sie immer aus wie ein kleiner Engel. Ich küßte sie auch, ich war so voller Liebe für alle und jeden. Wenn sie schlief, hatte sie nie anders als schön und normal ausgesehen.

Auf dem Weg zurück zu dem Zimmer, in dem Arden schlief und wartete, dachte ich wieder, ich hätte meinen Namen rufen gehört. Es schien aus dem Spielzimmer zu kommen... aus *ihrem* Schlafzimmer. War sie eifersüchtig, weil ich jetzt einen Mann gefunden hatte, der mich mehr liebte, als irgend jemand jemals sie geliebt hatte?

Ich mußte ins Spielzimmer gehen. Ich mußte hingehen und mich dem Entsetzen stellen, das mich immer daran gehindert hatte, Arden so zu genießen, wie ich es hätte tun sollen. Es war im Schaukelstuhl, wo ich die drei Jungs gesehen hatte, die die erste Audrina angriffen, und das war der erste Schritt gewesen auf dem Weg, der mich von der Normalität wegführte. Der zweite Schritt, der mich noch weiter davon entfernt hatte, jemals die Liebe zu genießen, waren Papa und all die Dinge, die er Mammi angetan und mir erzählt hatte. Und der dritte Schritt, der mich Meilen und Meilen fortgerissen hatte, war Papas Gleichgültigkeit dem Schmerz gegenüber, den er meiner Tante zugefügt hatte. Aber es war nicht mein Schrecken, sagte ich mir selbst. Er gehörte Papa und auch ihr, der ersten Tochter, die gestorben war, ehe ich geboren wurde.

Und wieder an einem regnerischen Tag

Was hatte mich in das Zimmer der ersten Audrina getrieben und mich gezwungen, mich in den Stuhl zu setzen, wo ich dumme Lieder sang? Ich schaukelte und schaukelte, und wieder packte mich das Entsetzen, das schon meine Kindheit gequält hatte, machte mich erneut zum Kind. Irgend etwas flüsterte mir zu, aufzustehen und zu gehen, ehe es zu spät wäre. *Geh zurück zu Arden*, sagte ein weiser Teil von mir. *Vergiß die Vergangenheit, die ohnehin nicht mehr zu ändern ist, geh zurück zu Arden.*

Nein, dachte ich. Ich mußte stark sein. Ich mußte meine Ängste bezwingen, und die einzige Möglichkeit dazu war, die Szene dieses Regentages bewußt zu erwecken und alles noch einmal geschehen zu lassen... und diesmal würde ich daran festhalten bis zu dem Augenblick, als sie starb – und würde ihre Erinnerung für immer aus meinem Leben streichen.

Wie ich es schon als Kind getan hatte, so tat ich es jetzt auch als Frau. Ich schaukelte und sang, und schon bald teilten sich die Wände, wurden porös, und ich war wieder in der Erinnerung der ersten Audrina.

Ich sah meine Mutter, wie sie ausgesehen haben mußte, als die erste Audrina noch lebte, so jung und hübsch war sie, als sie warnte: »Audrina, versprich mir, daß du niemals die Abkürzung durch den Wald nehmen wirst. Es ist gefährlich für ein kleines Mädchen, allein dorthin zu gehen.«

Sie trug eines ihrer hübschen Pastellkleider, das im Wind flatterte, der kühl vom Fluß heraufkam. All ihre und meine Lieblingsfarben befanden sich in diesem Kleid. Grüntöne und Violett, Blau, Aquamarin und Rosa. Ihr schönes Haar trug sie offen, und es blähte sich hinter ihr. Noch während ich all das in mich aufnahm, plante ich schon, ungehorsam zu sein und die Abkürzung zu nehmen, um heimzulaufen.

Mammi bückte sich und küßte meine Wange. »So, gehorch mir, auch wenn du dadurch zu spät zu deiner eigenen Geburtstagsfeier kommst. Wir können sowieso nicht anfangen, ehe du da bist. Denk nicht an die Abkürzung und fahre mit dem Schulbus heim.«

Aber Spencer Longtree fuhr immer mit dem Schulbus, und mit ihm seine Freunde. Sie sagten immer so häßliche, gemeine Sachen zu mir. Ich konnte nicht einmal Mammi erzählen, was sie für schreckliche Dinge sagten.

»H...Ä...S...S...L...I...C...H...«, kreischte Spencer Longtree, der nicht mit dem Schulbus heimgefahren war. Der Wald ersparte mir seine grauenhafte Gegenwart nicht. »Audrina Adare hat häßliches Haar... ich buchstabiere –«

»Ich weiß schon, wie man häßlich schreibt, Spencer Longtree«, rief ich ihm über die Schulter zu, »und das Wort paßt ausgezeichnet auf D...I...C...H.«

»Das wirst du mir büßen... und vielleicht fühlst du dich dann nicht mehr so toll, bloß weil du eine Whitefern bist und in einem großen Haus wohnst.«

Eigentlich sollte man heute rennen, hüpfen und sich in dem Wald amüsieren, in dem all die kleinen Tiere ihren Unterschlupf hatten. Da – die Regenwolken am Himmel. Sie verbargen die Sonne, ließen es dunkel werden. Würde der Sturm losbrechen, ehe ich daheim ankam? Wird er mein Kleid ruinieren? Meine Locken kräuseln? Mammi wird einen Anfall bekommen, wenn ich nicht hübscher als alle anderen Mädchen auf meiner Party aussehen werde – und dieses dumme Kleid bekam auch noch so leicht Wasserflecken und lief ein.

Der Regen prasselte nieder.

So schnell ich konnte, eilte ich den gewundenen, kaum erkennbaren Pfad entlang, spürte das seidige Rascheln an meinen Beinen, als sich das verdorbene Kleid daran schmiegte. Ich dachte, ich hätte ein paar Meter vor mir gesehen, wie sich die Büsche bewegten. Ich blieb stehen, bereit, umzudrehen und davonzulaufen.

Die dichten Blätter über mir formten eine Art Baldachin, von dem dicke Tropfen herabfielen. Sie klatschten in den Schmutz auf dem Pfad, bespritzten mein Kleid.

Manche Leute pfeifen, wenn sie Angst haben. Ich wußte nicht, wie das ging. Aber ich konnte singen. »Happy birthday to me, happy birthday to me ... happy birthday, dear Audrina ... happy bir-«

Ich brach mitten im Lied ab und erstarrte. Ganz bestimmt hatte sich da vor mir im Gebüsch etwas bewegt. Ich hörte unterdrücktes Gekicher. Ich drehte mich um, um davonzulaufen, warf dann noch einen Blick zurück und sah drei Jungs hinter den Dornengebüschen hervorspringen, die den Pfad säumten. Kratzer hatten ihr Gesicht blutig gemacht und verliehen ihnen ein furchterregendes Aussehen. Aber gleichzeitig schienen sie albern. Dumme, alberne Jungs. Glaubten sie wirklich, sie könnten mich einholen? Ich konnte schneller laufen als Tante Elsbeth, die damit geprahlt hatte, daß sie als Kind schneller war als alle anderen.

Gerade als ich dachte, ich hätte sie abgehängt, stürzte ein Junge vor und packte mein langes Haar. Er riß es mir fast aus, so weh tat es! »Hör auf damit, du Biest!« schrie ich. »Laß mich los! Ich habe heute Geburtstag – laß mich los!«

»Wir wissen, daß es weh tut«, höhnte Spencer Longtrees kratzige Stimme. »Wir sind froh, daß es weh tut. Das ist unser Geburtstagsgeschenk für dich, Audrina. Einen schönen neunten Geburtstag, Whitefern-Mädchen.«

»Hör sofort auf, an meinem Haar zu ziehen! Faß mich nicht mit deinen dreckigen Händen an! Du machst mein Kleid kaputt. Laß mich in Ruh. Wagt es nur ja nicht, mir irgend etwas zu tun, sonst sorgt mein Papa dafür, daß ihr alle ins Gefängnis kommt oder verbrannt werdet!«

Spencer Longtree grinste. Sein Gebiß hätte einem Pferd alle

Ehre gemacht. Er schob sein langes, pickliges Gesicht näher an meines heran. Sein Atem roch schlecht. »Weißt du, was wir mit dir machen werden, hübsches Kind?«

»Ihr werdet mich gehenlassen«, sagte ich trotzig. Aber etwas in mir bebte. Plötzliche Angst ließ meine Knie weich werden, mein Herz schneller schlagen, mein Blut stocken.

»Oohh neeinn«, grollte er, »wir werden dich nicht laufenlassen... nicht, bevor wir fertig sind. Wir werden dir all diese hübschen Kleider vom Leib reißen, werden deine Unterwäsche zerfetzen, und du wirst nackt sein, und wir werden alles sehen.«

»Das könnt ihr nicht tun«, fing ich an und versuchte, mutig und tapfer zu sein. »Alle Whitefern-Frauen mit meiner Haarfarbe können einen Todesfluch auf diejenigen legen, die ihnen etwas antun. Also hüte dich, Spencer Longtree. Mit meinen violetten Augen kann ich dafür sorgen, daß du im Feuer der ewigen Hölle schmorst, noch während du lebst.«

Höhnisch reckte er sein Gesicht so weit vor, daß seine Nase meine berührte. Ein anderer Junge packte meine Arme und hielt sie mir auf dem Rücken fest. »Nur zu, du Hexe, tu dein Schlimmstes!« forderte er mich auf. Durch den Regen klebte sein Haar an der Stirn. »Verfluche mich, und rette dich selbst. Los, oder in ein paar Sekunden lasse ich meine Hosen runter, und meine Kumpel halten dich fest, und jeder von uns kommt einmal an die Reihe.«

Ich schrie es heraus: »Ich verfluche euch, Spencer Longtree, Curtis Shay und Hank Barnes! Möge der Teufel in der Hölle euch alle drei zu sich holen!«

Einen Augenblick lang zögerten sie, daß ich schon dachte, ich hätte gewonnen. Sie sahen sich an, und ich hätte Gelegenheit gehabt davonzulaufen... aber gerade da erhob sich ein vierter Junge hinter denselben Büschen, hinter denen sie sich versteckt hatten, und ich erstarrte, als ich ihn sah. Sein dunkles Haar war feucht und klebte an seinem Gesicht. Ich schluckte, mir wurde schwach. Mein Blut verwandelte sich in Wasser. O nein, nicht er, nicht auch er, niemals. Er würde so etwas doch nie tun. Er war gekommen, um mich zu retten, deshalb war er hier. Ich rief seinen Namen, bettelte, flehte ihn an, mich zu retten. Er schien wie in Trance, starrte vor sich hin, ohne etwas zu sehen. Was war nur los mit ihm? Warum hob er nicht einen Stein auf, einen Stock, irgend etwas, um sie zu schlagen? Warum griff er sie nicht mit bloßen Händen an... tat irgend etwas, um zu helfen?

So sollte es nicht sein. Er war mein Freund. Er stand wie gelähmt, und ich schrie seinen Namen... und er drehte sich um und lief davon!

Mein Mund öffnete sich, ich wollte ihn zurückrufen, aber ein schmutziger Lappen wurde hineingestopft. »Ich habe mich geirrt, Audrina. Du bist wirklich ein hübsches Ding.«

Sie rissen mir die Kleider vom Leib. Mein neues Kleid wurde vom Kopf bis zum Saum zerrissen und fortgeschleudert. Es landete auf einem Busch unter dem Goldregenbaum. Als nächstes wurde der hübsche Unterrock mit der irischen Spitze und den handgestickten Kleeblättern heruntergerissen und in den Schlamm getreten. Ich wehrte mich wie verrückt, als grobe Hände versuchten, mein Höschen herunterzuziehen; ich trat um mich, schrie, wand mich, versuchte, Augen zu zerkratzen, die mich mit ihren Blicken zu vergewaltigen suchten.

Dann zuckte der erste Blitz auf, Donner grollten. Ich hatte Angst davor, bei einem solchen Unwetter im Freien zu sein. Wieder schrie ich.

Es ging schnell, aber nicht schnell genug. Meine hübsche Unterhose wurde heruntergezerrt und zerrissen. Meine Beine wurden auseinandergedrückt, ein Junge hielt meinen Kopf... und jeder einzelne der drei spielte seine Rolle in meiner Schande. Doch noch während ich so gedemütigt wurde, dachte ich an ihn. Dieser Feigling hatte sich umgedreht und war davongelaufen! Er hätte bleiben und kämpfen können. Selbst wenn er verloren hätte, ich hätte ihm verzeihen können. Vielleicht hätten sie ihn getötet, wie sie mich töten würden... alles war besser als das hier...

Ich kam im Schaukelstuhl im Spielzimmer wieder zu mir. Die Augen hatte ich so weit aufgerissen, daß sie schmerzten. Ich hatte ihn wieder gesehen, mit vom Regen verklebten Haar. *Arden!* Das war der Name, den sie gerufen hatte... und er war davongelaufen. Oh, die Lügen, die sie mir erzählt hatten, nur damit ich nicht erfuhr, wer Arden war. Kein Wunder, daß Papa mich vor allen Jungs und vor allem vor Arden gewarnt hatte. Papa kannte ihn, wußte, was er war – ein Feigling, genauso schlimm wie die andern, vielleicht noch schlimmer, denn sie hatte ihn gekannt, hatte ihm vertraut, ihn für ihren Freund gehalten, und dann hatte er sich mir zugewandt... Jahre später?

Er war dort gewesen! Durch mich wollte er seinen Fehler wiedergutmachen.

Oh, oh, oh... jetzt wußte ich, warum mein Gedächtnis voller Löcher war. Ich hatte ihn schon früher in Visionen gesehen, oft, und hatte mich vergessen machen, daß er dort gewesen war, als diese Jungs sie vergewaltigt und dann getötet hatten, bloß weil sie eine Whitefern war und alle Dorfbewohner die Whiteferns haßten.

Papa hatte mich angelogen, als er sagte, daß die erste Audrina neun Jahre älter war! Vera hatte die Wahrheit gesagt!

Und Papa hatte mich in den Schaukelstuhl gesetzt, damit ich Zufriedenheit und Frieden fand. Er hatte meinen leeren Kelch genommen und ihn mit Entsetzen gefüllt, so daß ich nie mehr einem männlichen Wesen trauen konnte.

Ich schluchzte, wußte, daß ich die erste Audrina verraten, daß ich den Freund geheiratet hatte, von dem sie gehofft hatte, daß er sie beschützen, für sie kämpfen würde... und er war davongelaufen. Ich sprang aus dem Stuhl und rannte aus dem Zimmer. Ach, wenn ich das nur vorher gewußt hätte – niemals wäre ich in das Häuschen gegangen! Papa, warum hast du mir nicht die ganze Wahrheit gesagt, alle Einzelheiten über deine erste Tochter? Warum hast du so viel verschwiegen? Hast du nicht gewußt, daß die Wahrheit immer besser ist als eine Lüge?

Lügen, so viele Lügen... Wenn man bedachte, daß Vera die ganze Zeit die Wahrheit gesagt hatte, als sie erklärte, daß sie die erste Audrina gekannt hatte, die so viel besser war als ich – hübscher, klüger, lustiger...

Als ich zu meinem Zimmer stürzte, entschlossen, Arden aufzuwecken und ihn mit der Wahrheit zu konfrontieren, flammte eine Gaslampe auf. Eine Taschenlampe strahlte mir direkt in die Augen. Geblendet von dem Licht nach dem Dunkel des Korridors, konnte ich nur ganz schwach eine Hand erkennen, die ein Kristallprisma in den Strahl der starken Lampe hielt. Farben stachen sich in meine Augen. Ich taumelte rückwärts, riß die Hand hoch, um mich vor dem Licht zu schützen. Dann drehte ich mich um, wollte davonlaufen. Jemand folgte mir. Ich hörte Schritte. Ich schrie, wirbelte herum und rief: »Arden, bist du gekommen, um zu beenden, was du angefangen hast? Was hast du mit mir vor?«

Noch mehr Lichter gingen an. Hunderte von Kristallprismen blitzten auf dem Hauptflur im ersten Stock, fingen Farben ein, funkelten und blendeten, bedrohten mich. Ich wirbelte herum, verwirrt, hatte die Orientierung verloren, war unfähig zu sagen, in welcher Richtung mein Schlafzimmer lag. Dann die Hände...

Hände, die mich von hinten an den Schultern packten. Harte, kräftige Hände, die mich vorwärts stießen, hinein in den pechschwarzen Abgrund... hinab, hinab, hinab... alles tat mir weh, bis mein Kopf aufschlug... und dann tiefdunkle Nacht.

Flüstern, Wispern, Stimmen trieben auf den seichten Wellen der Abendflut. Sie riefen. Zwangen mich, einen Ort zu verlassen, den ich nicht benennen konnte. War ich das, dieses winzige Salzkorn dort am Himmel? Wie kam es, daß ich über mich, unter mich, nach hinten und nach vorne sehen konnte? War ich nur ein Auge am Himmel, das alles sehen, aber nichts verstehen konnte?

Wessen Name war es, den ich so oft hörte? Meiner? Wessen Zimmer war das? Meines? Ich lag auf einem schmalen Bett, starrte zur Decke empor. Nur verschwommen erkannte ich die Frisierkommode auf der anderen Seite, mit dem breiten Spiegel, der zeigte, was sich hinter meinem Bett befand. Mein Blick wurde klarer, und ich konnte die weiße Chaiselongue sehen, die Arden mir geschenkt hatte. Whitefern, ich war immer noch in Whitefern.

Aus dem angrenzenden Zimmer drang Veras Stimme zu mir. Sie sprach leise mit Arden. Ich wand mich, oder versuchte es zumindest. Irgend etwas stimmte nicht mit mir, aber ich hatte keine Zeit, darüber zu grübeln. Ich mußte mich auf das konzentrieren, was Vera sagte. »Arden«, fuhr sie mit kräftigerer Stimme fort, »warum widersprichst du immer noch? Es ist doch nur zu deinem eigenen Besten, und zu ihrem auch. Du weißt doch bestimmt, daß sie es so haben möchte.«

Wie?

»Vera«, antwortete die unverkennbare Stimme meines Mannes, »du mußt mir Zeit geben, eine solche Entscheidung zu treffen – eine unwiderrufliche Entscheidung.«

»Ich habe die Nase bald voll«, erklärte Vera. »Du mußt dich entscheiden, wen du haben willst. Sie oder mich. Glaubst du, ich hänge ewig hier herum und warte darauf, daß du dich entscheidest?«

»Aber... aber...«, stammelte mein Mann, »sie kann doch jeden Augenblick, jeden Tag, vielleicht schon heute oder morgen, aus dem Koma aufwachen.«

Koma? War ich im Koma? Ich konnte das nicht glauben. Ich konnte verschwommen sehen, undeutlich hören. Das mußte doch etwas zu bedeuten haben, oder nicht?

»Arden«, sagte Veras tiefe Stimme, »ich bin Krankenschwester, und ich weiß von Dingen, von denen du nie auch nur gehört hast. Niemand kann drei Wochen im Koma liegen und dann daraus erwachen, ohne Hirnschäden davongetragen zu haben. Denk darüber nach, denk gründlich darüber nach. Du wärest mit einem Wesen verheiratet, das nur noch dahinvegetiert, und das für den Rest deines Lebens. Und wenn Damian tot ist, hättest du auch noch Sylvia – vergiß das nicht. Wenn du für die beiden sorgen müßtest, würdest du zu Gott beten, daß du getan hättest, was ich jetzt vorschlage. Aber dann wird es zu spät sein. Dann bin ich fort. Und du, mein Lieber, wirst niemals den Mut haben, es allein zu tun.«

Mut wozu?

Die beiden kamen näher. Ich wollte den Kopf drehen und zusehen, wie sie mein Zimmer betraten. Ich wollte Ardens Gesicht sehen, Veras Augen, wollte wissen, ob sie ihn wirklich liebte. Ich wollte die Füße auf den Boden stellen und aufstehen. Aber ich konnte mich nicht rühren, konnte nichts, überhaupt nichts tun außer daliegen, ein steifes, regloses Ding, ich fühlte geistigen Schmerz und unerträgliche Trauer. Wieder und wieder überkam mich Panik. Ich drohte, darin zu versinken. Wie konnte das geschehen? War ich denn nicht mehr dieselbe wie am Abend, wie gestern abend? Was hatte mich zu dem gemacht, was ich jetzt war?

»Vera, mein Liebling«, sagte Arden und hörte sich an, als wäre er noch näher, »du verstehst nicht, was ich fühle. So wahr mir Gott helfe, selbst so, wie sie jetzt ist, liebe ich meine Frau immer noch. Ich möchte, daß Audrina sich erholt. Jeden Morgen, ehe ich zur Arbeit fahre, komme ich hierher, knie neben ihrem Bett und bete für ihre Genesung. Jeden Abend, ehe ich zu Bett gehe, tue ich dasselbe. Ich knie nieder und warte darauf, daß sie die Augen öffnet, daß ihre Lippen sich teilen und sie zu sprechen anfängt. Ich träume davon, sie wieder gesund zu sehen. Ich fühle mich wie in der Hölle, und ich werde die Hölle niemals mehr hinter mir lassen, solange sie nicht wieder sie selbst ist. Nur ein einziges Lebenszeichen, und ich würde niemals ... niemals einwilligen ...« Er brach ab, schluchzte und würgte hervor: »Selbst so, wie sie jetzt ist, möchte ich doch nicht, daß sie stirbt.«

Aber Vera wollte es. Ich wußte jetzt, daß Vera irgendwie für diese Situation verantwortlich war, so, wie sie für die meisten verhängnisvollen Ereignisse meines Lebens verantwortlich war.

»Also schön!« kreischte Vera. »Wenn du Audrina immer noch liebst, dann kannst du mich unmöglich lieben. Du hast mich benutzt, Arden, ausgenutzt! Du hast mich bestohlen! Es ist sehr gut möglich, daß ich wieder dein Kind in mir trage – wie ich schon einmal ein Kind von dir in mir getragen habe – und du hast es nicht einmal gewußt.«

»Ein einziges Mal, Vera, nur ein einziges Mal. Du weißt nicht, ob ich wirklich der Vater war. Zu vieles spricht dagegen. Du bist auch zu mir gekommen, hast mir zu verstehen gegeben, daß du mich haben wolltest, und du warst bereit, alles zu tun, und ich war jung und Audrina noch ein Kind.«

»Und sie wird immer ein Kind bleiben!« kreischte Vera. Dann senkte sich ihre Stimme um eine Oktave, und sie versuchte weiter, ihn zu überreden. »Du hast mich auch begehrt. Du hast mich genommen und hast es genossen, und ich mußte den Preis dafür zahlen.«

O Gott, o Gott... immer wieder mußten wir alle einen Preis zahlen, dachte ich. Meine Gedanken liefen im Kreis, als ich versuchte, irgend etwas Festes zu greifen.

»Aber wenn du sie liebst, Arden, dann behalte sie. Ich hoffe nur, daß ihre Arme dich trösten, wenn du Trost brauchst, und daß ihre Küsse deine Lippen wärmen und ihre Leidenschaft deine Begierde stillt. Der Himmel weiß, daß ich niemals einen Mann gekannt habe, der eine Frau mehr braucht als du. Und steh nur nicht da und glaube, du könntest eine andere Pflegerin an meiner Statt anstellen. Du weißt es vielleicht nicht, Arden, aber Audrina braucht mich. Auch Sylvia braucht mich. Irgendwie, trotz allem, was du mir darüber erzählt hast, daß Sylvia auf niemanden als auf deine Frau eingeht, ist es mir gelungen, sie dazu zu bringen, mich zu mögen und mir zu vertrauen.«

»Sylvia traut niemandem und mag niemanden außer Audrina«, erklärte Arden.

Ich starrte Vera an. Ihr leuchtendes aprikosenfarbenes Haar blitzte unter einer gestärkten Haube hervor. Jede einzelne Strähne saß perfekt an ihrem Platz. Ihre blasse Haut schimmerte sanft, aber dennoch wirkte sie sehr hübsch in Weiß, mit ihren glitzernden, schwarzen Augen. Harte, grausame Spinnenaugen, dachte ich.

So, wie ich es immer getan hatte, nahm sie Ardens hübsches Gesicht zwischen die Hände, legte ihre langen, zinnoberroten Fingernägel auf seine Wangen. »Liebling, es gibt viele Möglichkeiten zu sehen, wann Sylvia Vertrauen hat. Ich fange an, sie kennenzulernen...«

O Gott! Sylvia durfte Vera nicht vertrauen, durfte nicht an sie glauben! Nicht gerade an Vera!

Als hätte sie mich sprechen gehört, schlurfte Sylvia in mein Blickfeld. Ich spürte, daß sie sich aus ihrer ständigen Kauerstellung erhoben hatte, erkannte auch, daß sie jetzt, da ich sie nicht mehr beschützen konnte, verzweifelt war.

In ihrer zickzackartigen Gehweise kam sie auf mein Bett zu, als wollte sie mich beschützen. Arme Sylvia. Ich hatte nie mehr gewollt, als sie vor Unheil zu bewahren, und jetzt mußte sie mich schützen.

Ihre wasserblauen Augen sahen mich ausdruckslos an. Es war, als würde sie durch mich hindurchblicken, an mir vorbei in weite Ferne.

Sylvia, Sylvia, welch eine Last sie immer gewesen war. Mein Kreuz, das ich für den Rest meines Lebens zu tragen hatte. Doch jetzt war ich das Kreuz eines anderen. Ich versuchte das Selbstmitleid hinunterzuschlucken, das in mir aufstieg, und stellte fest, daß ich kaum meine Halsmuskeln bewegen konnte. Ich dachte jetzt an jenen fernen Tag, als Papa Sylvia zum ersten Mal heimgebracht hatte. Meine kleine Schwester, die neun Jahre jünger war und an genau meinem Geburtstag zur Welt gekommen war. Die Whitefern-Mädchen waren verflucht, kamen immer genau im Abstand von neun Jahren auf die Welt...

Hatte meine Tante Elsbeth deshalb immer gesagt: »Sonderbar, wirklich sonderbar«, und mich angeschaut, als wollte sie mir etwas sagen? Natürlich war es sonderbar. Mein Leben war auf Lügen aufgebaut. Die ältere Audrina war ja nicht neun Jahre älter gewesen als ich.

Warum dachte ich nur so etwas? Irgend etwas saß hinten in meinem Gehirn, etwas, das im Spielzimmer passiert war... etwas, das mich Arden hassen ließ...

»Auf Wiedersehen, Arden«, sagte Vera und durchbrach meine Träumerei, als sie zur Tür ging. Mein Mann blieb zurück, starrte ihr verzweifelt nach. Plötzlich kehrte alles wieder, was der Schaukelstuhl enthüllt hatte, und ich erinnerte mich, was Arden der ersten, der toten Audrina angetan hatte. Dennoch tat er mir in seinem schrecklichen Unglück leid – er mußte mich, ein Nichts inzwischen, unterhalten, mußte auch für Sylvia sorgen, eine ziellos umherwandernde Kreatur ohne Verstand, – oder er mußte fortgehen und nehmen, was er an Glück finden konnte – oder stehlen.

»Geh nicht fort!« schrie Arden. Seine Stimme war tief und heiser, als kämen ihm die Worte gegen seinen Willen über die Lippen. »Ich brauche dich, Vera. Ich liebe dich. Vielleicht nicht so, wie ich meine Frau liebe, aber es ist doch auch Liebe. Ich werde tun, was du willst, alles, was du willst. Gib mir bloß noch ein bißchen mehr Zeit. Gib Audrina ein bißchen mehr Zeit – und versprich, daß du Sylvia nichts antun wirst.«

Vera kam wieder zurück, ganz Lächeln, ihre Spinnenaugen funkelten. Ihre wollüstige Gestalt glitt in die eifrig geöffneten Arme meines Mannes. Sie verschmolzen miteinander, bewegten sich im Rhythmus tonloser Musik, als ihre Lust direkt vor meinen Augen von ihnen Besitz ergriff.

Doch manchmal ist die Natur barmherzig. Meine Sicht vernebelte sich. Ich schwebte davon, aber tief in mein Hirn eingegraben blieb der Gedanke, daß ich Sylvia retten und Arden vor einer Frau bewahren mußte, die ihn am Ende ruinieren würde. Nur – was kümmerte es eigentlich mich? Er hatte der ersten Audrina gegenüber versagt, als sie ihn am meisten gebraucht hatte... und da wußte ich es. Ardens Bestrafung war meine Pflicht, nicht Veras.

Ich mußte für Sylvia am Leben bleiben, mußte sie vor einem Heim bewahren. Papa mußte auch irgendwo sein – auch ihn mußte ich vor Vera retten. Aber wie, wenn ich mich nicht bewegen, nicht sprechen konnte?

Als die eintönigen Tage langsam verstrichen, lernte ich Vera wirklich kennen, wie nie zuvor, erkannte sie durch die grausamen Worte, die sie zu mir sagte. Da sie dachte, ich könnte nichts hören, sagte sie immer die Wahrheit.

»Ich wünschte, du könntest mich hören und sehen, Audrina. Ich schlafe mit deinem geliebten Arden. Er nennt es Liebe, aber ich weiß, was es ist. Er wird für alles bezahlen, was ich durchmachen mußte, um ihn zu bekommen. Er wird mir die Welt zu Füßen legen, dieses Haus, Papas Vermögen und alles, was diese Ungeheuerlichkeit beinhaltet, wird auf einer Auktion versteigert werden. Sobald erst einmal alles auf meinen Namen läuft, werde ich Sylvia loswerden... und Papa auch.« Sie lachte grausam. »Arden ist in mancher Hinsicht bemitleidenswert und rührend. Er ist zu sehr auf Frauen angewiesen, um glücklich zu sein. Ein Mann ist ein Narr, wenn er zuläßt, daß so etwas geschieht. Ich bewundere einen Mann, der seine Frau immer in gewissem Abstand hält, auf dem Platz, der ihr zukommt – aber in unserer Familie werde ich der Mann sein. Früher oder später wird Arden mir gehören, zweifle nicht daran.«

Ihre langen Nägel kratzten, als sie mich brutal auf die Seite drehte, um die Laken zu wechseln. Sie schob mich so dicht an den Rand, daß ich fast zu Boden gefallen wäre. Ich wurde an meinem Haar und einem nackten Bein gepackt und wieder an einen sicheren Platz gezerrt. Dann schlug sie mir kräftig aufs Gesäß, als hätte ich absichtlich versucht, vom Bett zu rollen. Als nächstes drehte sie mich von der Seite auf den Rücken, kam dann auf die andere Seite meines Bettes und stopfte das saubere Laken fest, ehe sie meinen nackten Körper abschätzend musterte.

Es war entsetzlich, so nackt und verletzlich zu sein, unfähig, selbst etwas tun zu können – und ihre Augen waren nicht freundlicher als die Augen jener Jungs im Wald.

»Ja, ich kann sehen, warum er dich einmal geliebt hat. Hübsche Brüste«, sagte sie und kniff mich so fest in die Brustwarzen, daß ich einen dumpfen Schmerz verspürte. Schmerz... das bedeutete, daß ich mich erholen würde – wenn sie mir Zeit ließ. »Schmale Taille dazu, flachen Bauch, hübsch, sehr hübsch. Aber deine Schönheit verläßt dich, Audrina, schnell sogar. All die vollen, jungen Kurven werden bald nur noch schlappes Fleisch sein, das an deinen Knochen hängt, und dann wird er dich nicht mehr haben wollen.«

Ich lag da und starrte an die Decke über mir. Wo war Papa? Warum besuchte er mich nicht?

In der Ecke beugte sich Sylvia vor. Ihre wasserblauen Augen beobachteten Vera aufmerksam. Ganz vorsichtig, Zentimeter für Zentimeter, rutschte sie näher. Im Dämmerlicht des großen Zimmers konnte ich schwach erkennen, wie sich ihr langes Haar bewegte. Und doch versuchte ich ihr meinen Willen aufzuzwingen, sie mit meinen Gedanken dazu zu bringen, etwas zu tun, um zu helfen. *Wenn du nicht in eines dieser schrecklichen Heime gesteckt werden willst, Sylvia, dann hilf mir! Hilf mir! Tu etwas, um mein Leben zu retten, und deines auch!*

Sylvia war weit genug vorwärts gerutscht, um einen Flecken verirrten Sonnenlichts zu finden, das auf ihr Haar fiel und es kupfern färbte. In ihrer Hand drehte sie ständig ihren Kristall und betrachtete wie ein Baby die bunten Lichtstrahlen, die wie Myriaden von Regenbogen durchs Zimmer tanzten. Einen scharlachroten und orangefarbenen Strahl sandte sie direkt in Veras Spinnenaugen.

»Hör sofort auf!« brüllte Vera. »Das hast du auch mit meiner Mutter getan, nicht wahr? Und mit Billie auch, oder nicht?«

Wie ein Krebs rutschte Sylvia seitlich wieder zu ihrem Platz im Schatten zurück, behielt aber Vera und mich sorgfältig im Auge.

Vera plapperte und plapperte, als wäre ich ihr Beichtvater. Wenn sie mich unter die Erde brachte, würde ich ihre Geheimnisse mitnehmen, und nie wieder würde sie von den schrecklichen Dingen geplagt werden, die sie getan hatte.

»Weißt du, liebe Schwester, es gibt Zeiten, da glaube ich, daß Arden denkt, ich hätte seine Mutter die Treppe hinuntergestoßen. Wenn er glaubt, daß ich schlafe, stützt er sich auf einen Ellbogen und starrt in mein Gesicht hinab. Ich frage mich dann, ob ich im Schlaf rede und Dinge sage, die er hört. *Er* redet im Schlaf. Er ruft deinen Namen, versucht, dich zurückzurufen, von wo immer es ist. Und wenn ich ihn aufwecke, wendet er sich von mir ab, außer ich will mit ihm schlafen. Ich spüre, daß das alles ist, was er von mir will. Ich glaube, er traut mir in vieler Hinsicht nicht, liebt mich auch nicht wirklich, braucht mich nur dann und wann. Aber ich werde dafür sorgen, daß er mich mehr liebt als dich. Zehnmal mehr liebt als dich. Du warst nie eine richtige Ehefrau für ihn, Audrina. Wie konntest du auch, nach allem, was geschehen ist?« Ihr dünnes Lachen war spröde wie Glas, klimperte wie die Mobiles unter der Kuppel. »War das nicht ein hübsches Geburtstagsgeschenk, was die Jungs für Audrina hatten?«

Genau in diesem Augenblick kam Arden ins Zimmer. Er packte Vera bei den Schultern. »Was sagst du da zu ihr? Vielleicht hört sie dich! Ihre Ärzte haben mir erzählt, daß ein Patient im Koma manchmal sehen und hören und denken kann, ohne daß irgend jemand es bemerkt. Bitte, Vera, selbst wenn sie stirbt, möchte ich, daß sie immer noch an mich glaubt und mich liebt.«

Wieder lachte sie. »Also stimmt es. Du bist dagewesen und hast nichts getan, um sie zu retten. Ein toller Freund bist du gewesen. Du bist fortgelaufen, Arden, fortgelaufen! Aber ich kann dich verstehen, wirklich, ich kann es verstehen. Sie waren soviel älter und größer, und du mußtest an dich selbst denken.«

Verwirrt versuchte ich, das alles zusammenzubringen – endlich kannte ich das Geheimnis der ersten Audrina, die keine neun Jahre älter gewesen war. Aber warum hatte Papa mir eine solch alberne Lüge erzählt? Was hätte es für einen Unterschied gemacht, mir einfach die Wahrheit zu sagen? Das bedeutete, daß Vera mit der ersten und Unvergessenen gespielt hatte, daß ich niemals ihren Platz einnehmen konnte. Aber dann mußte ich sie ja auch gekannt haben! Mein Kopf fing an zu schmerzen. Lügen, mein ganzes Leben bestand aus Lügen, nichts ergab wirklich Sinn.

Tag für Tag pflegte Vera mich mit Abscheu, starrte mich angewidert an, bürstete mein Haar so rücksichtslos, daß sie es mir büschelweise ausriß. Mit unhygienischen Methoden führte sie einen Katheter ein, selbst wenn Arden im Zimmer war. Gott sei Dank hatte er genug Respekt und besaß den Anstand, sich abzuwenden.

Aber oft, wenn Vera irgendwo im Haus war, kam mein Mann zu mir und redete sanft mit mir, wobei er vorsichtig meine Arme und Beine bewegte.

»Liebling, wach auf. Ich möchte, daß du gesund wirst. Ich tue, was ich kann, um zu verhindern, daß die Muskeln in deinen Armen und Beinen schwinden. Vera sagt zwar, daß es keinen Sinn hat, aber deine Ärzte behaupten es. Vera will nicht, daß ich mit ihnen spreche, außer wenn sie selbst auch anwesend ist. Aus irgendeinem Grund scheinen sie Angst zu haben, etwas zu sagen; vielleicht hat Vera versucht mich davor zu schützen, zuviel zu erfahren. Sie bittet mich jeden Tag, die künstliche Ernährung zu unterbrechen. Sie selbst hat nicht die Nerven dazu. Ach, Audrina, wenn du dich doch nur selbst retten könntest, mich davor bewahren könntest, etwas zu tun, was den Rest meines Lebens ruinieren wird. Vera sagt mir immer, ich sei schwach... und vielleicht bin ich das auch, denn wenn ich dich Tag für Tag so sehe, dann denke ich, daß du tot vielleicht besser dran wärst. Aber dann denke ich auch wieder, nein, du wirst dich erholen... aber, Audrina, wenn du noch dünner wirst, dann wirst du dahinwelken, selbst wenn Vera und ich nichts tun.«

Er war schwach. Er hatte bei ihr versagt, und jetzt versagte er bei mir. Trotz all seiner Liebeserklärungen ging er Nacht für Nacht zu Vera.

Dann, eines Tages, als ich die Hoffnung schon fast aufgegeben hatte, kam Papa in mein Zimmer, Tränen in den Augen, die wie warmer Sommerregen auf mein Gesicht fielen. Ich versuchte mit den Augen zu blinzeln, um ihm zu zeigen, daß ich bei Bewußtsein war, aber ich hatte keine Kontrolle über die Augenlider. Ohne meinen Willen flogen sie auf oder fielen wieder zu.

»Audrina«, weinte er, fiel auf die Knie und umklammerte meine dünne, schlaffe Hand. »Ich kann dich nicht sterben lassen! Ich habe so viele Frauen in meinem Leben verloren. Komm zurück, laß mich nicht mit Vera und Sylvia allein. Sie sind nicht das, was ich brauche oder mir wünsche. Immer bist du es gewesen, auf die ich mich verlassen habe. Gott verzeih mir, wenn ich dir eine Last aufgebürdet habe, weil ich dich zu sehr geliebt habe.«

Papa ging mir auch auf die Nerven.

Wenn Papa noch einmal zu mir gekommen sein sollte, so war ich nicht bei Bewußtsein. Als ich das nächste Mal aufwachte, schienen Wochen vergangen zu sein. Jetzt war ich, wie ich als Kind gewesen war; ich hatte kein Gefühl für Zeit, also woher sollte ich es wissen? Wieder war ich im Bett. Mein Zimmer war leer. Das Haus war so still; es erschien mir so riesig und leer um mich her. Gelähmt lag ich da und versuchte zu überlegen, was ich tun konnte, um zu entkommen, während Vera anderweitig beschäftigt war.

Die Tür ging auf, und Arden und Vera kamen zusammen herein. Sie sprach zornig auf ihn ein. »Arden, manchmal bist du mehr ein Junge als ein Mann. Es muß einen legalen Weg geben, wie wir Damian zwingen können, dir sein Geld zu hinterlassen, wenn er stirbt. Es muß ihm doch klar sein, daß Audrina ihn nicht überleben wird und keinen Nutzen aus seinen Millionen ziehen kann.«

»Aber Sylvia wird immer Pflege brauchen, Vera. Ich kann Damian nicht böse sein, daß er für sie sorgen will. Sollte Audrina sterben, so will er in seinem Testament festlegen, daß mein Anteil, der mir durch Audrinas Testament zufließt, aufgehoben wird, sollte Sylvia in eine Anstalt eingewiesen werden oder sterben. Er will einen Fonds einrichten, so daß es monatlich ausgezahlt wird. Mir ist es egal, ob er mir etwas hinterläßt oder nicht. Ich kann immer genug verdienen, um uns Nahrung, Kleidung und ein Dach über dem Kopf bieten zu können.«

»Nahrung, Kleidung und ein Dach über dem Kopf – ist das alles, was du vom Leben erwartest? Jenseits der Mauern dieses Mausoleums ist eine Welt des Glanzes und Vergnügens. Daran will ich teilhaben, Arden. Sieh mich doch an. Ich bin fünfundzwanzig, ein Jahr jünger als du. Das Leben verstreicht so schnell.

Bald sind wir beide dreißig. Es heißt jetzt oder nie. Was helfen dir schon Unmengen von Geld, wenn du zu alt bist, um es zu genießen? Welchen Sinn haben schöne Kleider und teurer Schmuck, wenn deine Figur dahin und dein Hals faltig ist? Ich will es jetzt, Arden, jetzt! Solange ich noch hübsch genug bin, um stolz auf mich zu sein. Entscheide dich, Arden, entscheide, was du haben willst. Tu einmal in deinem Leben etwas. Du hast dich von deinem schlechten Gewissen beherrschen lassen, weil du an jenem Tag im Wald versagt hast... und in gewisser Weise hast du wieder versagt, als du so dumm gewesen bist, Audrina zu heiraten. Sag es jetzt, daß du mich nimmst und nicht sie. Ich will diese unglückliche Situation hinter mich bringen – heute noch!«

Wie zerrissen vor Unschlüssigkeit starrte Arden erst mich, dann Vera, schließlich Sylvia an, die ins Zimmer schlurfte. Sie kam zu meinem Bett herüber und versuchte mit ungeschickten Händen, mein Haar zu bürsten, während sie sich gleichzeitig bemühte, meinen Namen zu sagen. Aber Vera war da, und Sylvia konnte nicht einmal verhindern, daß ihre Hände zitterten. Sie schien zutiefst besorgt und enttäuscht, wandte sich langsam um und breitete weit die Arme aus, wie um mich zu beschützen.

»Wann immer es ihr gelingt, schleicht Sylvia sich an mich an und springt mich an. Sie schlägt ihre Zähne in irgendeinen Teil meines Körpers, den sie erwischen kann. Ich schlage sie, trete nach ihr, trete ihr auf die Füße und zieh an ihrem Haar, damit sie aufhört, aber sie hängt fest wie eine Bulldogge! Sie ist verrückt!«

Arden starrte nur weiter zu uns herüber, ohne ein Wort zu sagen. Dann wandte er seinen Blick mir zu. Ich lag wie ein Stück Holz, die Augen halb geöffnet, die Lippen schlaff. Die künstliche Nahrung tropfte in meine Vene, mein Haar lag in Strähnen auf dem Kissen. Ich wußte, daß ich nicht sehr reizvoll für ihn sein konnte.

»Ja«, sagte er schließlich, und Nebel umhüllte ihn und Vera, »ich glaube, du hast recht. Audrina würde lieber sterben als so weiterleben, wie sie jetzt ist. Sie ist zu jung, um so viel zu leiden. Ist es nicht ein Jammer, daß ich nie in der Lage war, ihr zu helfen, wo ich mir nie etwas anderes gewünscht habe, als sie vor noch mehr Leid zu bewahren? O Gott, wenn ich mich nur anders hätte verhalten können, dann wäre das alles heute vielleicht nicht passiert.«

Er ließ den Kopf hängen. Das letzte, was ich diesmal von ihm sah, war, wie er neben meinem Bett kniete, meine Hand umklammerte und unsere beiden Hände an seine Wange legte, die naß von Tränen war.

Und ganz schwach, ehe ich in dieses Nichts hinüberflutete, das sie Schlaf nennen, spürte ich die Wärme seines Gesichts, die Feuchtigkeit seiner Tränen. Ich versuchte zu sprechen, ihm zu sagen, daß ich nicht sterben würde. Aber meine Zunge blieb wie erstarrt, und ich konnte nichts anderes tun als davonschweben.

Letzte Riten

An einem, wie ich später herausfinden sollte, klaren Sommertag wurde mir bewußt, daß mein Tod vor der Tür stand.

Die zielbewußte Art, wie Vera an jenem Morgen in mein Zimmer stolzierte, verriet mir so viel. Sie kam an mein Bett und starrte in mein Gesicht hinab. Ich hielt die Augen fast geschlossen, weil ich wußte, daß meine Wimpern mir so das Aussehen einer Schlafenden geben würden. Ihre kalte Hand berührte meine Stirn, um die Wärme zu fühlen.

»Kühl«, sagte sie, »aber nicht kühl genug. Erholst du dich, Audrina? Deine Haut sieht heute besser aus – ja, du siehst fast lebendig aus. Ich glaube sogar, du hast etwas zugenommen. Aber ich bin sicher, daß Arden das nicht bemerkt.« Sie kicherte. »Er sieht selten etwas anderes als dein Gesicht, nicht einmal, wenn er sich ins Zimmer stiehlt, um deine Arme und Beine zu bewegen. Papa macht das auch, und seine Augen sind immer so voll Tränen, daß er auch nichts sehen kann. Die beiden sind so gebeugt von ihrem schlechten Gewissen, daß es ein Wunder ist, daß sie morgens überhaupt noch aufstehen und zur Arbeit gehen können.«

Sie warf einen Blick auf Sylvia, die es sich angewöhnt hatte, am Boden neben meinem Bett zu schlafen. »Hau ab da, Idiot!« Sie machte eine Bewegung, die ich für einen Tritt hielt. Sylvia quiekte vor Schmerz auf, sprang hoch und taumelte zu ihrer dämmrigen Lieblingsecke. Dort hockte sie sich hin und beobachtete Vera mißtrauisch.

»Das letzte Bad«, trällerte Vera. »Möchte doch nicht, daß der Gerichtsmediziner glaubt, ich hätte dich vernachlässigt. Wir werden dir deinen Mann regelrecht aus dem Kopf waschen«, sang sie fröhlich, »werden das Gesicht anmalen und dich hübsch machen... aber nicht so hübsch, daß er zu lange weint.«

Sie machte meinen Tod zu einer Farce, als sie auf mich zukam, eine Schüssel mit warmem Wasser und mehrere Tücher in der Hand. Schnell nahm sie mich vom Tropf ab und drehte mich um, so daß mein Kopf über die Bettkante baumelte, in die Schüssel mit Wasser. Sie benutzte mehrere Kannen mit warmem Wasser, um den Schaum auszuspülen. Dann wurde ich wieder ins Bett gelegt, gewaschen, und zum Schluß zog sie mir eines meiner hübschesten Nachthemden über den Kopf. Sie schien eine Veränderung in der Flexibilität meines Körpers zu bemerken. Sie sah beunruhigt aus, zögerte, schüttelte dann den Kopf und fing an, mein Haar zu bürsten, das inzwischen fast trocken war.

Mehrmals benutzte sie Daumen und Zeigefinger, um meine Lider zu spreizen und mir in die Augen zu sehen. »Habe ich gerade gesehen, daß du dich bewegt hast? Audrina, ich könnte schwören, du hast dich bewegt. Du bist auch zusammengezuckt, als ich dich an deinem Haar gezerrt habe. Tust du nur noch so, als wärest du im Koma? Na, mir ist das egal. Spiel das Spiel nur weiter, dann wirst du dich in deinem Grab wiederfinden. Du hast schon zu lange gespielt, Audrina. Du bist jetzt so schwach, daß du nichts mehr tun kannst, um dir selbst zu helfen. Zu schwach zum Gehen, zu schwach zum Reden, und Papa und Arden sind fortgefahren, zu einer Konferenz in Richmond. Sie kommen erst spät heim. Ich werde bald in Ardens Wagen zur Kosmetikerin fahren, und unser neues Mädchen namens Nola wird sich um dich kümmern müssen.«

Meine Sinne schärften sich rasch.

Mein Überlebensinstinkt erwachte, als ich vor Angst bebte. Ich fragte mich, wie sie mich umbringen wollte und was ich tun konnte, um mich zu retten.

Sekunden später benutzte Vera mein Ankleidezimmer, um sich mit meinem Make-up zu schminken. Ich roch mein französisches Parfüm, meinen Körperpuder. Dann hörte ich sie in meinem Schrank wühlen. Nachdem sie gefunden hatte, was sie suchte, kam sie in meinem schönsten Sommerkleid ins Zimmer.

»Es ist August, Audrina. August in Paris. Was werden das für herrliche Flitterwochen werden. Noch ehe dieser Monat vorüber ist, wird Arden Lowe mir gehören... und er hat genug Beweismaterial gegen Papa, um ihn ins Gefängnis zu bringen. Er will es nicht benutzen, denn der liebe Papa hat sich geändert und betrügt nicht mehr. Dein edler Arden hat dafür gesorgt, daß er damit aufhört. Ich will Papa ohnehin eigentlich nicht im Gefängnis haben. Ich will ihn da haben, wo ich ihn greifen kann, wo ich ihn bezahlen lassen kann, bezahlen und bezahlen. Und wenn ich all sein Geld habe, dann kommt Papa ins Altersheim, und die liebe kleine Sylvia wird auch ihre gerechte Belohnung bekommen. Ich finde es sehr romantisch, daß du im Sommer stirbst. Wir können all die Rosen auf dein Grab legen, die du so geliebt hast. Kannst du dich noch an die erste Pralinenschachtel erinnern, die Arden dir geschenkt hat, zum Valentinstag? Und ich habe jedes einzelne Stück gegessen? Ich habe dich schon damals gehaßt, weil du ihn interessiert hast, wo ich im Alter viel besser zu ihm gepaßt hätte. Du warst drei Monate lang bewußtlos... weißt du das? Ich hoffe, du kannst mich wirklich hören. Dein Mann behauptet, er und du, ihr hättet endlich zueinandergefunden, gerade ehe du die Treppe hinabgestürzt bist. Wirklich, Audrina, du kannst aus deinem Leben schon eine Schande machen. In diesem Haus fallen zu viele Leute. Irgend jemand hätte Sylvia einsperren lassen sollen, ehe noch jemand stürzt. Du hast eine Mörderin behütet, Audrina. Aber du brauchst dir über nichts mehr Sorgen zu machen, wenn der heutige Tag erst vorüber ist. Ich fahre ins Dorf, lasse mich überall sehen. Und während ich fort bin... wird die Sache hier erledigt. Wenn ich heimkomme, werde ich dich tot vorfinden.« Sie lachte und wandte sich dann Sylvia zu, schenkte ihr einen harten Blick.

Das Klappern ihrer hohen Absätze auf dem Boden klang drohend, als Vera durch die Tür hinausging.

Jetzt war ich allein, abgesehen von Sylvia.

Ich versuchte zu sprechen, zu rufen, aber obwohl ich ein paar gurgelnde, kehlige Töne von mir gab, kam doch nichts Zusammenhängendes heraus. *Sylvia*, dachte ich, *komm zu mir. Tu etwas, um mir zu helfen. Laß mich nicht mehr hiersein, wenn Vera wiederkommt. Bitte, Sylvia, bitte...*

In ihrer Ecke spielte Sylvia mit ihren Prismen, benutzte sie, um Lichtstrahlen auszusenden, die sich kreuzten. Hin und wieder blickte sie auf und starrte mit leeren Augen zu mir herüber. Ich mußte meine Stimme finden. Die Verzweiflung gab mir die Kraft zu sprechen. »Sylvia... hilf mir...« Es war kaum mehr als ein Stöhnen, aber Sylvia hörte es und verstand.

Unbeholfen kam sie auf die Füße. Quälend langsam wanderte sie nicht zu meinem Bett, sondern zur Frisierkommode, die ich nicht sehen konnte. Aber ich konnte sie mit den hübschen Töpfchen und Fläschchen spielen hören. Sie drückte auf den Parfümzerstäuber, der Duft von Jasmin schwebte zu mir herüber.

Sylvia, stöhnte ich wieder. *Hilf mir. Bring mich fort. Versteck mich. Bitte, bitte... Sylvia... hilf Audrina.*

Irgend etwas hatte ihre Aufmerksamkeit angezogen. Jetzt konnte ich ihr Gesicht im Spiegel über der Frisierkommode sehen. Sie sah zu mir. Überrascht, fast schien sie verängstigt. Zentimeter um Zentimeter kam sie auf mein Bett zu. In der Hand hielt sie meinen silbernen Handspiegel, und von Zeit zu Zeit betrachtete sie ihr eigenes Spiegelbild, als wäre sie fasziniert von dem hübschen Mädchen im Spiegel – und das war kein Wunder. Wenn sie den Kopf hochhielt und das wirre Haar zurückwarf, war sie atemberaubend schön.

Wieder fand ich meine Stimme, schwach und zitternd. »Billies Karren, Sylvia... der kleine, rote Karren... hole ihn. Setz mich darauf.«

Langsam, ganz langsam blickte sie mit leeren Augen in mein Gesicht. Dann sah sie wieder in den Handspiegel. Ich wußte, was sie jetzt dort sah. Sie sah mir jetzt ähnlicher als ich selbst.

»Bitte... Sylvia... hilf mir«, flüsterte ich.

Die Tür ging auf. Mein Herz hörte fast auf zu schlagen. Vera kam so schnell zurück. Was war schiefgegangen? Dann sah ich den Grund für ihre Rückkehr. Sie hatte einen Plastikbeutel mit Keksen in der Hand. Genau die Kekse, die Sylvia leidenschaftlich gern aß.

»Sieh mal, Sylvia«, schmeichelte Vera mit honigsüßer Stimme. »Die hübsche Sylvia hat schon so lange keine Belohnung mehr bekommen, nicht wahr? Die gemeine Audrina wollte nicht, daß du Kekse ißt, aber die liebe Vera erlaubt es dir. Komm, hübsche Sylvia, iß deine Kekse wie ein liebes Mädchen, und dann bringe ich dir morgen noch mehr. Paß auf, wo deine Halbschwester die Kekse hinlegt... unters Bett.«

Was führte sie im Schilde?

Ein paar Sekunden später sprang Vera wieder auf die Füße, nahm ihre Handtasche, die eigentlich mir gehörte, und ging leise vor sich hin kichernd wieder zur Tür.

»Auf Wiedersehen, Audrina, auf Wiedersehen. Wenn du in den

Himmel kommst, grüß deine Mutter von mir. Wenn meine Mutter dort ist, kümmere dich nicht um sie. Das Sterben wird nicht sehr weh tun. Du bekommst einfach keine Nahrung mehr, das ist alles. Die Maschine, die deine Nieren am Arbeiten hält, wird nicht funktionieren... es wird nicht weh tun. Vielleicht hörst du einfach auf zu atmen, wenn die Beatmungsmaschine aufhört... es ist schwer zu sagen, aber du kannst nicht lange durchhalten. All dein Kummer um Billie hat deine Gesundheit angegriffen, schon lange ehe du gestürzt bist. Und hast du eigentlich gewußt, daß ich deinem Tee immer eine kleine Droge beigemischt habe? Nur ein bißchen, damit du ständig apathisch geblieben bist...?«

Peng! Sie knallte die Tür zu.

Kaum hatte sich die Tür geschlossen, da lag Sylvia auch schon auf den Knien und kroch unters Bett. Als ich sie das nächste Mal sah, kaute sie an den Keksen – und in ihrer freien Hand hing der Stecker, der all meine Maschinen mit Strom versorgte. Großer Gott! Vera mußte die Kekse mit dem Draht an dem Stecker befestigt haben, der in Sylvias Hand hing. Sylvia zupfte den Draht vom Beutel, warf ihn zu Boden und stopfte sich den Mund wieder voll. Ich fühlte mich merkwürdig, wirklich merkwürdig. Sylvias Bild verschwamm, wurde immer undeutlicher...

Ich starb!

Willst du, daß ich sterbe, Sylvia? Völlig verzweifelt jetzt, konzentrierte sich jeder Funken meiner Willenskraft auf sie. Ich war entschlossen zu leben und bekämpfte die Schläfrigkeit, die versuchte, mich mit sich fortzureißen.

Als wenn sie all ihre Kraft zusammennehmen würde, versuchte meine Schwester, sich zu konzentrieren, berührte dann die Träne, die aus meinem rechten Auge lief. »Aud...driiin..naa?«

Sie liebte mich. Die Liebe, die ich Sylvia geschenkt hatte, kam nun tausendfach zurück. »Oh, Sylvia, mach schnell.« Vera konnte früher als erwartet heimkehren. Und Sylvia war so langsam...

Quälend langsam. Stunden schienen zu vergehen, ehe Sylvia mit Billies rotem Karren zurückkam, der so bös zersplittert war, als er die Vordertreppe hinunterfiel. »Bööööse... Vera«, murmelte Sylvia, zupfte an meinem Arm und versuchte, mich aus dem Bett zu heben. »Bööööse... Vera...«

Keuchend und stöhnend gelang es mir, einen leisen Ton hervorzustoßen, der wie ›Ja‹ klang, und dann befahl ich Sylvia mit meinen Gedanken, mich hochzuheben. Ich konnte nicht mehr viel wiegen. Aber ihre Kraft war so gering, daß sie nicht mehr tun konnte, als mich an einem Arm und einem Bein zu ziehen. Es gelang ihr, mich vom Bett zu zerren, und ich landete auf dem dicken, weichen Teppich. Der Schmerz sandte Wellen durch meinen ganzen Körper. Wellen, die jeden Nerv erreichten.

»Aud...driii...na...«

»Ja, Audrina möchte, daß du... sie fortbringst... den Flur entlang... an einen sicheren Ort.«

Es war schwer für sie, damit fertig zu werden. Wenn sie mein Gesäß auf dem Karren hatte, fielen Kopf und Oberkörper wieder herunter, und meine Beine schleiften hinterher. Mit verwirrtem Ausdruck musterte Sylvia mich. Dann bückte sie sich, schob meine Knie hinauf, und da das zu funktionieren schien, grunzte sie stolz und bemühte sich, mich in eine aufrechte Haltung zu zwingen. Aber sobald sie losließ, fiel ich auf die Seite. Wieder schob sie mich auf den Karren zurück, blickte dann um sich.

Ich kippte über meine hochgezogenen Knie und versuchte, meine Finger zu verschränken, um so meine Beine in ihrer Stellung zu halten. Mein Kopf kugelte schwer herum, wann immer ich ihn heben wollte. Jede kleinste Bewegung, die ich machte, war so schwer, so schmerzhaft, daß ich am liebsten geschrien hätte, wenn ich etwas tat, was mir früher so leicht gefallen war. Die Verzweiflung machte mich wahnsinnig, verlieh mir aber auch ungeahnte Kräfte. Es gelang mir, meine Arme mit den Fingern so zusammenzuhalten, daß ich meine Beine daran hinderte, sich zu strecken. Ich ähnelte einem schlecht gepackten Paket. Schweißnaß wartete ich darauf, daß Sylvia anfing, mich aus dem Zimmer zu schieben.

»Syl...viii...aa, Aud...driii...naaa«, murmelte sie glücklich, als sie sich auf Hände und Knie niederließ und zu schieben anfing. Zum Glück hatte sie die Tür offengelassen, als sie mit dem Karren zurückkam. Während sie die ganze Zeit in ihrer undeutlichen Art vor sich hin murmelte, daß ich jetzt ihr Baby wäre, erwähnte sie wieder, daß Vera böse wäre.

Die Standuhren in der Halle im Erdgeschoß fingen an zu schlagen. Die Uhren auf den Kaminsimsen fielen ein, dann die Uhren auf den Tischen, Frisierkommoden und Schreibtischen. Es war drei Uhr. Irgend jemand hatte endlich alle Uhren gleich gestellt.

Der dicke Teppich im Korridor, der Lärm schlucken und Abgeschiedenheit vermitteln sollte, machte es schwer für Sylvia, mich zu schieben. Die kleinen Räder gruben sich tief in den hohen Flor und widerstanden ihrem Druck. Kein Wunder, daß Billie Papa gebeten hatte, den Teppich fortzunehmen, als sie die Flure benutzte. Aber jetzt war er wieder da, hinderte mich bei meiner Flucht. Wohin konnte Sylvia mich bringen?

Keuchend und Unsinn plappernd schob Sylvia mich weiter. Sie blieb oft stehen, um sich auszuruhen, um die riesigen Kristalle aus den großen Taschen ihres weiten Kleides zu ziehen.

»Aud...driii...naa. Süße Aud...driii...naa.«

Schwach wandte ich den Kopf. Ich bewegte mich ruckartig, krampfhaft. Es gelang mir, einen Blick über die Schulter zu werfen, und ich sah Sylvias verzückten Ausdruck. Sie half mir, und sie war selig, von Nutzen zu sein. Ihre Augen strahlten vor Freude. Als ich sie so sah, gab mir das genug Kraft, um noch ein paar stockende Worte hervorzustoßen. »Du... hast... meinen Namen... genau... richtig ge...sagt.«

»Aud...driii...naa.« Sie strahlte mich an und wollte anhalten, spielen oder reden.

»Versteck mich...«, konnte ich gerade noch flüstern, ehe ich halb ohnmächtig wurde.

Dann bewegte sich plötzlich alles auf mich zu. Die Wände kamen näher, zogen sich wieder zurück. Schnickschnack auf den Tischen im Korridor bewegte sich, kleine Figürchen wurden plötzlich riesig. Das Muster des Teppichs schlängelte sich um mich, versuchte mich zu ersticken, als ich gegen die Schwärze ankämpfte, die mich wieder zu verschlingen drohte. Ich mußte wach bleiben, durfte nicht die Kontrolle über mich verlieren, sonst würde ich vom Karren fallen. Stunden um Stunden, in denen Sylvia hinter mir herkroch, mich anstieß. Wohin brachte sie mich?

Plötzlich war die Vordertreppe direkt vor uns. Nein! Ich wollte schreien, aber Entsetzen machte mich stumm. Sylvia wollte mich die Treppe hinabstoßen!

»Aud...driii...na«, sagte sie, »süße Aud...driii...naa.«

Langsam und vorsichtig machte der Karren eine Kurve, fort von der Treppe und den westlichen Flügel entlang, in dem sich das Zimmer der ersten Audrina befand.

Ich war nahe daran, das Bewußtsein zu verlieren. Von Zeit zu Zeit durchzuckte mich heftiger Schmerz. Ich begann leise zu beten. Unten hörte ich die Haustür zuschlagen.

Mit kaum merklich vergrößerter Geschwindigkeit bog Sylvia ins Spielzimmer ein.

Nein, nein, nein, war alles, was ich denken konnte, als Sylvia mich in das Zimmer schob, in dem all meine Alpträume begonnen hatten. Vor mir ragte das hohe Bett auf. Sylvia schob mich direkt darunter. Ich ließ meine Hände los und fiel nach hinten, um einen Zusammenstoß mit der Bettkante zu vermeiden. Es war gerade noch rechtzeitig. Mein Blick traf auf altmodische, mit dem Staub von Jahren bedeckte Sprungfedern. Sylvia spähte unter der Überdecke hindurch und ließ sie dann fallen.

Ihre langsamen Schritte verklangen. Ich war allein unter dem Bett mit dem Staub – und der riesigen Spinne, die ihr Netz von einer Feder zur anderen spannte. Sie hatte Augen, die genauso schwarz waren wie Veras. Anscheinend auf mich aufmerksam geworden, unterbrach sie ihre Arbeit, betrachtete mich und fuhr dann in ihrem halbfertigen Werk fort.

Ich schloß die Augen und überließ mich meinem Schicksal, was immer es für mich bereithalten mochte. Ich versuchte zu entspannen und mir keine Sorgen um Sylvia zu machen, die vielleicht vergessen haben würde, wo sie mich versteckt hatte. Wer würde je auf die Idee kommen, mich unter dem Bett in diesem Zimmer zu suchen, das niemand mehr benutzte?

Dann hörte ich Vera kreischen. »Sylvia! Wo ist Audrina? Wo ist sie?« Es gab einen Krach, als wenn etwas umgefallen wäre, dann noch einen Schrei, näher diesmal. »Ich kriege dich schon, Sylvia, und wenn ich dich habe, wirst du bedauern, daß du diese Vase nach mir geworfen hast! Du Närrin, was hast du mit ihr gemacht? Wenn ich dich erwische, reiße ich dir alle Haare aus!« Ich hörte Türen öffnen und schließen, als die Jagd auf Sylvia weiterging. Ich wußte nicht einmal, daß Sylvia rennen konnte. Oder war es Vera, die, so schnell sie konnte, lief, um jedes Zimmer zu durchsuchen, ehe Arden und Papa heimkehrten?

Sie suchte so eilig, daß sie kaum gründlich vorgehen konnte. Es gab so viele Zimmer, so viele Schränke und Vorzimmer.

Dann hörte ich sie ins Spielzimmer kommen.

Die Tagesdecke endete ungefähr einen Zentimeter über dem Teppich. Unter Schmerzen drehte ich den Kopf, konnte einfach nicht widerstehen, und sah ihre marineblauen Schuhe näher kommen. Einer hatte eine sehr dicke Sohle. Sie näherte sich dem Bett.

Der Schaukelstuhl fing an, die vertrauten, knarrenden Geräusche zu machen. »Steh aus diesem Stuhl auf!« fuhr Vera auf, vergaß, unters Bett zu schauen, als sie Sylvia fortjagte. Vera brüllte, als Sylvia aus dem Zimmer eilte. Hinkend lief sie ihr nach.

Ich konnte ihre Schuhe gerade noch davonlaufen sehen. Ich glaube, dann bin ich ohnmächtig geworden. Ich weiß nicht, wieviel Zeit verging, ehe ich wieder Schritte hörte, und wieder spähte Sylvia unters Bett.

Sie zerrte an meinem Arm. Ich versuchte zu helfen, aber die Schmerzen waren jetzt zu groß. Trotzdem gelang es ihr irgendwie, und als ich später zu mir kam, saß ich in dem Schaukelstuhl im schwindenden Tageslicht. Sylvia hob meine Arme hoch, so daß ich die Armlehnen halten konnte. Ich schrie. Ich wollte nicht sterben! Nicht hier, nicht in *ihrem* Stuhl!

Sylvia schloß die Tür hinter sich.

Ich fing an zu schaukeln. Mußte jetzt schaukeln, um vor dem Schmerz und dem Entsetzen zu fliehen, die nach mir griffen.

Mein voller Kelch leerte sich, um neuen Kummer aufzunehmen. Ich konnte mich nicht wehren. Ich sah Vera wieder, wie sie als junger Teenager ausgesehen hatte, und sie neckte mich, weil ich nicht wußte, was Männer und Frauen machten, um Kinder zu bekommen – aber eines Tages, schon bald, wirst du es herausfinden, flüsterte sie.

Dann kam wieder der regnerische Tag im Wald. Die Jungs jagten und packten mich, denn wie immer in diesen Visionen war ich die erste Audrina, und sie ließ mich unter ihrer Schande leiden. Diesmal war es Arden, der mir meine Kleider herunterriß, die ihre Kleider waren, und Arden, der über sie herfiel, die ich war, und der sie als erster vergewaltigte. Ich schrie, schrie wieder und wieder und wieder.

»Audrina«, kam die Stimme meines Vaters aus weiter, weiter Ferne, gerade, als ich nach ihm gerufen hatte. Diesmal hatte nicht Gott, sondern Papa mein Rufen gehört... und gerade noch rechtzeitig.

»Oh, lieber Gott, meine süße Audrina ist aus ihrem Koma erwacht! Sie schreit! Sie wird gesund werden!«

Meine Lider fühlten sich tonnenschwer an, öffneten sich gerade genug, um Papa auf mich zurennen zu sehen. Ein paar Schritte hinter ihm war Arden. Aber ich wollte Arden nicht sehen.

»Mein Liebling, mein Liebling«, schluchzte Papa, als er mich in seine starken Arme schloß und mich festhielt. »Arden, ruf einen Krankenwagen.«

Ich stöhnte, als ich Ardens Hände zurückschob, die mich aus Papas Armen nehmen wollten. »Der Traum, Papa, die erste Audrina...« Meine Stimme krächzte, so lange war sie nicht gebraucht worden. Sie hörte sich komisch an.

Er seufzte und zog mich noch näher an sich, obwohl ich das Bewußtsein verlor. Ich sah Arden davoneilen, wahrscheinlich, um einen Krankenwagen zu rufen.

»Ja, mein Liebling, aber das war schon vor langer, langer Zeit, und du wirst jetzt wieder ganz gesund. Papa wird sich um dich kümmern. Und für den Rest meines Lebens werde ich Gott auf den Knien dafür danken, daß er dich verschont hat, gerade in dem Augenblick, als ich dachte, es gäbe keine Hoffnung mehr.«

Ich kann mich nicht erinnern, was danach geschah. Aber als ich zu mir kam, lag ich in einem Krankenhauszimmer mit rosa Wänden, und überall standen rote und rosa Rosen. Papa saß auf einem Stuhl neben dem Fenster. »Lassen Sie mich mit ihr sprechen«, sagte er zu der Krankenschwester, die nickte und ihn aufforderte, nicht zu lange zu bleiben. »Mr. Lowe möchte seine Frau auch noch sehen.«

Papa setzte sich aufs Bett, zog mich sanft an sich und hielt meinen Kopf so, daß ich sein Herz schlagen hörte. »Du hast Schweres mitgemacht, Audrina. Es gab Zeiten, da haben weder Arden noch ich geglaubt, du würdest durchkommen – und das war lange vor dem heutigen Tag. Heute war ein besonders schlimmer Tag für uns beide. Wir sind draußen auf und ab gegangen, während der Arzt dich untersucht hat – und jetzt scheint es, daß du wieder ganz in Ordnung kommst.«

Aber da war etwas, das ich wissen wollte, wissen mußte. »Papa, du mußt mir diesmal die Wahrheit sagen...« Meine Kehle schmerzte, wenn ich sprach, aber ich zwang mich dennoch dazu. »War Arden dabei, als die erste Audrina starb? Ich hab' in meinen Träumen sein Gesicht gesehen. Er war dort, nicht wahr? Die erste Audrina hat mich vor ihm gewarnt, aber ich habe nicht auf sie gehört.«

Er zögerte, schaute zu der Tür hinüber, die Arden geöffnet hatte. Da stand er und sah so bestürzt aus wie nie zuvor, außer an dem Tag im Wald, als er noch ein Junge gewesen war, der keinen Mut gehabt hatte.

»Nur zu, Damian«, sagte Arden. »Erzähl ihr die Wahrheit. Sag ihr, daß ich dagewesen bin und daß ich fortgelaufen bin! Genauso wie ich jetzt auch gehen werde, denn ich sehe in deinen Augen, daß du mich haßt, Audrina. Aber ich komme wieder.«

In den Tagen, die jetzt folgten, weigerte ich mich, Arden in mein Zimmer zu lassen. Er brachte Blumen, Pralinen, hübsche Nachthemden und Bettjäckchen, aber ich schickte alles zu ihm zurück.

»Sag ihm, er soll es Vera geben«, sagte ich zu Papa, der mich ernst ansah, als er die Tränen über meine Wangen laufen sah.

»Du bist sehr hart zu ihm, aber ich kann dich verstehen. Trotzdem mußt du jetzt durchhalten«, befahl Papa, als ich schlafen wollte. »Seit der Nacht deines Sturzes haben Arden und ich die Hölle durchgemacht. Ich gebe zu, daß ich niemals wollte, daß du Arden Lowe heiratest, aber du hast es getan, und seine Mutter hat dafür gesorgt, daß ich so manches verstand, was ich zuvor nicht verstanden habe. Du und ich, wir beide schulden seiner Mutter eine Menge. Und wenn du ihr etwas schuldest, dann schuldest du ihrem Sohn noch mehr. Gib Arden eine Chance, Audrina. Er liebt dich... laß ihn hereinkommen... bitte.«

Ich starrte ihn fassungslos an. Papa wußte nicht, daß Arden geplant hatte, mich umzubringen und mit Vera davonzulaufen.

Eine grauhaarige Krankenschwester öffnete die Tür und steckte den Kopf hindurch. »Zeit zu gehen, Mr. Adare. Ich bin sicher, Mrs. Lowe möchte auch noch ein paar Minuten Zeit für ihren Mann haben.«

»Nein!« erklärte ich entschieden. »Schicken Sie ihn fort.«

Ich konnte Arden noch nicht sehen. Er war untreu gewesen, hatte mich mit Vera betrogen. Und er hatte meine tote Schwester im Stich gelassen, als er sie hätte retten können... und da war noch etwas, über das ich nachdenken, das ich herausfinden mußte. Etwas, das ich noch nicht greifen konnte und das mir immer wieder zuflüsterte, daß ich noch nicht die ganze Wahrheit über die erste Audrina wüßte.

Die Tage kamen und gingen. Ich wurde kräftiger, denn ich wurde mit Vitaminen und eiweißreicher Nahrung ernährt. Papa kam mich zweimal täglich besuchen. Noch immer weigerte ich mich, Arden zu sehen.

Ich mußte Übungen machen, um meinen Armen und Beinen neue Kraft zu geben, mußte neu lernen, all die Muskeln zu kontrollieren, die so lange nicht gebraucht worden waren. Man brachte mir wieder das Laufen bei. In den drei Wochen, die ich in der Klinik lag, erlaubte ich Arden kein einziges Mal, mein Zimmer zu betreten. Dann kam Papa, um mich heimzuholen. Sylvia saß neben mir.

»Arden wollte mit uns kommen«, erzählte Papa, als er von der Hauptstraße abbog. »Ehrlich, Audrina, du kannst ihn nicht für immer zurückstoßen. Du mußt dich mit ihm aussprechen.«

»Wo ist Vera, Papa?«

Er schnaubte verächtlich. »Vera ist gefallen und hat sich den Arm gebrochen«, erklärte er gleichgültig. »Glasknochen. Mein Gott, wenn ich an die Krankenhausrechnungen denke, die ich bezahlt habe, um sie immer wieder zu kurieren.«

»Ich möchte, daß sie unser Haus verläßt.« Meine Stimme war hart. Was zwischen mir und Arden geschah, hing davon ab, was zwischen Vera und Arden geschah.

»Sie wird an dem Tag gehen, an dem der Gips abkommt.« Seine Stimme klang ebenso entschieden wie meine. »Ich glaube, daß Sylvia sie zu Fall gebracht hat. Sylvia haßt Vera regelrecht.« Er warf mir einen schlauen Blick zu. »Du kannst Arden wirklich nicht böse sein wegen dem, was er mit ihr gemacht hat. So manchen Morgen beim Frühstück, schon lange ehe Vera kam, habe ich bemerkt, wie unglücklich er schien. Er hat gelächelt, wenn du in seine Richtung geschaut hast, aber sobald du den Kopf abgewandt hast, sah ich ihm an, daß seine Nächte mit dir zu wünschen übrigließen – und es hat mir gefallen, muß ich gestehen.«

Auch mir gefiel es, daß ich ihn unglücklich gemacht hatte. Ich hoffte, daß Arden in seinem ganzen Leben keine glückliche Stunde mehr haben würde. Häßliche Gedanken quollen in mir hoch, als wir uns dem großen, prächtigen und restaurierten Haus näherten. Whitefern. Es war zum Lachen, daß ich so stolz darauf gewesen war, daß sich meine Vorfahren bis zurück zu jenen verfolgen ließen, die an Land gekommen waren, um hier eine neue Kolonie zu gründen.

Papa stützte mich auf einer Seite, Sylvia auf der anderen, als wir langsam die Stufen zur Veranda hinaufstiegen. Arden riß die Haustür auf und stürzte heraus. Er versuchte, mich zu küssen. Ich zuckte zurück. Dann versuchte er, meine Hand zu nehmen. Ich entriß sie ihm und schrie: »Faß mich nicht an! Geh zu Vera und suche Trost – wie du ihn bei ihr gefunden hast, als ich im Koma lag.«

Bleich und unglücklich trat Arden zurück und ließ es zu, daß Papa mich ins Haus führte. Drinnen ließ ich mich auf die purpurfarbene Couch sinken, deren goldfarbene Troddeln und Kordeln jetzt neu glänzten.

Und dann kam der Augenblick, den ich so gefürchtet hatte, der Moment, als ich mit Arden allein gelassen wurde. Müde schloß ich die Augen und versuchte so zu tun, als wäre er nicht da.

»Willst du mit geschlossenen Augen dort liegen und nichts sagen? Willst du mich niemals wieder ansehen?« Seine Stimme wurde lauter. »Was, zum Teufel, glaubst du eigentlich, woraus ich bin? Du lagst im Koma, und Vera war da und bereit, alles zu tun, damit ich überlebe. Du lagst auf diesem Bett, steif und kalt – und woher sollte ich wissen, daß es dir von Tag zu Tag besserging, wenn du nie auch nur in irgendeiner Weise angedeutet hast, daß das der Fall war?«

Er stand auf, um im Zimmer auf und ab zu gehen, durchquerte es niemals in seiner vollen Länge, sondern stolzierte nur vor dem Sofa auf und ab, auf dem ich lag. Mit einigen Schwierigkeiten kam ich auf die Füße.

»Ich gehe nach oben. Bitte komm mir nicht nach. Ich brauche dich nicht mehr, Arden. Ich weiß, daß du und Vera vorgehabt habt, mich umzubringen. Ich hatte solches Vertrauen zu dir, habe geglaubt, ich hätte den einen, einzigen Mann in dieser hassenswerten Welt gefunden, der immer für mich dasein würde, wenn ich ihn brauchte. Aber du hast mich im Stich gelassen. Du hast meinen Tod gewünscht, damit du sie haben konntest!«

Sein Gesicht wurde weiß. Er war so schockiert, daß es ihm die Sprache verschlug, obwohl er genau so geschwätzig geworden war wie Papa. Ich nutzte die Gelegenheit und eilte auf die Treppe zu. Doch einen Augenblick später stürzte er mir nach, hielt mich zurück. Es fiel ihm leicht, denn ich bewegte mich noch sehr langsam.

»Was liegt jetzt, da du mich haßt, noch vor uns?« fragte er heiser. Ohne zu antworten, ging ich weiter, vorbei an dem Zimmer, das wir geteilt hatten. Aber als ich hineinsah, erblickte ich darin mein normales, großes Bett, das zurückgebracht worden war. Das schmale war fortgeschafft worden. Alles war neu, nichts erinnerte mich mehr an jene schrecklichen Tage, als ich reglos dort gelegen hatte und nur sterben wollte.

»Wohin gehst du?« fragte er.

Welches Recht hatte er, mich irgend etwas zu fragen? Er gehörte nicht in mein Leben, jetzt nicht mehr. Sollte er Vera doch haben. Sie verdienten einander.

Unter Schmerzen ging ich weiter. Jeder Schritt gab mir mehr Kraft, und ich strebte der nächsten Treppe zu, die zum Dachboden hinaufführte. Arden schickte sich an, mir zu folgen. Ich wirbelte herum und fuhr ihn wütend an. »Nein! Laß mich endlich etwas tun, was ich schon immer tun wollte! Als ich dort auf dem Bett lag und hörte, wie du und Vera Pläne geschmiedet habt, meinem Leben ein Ende zu machen – weißt du, was mich da am meisten beunruhigt hat? Nun, ich will es dir sagen. Es gibt ein Geheimnis um mich, das ich einfach herausfinden muß. Es ist wichtiger als du, wichtiger als alles andere. Also laß mich in Ruhe und laß mich etwas zu Ende bringen, was schon vor langer Zeit hätte erledigt werden müssen. Und vielleicht kann ich es dann ertragen, dir wieder ins Gesicht zu sehen... im Augenblick jedenfalls glaube ich, daß ich dich niemals mehr wiedersehen möchte!«

Er fuhr zusammen, schrak zurück und starrte mich fassungslos an. Mein Herz tat mir weh, als ich ihn wieder wie als Jungen vor mir sah, damals, als ich ihn so sehr geliebt hatte. Ich dachte an Billie, die mir einmal gesagt hatte, jeder würde Fehler machen und selbst ihr Sohn wäre nicht perfekt. Trotzdem strebte ich weiter dem Dachboden zu, der eisernen Wendeltreppe, die mich unter die Kuppel bringen würde, wo ich selbst jetzt die Mobiles klimpern hören konnte, klimpern, klimpern, als sie versuchten, wie sie es immer getan hatten, die Löcher in meinem Gedächtnis zu füllen.

Das Geheimnis der Mobiles

Mühsam gelang es mir, die Eisenstufen zu erklimmen, die mich so oft von Vera fortgeführt hatten. Die Sonne schien hell durch all die bleiverglasten, bunten Fenster, sie warfen Myriaden verwirrender Muster auf die Orientteppiche, verwandelten diesen Raum in ein lebendes Kaleidoskop. Und ich war der Mittelpunkt aller Farben, ließ alles geschehen. Die Farben fingen sich in meinem Chamäleonhaar und verwandelten es auch in einen Regenbogen.

Meine Arme waren vom Licht tätowiert, und in meinen Augen fühlte ich die Farben, die auch mein Gesicht zeichneten. Ich sah mich um, schaute auf die Szenen, die meine Kinderaugen so geliebt hatten. Hoch über mir sah ich die langen, schmalen Rechtecke aus buntem Glas, die an ihren verblichenen, scharlachroten Seidenfäden hingen.

Zitternd schaute ich mich um, erwartete, daß sich Erinnerungen aus der Kindheit erhoben und mir angst machten. Aber nur sanfte Erinnerungen kamen, von mir allein, einem Mädchen, das sich immer wünschte, zur Schule gehen zu dürfen, Spielkameraden zu haben, die Freiheit zu besitzen, die andere Kinder meines Alters hatten.

Hatte ich mir solche Mühe gegeben, kein neues Wissen zu gewinnen? »Was ist?« schrie ich zu den Glasspielen hoch oben hinauf. »Immer höre ich euch klingeln, weiß, daß ihr versucht, mir etwas zu sagen – also sagt es mir jetzt, wo ich hier bin und bereit, euch anzuhören! Früher war ich nicht bereit dazu, das weiß ich heute! Also erzählt es mir jetzt!«

»Audrina!« erklang Papas Stimme hinter mir, »du hörst dich hysterisch an. In deiner geschwächten Verfassung ist so eine Erregung nicht gut für dich.«

»Hat Arden dich hierhergeschickt?« brüllte ich. »Soll ich denn niemals etwas erfahren? Muß ich mit einem Gedächtnis voller Löcher ins Grab gehen? Papa – erzähl mir das Geheimnis dieses Raumes!«

Er wollte es mir nicht erzählen. Seine dunklen, ausweichenden Augen wandten sich hastig ab, er fing an, davon zu sprechen, wie schwach ich sei, daß ich mich hinlegen und ausruhen müßte. Ich rannte zu ihm, hämmerte gegen seine Brust. Er hielt meine Fäuste fest in einer Hand, während er grübelnd in meine Augen starrte.

»Also schön. Vielleicht ist die Zeit gekommen. Frag mich, was du willst.«

»Erzähl es mir, Papa. Erzähl mir alles, was ich wissen muß. Ich habe das Gefühl, ich verliere den Verstand, wenn ich es nicht erfahre.«

»Okay«, sagte er, sah sich nach irgend etwas um, um sich zu setzen, aber es gab nur den Boden. Er setzte sich, lehnte sich mit dem Rücken gegen einen Fensterrahmen und brachte es fertig, mich mit hinabzuziehen. Er hielt mich in den Armen, als er mit bedrückter Stimme anfing zu erzählen.

»Das wird nicht leicht für mich, und für dich wird es nicht angenehm sein, alles zu hören. Aber du hast recht, du mußt es wissen. Deine Tante hat von Anfang an gesagt, du solltest die Wahrheit über deine ältere Schwester wissen.«

Ich wartete mit angehaltenem Atem.

»Diese Vision, die du hattest, als du anfingst, dich in den Schaukelstuhl zu setzen, mit den Jungs, die aus dem Gebüsch sprangen – ich bin sicher, dir ist inzwischen klar, daß diese drei Jungs meine Audrina vergewaltigt haben. Aber sie ist nicht gestorben, wie ich es dir erzählt habe.«

»Sie ist nicht tot? Papa... wo ist sie?«

»Hör mir zu und stell keine weiteren Fragen mehr, bis ich fertig bin. Ich habe dir all diese Lügen erzählt, um dich vor der Häßlichkeit zu schützen, die dein Leben hätte zerstören können. An jenem Tag, als Audrina neun Jahre alt wurde, nach der Vergewaltigung, taumelte sie heim, hielt krampfhaft die Überreste ihres Kleides zusammen, bemüht, ihre Nacktheit zu verbergen. Die Jungen hatten sie so beschämt, daß ihr kein Stolz mehr geblieben war. Schmutzig, tropfnaß, geschunden, zerkratzt und blutig, schamerfüllt – das war sie. Und im Haus warteten zwanzig Kinder, denn die Geburtstagsfeier sollte anfangen. Sie kam durch die Hintertür herein und versuchte, sich die Treppe hinaufzustehlen, ohne von irgend jemandem gesehen zu werden. Aber deine Mutter war in der Küche, sah Audrinas Zustand und raste hinter ihr die Treppe hinauf. Audrina konnte nur ein Wort stammeln, ›Jungs‹. Das genügte; deine Mutter begriff, was geschehen war. Sie nahm sie in die Arme und erzählte ihr, alles würde wieder gut werden; sagte ihr, daß solche schrecklichen Dinge manchmal geschehen, aber daß sie immer noch das wundervolle Mädchen wäre, daß wir beide liebten. ›Dein Papa braucht nichts davon zu erfahren‹, sagte sie zu Audrina... und was war das für ein Fehler! Diese Worte machten Audrina deutlich klar, daß ich mich ihrer schämen würde, daß das, was die Jungs ihr angetan hatten, ihren Wert für mich mindern würde. Sie fing an zu kreischen, daß sie wünschte, die Jungs hätten sie umgebracht und tot unter dem Goldregen zurückgelassen, denn sie verdiente den Tod jetzt, wo Gott sich von ihr abgewandt und im Stich gelassen hatte, als sie ihn um Hilfe anflehte.«

»Oh, Papa«, flüsterte ich. »Ich weiß, wie sie sich gefühlt haben muß.«

»Ja, ich bin sicher, daß du das weißt. Dann machte deine Mutter ihren zweiten Fehler, einen noch schlimmeren. Sie ging mit Audrina ins Badezimmer und füllte die Wanne mit siedendheißem Wasser, zwang meine Tochter dann in dieses heiße Wasser. Mit einer harten Bürste fing sie an, den Schmutz der Jungen abzuschrubben. Audrina war schon wund und zerschunden und zerschnitten, ihr Körper hatte genug erdulden müssen, aber Lucietta wurde rasend vor Wut und benutzte diese Bürste ohne Gnade, als müßte sie die ganze Welt von all dem Schmutz, allen Jungs befreien. Ihr war gar nicht bewußt, was sie ihrer eigenen Tochter antat. Es war die Schande, die deine Mutter zu entfernen versuchte, und sie schien nicht zu bemerken, daß die Bürste einen großen Teil von Audrinas Haut mitriß.

Die Kinder, die zur Geburtstagsfeier eingeladen worden waren, brüllten unten nach Eis und Kuchen, und Elsbeth tischte auf und erzählte den Gästen, daß Audrina mit einer bösen Erkältung heimgekommen sei und an ihrer eigenen Feier nicht teilnehmen würde.

Das ging natürlich nicht gut, und bald gingen die Gäste heim. Ein paar ließen ihre Geschenke da, andere nahmen ihre wieder mit, als hätten sie das Gefühl, Audrina würde sie geringschätzig behandeln.

Elsbeth rief mich im Büro an und erzählte mir kurz, was sie dachte, was geschehen war. Ich war so wütend, daß ich dachte, ich müßte einen Herzschlag bekommen, als ich zu meinem Wagen rannte und so schnell heimraste, daß es ein Wunder ist, daß die Polizei mich nicht anhielt. Ich kam gerade rechtzeitig an, um zu sehen, wie deine Mutter ein weißes Baumwollnachthemd über Audrinas Kopf zog. Ich erhaschte einen kurzen Blick auf diesen kleinen, zerschundenen Körper, so rot war er, daß er überall zu bluten schien. Ich hätte diese Jungs umbringen, deine Mutter schlagen können, weil sie so grausam war, diese verdammte Bürste für die zarte Haut zu benutzen, die schon so viel erlitten hatte. Ich habe ihr das niemals verziehen. Später hatte ich meine eigene Art, ihr das immer wieder ins Gesicht zu schleudern, boshaft und gemein. Als sie Audrina mit dieser Bürste bearbeitete, setzte sich in ihr der Gedanke fest, daß dieser Schmutz niemals weichen würde, daß sie für alle Zeit in meinen Augen ruiniert sei, in den Augen der ganzen Welt. Dann ging deine Mutter zum Medizinschränkchen und kam mit Jod zurück... nicht die Art, wie wir sie heute benutzen, sondern diese altmodische, die brannte wie Feuer.

Ich schrie Lucietta an: ›Nicht noch mehr Schmerz!‹ und sie ließ das Jod fallen, und Audrina wich vor ihrer Mutter zurück. Sie schien entsetzt, mich zu sehen, den Vater, den sie immer so sehr geliebt hatte. Auf bloßen Füßen flog sie zum Dachboden hinauf. Ich jagte ihr nach, auch deine Mutter folgte. Die ganze Zeit über schrie Audrina, zweifellos ebenso sehr vor Schmerzen wie vor Entsetzen und Schock. Sie rannte diese Wendeltreppe hinauf in den Raum, in dem wir uns jetzt befinden. Sie war jung und schnell, und als ich in die Kuppel kam, stand sie auf einem Stuhl, und es war ihr gelungen, eines der hohen Fenster zu öffnen.«

Er zeigte auf das Fenster. »Da hat sie gestanden, und der Wind heulte im Turm, Donner grollte, Blitze zuckten, und die Farben hier drinnen wollten einem den Verstand rauben, so grell waren sie. Die Mobiles klimperten wie verrückt. Es war die Hölle hier oben. Und Audrina da auf dem Stuhl hatte schon ein Bein aus dem Fenster und schickte sich an zu springen, als ich zu ihr raste und sie packte und wieder hereinzerrte. Sie wehrte sich, schlug nach meinem Gesicht, schrie, als würde ich für sie alles repräsentieren, was böse war, und wenn sie mich verletzte, würde sie alle Männer verletzen... auch die, die ihren Stolz geraubt hatten, als sie ihren Körper vergewaltigten.«

Ich wand mich, starrte zu den Mobiles hinauf, die jetzt still an ihren Seidenbändern hingen. Und doch glaubte ich, ich könnte sie leise klingeln hören.

»Es geht noch weiter, Liebling, viel weiter. Möchtest du warten bis zu einem anderen Tag, an dem du dich kräftiger fühlst?«

Nein, ich hatte schon zu lange gewartet. Jetzt hieß es: Jetzt oder nie. »Weiter, Papa, erzähl mir alles.«

»Ich habe deiner Mutter wieder und wieder gesagt, sie hätte Audrina nicht baden sollen. Sie hätte sie trösten müssen, und später hätten wir dann zur Polizei gehen können. Aber deine Mutter wollte nicht, daß sie von noch mehr Männern beschämt wurde, die ihr alle möglichen, intimen Fragen gestellt hätten, die ein Kind nicht zu beantworten haben sollte. Ich war so wütend, daß ich diese Jungs mit bloßen Händen hätte umbringen können, ihnen den Hals umdrehen, sie kastrieren, irgend etwas so Schreckliches hätte tun können, daß man mich zweifellos lebenslänglich ins Gefängnis gesperrt hätte... aber meine Audrina wollte ihre

Namen nicht nennen... oder konnte sie nicht nennen aus Angst vor ihrer Rache. Vielleicht hatten sie ihr gedroht, ich weiß es nicht.«

Und Arden war auch dort gewesen. Arden war dort gewesen, und sie hatte ihn um Hilfe angefleht – und er war fortgerannt.

»Wo ist sie, Papa?«

Er zögerte, drehte mich so, daß er mir in die Augen sehen konnte. Über uns klingelten die Glasspiele, und instinktiv wußte ich, daß sie das tun würden, bis ich das Geheimnis erfahren hatte.

Ich war in Papas starken Armen gefangen, mitten auf dem türkischen Teppich. Er hatte mich dorthin gezogen, damit ich nicht zu nah am Glas stehen würde. »Warum hast du mich jetzt von den Fenstern fortgezogen, Papa?«

»Der Himmel. Hast du die dunklen Wolken nicht bemerkt? Ein Sturm braut sich zusammen, und ich mag nicht hier oben sein, wenn ein Sturm aufzieht. Laß uns nach unten gehen, ehe ich dir den Rest erzähle.«

»Erzähle ihn jetzt, Papa. Hierher ist sie immer zum Spielen gekommen. Ich habe immer gewußt, daß diese Papierpuppen ihre Puppen waren.«

Er räusperte sich, und ich mußte es auch tun. Ich hatte das Gefühl zu ersticken, atmete zu schnell, spürte, daß ich vor lauter Panik gleich schreien würde. Es war wie damals mit sieben Jahren, wenn ich im Schaukelstuhl saß und Angst hatte, so große Angst.

Papa seufzte, ließ mich los, um seine großen Hände vors Gesicht zu schlagen, aber nur kurz, als hätte er Angst, mich zu lange loszulassen. »Ich habe dieses Mädchen geliebt, o Gott, wie sehr habe ich es geliebt. Sie hat denen, die sie liebte, so viel geschenkt, hat mir so sehr vertraut. Sie war wirklich das einzige weibliche Wesen, das mir jemals vollkommen vertraut hat, und ich habe mir geschworen, sie niemals zu enttäuschen. Nicht nur, daß sie ein außergewöhnlich schönes Kind war; sie war auch charmant, herzlich, freundlich, süß und bezaubernd. Und sie besaß noch etwas, eine unerklärliche Eigenschaft, die sie von innen heraus vor Glück leuchten ließ; ihre Lebensfreude war so groß und überschäumend, daß sie alle mitriß und ansteckte. Wenn man mit ihr zusammen war, fühlte man sich lebendiger als mit irgend jemandem sonst. Ein Ausflug an den Strand, zum Zoo, ins Museum oder in den Park, und sie erhellte dein Leben, gab dir das Gefühl, wieder ein Kind zu sein, alles durch ihre Augen zu sehen. Und weil sie so wunderbare Dinge sah, konntest du sie auch sehen. Es war eine seltene Gabe, mehr wert als alles, was man mit Geld kaufen kann. Das allerkleinste Geschenk nur entzückte sie schon. Sie liebte das Wetter, das gute und das schlechte. Sie hatte so seltene Gaben, so ausgesprochen seltene.« Er schluckte, schlug kurz die Augen nieder und sah mich an, wandte sich dann hastig ab.

»Sogar deine Mutter war glücklich, wenn Audrina in der Nähe war, und Gott weiß, daß Lucky genug Grund hatte, unglücklich zu sein. Elsbeth genauso. Ich habe sie beide geliebt. Und ich habe versucht, für beide zu sein, was sie brauchten. Aber ich glaube, es ist mir nie gelungen, eine von ihnen glücklich zu machen, wirklich glücklich.« Seine Stimme verklang, seine Augen schwammen in ungeweinten Tränen. »Aber sie hätte uns gehorchen sollen. Wieder und immer wieder haben wir Audrina verboten, die Abkürzung durch den Wald zu nehmen... sie hätte es wissen können.«

»Hör jetzt nicht auf«, sagte ich nervös.

»Nachdem deine Mutter jeglichen Beweis der Vergewaltigung abgewaschen hatte, dachten wir, wir könnten Audrina daheim behalten und das Geheimnis würde in unserem Haus beschlossen bleiben. Aber Geheimnisse sickern schnell durch, ganz gleich, was man auch tut, um sie zu bewahren. Ich wollte diese Jungs finden und ihre dummen Köpfe zusammenschlagen. Aber wie ich schon sagte: Sie wollte uns nicht sagen, wer es gewesen war, wollte auch nicht wieder in die Schule gehen, wo sie sie vielleicht wiedersehen würde. Sie wollte überhaupt in keine Schule mehr gehen. Sie weigerte sich, zu essen, ihr Bett zu verlassen oder in einen Spiegel zu sehen. Eines Nachts stand sie auf und zerbrach jeden Spiegel hier im Haus. Sie schrie, wenn sie mich sah, denn sie sah in mir nicht mehr ihren Vater, sondern einen Mann, der ihr etwas antun könnte. Sie haßte alles, was männlich war. Sie warf Steine und trieb ihren armen Kater fort. Ich habe ihr nie wieder erlaubt, eine Katze zu besitzen, denn ich hatte Angst davor, was sie ihr antun könnte.«

Ungläubig starrte ich ihn an. »Oh, Papa, ich bin ganz durcheinander. Versuchst du mir zu sagen, daß Vera in Wirklichkeit die erste Audrina ist, die ich mein Leben lang beneidet habe? Papa, du magst Vera nicht einmal!«

Das sonderbare Licht in seinen Augen erschreckte mich. »Ich konnte sie nicht sterben lassen«, fuhr er fort und versenkte den

Blick in meine Augen, nagelte mich damit fest wie einen Schmetterling auf ein Brett. »Wenn sie gestorben wäre, wäre auch ein Teil von mir gestorben, und sie hätte ihre besondere Gabe mit ins Grab genommen. Nie wieder hätte ich eine Sekunde des Glücks gehabt. Also habe ich sie gerettet. Gerettet auf die einzige Art, die ich kannte.«

Wie Wasser, das versucht, sich in Beton zu graben, bemühte sich ein Gedanke, in mein Bewußtsein zu dringen. »Wie hast du sie gerettet?«

»Meine süße Audrina... hast du es noch nicht erraten? Habe ich dir nicht alles erklärt, dir alle Hinweise gegeben, die du brauchst? Vera ist nicht meine erste Audrina... *du bist es.*«

»Nein!« schrie ich, »ich kann es nicht sein! Sie ist tot, begraben auf dem Friedhof! Wir sind doch jeden Sonntag dorthin gegangen.«

»Sie ist nicht tot, denn *du* lebst. Es gab keine erste Audrina, weil du meine einzige Audrina bist – und Gott soll mich tot umfallen lassen, wenn ich lüge. Ich sage dir die Wahrheit!«

Diese Stimmen in meinem Kopf, diese Stimmen, die sagten *Papa, warum haben sie es getan? Warum?*

Es ist nur ein Traum, Liebling, nur ein Traum. Papa wird niemals zulassen, daß seiner Audrina, seiner süßen Audrina etwas Böses zustößt. Aber deine ältere, tote Schwester hatte diese Gabe, diese wundervolle Gabe, und ich möchte, daß du sie jetzt bekommst, denn sie braucht sie nicht mehr. Papa kann diese Gabe benutzen, um dir, Mammi und Tante Elsbeth zu helfen.

Gott hat gewollt, daß die erste und unvergessene Audrina stirbt, nicht wahr? Er hat sie sterben lassen, weil sie ungehorsam war und die Abkürzung benutzt hat. Sie ist bestraft worden, weil sie sich in ihrem teuren, neuen Kleid so hübsch fühlte, nicht wahr? Diese erste Audrina hat gedacht, es wäre Spaß, als die Jungs hinter ihr herliefen. Sie dachte, sie könnte ihnen beweisen, daß sie schneller als Tante Elsbeth laufen konnte. Schneller als alle anderen Mädchen in der Schule. Sie dachte, sie würden sie nie, nie einholen, und außerdem würde Gott schon auf sie aufpassen, nicht wahr? Sie betete zu ihm, aber er hörte sie nicht. Er saß nur da oben in seinem Himmel und tat so, als wäre unten im Wald alles prima, und dabei wußte er Bescheid! Er war froh, daß noch ein stolzes Whitefern-Mädchen angegriffen wurde, denn Gott ist schließlich auch ein Mann! Gott kümmerte es nicht, Papa! – und das ist die Wahrheit, nicht wahr?

Gott ist nicht so grausam, Audrina. Gott ist gnädig, wenn du ihm Gelegenheit dazu gibst. Aber er hat so viele, auf die er achtgeben muß.

Aber wozu ist er dann gut, Papa, wozu ist er dann gut?

Ich schrie und riß mich aus Papas Umarmung. Dann raste ich Hals über Kopf die Treppe hinunter. Es war mir egal, ob ich zu Tode stürzen würde.

Die erste Audrina

Ich rannte in den stürmischen, bedrohlichen Nachmittag hinaus, um Whitefern zu entfliehen. Ich rannte, um Papa, Arden, Sylvia, Vera und vor allem dem Geist der ersten Audrina zu entfliehen, der jetzt versuchte, mir zu sagen, daß ich überhaupt nicht existierte.

Die Vergewaltigung war ihr geschehen, nicht mir! Ich raste wie eine Verrückte, hatte Angst, all ihre Erinnerungen würden mich verfolgen, würden sich in meinem Hirn festsetzen wollen und es mit Entsetzen füllen.

Ich rannte, versuchte, schnell und weit genug zu rennen, um allem zu entfliehen, was ich war, allem zu entfliehen, was mich den größten Teil meines Lebens bedroht hatte. Lügen, Lügen – ich wollte irgendwohin, wo es keine Lügen gab – und gleichzeitig wußte ich nicht, wo ich einen solchen Ort finden könnte.

Hinter mir hörte ich Arden meinen Namen rufen – aber das war auch ihr Name! Nichts gehörte wirklich mir.

»Audrina, warte! Bitte höre auf zu rennen!«

Ich konnte nicht aufhören. Es war, als wäre ich ein aufgezogenes Spielzeug. Jahrelang hatte man mich aufgezogen, und jetzt mußte ich alles loswerden oder zerbrechen.

»Komm zurück!« schrie Arden. »Schau dir mal den Himmel an!« Er klang verzweifelt. »Audrina, komm zurück! Du bist nicht gesund! Hör auf, dich so verrückt zu betragen!«

Verrückt? Wollte er damit sagen, ich wäre verrückt?

»Liebling«, keuchte er, als er hinter mir herjagte. Es hörte sich an, als erfüllte ihn dieselbe Panik, die ich in mir spürte. »Nichts kann so schlimm sein, wie du denkst.«

Was wußte er von mir? Von mir, die wie eine Fliege in Papas

Lügennetz gefangen war. Einem Netz, das sich so dicht um mich geschlungen hatte, daß mein Leben bar jeden Vergnügens gewesen war. Ich breitete die Arme aus, schrie zum Himmel empor, zu Gott, dem Wind, der sich erhob und an meinem Haar zerrte und meinen Rock peitschte. Der Wind gellte zurück und griff mich noch gewaltiger an, so heftig, daß ich fast gefallen wäre. Wieder brüllte ich, forderte ihn heraus, mir weh zu tun. Niemand und nichts würde mir jemals vorschreiben, was zu tun war oder nicht, niemals wieder würde ich irgend jemandem glauben außer mir!

Plötzlich wurde mein Arm gepackt. Arden wirbelte mich herum. Ich schlug mit geballten Fäusten nach ihm, hämmerte gegen sein Gesicht, seine Brust. Aber ebenso leicht wie Papa hielt er meine Hände fest, und vielleicht hätte er mich auch mit sich zum Haus zurückgeschleift – aber diesmal stand das Schicksal auf meiner Seite. Er verlor das Gleichgewicht und ließ mich los. Ich war frei und rannte weiter.

Die weißen Marmorgrabsteine vom Whitefern-Friedhof tauchten vor mir auf, ragten düster vor dem bedrohenden Himmel empor. Zuckende Blitze in der Ferne verkündeten einen bösen Sturm. Tiefer, bedrohlicher Donner grollte über den Baumwipfeln nahe der Kirche. Ich hatte Angst vor Stürmen, wenn ich nicht im Haus war. Möge Gott mir hier draußen helfen; ihr hatte er nicht geholfen, und wahrscheinlich würde er mir genausowenig helfen.

Entsetzt und verängstigt, doch von der Suche nach der Wahrheit angetrieben, wirbelte ich herum und fing an, nach etwas zu suchen, mit dem ich graben konnte. Warum hatte ich nicht daran gedacht, eine Schaufel mitzunehmen? Wo bewahrte der Mann, der sich um die Gräber kümmerte, sein Werkzeug auf? Irgendwo mußte ich etwas finden, mit dem ich graben konnte.

Eine niedrige, verfallene Ziegelmauer umschloß unsere Familiengrabstätte. Roter Efeu kroch über die Steine und versuchte, alles Leben darin zu ersticken. Selbst im Winter, wenn Papa uns gezwungen hatte, mindestens einmal die Woche hierherzukommen, möglichst sonntags, bei Regen und Sonne, ob ich krank war oder nicht, war es immer ein bedrückender, düsterer Ort gewesen, an dem die Bäume mit ihren schwarzen, knochigen Fingern nach dem Himmel griffen. Jetzt im September, als die Bäume überall sonstwo leuchteten und glänzten, jagten die Blätter auf dem Friedhof braun und trocken über die Erde, und sie hörten sich an wie Gespenster, die leise in ihre Gräber zurücktappten.

Ich blieb stehen, schaute mich um und fing an zu zittern. Ich sah das Grab meiner Mutter, Tante Elsbeths und Billies. Neben dem Grab meiner Mutter war ein leerer Raum. Hier würde eines Tages mein Vater liegen, und neben ihm war das Grab der ersten und unvergessenen Audrina. Es hatte mich unwiderstehlich hierhergezogen. Jetzt rief sie mich aus ihrem Sarg, lachte über mich, sagte mir auf alle möglichen Arten, daß ich ihr niemals an Schönheit, Charme und Intelligenz gleichkommen würde und daß ihre ›Gaben‹ ihr allein gehörten und sie niemals auch nur auf eine einzige davon verzichten würde, um mich davor zu bewahren, etwas ganz Gewöhnliches zu sein.

Ihr Grabstein war es, der am meisten leuchtete. Er erhob sich hoch und schlank und grazil, wie ein junges Mädchen, und dieser allein stehende Grabstein schien heller als die anderen, fing all das geisterhafte Licht ein, das es auf dem Friedhof gab.

Ich redete mir ein, daß wir immer das sehen, was wir zu sehen wünschen, und das wäre alles. Es gab keinen Grund, Angst zu haben, überhaupt keinen. Entschlossen marschierte ich auf den Grabstein zu.

Wie oft hatte ich genau dort gestanden, wo ich jetzt stand, und hatte sie gehaßt? »Und hier ist das Grab meiner geliebten ersten Audrina«, hörte ich Papa sagen, als ich zögerte. »Hier ruht meine erste Tochter in geweihtem Boden. An ihrem Platz an meiner Seite, wenn der Herr es für richtig hält, mich zu sich zu rufen.«

O nein! Nicht mehr, nicht mehr! Ich fiel auf die Knie und fing an, mit bloßen Händen im toten Gras zu wühlen. Meine Nägel brachen ab; bald waren meine Finger wund und blutig. Doch noch immer grub ich weiter; ich mußte endlich die Wahrheit erfahren.

»Hör auf damit!« brüllte Arden, der auf den Friedhof gestürzt kam. Er rannte herbei und riß mich auf die Füße. Er mußte mit mir ringen, um mich davon abzuhalten, wieder zu Boden zu fallen und mit dem fortzufahren, was ich glaubte tun zu müssen. »Was, zum Teufel, ist in dich gefahren?« schrie er. »Warum gräbst du an diesem Grab?«

»Ich muß sie sehen!« schrie ich. Er sah mich an, als wäre ich verrückt.

Der Wind wurde heftiger, wurde zum Sturm. Er zerrte an meinem Haar, an meinen Kleidern. Er peitschte die Äste der Bäume fast in mein Gesicht. Arden hielt mich um die Taille, versuchte mich zu bezwingen, als sich der Himmel öffnete und eine Sturmflut von Hagelkörnern über uns ergoß.

»Audrina, du bist ja wahnsinnig!« fuhr er mich an und klang genau wie Papa. »Da unten liegt kein Leichnam.«

Ich schrie zurück; der Wind machte uns beide taub, so daß wir schreien mußten, obwohl unsere Gesichter nur Zentimeter voneinander entfernt waren. »Woher willst *du* das wissen? Papa lügt, das weißt du! Er würde alles sagen, alles tun, um mich an sich zu binden!«

Arden schien kurz darüber nachzudenken, schüttelte dann aber den Kopf, ehe er mich erneut rüttelte. »Du redest Unsinn!« brüllte er. »Hör auf, dich so zu benehmen! In diesem Grab liegt niemand! Es gibt keine ältere Schwester, und du mußt dieser Tatsache endlich ins Auge sehen!«

Wild starrte ich ihn an. Es mußte eine erste, tote Audrina geben, sonst wäre ja mein ganzes Leben eine Lüge. Ich schrie wieder, kämpfte gegen ihn an, entschlossen, ihn zu schlagen, und ebenso entschlossen, das Grab zu öffnen und ihre ›begabten‹ Überreste hervorzuholen. Ja, sagte ich mir, als ich mit Arden kämpfte, Papa ist ein Lügner, ein Betrüger und ein Dieb. Wie konnte irgend jemand irgend etwas glauben, was er sagte? Er hatte mein ganzes Leben auf Lügen aufgebaut.

Mein Fuß glitt im Schlamm aus. Arden versuchte, mich vor einem Sturz zu bewahren. Statt dessen fielen wir nun beide zu Boden. Immer noch kämpfte ich weiter, trat, kratzte, bäumte mich auf und versuchte zu tun, was die andere Audrina nicht hatte tun können, als sie neun Jahre alt war. Ihn zu verletzen!

Arden fiel auf mich, breitete die Arme aus, um so meine auf die Erde zu pressen. Seine Beine legten sich um meine Knöchel, so daß ich nicht einmal mehr treten konnte.

Sein Gesicht drohte über meinem, nahm mich mit zurück zu *ihrem* Tag, als Spencer Longtree im Wald versucht hatte, sie gegen ihren Willen zu küssen. Ich riß den Kopf mit solcher Wucht hoch, daß ich gegen sein Kinn stieß und er fluchte, als seine Unterlippe blutete.

Jetzt war Blut in seinem Gesicht – wie damals in ihrem.

Regen trommelte auf mein Gesicht nieder. Kleine Rinnsale strömten von ihm auf mich. Immer wieder fühlte ich mich an jenen Tag im Wald zurückversetzt, sah nicht ihn, sondern Spencer Longtree... sah in ihm alle drei Jungs, sah in ihm jeden Jungen oder Mann, der jemals ein Mädchen oder eine Frau vergewaltigt hatte – und diesmal würde ich die erste Audrina rächen, würde jede Frau rächen seit dem Anbeginn der Zeit.

Ich hörte, wie meine Bluse riß, als ich mich wehrte. Ich fühlte meinen violetten Rock bis zur Hüfte hinaufrutschen, aber ich dachte bloß an meine Rache! Blut floß, wo ich sein Gesicht zerkratzt hatte, und der Wind zauste sein Haar und meines. Um uns her tobte die wahnsinnig gewordene Natur, trieb uns zu mehr und mehr Gewalt und Heftigkeit.

Er schlug mich zweimal. Wie Papa Mammi wegen der kleinsten Sache geschlagen hatte. Nie zuvor hatte er etwas Ähnliches getan. Es machte mich noch wütender, aber ich spürte den Schmerz überhaupt nicht. Ich schlug zurück. Er packte wieder meine Hände, schien zu erkennen, daß er es nicht riskieren konnte, meine Handgelenke noch einmal loszulassen.

»Hör auf! Hör auf!« brüllte Arden über den heulenden Wind hinweg. »Ich lasse nicht zu, daß du dir oder mir das antust. Audrina, wenn du unbedingt sehen mußt, was in dem Grab ist, dann laufe ich zum Haus zurück und hole eine Schaufel. Sieh dir nur deine armen, armen Hände an.«

Schon hielt er sie fest, aber wieder riß ich mich los, wollte ihm die Augen aus dem Kopf kratzen. Dann umklammerte er mich wieder, preßte meine schmutzigen Hände an seine Lippen, und seine Augen wurden sanft, als er in mein wütendes Funkeln schaute. »Da liegst du, starrst haßerfüllt zu mir empor, und alles, was ich denken kann, ist, wie sehr ich dich liebe. Hast du noch nicht genug Rache genommen? Was willst du mir sonst noch antun?«

»Dich beschämen und verletzen, wie du mich beschämt und verletzt hast!«

»Also schön, dann los!« Er ließ meine Hände los und kauerte über mir, hielt seine Hände auf dem Rücken. »Los!« brüllte er, als ich zögerte. »Tu, was du tun willst. Benutze diese abgebrochenen, schmutzigen Nägel, um mein Gesicht zu zerkratzen, bohre deine Daumen in meine Augen, und vielleicht bist du zufrieden, wenn ich blind bin!«

Ich schlug ihn mehrmals mit der flachen Hand, erst mit der einen, dann mit der anderen. Er zuckte zusammen, während sein Kopf von einer Seite zur anderen gerissen wurde, so hart waren meine Schläge. Der Zorn, den ich fühlte, schien mir die Kraft eines

Mannes zu verleihen. Adrenalin wurde durch meinen Körper gepumpt, als ich schrie und prügelte. »Du Biest! Du feiges Stück, laß mich! Geh zurück zu Vera – sie verdient dich!«

Je wütender ich war, desto mehr funkelten mich seine glühenden Bernsteinaugen an. Der Himmel über uns riß auf. Blitze fuhren im Zickzack abwärts und fällten eine riesige Eiche, die ihre Wurzeln in jeden einzelnen Whitefern gebohrt haben mußte, der auf diesem Friedhof begraben lag. Der Baum splitterte und stürzte mit einem enormen Krachen nur wenige Schritte von uns entfernt zu Boden, wo er zu brennen anfing.

Wir wandten nicht einmal die Köpfe, um den Riesen brennend sterben zu sehen. Ich schlug weiterhin auf sein Gesicht und seine Brust ein, obwohl meine Fäuste wund und blutig waren und jetzt anfingen, schwächer zu werden und zu schmerzen. Wild jetzt, völlig außer sich, warf Arden sich rücksichtslos auf mich, begrub mich fast in dem weichen, schlammigen Boden. Mein schmerzender Rücken versuchte wieder, ihn abzuwerfen, aber ich wurde müde. Er fluchte, wie ich ihn nie zuvor hatte fluchen hören; dann stürzte er sich auf mich, preßte seine Lippen hart auf meinen Mund. Ich drehte den Kopf nach rechts, dann nach links, dann wieder rechts, aber so sehr ich mich auch bemühte, ich konnte dem brutalen Kuß nicht entgehen, der meine Lippen zerschinden wollte und schuld daran war, daß meine Zähne in das zarte Fleisch auf der Innenseite meines Mundes bissen.

Dann war seine gierige Hand in meiner zerrissenen Bluse, öffnete den Vorderverschluß meines BHs. Als ich seine tierische Lust sah, hätte ich ihn am liebsten umgebracht. Ich wand mich, drehte mich und schrie, als seine Hände an meiner Bluse und meinem BH zerrten, beides fortschleuderten. Am Ende führte doch jeder Konflikt zwischen einem Mann und einer Frau dazu. Ich haßte ihn! Haßte ihn mit solcher Leidenschaft, daß ich ihn umbringen wollte.

Doch noch während ich ihn bekämpfte, verriet mich etwas in mir, das ebenso gierig war wie er, fing Feuer. Ich kämpfte weiter, aber zwischen meinen Schlägen erwiderte ich seine Küsse, meine Lippen öffneten sich, als meine Fäuste aufhörten, umherzuwirbeln, und meine Arme packten ihn plötzlich, zogen seinen Kopf hinab zu meinem. Ich biß in seine Lippen, und wehe, er wäre zurückgezuckt!, aber er küßte mich weiterhin, bis ich ihn ebenfalls küßte, streichelte, ihn liebte und haßte, ihm seine nassen Kleider vom Leib riß, so daß wir schließlich beide nackt auf dem Grab meiner toten Schwester lagen.

Auf diesem Grab, während der Sturm sein wildes Crescendo peitschte, ergab ich mich in seinen Armen der größten Leidenschaft meines Lebens. Das war nicht die süße, zarte Liebe, wie es bei diesem einen Mal gewesen war, sondern eine brutale Leidenschaft, die mitriß, forderte, verschlang. Keuchend und stöhnend kehrte ich wieder in die Realität zurück, mußte feststellen, daß mich ein Orgasmus nach dem anderen geschüttelt hatte. Dann rollte er von mir und nahm mich auf andere Art, machte mich zu dem Tier, das er zu sein schien. Seine Hände langten unter mich, umfaßten meine geschwollenen Brüste. Er stöhnte.

Dann war es vorüber, und wir lagen in enger Umarmung. Noch immer küßten wir uns, und ich erwiderte jeden einzelnen Kuß, als hätten wir noch nicht genug gehabt und würden es wieder und wieder tun, nie mehr damit aufhören, bis wir beide tot waren.

Auf schimmernden, heißen Wellen unterdrückten Verlangens, das alles noch einmal zu tun, hier draußen im Sturm, wo die Welt jeden Augenblick zu Ende sein konnte und keine Sünde mehr zählen würde, kehrte ich in die Wirklichkeit zurück. Wütend stellte ich fest, daß ich wieder verloren hatte. Ich hatte mich nicht unterwerfen wollen!

»Ich werde diesen Ort nicht verlassen, ehe ich nicht ihren Leichnam gesehen habe!« erklärte ich, als ich aufstand und mir meine triefnassen, schmutzigen, zerrissenen Kleider anzog... genauso hatten ihre ausgesehen... ganz genauso...

»Wenn du das willst und brauchst, um dich zu überzeugen«, sagte er wütend, »dann laufe ich ins Haus zurück und hole eine Schaufel – aber warte, bis ich zurück bin.«

»Schon gut. Aber beeil dich.«

Im Davonlaufen zog Arden den Reißverschluß seiner Hose zu, und gleich darauf verschwand er im Tag, den das Unwetter zur Nacht gemacht hatte. Es war vielleicht sechs Uhr, und das Abendrot hätte den Himmel lebhaft färben sollen, aber es war finster, der Sturm wütete mit aller Kraft, und ich suchte keinerlei Schutz, sondern ließ mich einfach zu Boden fallen und weinte.

Nur Minuten schienen vergangen zu sein, als Arden auch schon wiederkehrte. Er schrie mich an, ich solle aus dem Weg gehen, stellte dann einen Fuß auf den Spaten und grub wild in der nassen Erde. Er stöhnte und keuchte, als er den Schmutz beiseite schaufelte. »Das Grab hier liegt nur sechs Fuß über dem Meeresspiegel. Das Gesetz verlangt einen Betonbehälter für einen Sarg... ich müßte bald darauf stoßen.«

Der Regen blendete mich. Ich kroch näher, damit ich hinabsehen, ihre Gruft sehen konnte. Arden grub tiefer und tiefer, bis Wasser in dem tiefen Loch stand. Ich kniete direkt am Rand, und der Schlamm unter mir fing plötzlich an zu gleiten. Ich schrie auf und suchte nach etwas, um mich festzuhalten, aber ich war unfähig, die Bewegung aufzufangen. Arden brüllte »Zurück!«, aber da stürzte ich schon auf ihn, und wir glitten beide in das leere Grab hinab.

Verständnislos starrte ich ihn an. »Arden... heißt das, daß ich wirklich die erste, die unvergessene Audrina bin?«

Aus seiner tiefen Stimme klang Kummer. »Ja, Liebling.« Er warf die Schaufel hinaus und umarmte mich. »Dein Vater hat nicht gelogen. Er hat die Wahrheit erzählt.«

Alle Kraft, die ich zuvor gespürt hatte, verging. Ich wurde willenlos in seinen Armen, ertrank in der Erkenntnis, daß ich es gewesen war, die mit neun Jahren vergewaltigt worden war, und daß meine gesamte Familie – Mammi, Papa, Tante Elsbeth und sogar Vera – mich getäuscht hatten. Für was hielten sie mich eigentlich? Für einen Feigling, der nicht damit fertig geworden wäre? Setzten mich in diesen verdammten Schaukelstuhl, damit ich Frieden und Zufriedenheit finden würde, das Besondere finden würde, das sie ihre ›Gabe‹ nannten, und das, obwohl ich selbst diese Audrina gewesen war? Ich war die erste, die unvergessene Audrina, und sie hatten mich an diesen Ort gebracht, hatten mich gezwungen, Blumen auf ein Grab zu legen, das in Wirklichkeit meines war. O Gott, nicht ich war verrückt – sie waren es!

Irgendwie gelang es Arden, mich zuerst aus dem Grab zu hieven, dann kletterte er selbst aus dem Loch. Er wollte mich zum Haus zurücktragen, aber das würde Papa und Vera wieder zeigen, daß ich nicht stark genug war. Erschöpft und enttäuscht gelang es mir, neben Arden zu gehen, während der Regen unsere Kleider an unseren Körpern und das Haar an unseren Köpfen kleben ließ. Wie Schwerverwundete taumelten wir blindlings vorwärts, zurück zu dem Haus des Verrats und Betrugs. Als wir dort ankamen, hatte der Regen uns beide vom Schmutz befreit.

Sobald wir im Haus waren, drängte Arden mich ins Badezimmer im Erdgeschoß und frottierte meine Haare. Während ich zitternd vor ihm stand, zog er mir meine Sachen aus. Meine Zähne klapperten, ich bekam eine Gänsehaut auf den Armen. Arden rubbelte mich mit einem sauberen Handtuch trocken, ehe er sein Gesicht zwischen meine Schenkel preßte. Ich fuhr hoch wie elektrisiert, als er mich dort küßte. Warum hatte er mich nie zuvor dorthin geküßt?

»Du hast mir niemals erlaubt, etwas Derartiges zu tun«, sagte er, als er einen weißen Bademantel aus dem Wäscheschrank holte und ihn mir hinhielt, damit ich hineinschlüpfen konnte. Seine Lippen streiften meine Schulter, ehe er den Mantel fester zusammenzog. »Zieh dich nie wieder vor mir zurück. Schreie und kreische und kämpfe, aber erstarre nicht wieder, sperr mich nicht wieder aus deinem Leben. Ich weiß nicht, was ich mit dir machen soll, wenn du schweigsam und kalt wirst. Heute, als du gekämpft und geschrien hast, da hatte ich das Gefühl, du wärest endlich lebendig, und zum ersten Mal hattest du dein Leben unter Kontrolle. Auch wenn du gedacht hast, du wärest geschlagen worden – in Wahrheit warst du der Sieger. Du hast mir gezeigt, wie wundervoll unser Leben von nun an sein wird.«

Ich konnte jetzt überhaupt nichts entscheiden. Ich mußte Papa finden, ihm gegenübertreten. Ich hatte so viele Fragen. Ich würde ihn zwingen, sie zu beantworten, wenn es sein mußte. Ich entzog mich Ardens Umarmung. »Ich muß jetzt Papa sehen, und dann können wir über uns sprechen.«

Ungeduldig wartete ich, bis Arden seine Haare getrocknet und seine nassen Kleider ausgezogen hatte. Er trug einen ähnlichen Bademantel wie ich, als wir Seite an Seite losgingen, um Papa zu suchen.

Papas Geschichte

In den Korridoren warfen die Lampen Schatten an die Wände, als Arden und ich die Treppe hinaufgingen, die uns zum Dachboden und in die Kuppel führte ... noch ehe wir den halben Weg zurückgelegt hatten, hörte ich Sylvias Stimme, die versuchte, mit Papa zu reden.

»Aud...driii...naaaa?«

»Ich weiß nicht, wo sie ist«, sagte Papa, als wäre er nicht er selbst. »Deshalb bin ich ja hierhergekommen. Von diesem Aussichtspunkt aus kann man meilenweit sehen... aber ich kann überhaupt nichts erkennen!«

»Ich bin hier, Papa«, sagte ich, als ich durch die Öffnung im Boden kam und wieder auf dem türkischen Teppich stand. Schnell schloß er das Fenster, um den Wind auszusperren, den Regen, so daß die Mobiles nicht mehr so wild klimperten.

Mein riesiger Vater schien erschöpft, zu müde, um sich all den Fragen zu stellen, die ich ihm stellen mußte.

»Was hast du mir angetan? Warum hast du mich belogen? Papa, wir haben in ihrem Grab nachgesehen – es ist leer!«

Er sackte zusammen, saß mit hängendem Kopf am Boden. »Ich habe getan, was ich für das beste hielt.«

Wie konnte er wissen, was das Beste für mich war? Er war ein Mann. Wie konnte irgendein Mann wissen, was es für ein Gefühl für ein Mädchen oder eine Frau war, vergewaltigt und erniedrigt zu werden?

Er hob den Kopf, seine dunklen Augen flehten um Verständnis, erzählten mir, daß er es versucht hatte, verzweifelt versucht hatte, mir den Stolz wiederzugeben, den die Jungs mir gestohlen hatten. »Sie hatten dir sowenig gelassen, und mit neun Jahren ist man noch lange nicht so weit, daß man sterben sollte.« Seine Stimme war rauh und klang verletzt, als ich auf ihn hinabstarrte. Ardens Arme lagen um mich und verliehen mir noch zusätzliche Kraft. »Und wenn deine Mutter gelogen hat, und ich auch, dann haben wir beide alles getan, um dich glauben zu machen, daß es einmal eine erste Audrina gegeben hat und daß sie es gewesen war, die vergewaltigt wurde, und nicht du.«

»Aber, Papa!« schrie ich. »Wie konntet ihr mich vergessen machen, was geschehen war? Was gab euch das Recht, mir das Gedächtnis zu nehmen und es mit Löchern zu versehen, so daß ich durchs Leben ging und fürchtete, ich wäre verrückt?«

»Die Liebe zu dir gab mir das Recht«, antwortete er müde. »Es ist nicht schwer, ein Kind zu täuschen. Liebling, hör mir jetzt zu und verschließ dich nicht. Deine Tante hat wohl hundertmal gesagt, wir sollten ehrlich sein und dir helfen, damit fertig zu werden, und manchmal war deine Mutter ihrer Meinung. Aber ich war es, der nicht wollte, daß du mit dem leben mußtest, was geschehen war. Ich war es, der die Entscheidung traf, alles zu tun, was ich konnte, um diesen regnerischen Tag im Wald aus deinem Gedächtnis zu streichen.«

Ich riß mich aus Ardens Armen und fing an, auf dem Teppich hin und her zu gehen, starrte dabei Sylvia an, die an eines der Fenster gerückt war und nun zu den Mobiles hinaufschaute, als hörte sie sie klimpern. Dabei hingen sie jetzt ganz reglos dort.

Papa fuhr fort, folgte mir mit besorgten Blicken. »Du bist die einzige Audrina. Es gab niemals eine andere. Nachdem du... nachdem diese Sache geschehen war, habe ich ein Grab graben lassen, ließ auch einen Grabstein aufstellen, um dich zu überzeugen, daß du eine ältere, tote Schwester gehabt hast. Das war meine Art, dich vor dir selbst zu schützen.« Seine Stimme war sehr, sehr leise und ausdruckslos.

Hatte ich es die ganze Zeit über gewußt und mich vor der Wahrheit versteckt? Diese Frage quälte mich. Hatte ich gewußt, daß ich die erste, aber nicht unbedingt eine unvergessene Audrina war? Ich schluchzte, hatte das Gefühl, mich aufzulösen. Vor meinem inneren Auge tauchte eine flüchtige Erinnerung auf, wie ich damals heimgetaumelt war, in dem Bewußtsein, daß das Haus voll mit Geburtstagsgästen war, deren Autos auf der Auffahrt parkten... und drinnen, an der Hintertür, hatte Mammi mich gepackt, hatte mich in das heiße Wasser gesetzt, obwohl ich schrie, hatte diese steife, harte Bürste benutzt, um mich zu schrubben, wo ich bereits blutete und mir mein ganzer Körper schon so weh tat. Meine eigene Mutter hatte mich mehr verletzt, als die Jungs es getan hatten. Sie hatte meine Haut zerschunden, bis sie blutig war, hatte versucht, mich von Schmutz und Schande zu befreien, und hatte mir gleichzeitig zu verstehen gegeben, daß ich niemals mehr rein sein würde, denn sie konnte nicht mein Gehirn erreichen und schrubben... und Papa würde mich jetzt nicht mehr wollen... würde mich nicht mehr wollen...

Ich wirbelte wieder zu Papa herum. »Was hast du getan, damit ich es vergaß? Wie hast du das geschafft?«

»Sei ruhig und laß es mich erzählen«, sagte er, und sein Gesicht wurde rot. »Ich werde versuchen, dir etwas zu gestehen, was ich nicht einmal mir selbst eingestehen wollte... ich dachte, du könntest mit dieser Vergewaltigung nicht fertig werden... weil *ich* nicht damit fertig werden konnte. Um mich selbst und meine Liebe zu dir zu retten... mußte ich aus dir wieder dasselbe keusche kleine Mädchen machen, das niemals eine häßliche Tat gekannt hat. Als du nicht wieder in die Schule gehen, nichts mehr essen und auch nicht in den Spiegel sehen wolltest, um nicht das Gesicht eines Mädchens zu sehen, daß so brutal benutzt worden war, brachte ich dich zu einem Psychiater. Er versuchte, dir zu helfen, aber am Ende beschloß er, das beste wäre, dich einer Behandlung mit Elektroschocks zu unterziehen. Ich war dort an dem Tag, als sie dich festbanden. Du hast geschrien, als sie dich anschnallten und dir einen Lederriemen zwischen die Lippen schoben, damit du dir nicht die Zunge abbeißen würdest. Innerlich schrie ich auch. Dann schossen sie den Strom in dein Hirn ... und dein Rücken krümmte sich, als du zu schreien versuchtest. Ein entsetzliches Gurgeln war zu vernehmen, das ich bis zum heutigen Tage noch hören kann ... und ich habe auch geschrien. Ich konnte nicht ertragen, daß sie so etwas noch einmal taten. Ich nahm dich mit nach Hause und entschied, daß ich auf meine Art dasselbe tun könnte, ohne all diese Qual und Folter.«

Ich blieb stehen und starrte zu ihm hinab. »Aber, Papa, ich kann mich doch noch an manche Sachen erinnern. An meine Katze namens Tweedle Dee ... und ich kann mich erinnern, das Grab der ersten Audrina besucht zu haben ... und damals war ich erst sieben, Papa, sieben!«

Er lächelte zynisch. »Du warst ein schlaues kleines Mädchen. Ich mußte dich überlisten. Aber so schlau du auch warst, du warst doch nur ein Kind. Es ist nicht schwer für einen Erwachsenen, einem Kind irgend etwas zu erzählen und es dazu zu bringen, das auch zu glauben. Ich wollte, daß du ein paar Erinnerungen behieltest, also habe ich sie mit einbezogen. Du warst sieben an dem Tag, als du Arden das erstemal gesehen hast; diese Erinnerung ließ ich dich behalten. Ich nahm dich auf den Schoß und während ich mit dir im Schaukelstuhl saß, erzählte ich dir von deiner älteren Schwester. Ich formte dich um, machte aus dir wieder das, was du vorher gewesen warst – sauber und rein, süß und liebevoll. Ja, ich war es, der dir eine Menge Gedanken eingegeben hat. Ich sah in dir einen Engel, der zu gut für diese Welt war, in der Unschuld eine Schande ist. Du hast für mich alles verkörpert, was süß und weiblich ist, und daß du vergewaltigt worden bist, war eine Schande, mit der ich nicht leben konnte. Was ich getan habe, habe ich auch für mich getan, um mich davon zu überzeugen, daß es nicht meine Tochter war, die man vergewaltigt hatte, nicht mein schönes, begabtes, unschuldiges Kind. Und ich habe dich doch wieder gesund gemacht, oder nicht? Ich habe dich davor bewahrt, zu glauben, daß du ruiniert seist, nicht wahr? Wenn ich nicht getan hätte, was ich getan habe, was wäre dann aus dir geworden, Audrina? Was?

All dein Stolz und Selbstbewußtsein hatten dich verlassen. Du hast dich in die Schatten gedrückt. Hast versucht, in ihnen zu leben. Du wolltest sterben, und vielleicht wärest du auch gestorben, wenn ich dich nicht wieder aufgebaut hätte. Ich habe dir die schönen Dinge aus deinem Leben erzählt, habe dich gezwungen, alle schlechten zu vergessen... bis auf ein paar. Wir brauchen ein paar schlechte Erfahrungen, um die guten anerkennen zu können. Du warst nicht dumm; auf deine Art warst du vielleicht sogar sehr schlau.«

Ich nickte abwesend, erlebte alles noch einmal, wie er sein Bestes getan hatte, um mir das Entsetzen dessen zu nehmen, was jene Jungs mir an jenem schrecklichen Tag im Wald angetan hatten.

»Habe ich dein Gedächtnis nicht von dem Schrecken reingewaschen?« flehte er, und seine Augen glänzten von Tränen. »Habe ich nicht ein Märchenschloß für dich aufgebaut, in dem du leben konntest, und dich nur mit dem Besten umgeben? Nicht für deine Mutter, sondern für *dich* habe ich gestohlen und betrogen, um dir alles geben zu können, um wiedergutzumachen, was man dir angetan hatte. Habe ich nicht genug getan? Sag mir, was ich falsch gemacht habe.« Mit der Faust wischte er die Tränen des Selbstmitleids beiseite, als hätte er mehr gelitten als ich.

»Tag für Tag hielt ich dich auf meinem Schoß, erzählte dir wieder und wieder, daß diese Schmach nicht dir, sondern deiner älteren Schwester zugestoßen wäre und daß sie die erste Audrina umgebracht und auf dem Hügel unter dem Goldregen liegengelassen hatten. Ich habe sogar versucht, ihren Tod schön zu machen. *Nicht du,* sagte ich immer wieder, *es war die andere Audrina, die jetzt tot in ihrem Grab liegt*. Nach einer Weile schienst du zu vergessen, und du selbst hast noch etwas getan, was mich überrascht hat. Du hast die Vergewaltigung vergessen, hast aus dem Tod der ersten Audrina etwas Mysteriöses gemacht. Ganz allein hast du die Erinnerung an die Vergewaltigung aus deinem Gedächtnis verdrängt.«

Ich schauderte, wandte mich dann von Papa ab, der immer noch redete. »Ich habe dich gewiegt, dich in meinen Armen gehalten und dir erzählt, daß alles nur ein böser Traum gewesen wäre, und du hast mich mit diesen riesigen, gequälten Augen so hoffnungsvoll angesehen, wolltest so gern glauben, daß es nicht dir geschehen war. Ich dachte, ich wäre auf dem richtigen Weg, also habe ich weitergemacht, Tag für Tag... auf meine Art habe ich für dich das Beste getan, was ich konnte.«

Das Beste, was er konnte, das Beste, was er konnte...

»Hörst du mir noch zu, Liebling? Ich habe aus dir wieder ein unschuldiges Mädchen gemacht. Vielleicht habe ich für dich alles ein bißchen durcheinandergebracht, aber es war das Beste, was ich tun konnte.«

Der Regen auf dem spitzen Kupferdach der Kuppel trommelte laut, sagte mir immer wieder, daß ich es tief in meinem Innern die ganze Zeit über gewußt hätte.

»War es leicht, die Zeit zu ändern, Papa, und mich sogar mein wahres Alter vergessen zu lassen?«

»Leicht?« fragte er heiser und rieb sich die müden Augen. »Nein, es war nicht leicht. Ich habe alles getan, um die Zeit auszuwischen, sie unwichtig zu machen. Weil wir so fern von anderen lebten, konnte ich dich täuschen. Ich ließ keine Zeitungen mehr bringen. Die Zeitungen, die kamen, waren alte, die ich in den Briefkasten stopfte. Ich machte dich zwei Jahre jünger. Ich versteckte alle Kalender und verbot deiner Tante, dich bei ihr fernsehen zu lassen. Ich verstellte alle Uhren hier im Haus, bis sie unterschiedliche Zeiten ansagten. Wir gaben dir Beruhigungs- und Schlafmittel für deine Kopfschmerzen, und du dachtest, es wäre nur Aspirin, und hast viel geschlafen. Manchmal bist du aufgewacht und hast gedacht, es wäre ein neuer Tag, obwohl nur wenige Stunden vergangen waren. Du warst verwirrt und bereit, alles zu glauben, was ich sagte, um dir Frieden zu schenken. Ich habe Vera schwören lassen, dir niemals die Wahrheit zu sagen. Ich drohte, sie andernfalls so hart zu bestrafen, daß sie niemals mehr in einen Spiegel schauen wollte. Und sie würde keinen roten Heller erben, wenn sie verraten würde, was ich tat. Deine Mutter und deine Tante hielten ihre Dienstags-Teestunde zweimal die Woche ab, damit du dachtest, die Zeit würde wirklich so schnell vergehen. Immer wieder hast du gefragt, welchen Tag wir hätten, welche Woche, welchen Monat. Sogar welches Jahr. Du wolltest wissen, wie alt du wärst, warum du keine Geburtstagsfeiern hättest und Vera auch nicht. Wir logen und erzählten dir alles mögliche, um dir dein Zeitgefühl zu nehmen. Eine Woche später überzeugten wir dich dann, daß Monate vergangen waren. Und nach siebzehn Monaten hatten wir dich davon überzeugt, daß es eine ältere Schwester gegeben hatte, die im Wald gestorben war – länger hat es nicht gedauert. Deine Mutter und deine Tante unterrichteten dich und hielten dich mit dem Schulplan auf dem laufenden, obwohl ich dir gesagt hatte, du wärest nie zur Schule gegangen. Es kam mir so sicherer vor. Als du wieder zurückgehen wolltest, haben wir dich in eine neue Schule gebracht, wo niemand deine Geschichte kannte.«

Tränen standen in meinen Augen. Keine erste und unvergessene Audrina also, nur ich.

»Weiter, Papa«, flüsterte ich. Ich fühlte mich sehr schwach und sonderbar, und meine Augen beschworen ihn, als wollte ich jedes Fünkchen Wahrheit aus ihm herauspressen, solange er am Leben war.

Als er von früher erzählte, war es, als durchlebten wir alles noch einmal, und nichts davon war schön, auch nicht für ihn. »Audrina, ich habe dich nur belogen und betrogen, um dir Leid zu ersparen. Ich hätte jede Lüge erzählt, alles getan, um aus dir wieder das selbstsichere, freundliche Mädchen zu machen, das sich vor nichts fürchtete. Und wenn du jetzt an deine merkwürdige Kindheit denkst, an die du dich nicht erinnern kannst, dann vergiß nicht, daß du selbstmordgefährdet warst, versucht hast, dich selbst zu zerstören. Auf meine Art habe ich, glaube ich, nicht nur dein Leben, sondern auch deinen Verstand gerettet.«

Mein Herz hämmerte wild. Irgend etwas ging in meinem Körper vor, aber die Enthüllungen, die wie Schläge auf mich niedergingen, ließen mich weiterhin Fragen stellen – ich hätte erraten sollen, was nicht stimmte. Ich hatte am Grab der ersten Audrina gestanden und sie beneidet, weil er sie zuerst und mehr geliebt hatte als mich. Ich hatte mir gewünscht, sie zu sein, bloß um diese Art von Liebe kennenzulernen. Es schien verrückt, daß ich die ganze Zeit über sie gewesen war, die erste, die Beste... nicht die zweite, die Schlimmste.

Tränen liefen über meine Wangen, als ich auf die Knie fiel, so daß Papa mich in die Arme nehmen konnte. Als wäre ich noch immer das neunjährige, verstörte Mädchen, wiegte er mich hin und her.

»Nicht weinen, Liebling, nicht weinen. Es ist ja alles vorbei, und du bist immer noch dasselbe süße Mädchen. Du hast dich nicht verändert. Es gibt Leute, denen kann Schmutz einfach nichts anhaben. Du gehörst dazu.«

Doch immer noch fühlte ich mich hier oben in der Kuppel, als wäre ich neun Jahre alt, zerschunden, erniedrigt und nicht menschlich.

Erst da schaute ich zu der Öffnung im Boden hinüber und sah Vera. Ihre dunklen, glitzernden Augen zeigten solchen Haß, solche Bosheit, daß ihre Lippen bebten. Ihr sonderbares aprikosenfarbenes Haar schien lebendig vor Elektrizität, als sie mich anfunkelte. Bruchstücke aus der Vergangenheit zuckten hinter meinen Augen vorüber.

Der Ausdruck von Neid auf Veras Gesicht... so hatte ich mich gefühlt, als ich an die erste Audrina dachte. Vera würde mich liebend gern tot sehen, so, wie ich mich gefreut hatte, daß die erste Audrina tot war. Jetzt erinnerte ich mich an meinen neunten Geburtstag. Ich erinnerte mich an jenen Morgen, als ich mich für die Schule anzog. Ich war noch nicht ganz fertig. Vera und ich benutzten dasselbe Badezimmer. Vera starrte mich an, als ich aus der Badewanne stieg.

»Zieh heute deinen schönsten Unterrock an, Audrina. Den mit der handgearbeiteten Spitze und den kleinen Kleeblättern, den du so gern hast. Und zieh auch das passende Höschen dazu an.«

»Nein. Das zieh ich erst an, wenn ich heimkomme. Ich hasse die Schule. Und ich hasse Mammi, weil sie mich zwingen will, mein bestes Kleid in die Schule anzuziehen, wo alle Mädchen eifersüchtig auf mich sein werden und mich hassen, weil ich so etwas Schönes anziehe.«

»Ach, Dummchen, es war nicht Mammis Idee, sondern meine. Es wird Zeit, daß die Mädchen im Dorf endlich begreifen, was für schöne Kleider du hast. Ich finde es eine wunderbare Idee, denen zu zeigen, daß die Mädchen aus Whitefern immer noch seidene Kleider tragen – und alles andere auch aus Seide.«

Ich stand auf der Veranda und sah zu, wie Vera zum Schulbus lief, der sie abholte. Sie drehte sich noch einmal um und rief: »Genieße deine Besonderheit ein letztes Mal, Audrina. Denn wenn du heimkommst, wirst du genauso sein wie wir alle – nicht mehr so rein.«

Ich zuckte bei der Erinnerung zusammen und starrte Vera mit der neuen Erkenntnis an. Nein, versuchte ich mich selbst zu überzeugen, Vera würde doch diese Jungs nicht auf mich hetzen...

oder? Sie war die einzige, die wußte, welche Wege ich immer benutzte. Es gab unzählige, kaum erkennbare Pfade in unserem Teil des Waldes.

Es waren diese dunklen Augen, die Vera verrieten, die listige Art, wie sie mich von oben bis unten musterte, innerlich über mich lachte, als würde sie immer die Gewinnerin bleiben, was immer ich auch tat.

»*Du* bist es gewesen, die mich verraten hat, nicht wahr, Vera?« fragte ich und versuchte, meine Stimme ruhig zu halten und klar zu denken. »Du hast mich gehaßt und mich so sehr beneidet, daß du dir gewünscht hast, Papa würde mich auch hassen. Ich habe geweint, den Kopf in Mammis Schoß vergraben, weil ich dachte, ich hätte irgend etwas getan, das diese häßlichen Jungs davon überzeugte, ich wäre gemein. Ich habe mir Vorwürfe gemacht, weil ich sie geärgert hatte. Ich dachte, ich hätte in meiner Unschuld irgend etwas angestellt, was in ihnen böse Gedanken erweckt hat; aber ich konnte mich nicht erinnern, irgend etwas gesagt oder getan zu haben, um auf sie den Eindruck zu machen, ich wäre nicht das nette Kind, das Papa in mir sah. *Du* bist es gewesen, die ihnen verraten hat, welchen Pfad ich wählen würde!«

Gegen meinen Willen wurde meine Stimme lauter, nahm einen anklagenden Tonfall an. Ich stand auf, machte ein paar Schritte auf sie zu.

»Ach, hör doch auf!« kreischte sie. »Das ist doch alles längst vorbei! Woher sollte ich denn wissen, daß du nicht gehorchen würdest, daß du gegen den Wunsch deiner Eltern durch den Wald laufen würdest? Es war nicht meine Schuld, sondern deine eigene!«

»Moment mal!« mischte sich Papa ein, sprang auf die Füße und eilte an meine Seite, und auch Arden kam näher. »Ich habe im Dorf schon oft flüstern gehört, daß jemand aus diesem Haus hier meine Tochter verraten hat. Ich dachte, es wäre der Junge gewesen, der unsere Büsche stutzte und den Rasen mähte. Aber natürlich, du mußt diejenige gewesen sein! Er war nicht aus diesem Haus... wir haben eine Schlange in unserer Mitte genährt. Wer sonst hätte sich sehnlicher wünschen können, daß Audrina verletzt wurde, als das ungewünschte Kind, das nicht einmal wußte, wer sein Vater war!«

Vera schien verschreckt, wich zurück.

»Möge deine Seele in der ewigen Verdammnis der Hölle schmoren!« brüllte Papa und trat drohend vorwärts, als wollte er mit

Vera ein Ende machen. »Damals dachte ich, es wäre ein zu großer Zufall. An ihrem Geburtstag – aber deine Mutter sagte immer wieder, daß du unschuldig wärst. Jetzt weiß ich es besser. Du hast mit diesen Jungs besprochen, daß sie meine Audrina vergewaltigen!«

Vera fuhr sich mit der Hand an die Kehle und versuchte, mit dem gebrochenen Arm hinter sich zu tasten. In ihren großen, dunklen Augen, die Papas so ähnlich sahen, stand nackte Angst.

Sie schrie ihn an: »Ich bin deine Tochter, und du weißt es! Leugne es nur, wenn du willst, Damian Adare, aber ich bin genau wie du! Ich werde alles tun, um zu bekommen, was ich haben will – genauso wie du. Ich hasse dich, Damian, hasse dich wirklich! Ich hasse die Frau, die mich geboren hat! Ich habe jeden einzelnen Tag gehaßt, an dem ich in dieser Hölle leben mußte, die ihr Whitefern nennt! Du hast meiner Mutter einen Scheck gegeben, als sie nach New York kommen und bei mir sein wollte... und er war nicht gedeckt. Ein verdammter, ungedeckter Scheck, um sie für all die Jahre zu bezahlen, in denen sie nichts als eine Sklavin in deinem Haus gewesen ist.«

Papa machte einen weiteren, drohenden Schritt auf Vera zu. »Kein Wort mehr, Mädchen, oder du wirst den Tag bedauern, an dem du geboren wurdest! Seit dem Tag, an dem deine Mutter dich hierhergebracht hat, warst du nichts weiter als ein Dorn in meinem Auge. Und du bist es gewesen, die mir freiwillig erzählt hat, daß Arden Lowe bei der Vergewaltigung meiner Tochter anwesend war und daß er nichts getan hatte, um sie zu retten. Du hast gelacht, als du mir erzählt hast, daß er davongerannt ist. Du warst voller Schadenfreude. Wenn du mich nicht daran erinnert hättest, hätte ich es vielleicht vergessen.« Papas Augen verengten sich gefährlich.

Wie eine Tigerin sprang Vera vor, um Papa gegenüberzutreten. Sie schien ihren gebrochenen Arm zu vergessen, schien zu vergessen, daß sie eine Frau und er ein riesiger, kräftiger Mann war, der rücksichtslos sein konnte, wenn es um sie ging.

»Du!« spie sie ihm entgegen. »Was, zum Teufel, kümmert es mich, was du denkst? Du hast mir nichts gegeben, nachdem Audrina geboren war. Du hast mich behandelt, als existierte ich nicht, nachdem die süße Audrina aus dem Krankenhaus heimkam. Ich wurde aus dem hübschen Zimmer gedrängt, das du für mich eingerichtet hattest, und es wurde in ein Kinderzimmer für sie verwandelt. Es hieß nur noch die süße Audrina hier, die süße Audrina da, bis ich hätte kotzen können. Niemals hast du auch nur ein einziges nettes Wort zu mir gesagt. Du hast mich überhaupt nur bemerkt, wenn ich krank oder verletzt war. Ich wollte, daß du mich liebst, und du hast dich geweigert, irgend jemanden außer deine Audrina zu lieben...«

Sie schluchzte und eilte zu Arden, preßte ihr Gesicht an seine Brust. »Bring mich fort von hier, Arden... bring mich fort. Ich möchte spüren, daß mich jemand liebt. Ich bin nicht schlecht, nicht wirklich schlecht...«

Papa brüllte auf wie ein Stier. Schreiend ließ Vera Arden los, wirbelte herum und stürzte auf die Treppe zu. Aber sie hatte vergessen, daß sie den Schuh mit der dickeren Sohle trug. In diesen Schuhen hätte sie niemals rennen dürfen. Sie knickte auf der hohen Sohle des linken Schuhs um, verlor das Gleichgewicht und fiel... und die Öffnung der Wendeltreppe blieb wie ein riesiger, klaffender Mund hinter ihr.

Wie eine Puppe in Zeitlupe fiel sie mit dem Kopf zuerst die Wendeltreppe hinab. Ihre Schreie zerrissen in abgehacktem Rhythmus die Luft. Zuerst schlug eine Schulter gegen eine Seite des eisernen Geländers, dann drehte sie sich und fiel gegen die andere Seite.

Sie drehte und drehte sich, schlug immer wieder gegen das harte Metall, bis ihr letzter Schrei mitten im Ton abbrach und sie auf dem Boden aufschlug, wo sie liegenblieb.

Blitzschnell raste Arden die Treppe hinab, kniete an ihrer Seite, als Papa, Sylvia und ich ebenfalls hinunterliefen. Da lag sie, benommen, die dunklen Augen fingen schon an, glasig zu werden, als sie Arden anstarrte, der ihren Kopf im Schoß hielt.

»Bring mich fort, Arden«, krächzte sie leise. »Bring mich fort aus diesem Haus, wo mich alle immer nur gehaßt haben. Bring mich fort von hier, Arden... nimm mich –«

Sie wurde bewußtlos. Arden legte ihren Kopf auf den Boden, und ohne mich auch nur anzusehen, rannte er davon, um den Krankenwagen zu rufen, der Vera... wieder einmal – ins Krankenhaus bringen sollte.

Stunden vergingen, ehe ich eine ferne Tür zuschlagen hörte. Das Geräusch verriet mir, daß Arden aus der Klinik zurückgekehrt war. Ich stellte die Gaslampe neben meinem Bett kleiner und schloß die Augen, in der Hoffnung, er würde fortgehen und mich nicht mit Geschichten über Veras gebrochene Knochen belasten, die heilen würden. Ich hatte Angst davor, sein Mitleid mit ihr zu hören, Angst, daß er eingewilligt hatte, sie von hier fortzubringen.

Aber wie ein Kind, das Furcht vor der Dunkelheit hat, fühlte ich mich ohne ein schwaches Licht wehrlos. Doch als er mit seinen Neuigkeiten zu mir kam, wünschte ich mir die völlige Dunkelheit herbei. Leise öffnete und schloß sich meine Schlafzimmertür. Ardens Geruch schwebte zu mir.

»Ich habe gerade eine Weile bei Damian zugebracht, habe mit ihm über Vera gesprochen ... darf ich jetzt mit dir über sie reden?« fragte er und setzte sich auf die Kante meines Bettes. Seine müden Augen erweckten Mitleid in mir. Ungewolltes Mitleid drohte meine Entschlossenheit zu rauben, die mich nicht mehr von dem abbringen sollte, was ich vorhatte.

»Du brauchst nicht vor mir zurückzuweichen«, sagte er müde und ungeduldig. »Ich habe nicht vor, dich anzurühren. Vera ist vor ungefähr zwei Stunden gestorben. Sie hatte zu viele innere Verletzungen, um zu überleben. Nahezu jeder einzelne Knochen in ihrem Körper war gebrochen.«

Ich fing an zu zittern. Ein Teil von mir hatte sich immer bemüht, Vera als meine Schwester zu betrachten.

»Ich weiß, was du fühlst«, sagte Arden. »Ein Teil von uns scheint immer zerstört zu werden, wenn irgend jemand stirbt. Vera hat uns noch etwas geschenkt, ehe sie starb, Audrina. Drei Tote nach Treppenstürzen in diesem Haus machten die Polizei mißtrauisch, und sie verhörten mich gerade, als Vera flüsterte, sie wäre gestolpert und gefallen ... und es wäre ihre eigene Schuld gewesen.«

Ich drehte mich auf die Seite, den Rücken ihm zugewandt, und fing leise an zu schluchzen. In der Dunkelheit spürte ich, daß er anfing, sich auszuziehen, in der Absicht, mich die ganze Nacht zu halten, aber ich sprach schnell.

»Nein, Arden. Ich will dich nicht in meinem Bett. Geh in ein anderes Zimmer und schlaf dort, bis ich Zeit gehabt habe, das alles zu überdenken. Wenn Vera gesagt hat, der Sturz war ihre eigene Schuld, dann war er es schließlich auch, nicht wahr? Niemand hat sie gestoßen ... aber sie war es, die mich gestoßen hat, und je mehr ich darüber nachdenke und mich daran erinnere, daß eine Tür leise zufiel, als ich meine Tante tot gefunden habe ... es muß Vera gewesen sein, die ihre eigene Mutter die Treppe hinabgestoßen hat und den Scheck von der Pinnwand nahm, wohin ich ihn geheftet hatte. Und dann ist da auch noch Billie, die gefallen ist. Sie und Papa hätten vielleicht geheiratet, und das hätte einen weiteren Erben für Papas Vermögen bedeutet, denn sie muß die ganze Zeit über schon geplant haben, mich aus der Welt zu schaffen.«

Er antwortete nicht. Dann fiel die Tür hinter ihm ins Schloß.

Erst jetzt stand ich auf und zog einen Morgenrock an, ehe ich nach Sylvia sah. Aber sie war nicht in ihrem Zimmer. Ich fand sie in dem Spielzimmer, das einmal mir gehört hatte. Sie schaukelte sanft und summte ihr merkwürdiges, kleines Lied. Ich sah mich um mit meiner neuen Erkenntnis und erkannte die Puppen, die Papa beim Schießen auf einem Jahrmarkt gewonnen hatte. Und dann all die Plüschtiere!

Ich starrte in Sylvias hübsches, junges Gesicht, als sie unschuldig summte wie eine der Hexen aus Papas Geschichten von seinen Vorfahren. Diese Geschichten, die mich einst dazu gebracht hatten, einen Hexenfluch auszustoßen, um die Jungs aufzuhalten, die keine Angst davor hatten...

Kleine Puppen erschienen in Sylvias Händen, die sie anscheinend aus den Taschen ihres losen Kleides gezogen hatte. Winzige Püppchen, die ich selbst gekauft hatte, um ihr eine Freude zu machen. Puppen, geschlechtslose Wesen, aber irgendwo erschienen sie mir plötzlich mehr wie Jungs als wie Mädchen.

Arden war hinter mir hergekommen und stand da, beobachtete uns. Sylvia starrte uns an, ehe sie langsam aus dem Zimmer schlurfte.

»Setz dich«, brummte Arden, zog mich ins Spielzimmer und drückte mich in den Schaukelstuhl. Er ging neben mir in die Knie und versuchte, meine Hand zu halten. Ich setzte mich darauf, um sie vor ihm zu bewahren. Er seufzte, und ich dachte an Billie und all die kleinen Hinweise, die sie mir zu geben versucht hatte, um mir klarzumachen, daß ihr Sohn nicht perfekt war. Aber ich wollte ihn perfekt.

Vielleicht stand das in meinen Augen, als ich ihn anfunkelte, als ich ihm jetzt Vorwürfe machte, außer mir und enttäuscht, weil er mich im Stich gelassen hatte, als ich ihn am meisten brauchte. Trauer und schlechtes Gewissen spiegelten sich in seinen Augen, so daß ich fast seine Gedanken lesen konnte. Er hatte soviel von mir in Kauf genommen, um die Geschehnisse dieses schändlichen

Tages wiedergutzumachen. Selbst jetzt liebte ich ihn noch, obwohl ich seine Schwäche verabscheute.

»Das ist der Augenblick, vor dem ich mich seit dem Tag deines neunten Geburtstags gefürchtet habe. Ich eilte damals heim, wollte zu eurem Haus rasen und rechtzeitig für deine Feier dort sein. Ich war noch nie in Whitefern gewesen, und es war ein großer Tag für mich. Auf dem Weg durch den Wald ins Häuschen hielten mich drei Jungs an. Sie forderten mich auf, in der Nähe zu bleiben und mich zu amüsieren. Ich wußte nicht, was sie meinten. Das bißchen Freizeit, das ich hatte, verbrachte ich mit Arbeit, und Spaß mit älteren Jungs war etwas, was ich nicht kannte. Es freute mich, daß ich endlich einer von ihnen werden sollte, und so schloß ich mich ihnen an, als sie mich aufforderten, mich hinter den Büschen zu verstecken. Dann kamst du den Sandweg entlanggehüpft, hast vor dich hin gesungen. Keiner sagte ein Wort. Als sie herausstürzten und losrannten, um dich zu fangen, und als ich hörte, wie du sie anschriest, wie sie brüllten, was sie dir antun wollten, da war das wie ein Alptraum. Meine Arme und Beine waren wie betäubt... ich wußte nicht, was ich tun sollte, um sie aufzuhalten. Mir war übel vor Angst um dich, und mir wurde schwach, so sehr haßte ich sie... und ich konnte mich nicht rühren. Audrina, ich habe mich gezwungen, aufzustehen... und da hast du mich gesehen. Du hast mich mit Blicken angefleht, mit Schreien, ehe sie dir etwas in den Mund stopften... und die Scham, wie gelähmt zu sein, ließ mich noch schwächer werden. Ich wußte, daß du mich verachten würdest, weil ich nichts tat, so, wie ich mich noch immer dafür verachte, nichts anderes getan zu haben, als loszurennen, um Hilfe zu holen. Deshalb bin ich gerannt, denn ich hatte keine Chance im Kampf gegen sie. Einer gegen einen, hätte ich vielleicht noch gewinnen können, aber gegen drei... Audrina, es tut mir leid. Ich weiß, daß das nicht ausreicht. Heute wünschte ich, ich wäre geblieben und hätte versucht, dich zu verteidigen – dann würdest du mich jetzt nicht mit soviel Zorn in deinen Augen anstarren.«

Er machte eine Pause und streckte die Arme aus, zog mich an sich, und vielleicht dachte er auch, er könnte mit seinen Küssen ein anderes Feuer entfachen, ähnlich dem auf dem Friedhof, und ich würde wieder ihm gehören und ihm vergeben.

»Vergib mir, daß ich damals versagt habe, Audrina. Vergib mir, daß ich immer versagt habe, wenn du mich wirklich gebraucht hast... gib mir noch eine Chance, und du wirst mir nie wieder verzeihen müssen, nicht zu handeln, wenn ich es tun sollte.«

Vergeben? Ihm? Wie konnte ich ihm vergeben, wenn ich nie vergessen konnte? Zweimal hatte er nichts unternommen, um mich vor Menschen zu retten, die mich zerstören wollten. Ich wollte ihm keine dritte Chance geben.

Der letzte Faden des Spinnennetzes

An einem schönen, sonnigen Tag betteten wir Vera zur letzten Ruhe neben Tante Elsbeth. Es war sonderbar, daß ich gerade bei diesem Begräbnis dabei war, wo ich das von Tante Elsbeth und auch die Beerdigung Billies versäumt hatte. Ich hatte die beiden anderen geliebt, und doch war es Veras Sarg, den ich in die Erde sinken sah. Als ich von ihr Abschied nahm, verstand ich sie plötzlich. Und dieses Verständnis würde es mir vielleicht eines Tages ermöglichen, ihr zu verzeihen und mich nur noch an die Augenblicke zu erinnern, in denen ich sie gemocht hatte.

Wir kehrten nach der Beerdigung heim, und sobald ich Sylvia aus ihren Trauerkleidern geholfen hatte, schlug Papa vor, im Hof Ball zu spielen. Das würde uns über unsere Niedergeschlagenheit hinweghelfen, meinte er. Seit dem Abend von Veras Tod hatte ich kaum mit Arden gesprochen, und jetzt, drei Tage später, schmiedete ich meine Pläne, während Papa sich in einem Sessel mir gegenüber räkelte und wie immer versuchte, meine geheimsten Gedanken zu erraten.

Als Sylvia, gefolgt von Arden, in die Halle kam, schien ihr schlurfender Gang sich stark verbessert zu haben. Die frische Luft und die Sonne hatten ein bißchen Farbe in ihr Gesicht gezaubert, und die hübschen, wasserblauen Augen suchten mich, ehe sie lächelte.

Ich ging, bevor Arden Gelegenheit hatte, mich nochmals um etwas zu bitten, und eilte die Treppe hinauf. In meinem Schlafzimmer setzte ich mich aufs Bett und versuchte vorauszuschauen, damit ich das Richtige für Sylvia und mich tun könnte. Papa kam an die Tür und stand dort, flehte mich an, ihn nicht zu verlassen. Konnte er meine Gedanken lesen?

»Du hast es versprochen, Audrina, versprochen! Du hast geschworen, daß du dein Leben lang bei mir bleiben würdest. Und was ist mit Sylvia? Willst du ihr den einzigen Menschen nehmen, der zu ihr steht?«

»Ich gehe, Papa«, erklärte ich müde. »Ich habe versprochen, dich nicht zu verlassen, als ich noch ein Kind war und nicht verstanden habe, was du von mir wolltest. Aber ich kann nicht bleiben. Mit diesem Haus stimmt etwas nicht. Irgend etwas herrscht hier und hindert alle daran, normal oder glücklich zu sein. Ich will hier raus.«

»Denk an Sylvia«, weinte Papa. »Auch wenn es ihr bessergeht, wird sie doch niemals fließend sprechen. Sie wird nie so normal sein, daß sie schwierige, geistige Aufgaben lösen könnte – wie soll sie überleben, wenn ich sterbe?«

Ich hatte nicht die Absicht, Sylvia hierzulassen, aber das wollte ich ihm nicht sagen. Noch nicht.

»Wie soll Sylvia überleben, wenn du fort bist?« Seine dunklen Augen funkelten – listig, so dachte ich. »Also hast du am Ende doch diese Gabe verloren. Sie haben dieses Besondere in dir getötet, deine Fähigkeit zu selbstloser Liebe, die Empfindsamkeit, die dich immer herbeigerufen hat, wenn jemand dich gebraucht hat. Du bist nicht mehr das besondere Mädchen mit dieser seltenen, kostbaren Gabe.«

Hart und zornig erklärte ich: »Das ist keine Gabe, Papa. Ich glaube dir nicht mehr. Mit diesem Sitzen und Schaukeln hast du dich förmlich selbst hypnotisiert, bis du alles geglaubt hast. Mir tut das Mädchen leid, das ich gewesen bin, weil es von ganzem Herzen an dich geglaubt hat.«

»Also gut«, sagte er. Er schenkte mir noch einen seiner langen, durchdringenden Blicke, der mich zwang, die Augen niederzuschlagen. Dann stand er auf, um zu gehen, starrte mich von der Tür aus so kummervoll an, daß ich ihm den Rücken zukehren mußte, um seinem stummen Druck nicht nachzugeben.

Jetzt war es nur noch klarer geworden... ich mußte dieses Haus verlassen.

Er ging und knallte die Tür hinter sich zu. Ich fiel auf mein Bett und starrte an die Decke. Schlafen, dachte ich, nie wieder träumen. Das wünschte ich mir. So sollte es sein. Ich brauchte

Arden jetzt nicht. Ich hatte Sylvia, und das war genug. Doch die ganze Nacht lang tauchte Arden in meinen Träumen immer wieder kurz auf, und am Morgen wachte ich mit benommenem Kopf und dicker Zunge auf. Beim Frühstück sagte Papa nichts. Für gewöhnlich redete er schon, wenn er die Küche betrat, und verließ sie auch so wieder. *Kein anderes Talent als reden, reden, den lieben, langen Tag,* hörte ich meine Mutter flüstern. Er war meistens gut gelaunt, ließ sich von keiner Tragödie unterkriegen, war immer obenauf, aber mir war es gelungen, ihn traurig zu machen.

Endlich, als Sylvia Essen in ihren Mund schaufelte und Arden ohne Appetit aß, sprach er. »Vera muß in jener Nacht, als Ellie und ich unseren letzten Streit hatten, hiergewesen sein. Vera war es, die ihr das Reisekostüm angezogen hat und die Kleider in den Koffer geworfen, damit wir denken sollten, Ellie hätte die Absicht gehabt, mich zu verlassen.«

Er beugte den Kopf über die Hände; einen Augenblick lang fielen seine breiten Schultern nach vorn, als würde ihn die Tragik doch noch berühren.

»Ich wußte, daß Ellie mich niemals verlassen würde. Ich hätte ihr eine Million Dollar geben können, und sie wäre doch immer noch geblieben. Wenn man jahrelang an einem bestimmten Ort lebt, dann schlägt man dort Wurzeln, selbst wenn man es nicht will. Immer wieder erzählte Ellie mir, daß sie woanders glücklicher sein würde, aber wann immer sie versuchte, mich zu verlassen, mußte sie feststellen, daß sie das nicht konnte. Sie hat immer gesagt, sie hätte den größten Fehler ihres Lebens gemacht, als sie hierher zurückkehrte.«

Er sah nicht noch einmal zu mir herüber, aber ich wußte, was er zu tun versuchte – er wollte mir einreden, ich könnte außerhalb dieses Hauses nicht leben, fern von seiner zärtlichen Fürsorge. Er erzählte mir, wie sehr er sich wünschte, daß ich hierblieb, wie sehr er mich brauchte, ohne es direkt zu sagen.

Die vielen Uhren im Haus tickten, die Zeit verrann.

Der Wasserhahn in der Küche tropfte, tropfte...

Sylvia hörte auf zu essen, nahm ihre Kristalle, und die Farben blitzten, und die Mobiles in der Kuppel fingen an zu klingeln, klimpern.

Ich schüttelte den Kopf, um mich von diesem Bann zu befreien, den nicht nur die Farben, sondern auch die vertrauten Geräusche über mich legten. Papa hatte mein Leben ruiniert, weil er mich für einen Schwächling hielt, der unfähig war, mit der Wahrheit fertig zu werden. Dabei war er es, der sich ihr nicht stellen wollte. Er hatte gelogen, um selbst vergessen zu können, nicht nur um mich vergessen zu machen.

Und er hatte auch Veras Leben ruiniert, weil er sie von Anfang an nicht gemocht hatte. Denn sie rief das schlechte Gewissen in ihm wach, wann immer er in ihre schwarzen Augen sah, die den seinen so ähnlich waren. Aber ich würde ihm schon beweisen, aus welchem Stoff ich gemacht war.

In diesem Haus hielt ich mich noch immer im Schatten der Wände, und noch immer wich ich den bunten Mustern am Boden aus. Hier war ich ein Kind, stehengeblieben im Alter von neun Jahren. Ich mußte Papa und Arden beweisen, daß ich meine Wurzeln ausreißen konnte, wie sehr das auch schmerzte, und ich würde aus diesem Haus fliehen. Ich zwang mich, die Koffer aus dem Schrank zu nehmen; von wilder Entschlossenheit getrieben, rannte ich hierhin und dorthin, warf Kleider in die Taschen, die offen auf meinem Bett lagen. Ich faltete nichts säuberlich zusammen, schleuderte bloß Pullis, Röcke, Blusen hinein, auch für Sylvia.

Dann warf ich meine Unterwäsche hinterher, stopfte Strümpfe, Schuhe, Handtaschen, Kosmetika hinein... genau wie Tante Elsbeth es getan hatte. Die Uhr auf meinem Nachttisch zeigte zehn nach zehn, und danach stellte ich meine Armbanduhr. Um zwölf Uhr würde ich mit Sylvia unterwegs sein.

»Audrina«, sagte Arden, der in mein Zimmer gekommen war. Seine Arme versuchten, mich zu umschlingen, »wende dich nicht von mir ab.« Er zog mich an seine Brust und versuchte, seine Lippen auf meinen Mund zu drücken. Ich drehte den Kopf, um seinem Kuß zu entgehen. »Ich liebe dich«, erklärte er hitzig, »ich habe dich immer geliebt. Schreckliche Dinge, viel schlimmere Dinge stoßen anderen Menschen zu, und doch bleiben sie zusammen. Sie finden ein neues Glück. Audrina, sei tapfer. Hilf dir selbst. Hilf mir. Hilf auch Sylvia.«

Aber ich wollte niemandem helfen, wenn das bedeutete, daß ich hierbleiben mußte.

Ich brauchte Arden jetzt nicht. Er hatte mich zweimal im Stich gelassen, und es war zu vermuten, daß er mich auch ein drittes Mal im Stich lassen würde, mich vielleicht immer im Stich lassen würde, wenn ich ihn am meisten brauchte.

Schluchzend riß ich mich aus seinen Armen und stieß ihn zurück. »Ich verlasse dich, Arden. Ich glaube, du bist auch nicht besser als Papa. Ihr hättet es beide besser wissen sollen, hättet mein Leben nicht auf Lügen aufbauen sollen.«

Diesmal sagte er nichts. Es gab auch nichts zu sagen. Er sah mir zu, wie ich fertigpackte. Als ein Koffer voll war, mühte ich mich ab, ihn zu schließen und zu versperren. Ein Blusenärmel blitzte heraus, aber das war mir gleich. Arden rührte keinen Finger, um mir zu helfen, als ich mit aller Kraft drückte, um den Koffer schließen zu können. Endlich gelang es mir. Ich schloß alle Taschen und Koffer ab, fünf an der Zahl. Arden seufzte.

»Also hast du jetzt vor, davonzulaufen. Gott weiß wohin. Du fragst mich nicht, was ich möchte. Dir ist es egal, was ich möchte. Du hörst weder auf die Vernunft noch auf Erklärungen. Nennst du das etwa gerecht? Oder ist es Trotz? Rache? Deine Liebe ist ein kapriziöses Etwas, Audrina. Bist du es mir nicht schuldig, zu bleiben und zu sehen, ob unsere Ehe nicht doch noch zu retten ist?«

Ich sah ihn nicht an. »Ich kann Sylvia nicht hierlassen. Etwas Seltsames ist an diesem Haus. Es hält alle Erinnerungen fest und macht sie zu einem Teil der Zukunft. Dieses Haus hat zu viel Kummer gesehen, als daß einer von uns jemals hier glücklich und froh sein könnte. Freu dich, daß ich dich verlasse. Sag dir an jedem Tag deines Lebens aufs neue, daß du dem Schicksal um Haaresbreite entgangen bist, so zu werden wie mein Vater: ein Schwindler, ein Betrüger, der nicht einmal davor zurückschreckt, seine eigenen Töchter zu berauben.«

Er warf mir einen langen, harten Blick zu, wandte sich dann ab und stapfte zur Tür. Von dort aus sagte er noch einen letzten, schmerzlichen Satz. »Ich könnte dir jetzt sagen, daß Damian wirklich versucht hat, dir zu helfen, aber ich glaube, dafür ist es zu spät.«

Ich nahm einen teuren Briefbeschwerer und schleuderte ihn nach seinem Kopf. Er verfehlte ihn und fiel zu Boden. Er warf die Tür hinter sich zu.

Minuten später ging die Tür langsam wieder auf. Leise, auf Samtpfötchen wie eine Katze, stahl sich Sylvia ins Zimmer und beobachtete mich schweigend.

»Ja, Sylvia, ich reise ab und nehme dich mit. Ich habe deine

Kleider gepackt, und ich werde dir neue, hübsche Kleider kaufen, wenn wir dort ankommen, wo ich hinwill. Das hier ist kein gesundes Haus für dich. Ich möchte, daß du zur Schule gehst, im Park spielst, Freunde in deinem Alter findest. Mammi hat uns beiden einen Anteil an diesem Haus hinterlassen, den wir jederzeit, wenn wir von hier fortwollen, von Papa ausbezahlt bekommen. Notfalls müßte er sogar das Haus verkaufen. Also nehmen wir froh von Whitefern Abschied und sehen unserem besseren Leben anderswo freudig entgegen.«

Ihre blauen Augen weiteten sich, als sie vor mir zurückwich. Sie schüttelte heftig den Kopf. »Neeiiin«, hauchte sie und riß die Hände hoch, als müßte sie einen Feind abwehren. »Hier... bleiben. Heim.«

Wieder erzählte ich ihr, daß sie mit mir verreisen sollte, aber genauso heftig wie zuvor erklärte sie mir auf alle mögliche Arten, ohne zu sprechen, daß sie Papa oder Whitefern nie, niemals verlassen würde.

Diesmal war ich es, die zurückwich. Ich würde nicht zulassen, daß ihre Ergebenheit Papa gegenüber meinen Entschluß ins Wanken brachte, zum erstenmal in meinem Leben meinen eigenen Weg zu gehen.

Sollte sie doch bei Papa in Whitefern bleiben ... vielleicht verdienten sie einander.

»Auf Wiedersehen, Papa«, sagte ich eine Stunde später. »Paß gut auf dich auf. Sylvia wird dich noch mehr brauchen, wenn ich erst fort bin.«

Tränen rollten über seine vollen Wangen und fielen auf sein sauberes Hemd.

Papas Stimme folgte mir, als ich zur Tür ging. Ich trug nur eine kleine Tasche. Die anderen würde ich später holen. »Alles, was ich jemals vom Leben erwünscht habe, war eine Frau, die mich für fein und edel hält. Ich dachte, du würdest es sein. Audrina, geh nicht. Ich gebe dir alles, was ich besitze, alles...«

»Du hast Sylvia, Papa«, antwortete ich mit hartem Lächeln. »Vergiß das nicht, wenn ich das Haus hier verlassen habe. Du hast Vera zu dem gemacht, was sie war, hast aus mir gemacht, was ich bin, und genauso wirst du auch Sylvias Schicksal bestimmen. Sei lieb zu ihr, Papa. Sieh dich vor, auf welchen Pfad du sie bringst, wenn du anfängst, ihr Geschichten zu erzählen. Ich bin nicht ganz überzeugt –« Ich biß mir auf die Zunge, zögerte, als ich sah, daß

Sylvia in der Halle stehengeblieben war, direkt vor der Tür zum neurömischen Salon.

Entsetzen flackerte in Papas dunklen Augen auf, als wüßte er, daß Sylvia mich einmal zu oft nachgeahmt hatte, daß sie öfter in diesem Schaukelstuhl gesessen hatte, als er mich hatte hineinzwingen können.

Jetzt war *sie* es, die die Gabe besaß – was immer das für eine Gabe sein mochte, und wenn es überhaupt möglich war.

»Ich nehme deinen Mercedes, Papa. Ich hoffe, das geht in Ordnung.«

Er nickte benommen. »Autos bedeuten mir jetzt nichts mehr«, murmelte er. »Mein Leben ist zu Ende, wenn du gehst.« Über meine Schulter starrte er Sylvia an, die an die Tür kam. Irgend etwas in ihrer Haltung erinnerte mich an Tante Elsbeth. Aber auch Ähnlichkeit mit Mammi lag in ihrem leicht ironischen Lächeln.

O mein Gott! Mein Kopf fing an zu schmerzen, wie er wohl immer schmerzen würde, wenn ich in diesem Haus bleiben würde, mit seinem Gold und Messingglanz, mit den Myriaden von Farben, die meine Gedanken verwirrten und mich von weit wichtigeren Dingen ablenkten.

Wir waren schon ein merkwürdiger Haufen, wir Whiteferns. Auf die sonderbarste Weise immer anders als die andern. Worte, die ich Tante Elsbeth zu Mammi hatte sagen hören und zu dem Porträt von Tante Mercy Marie, das aus den dienstäglichen Teestunden eine Zeremonie gemacht hatte, die ich nicht genießen konnte.

Als ich mich anschickte, Arden zu verlassen und ihn nie wiederzusehen, flehte Papa mit seinen dunklen Augen und versagte Sylvia gleichzeitig, meinen Platz einzunehmen. Sollte er doch die Konsequenzen tragen, daß er sie zu dem gemacht hatte, was sie war... Gott allein wußte, ob es Vera oder Sylvia war, die Papa mehr haßte. Ich vermutete, daß Sylvia jede Frau außer mir zerstören würde, die in Papas Leben trat – wenn er überhaupt noch einmal eine andere Frau haben wollte.

»Viel Glück und auf Wiedersehen, Sylvia. Wenn du mich jemals brauchen solltest, komme ich und nehme dich mit mir heim – wo immer mein Heim sein mag.«

Wieder nickte ich Papa zu, der düster und grimmig dasaß. Ich weigerte mich, Arden anzusehen, der die Treppe herunterkam, angezogen und bereit, ins Büro zu fahren. Ich bedankte mich noch einmal bei Sylvia, weil sie dagewesen war, als ich sie brauchte.

Eine sonderbare Weisheit stand in ihrem Blick, als sie nickte, ohne ein Wort zu sagen. Dann drehte sie sich um und nagelte Papa mit ihrem durchdringenden Starren in seinem Sessel fest. Ich schauderte, denn ich hatte den Verdacht, daß Papa nicht viel Freude an seiner jüngsten Tochter haben würde, die mit ihren blitzenden Prismen das Schicksal jener beherrschte, die versuchten, zu dominierend zu werden.

Zögernd trug Arden meine Tasche zum Auto und verstaute sie sorgfältig im Kofferraum, während ich hinter dem Steuer Platz nahm und mich anschickte, loszufahren. Ardens Gesicht verriet seinen Kummer. »Auf Wiedersehen, Arden. Ich werde nie vergessen, wieviel Spaß wir zusammen hatten, als ich dachte, daß du mich liebst. Auch wenn ich sexuell nicht so reagiert habe, wie du es dir gewünscht hast, so habe ich dich auf meine Art doch immer geliebt.«

Er zuckte zusammen vor Schmerz über meinen gleichgültigen Abschied. Dann meinte er verbittert: »Du kommst wieder. Du glaubst, du kannst dich von mir, von Whitefern, von Sylvia und deinem Vater verabschieden – aber du kommst wieder.«

Meine Hände umklammerten das Steuerrad noch heftiger, als ich dachte, daß dies Papas letztes und teuerstes Geschenk für mich war. Ich sah mich um. Der Sturm der letzten drei Tage war vorüber, der Himmel reingewaschen und strahlendblau. Die ganze Welt schien plötzlich neu zu riechen, frisch, einladend. Ich atmete tief ein und fühlte mich plötzlich sehr glücklich. Frei, endlich, endlich frei.

Frei von diesem Haus, das mit der Kuppel ohne Braut und Bräutigam wie ein vergessener Hochzeitskuchen aussah. Es war die Dämmerung, Düsterkeit im Innern dieses Hauses, die alle Farben so beherrschend werden ließ. Irgendwo fern von hier würde ich mich auf eigene Füße stellen, würde ein wirklicher, realer Mensch werden, der wußte, wer er war.

Was befahl mir gegen meinen Willen, den Kopf zu wenden und noch einmal über mein Fortgehen nachzudenken? Ich wollte nicht bleiben!

Langsam, ganz langsam wurde mein Kopf gezwungen, sich zu drehen, und bald schaute ich zum Haus hin. Mein Blick hob sich zu dem Fenster im ersten Stock – diesem Zimmer, von dem ich immer angenommen hatte, daß es *ihr* Zimmer gewesen war. Durch das milchige Glas sah ich ein bleiches, kleines Gesicht herausstarren – ein Gesicht, das dem meinen so ähnlich war, daß es mir die Luft verschlug. Ein Wust dichten Haares von unbestimmter Farbe, das sich ändern und mit der Umgebung verschmelzen konnte, rahmte es ein, und das Gesicht kam näher, zog sich zurück, heran, zurück. Ich konnte sehen, daß sich ihre Lippen bewegten, etwas sagten, vielleicht das Lied des Spielzimmers sangen. Meine Hände zitterten, als ich mich abwandte und versuchte, den Zündschlüssel zu drehen. Was war denn mit meiner Hand nur los? Sie wollte mir nicht gehorchen!

Nein! schrie ich im Geiste, während Arden mich anstarrte, als wäre ich verrückt. *Nicht, Sylvia, laß mich gehen!* Ich habe alles für dich getan, was ich konnte, habe Jahre und Jahre meines Lebens für dich geopfert, Jahre und Jahre meines Lebens. Gib mir die Chance, zu leben und zu mir selbst zu finden, bitte!

Lauter erklangen die Mobiles, lärmten, verursachten mir so schlimme Kopfschmerzen, daß ich am liebsten geschrien hätte – aber ich hatte keine Stimme.

Hinter meinen Augen zuckte eine Vorahnung vorüber. Irgend etwas Schreckliches würde Papa zustoßen. Danach würde Sylvia in ein Heim gesteckt werden, würde nie wieder das Licht der Sonne erblicken.

Ich ließ den Zündschlüssel los und öffnete die Autotür, stieg aus und eilte zu Arden, dessen Augen aufleuchteten, als er die Arme nach mir ausstreckte, um mich an sich zu ziehen. Schluchzend senkte er den Kopf und vergrub das Gesicht in meinem Haar, als meine Arme ihn ebenso fest umschlangen wie die seinen mich. Wir sahen uns tief in die Augen, ehe wir zusammen meine Tasche aus dem Kofferraum des Mercedes zogen.

Wir ließen sie auf der Auffahrt stehen.

Ich hatte soeben die edelste Tat meines Lebens vollbracht. Ich war die erste und unvergessene Audrina, die Liebe und Treue immer an erste Stelle gesetzt hatte. Es gab keinen Ort, zu dem ich hätte laufen können. Achselzuckend, ein wenig traurig und doch mit dem Gefühl, reiner zu sein als jemals seit jenem regnerischen Tag im Wald, empfand ich eine gewisse Art von Frieden, als Arden seinen Arm um meine Schultern legte. Ich hatte mich abgefunden. Automatisch legte ich meinen Arm um seine Taille, und zusammen kehrten wir zur Veranda zurück, wo Papa und Sylvia standen und uns entgegensahen. Ich sah Glück und Erleichterung in beiden Augenpaaren.

Arden und ich würden in Whitefern noch einmal anfangen, und wenn wir diesmal versagten, würden wir ein drittes Mal beginnen, und dann ein viertes Mal...